LA CHARITÉ A NANCY

NANCY

PIERRON & HOZÉ EDIT.

LA

CHARITÉ A NANCY

LA
CHARITÉ
A NANCY

PAR

M. L'ABBÉ GIRARD

AUMONIER DE L'HOPITAL MILITAIRE
ET DES RELIGIEUSES DE N.-D. DU CÉNACLE DE NANCY

Missionnaire Apostolique

NANCY
PIERRON ET HOZÉ, ÉDITEURS
Libraires de l'Evéché
RUE SAINT-DIZIER, 112
1890

A Sa Grandeur Monseigneur TURINAZ,

Evêque de Nancy et de Toul.

MONSEIGNEUR,

Ce livre vous appartient. « La charité est admirable à Nancy », *daignait me dire il y a quelques mois Votre Grandeur. Elle ajoutait avec une bienveillance extrêmement gracieuse :* « Et vous êtes un de ceux qui pourraient en faire un tableau intéressant ; mettez-vous à l'œuvre. »

Ce livre vous appartient encore, Monseigneur : car la Charité à Nancy, vos éloquentes paroles la vivifient et l'enflamment ; vos aumônes la provoquent et la soutiennent.

Toutes les œuvres charitables sont l'objet de votre sollicitude de chaque jour. Vous en avez créées quelques-unes des plus importantes. Plusieurs ont été, d'après vos conseils, développées ou transformées, pour mieux répondre aux besoins nouveaux.

Sous votre haute inspiration, les Catholiques de Nancy, convaincus plus que jamais de la nécessité de l'apostolat et du dévouement, marchent résolument dans la voie de la charité, prêts à tous les sacrifices pour la cause de Dieu et des âmes.

Daignez, Monseigneur, agréer la dédicace de mon modeste travail et l'accueillir, comme le témoignage de la profonde reconnaissance et du filial dévouement avec lesquels j'ai l'honneur d'être,

de Votre Grandeur,

le plus respectueux et le plus humble coopérateur,

L'Abbé GIRARD,

Aumônier de l'Hôpital militaire et des Religieuses de N.-D. du Cénacle de Nancy,
Missionnaire Apostolique.

APPROBATION

DE

MONSEIGNEUR TURINAZ

Evêque de Nancy et de Toul.

Nancy, 11 Novembre 1889
En la fête de saint Martin

Cher Monsieur l'Aumônier,

Je vous remercie et je vous félicite d'avoir heureusement réalisé le vœu que je vous exprimais, il y a quelques mois, et d'avoir exposé, dans un tableau animé et vivant, les œuvres si nombreuses et si prospères de la *charité à Nancy*.

Les motifs de cette publication sont manifestes, et pourtant il n'est pas inutile que je les résume en quelques paroles.

Ce tableau de la *charité à Nancy* sera une source de consolation et d'espérance. Au milieu des tristesses et des luttes de notre temps, en présence des épreuves de notre cher pays et des menaces de l'avenir, les cœurs se relèvent dans la confiance, à la vue des merveilles de la charité, qui n'a jamais été aussi active et aussi féconde. Certainement la postérité saluera notre siècle et notre pays comme le siècle et le pays de la charité. Mais, ne l'oublions pas, cette vertu est la plus belle, la plus puissante, la plus divine de toutes les vertus chrétiennes. Elle peut racheter et sauver les âmes et les peuples ; elle *couvre*, dit l'Esprit-Saint, la *multitude des péchés*.

Votre ouvrage met en évidence les grandes qualités des populations Lorraines : le droit et ferme bon sens, l'esprit essentiellement pratique, la bonté qui se cache sous des apparences de froideur, l'activité qui ne se hâte pas mais que rien ne déconcerte, et surtout une admirable générosité et une incomparable persévérance.

Vous payez un juste tribut de reconnaissance aux âmes généreuses qui ont fondé, dirigé, développé ces œuvres et à celles qui les dirigent à l'heure présente. Vous encouragez toutes les bonnes volontés, en démontrant quel bien peut être accompli, quels moyens peuvent être employés, quels résultats peuvent être obtenus.

Votre livre offre des renseignements précieux pour accomplir, sous toutes les formes, les actes de la charité : trouver un asile pour des enfants abandonnés, patronner des jeunes gens et des jeunes filles, secourir toutes les misères physiques ou morales. Il expose en effet non seulement les œuvres qui atteignent les corps, mais surtout celles qui, par l'instruction, l'éducation, les conseils, la protection, la direction, éclairent, soutiennent et sauvent les âmes.

Pour établir un ordre parmi des œuvres si nombreuses et si variées, vous avez pris l'homme à sa naissance, vous le suivez jusqu'à sa mort et vous montrez la charité répondant à tous ses besoins, le comblant de ses dons et de ses bienfaits pour ainsi dire à chaque pas qu'il fait dans la vie.

J'ai dit que votre tableau était animé et vivant. Vous n'avez pas voulu vous borner à une exacte mais froide analyse. Vous avez placé, au commencement de chacune des grandes divisions de votre ouvrage, des considérations élevées et comme un exposé des principes sur lesquels reposent les œuvres que vous devez faire connaître. Aux données les plus précises sur l'origine, la constitution, le fonctionnement et les résultats de ces œuvres, vous ajoutez parfois le récit de faits vraiment touchants, qui élèvent et émeuvent le cœur. Enfin vous avez terminé quelques-uns de vos chapitres par des conseils qui résument les conclusions pratiques de vos démonstrations.

La Providence et votre zèle vous avaient préparé à ce grand et beau travail. Dès les premières années de votre sacerdoce, vous avez fondé et dirigé avec succès une œuvre ouvrière. Plus tard, avec le concours de quelques chrétiens généreux, vous avez établi et développé l'institution si belle, si utile et si prospère de l'Œuvre militaire de Nancy. Vous êtes de ceux qui ne se laissent ni arrêter par le parti pris, ni égarer par les illusions, et qui, ne voulant que le possible et, l'accomplissant avec activité, sagesse et persévérance, font de ce possible, complètement et admirablement réalisé, le triomphe de la véritable charité et du véritable zèle.

Que Dieu bénisse votre personne, votre ministère et vos travaux ; qu'il bénisse cet ouvrage ! Que la connaissance plus complète de la puissance et des bienfaits de la charité, enflamme les cœurs et donne à toutes nos œuvres une grande impulsion et comme une nouvelle vie !

Recevez, cher Monsieur l'Aumônier, l'assurance de mon affectueux dévouement en Notre-Seigneur.

         † CHARLES-FRANÇOIS,

          Evêque de Nancy et de Toul.

PRÉFACE

« Le livre qu'il serait le plus utile d'écrire,
ou, pour mieux dire, le monument qu'il serait le
plus utile d'élever, ce serait, à mes yeux, *une*
histoire complète de la Charité catholique. »

LÉON GAUTIER.

Nancy est remarquable par son activité littéraire et scientifique autant que par ses monuments, dont l'ensemble correct et régulier se rencontre rarement dans une ville de province. Nancy est une ville gracieuse, par l'élégance de ses rues et de ses places, ainsi que par son site pittoresque. *Nanceium solo situque amœnum*, dit la *Gallia Christiana*.

Néanmoins, ce n'est pas ce mouvement intellectuel et artistique, ni cette élégance, si admirables qu'ils soient, que nous voulons décrire. Outre que notre incompétence nous interdirait un semblable travail, notre goût et notre mission nous imposent une tâche différente.

Il y a à Nancy une autre vie que la vie littéraire, scientifique, artistique ou commerciale ; il y a la vie morale et religieuse, la vie de piété et de charité, — vie admirable aussi, vie active et singulièrement abondante. C'est cette vie de *charité* que nous désirons faire connaître.

A défaut d'autre attrait, notre livre aura du moins, pour un grand nombre de lecteurs, celui de l'inédit et du neuf; car, si personne à Nancy n'ignore l'existence de telle ou telle œuvre de bienfaisance, peu de personnes connaissent l'ensemble de ses œuvres et la somme de sacrifices qu'elles exigent; et cela a fait dire de notre cité ce que le comte Molé a dit de Paris : « *Nancy est le pays de l'aumône.* »

Et puis la charité n'est-ce pas le beau côté de notre vie contemporaine? « *Le temps où nous vivons,* disait naguère un illustre magistrat, *ne manque pas de détracteurs; et pourtant il mérite, à certains égards, de trouver aussi des apologistes. Si l'égoïsme, la cupidité, l'ambition présentent parfois d'éclatants scandales, la bienfaisance, la charité offrent, en revanche, de nombreux et consolants exemples, qui ont un caractère nouveau. On ne se contente plus de multiplier les secours matériels, on y joint un autre genre de secours inconnu à la bienfaisance antique : l'instruction et la moralisation.* »

Il n'est pas inutile de présenter la charité à ce point de vue, pour encourager à de nouveaux sacrifices, pour exciter la reconnaissance des malheureux qu'elle soulage, et surtout pour prémunir ceux-ci contre l'étrange influence de ces artisans de troubles qui, avec leur aumône, ne savent donner que de mauvais conseils, — orateurs funestes qui prêchent aux déshérités les plus dangereuses théories et, au lieu d'apaiser les passions, ne cherchent qu'à les aigrir en irritant les esprits.

Le diacre Laurent, ayant fait allusion aux trésors de l'Eglise, dans ses réponses à ses bourreaux, ceux-ci enflammés de cupidité voulurent connaître ces trésors. Saint Lau-

rent demanda trois jours pour les réunir. Le troisième
jour, accompagné d'une foule de pauvres, estropiés, aveugles
et infirmes, il se présenta au palais de l'empereur Valérien
et lui dit : *Auguste prince, voilà les trésors de l'Eglise, dont je
vous ai parlé, et que je vous présente, trésors éternels que chacun peut posséder*..... Ce que saint Laurent fit pour l'Eglise
de Rome, nous voulons le faire pour l'Eglise de Nancy.
Nous voulons réunir ses trésors de charité et les étaler
aux yeux de ceux qui les ignorent, et aussi aux yeux de
ceux qui seraient tentés de prendre prétexte des frivolités
du vice, s'agitant dans les rues, pour méconnaître le sérieux
de notre vie.

On excite sans cesse la curiosité malsaine du public, en
lui livrant en pâture des mystères d'immoralité, de haine
et d'injustice ; pourquoi ne nous serait-il pas permis, de
révéler à notre tour les mystères de la bienfaisance ? Qui
donc, en visitant le cimetière de Préville, n'est ému en
contemplant, vers le centre, un rond-point entouré de
plusieurs tombeaux de même forme, sur lesquels on lit en
lettres d'or : *La ville de Nancy reconnaissante !* Ces monuments ont été élevés en mémoire de bienfaiteurs insignes.
Par une délicate pensée ils entourent et gardent, pour
ainsi dire, la tombe du plus illustre d'entre eux, celle du
général Drouot.

Cette reconnaissance publique de Nancy pour ses bienfaiteurs, si honorable et si touchante, nous voulons la proclamer et l'élargir encore, si c'est possible, en groupant et en
inscrivant, comme dans un livre d'or, les noms et les actes
charitables de tous ceux à qui nous sommes redevables
des aumônes dont jouissent nos pauvres. Sans doute, ces
nobles âmes n'ont pas travaillé pour exciter notre admi-

ration, ou pour provoquer nos applaudissements ; la récompense qu'elles ont dû souhaiter et mériter est une récompense plus sûre, plus abondante et plus durable. Néanmoins, notre devoir à nous, leurs obligés, est de nous souvenir de leur charité.

Malgré les soins que nous avons pris de demander et de chercher tous les renseignements nécessaires, quelques lecteurs se plaindront de l'insuffisance et peut-être de l'inexactitude de certaines parties de notre travail ; nous les prions sincèrement de vouloir bien nous indiquer ces passages défectueux, que nous modifierons avec une reconnaissance empressée.

D'autres trouveront plusieurs détails trop minutieux. Auprès de ceux-là, nous nous excuserons, en disant avec M. le duc de Broglie, dans un rapport à l'Académie française, sur les prix de vertu : *L'histoire de la bienfaisance est une petite sœur des pauvres, elle doit se servir de tout et ne rien laisser perdre.*

Nous remercions cordialement les personnes qui ont bien voulu nous aider par leurs conseils ou par les documents qu'elles nous ont fournis. Ces documents nous ont été d'autant plus précieux que nous avions résolu de choisir de préférence les témoignages nécessaires ou utiles dans les auteurs nancéiens, afin de donner à notre ouvrage un aspect tout à fait local et lorrain.

Après une longue étude de l'histoire de notre pays, un laborieux archiviste résumait ses impressions dans ce cri d'enthousiasme : « Les villes ne doivent pas s'enorgueillir seulement des édifices qu'elles possèdent, des souvenirs glorieux qu'elles ont à invoquer; il faut encore qu'elles soient le centre d'institutions où se développent l'esprit et le

cœur, et d'où la civilisation jaillisse autour d'elles comme
d'un foyer lumineux. Sous ce rapport Nancy n'a rien à en-
vier aux cités les plus importantes... Mais Nancy est surtout,
et par excellence, la ville de la charité : les associations de
bienfaisance s'y montrent sous tous les noms et sous toutes
les formes, destinées à secourir l'enfance, l'âge mûr et la
vieillesse, à soulager tous les genres possibles d'infirmités,
à préserver du vice et à ramener dans le sentier de la
vertu ; leur infatigable activité sait aller découvrir la misère
chez elle pour lui venir en aide. C'est là un genre de gloire
digne d'être ambitionné. La ville qu'on a surnommée la
Coquette et la Belle, comme Florence, peut revendiquer, à
bon droit, l'épithète non moins flatteuse de *Charitable* (1). »

Oui, la charité soulage ici toutes les misères ; elle prend
l'homme à sa naissance et le suit jusqu'à la mort.

A peine l'enfant pauvre est-il né, qu'il est reçu dans
les bras de la charité qui s'est préparée à sa venue et
l'attend. Lui et sa mère deviennent de la part des *Sociétés
maternelles* l'objet de soins assidus.

Après quelques jours passés auprès de sa mère, l'enfant
pauvre est accueilli par une autre société charitable, celle
des *Crèches*, qui le gardent, pendant que sa mère est obligée
de quitter sa maison pour gagner sa vie en travaillant.

Cette protection se prolonge plusieurs années et jusqu'à
ce que l'*Ecole maternelle* ou *enfantine*, ou mieux la *Salle
d'asile*, ouvre ses portes au petit enfant, qui est ainsi secouru
successivement par *trois Sociétés charitables*.

A l'âge de sept ans, l'enfant devient *écolier*. Pour lui procurer l'instruction et l'éducation, la charité et la bienfai-

(1) H. Lepage, *Promenade dans Nancy.*

sance s'ingénient d'autant plus, que cette œuvre de l'éducation est extrêmement importante.

Sortis de l'école vers l'âge de treize ou quatorze ans, les petits garçons deviennent des *jeunes gens*, et les petites filles des *jeunes filles*, qui réclament encore plus de dévouement et de sollicitude, dans les *catéchismes de persévérance*, dans les *patronages*, les *ouvroirs*, les *cercles* et les associations de toutes sortes.

L'*âge mûr* est protégé contre la pauvreté, la maladie, l'abandon et le déshonneur, par les aumônes des Sociétés de charité et des bureaux de bienfaisance, par les hôpitaux et les secours mutuels.

La *vieillesse*, enfin, cette seconde enfance, est recueillie comme la première, dans des hospices établis et organisés par une charité prévoyante qui ne quitte l'homme qu'après avoir planté sur sa tombe le signe radieux de l'immortalité.

Nancy, le 22 juillet 1889, en la fête de sainte Madeleine.

LA CHARITÉ A NANCY

LIVRE PREMIER

LES ENFANTS

L'homme, a dit le comte de Maistre, *l'homme moral est formé à dix ans*. Ces graves paroles signifient que, dès ses premières années et dans sa première enfance, l'homme reçoit les habitudes ou mieux les sentiments et les idées, qui le domineront toute sa vie. Quelles que soient les influences de ses études ou de ses travaux, il gardera, à l'égard de la religion, je veux dire pour Dieu et la vertu, les sentiments d'estime ou d'insouciance, d'indifférence ou d'attachement, qui lui auront été inspirés aux premiers jours de sa vie.

Qui ne connaît des hommes demeurés impies ou indifférents, malhonnêtes et méchants, malgré les soins empressés qui leur ont été prodigués, dans leur seconde enfance et dans leur jeunesse, parce que leur première éducation les avait pervertis par l'impiété et par les vices? Et au contraire qui n'a vu des hommes rester fidèles à Dieu et à leur conscience, ou y revenir après de longs écarts, parce que leur première enfance avait été honnête et religieuse?

C'est sur les genoux des mères, a dit encore le comte de

Maistre, *que se forme ce qu'il y a de plus excellent dans le monde, un honnête homme. Rien ne peut remplacer l'éducation de la mère, surtout si elle s'est fait un devoir d'imprimer profondément sur le front de son fils le caractère divin. On peut être à peu près sûr que la main du vice ne l'effacera jamais. Le jeune homme pourra s'écarter sans doute, mais il décrira une courbe rentrante, qui le ramènera au point dont il était parti* (1).

C'est pourquoi le premier souci de la charité, son premier devoir, doit être de s'emparer de l'enfant dès sa naissance, afin de le prémunir contre les dangers qui menacent sa vie corporelle et sa vie morale ; sa première œuvre doit consister à aider les parents à élever leurs enfants et à les diriger vers Dieu qui les attend.

..... *Pueri non contempseris annos*, dit le poète latin.

Cette mission charitable, auprès des petits enfants, est accomplie par les Sociétés maternelles, par les Crèches et par les Asiles ou écoles maternelles et enfantines.

CHAPITRE I

LES PETITS ENFANTS ET LEURS MÈRES

La Charité et le petit enfant. — La Religion protège le petit enfant. — La Société maternelle. — Son origine au dix-huitième siècle. — Sa disparition pendant la Révolution. — Napoléon la ressuscite. — La Dauphine puis la reine Amélie la protègent. — Son organisation. — Secours qu'elle distribue. — Ses résultats à Paris. — A Nancy, elle n'existe pas.

Le vieillard qu'elle recueille dans ses hospices, le malade qu'elle soigne dans ses hôpitaux, l'enfant qu'elle instruit dans ses écoles, la charité catholique les a déjà protégés à leur

---

(1) *Soirées* de Saint-Pétersbourg.

naissance, leur a tendu les bras, les a enveloppés de langes et couchés dans un berceau. La charité accomplit cette première mission avec empressement, afin de sauver l'enfant et la mère : la mère, en lui donnant les soins que réclame son état et en lui inspirant pour son enfant plus de tendresse et de respect ; l'enfant, en le préservant des périls qui le menacent et en acquérant le droit de lui inspirer des sentiments de reconnaissance, qui le protégeront et le sauveront peut-être.

Que d'enfants doivent à la charité de ne pas avoir péri dans l'abandon et la misère !

Que d'enfants, ainsi échappés à la mort, ont pu recevoir une éducation à laquelle ils ont dû, plus tard, la situation élevée ou honorable qu'ils occupent ! Que de saints, dans le ciel, doivent leur bonheur à cette première charité !

D'un autre côté, combien de pauvres femmes, ainsi secourues, sont devenues des mères de famille excellentes, actives, soigneuses, économes, dévouées à leur mari et à leurs enfants, parce que la charité et la bienfaisance d'une généreuse chrétienne leur ont rappelé ou leur ont appris leurs devoirs ?

Assurément, dans le christianisme, l'enfant pauvre a toujours été le premier objet de la charité ; on peut même affirmer que l'enfant est entouré de plus de vigilance et de soins là où le christianisme est mieux pratiqué. C'est le christianisme qui a sauvé l'enfant, que les païens sacrifiaient à tous leurs caprices et à toutes leurs corruptions. « Qu'y avait-il de plus abandonné, quelquefois de plus foulé aux pieds ? Si peu qu'il fût faible, débile, on le jetait au ruisseau (1). »

Jésus-Christ ne détruit pas les vertus naturelles, il les grandit et les élève au-dessus de la terre, jusqu'au ciel. Tant que le christianisme subsiste dans la société et dans les familles, les enfants y sont à l'abri de tout danger, sinon de

(1) Msr Bougaud, *Histoire de saint Vincent de Paul.*

toute misère et la charité publique a rarement à s'en occuper. Les mères chrétiennes sont des mères aimantes et dévouées pour leurs petits enfants. Mais quand la religion est attaquée, méprisée, délaissée comme elle le fut en France au xviii⁰ siècle, alors les vertus naturelles diminuent, et avec elles disparaissent les vertus chrétiennes. Le paganisme règne de nouveau avec ses vices et sa barbarie : il faut que la charité publique remplisse les devoirs des parents envers leurs enfants, il faut qu'elle se fasse la mère des malheureuses créatures, délaissées par celles qui devraient les combler de soins et de tendresse.

Un Frère de Saint-Jean-de-Dieu nous a autrefois cité le fait suivant, qui révèle bien les souffrances intimes et délicates qu'endurent parfois les pauvres enfants, qui ont le malheur d'appartenir à des parents indignes. Un de ces petits infortunés, devenu très malade par suite de mauvais traitements, fut placé dans la maison des incurables des Frères de Saint-Jean-de-Dieu. Au moment de lui faire subir une opération, on lui demanda ce qu'il désirait : *Je voudrais bien être embrassé*, répondit-il naïvement, *je ne l'ai jamais été !*

Un des frères présents l'embrassa avec effusion.

L'état des esprits, à la fin du xviii⁰ siècle, explique pourquoi la Société de *charité maternelle* prit naissance en France à cette époque. Une sainte femme, Mᵐᵉ du Fougeret, témoin de l'insuffisance morale des mères pauvres, à l'égard de leurs petits enfants, dans ce temps de décadence et d'impiété, témoin aussi des dangers qui menaçaient ces enfants, exposés à devenir victimes de calculs infâmes, eut l'heureuse inspiration de former une société ou association de dames charitables, pour le soulagement des *petits enfants* et de *leurs mères*.

Mᵐᵉ de Lamballe recommanda l'association à Marie-Antoinette, qui la prit sous sa protection. Malheureusement la Révolution étouffa cette œuvre charitable comme beaucoup d'autres. Elle ne reparut qu'avec la religion sous le Consulat. Napoléon la favorisa tout spécialement ; il la plaça sous le patronage de l'impératrice Marie-Louise, qui en fut la présidente. En 1810, une somme de cent mille francs lui fut attribuée par l'Etat. Depuis cette époque tous les régimes ont protégé la Société maternelle. Mme la Dauphine sous la Restauration, la reine Amélie en 1830, l'impératrice Eugénie sous le second Empire, la présidèrent. Aujourd'hui elle est aussi prospère qu'autrefois et rend les services les plus précieux, dans toutes les villes qui ont le bonheur de la posséder. A Paris, chaque année, elle assiste plus de mille mères de famille.

Son organisation est fort simple. Elle est représentée par une présidente, trois vice-présidentes, une trésorière et un conseil de quatre-vingts dames. Chacune des dames administratrices est chargée d'un quartier de Paris. C'est à elle, dit M. Lecomte, que doivent s'adresser les pauvres mères de famille de son ressort, qui désirent recevoir les secours de la Société. Elles ont à prouver qu'elles sont mariées, qu'elles sont inscrites au bureau de bienfaisance et enfin qu'elles sont mères d'au moins trois enfants.

La dame patronnesse, après s'être assurée de la réalité de cette situation, adresse un rapport au Conseil, qui statue sur l'admission. Cette admission prononcée, un crédit de 80 francs est ouvert à la dame du quartier, qui reste libre d'en user de la manière la plus utile. La femme secourue reçoit habituellement une layette, une indemnité mensuelle de 5 francs pendant dix mois, avec un secours en nature.

On voit que, par la manière dont les secours sont distribués, la Société maternelle laisse une grande initiative à la dame visiteuse. Cette visiteuse peut user de toute sa bienveillance, pour inspirer à sa protégée les sentiments qui l'animent elle-même, et devenir ainsi pour celle-ci une amie précieuse.

Les ressources de la Société maternelle, proviennent de

cotisations et de souscriptions annuelles, ainsi que d'allocations et de rentes, fournies par l'Etat et la ville de Paris.

Le résultat le plus important de cette Société maternelle a été d'ouvrir en France une voie nouvelle à la charité. Avant elle la charité publique n'avait pas songé à secourir, d'une façon régulière et générale, les petits enfants et leurs mères.

Aujourd'hui une foule d'associations ont été formées dans ce but.

A Nancy, la Société maternelle n'existe pas ; mais, comme nous l'avons dit, les sociétés générales de charité et de bienfaisance secourent les petits enfants et leurs mères, qui sont ailleurs protégés par des sociétés spéciales. Ici le *Bureau de bienfaisance,* la *Société de Saint-Vincent de Paul* et plus particulièrement *les associations de dames de charité* accomplissent cette mission.

En faisant plus tard l'historique du Bureau de bienfaisance et celui de la Société de Saint-Vincent de Paul de Nancy, nous ferons connaître les secours donnés aux mères pauvres et à leurs enfants, par ces sociétés. En ce moment nous exposons ce qui concerne *les Associations des dames de charité de Nancy,* qui peuvent être considérées comme des œuvres de charité spéciale pour le soulagement des mères pauvres et de leurs enfants.

CHAPITRE II

LES DAMES DE CHARITÉ DE NANCY

Les Trois Associations de dames de charité de Nancy. — Origine des Associations des dames de charité de la Ville-Vieille et de la Ville-Neuve. — Leur histoire jusqu'à la Révolution. — La Restauration les rétablit. — Elles refusent de prendre le nom de Sociétés de charité maternelle. — Statuts de l'Association des dames de charité de la Ville-Vieille. — Histoire de cette Association jusqu'aujourd'hui. — Principaux articles des statuts des dames de charité de la Ville-Neuve. — Allocution de Mgr Turinaz. — État actuel de l'Association. — Société des dames de charité de la paroisse Saint-Vincent et Saint-Fiacre. — Une vraie dame de charité.

Il y a à Nancy trois associations de dames de charité : celle de la paroisse Saint-Epvre ou de la Ville-Vieille, celle de la Ville-Neuve et celle de la paroisse Saint-Vincent et Saint-Fiacre.

L'Association des dames de charité de la Ville-Vieille et celle de la *Ville-Neuve* remontent au xvii° siècle. Voici comment les archives de ces deux admirables associations, mises à notre disposition, de la façon la plus gracieuse, par M. Simonin, conseiller honoraire et syndic de la Société des dames de charité de la Ville-Vieille, et par M. Lucien Roussel, syndic de la Société des dames de la Ville-Neuve, racontent leur origine : « En 1691, plusieurs dames firent entre elles une « association pour procurer aux pauvres malades les secours « et les soulagements nécessaires. Cette association fut faite « sous l'agrément de Mgr l'Evêque diocésain, qui approuva « les règlements et statuts de cette confrérie. Mais ces dames « négligèrent de faire homologuer leur règlement et d'y faire « mettre le sceau de l'autorité souveraine; en sorte que, par « ce défaut, ces règlements n'ont pu avoir toute leur exécu- « tion, ce qui a occasionné plusieurs difficultés. Pour remédier

« et éviter les inconvénients qui auraient pu en résulter, ces
« dames firent dresser, en 1744, de nouveaux statuts et règle-
« ments ; lesquels, en suite de l'approbation de l'Ordinaire,
« furent agréés, approuvés et confirmés par lettres patentes
« de Sa Majesté le roi de Pologne, en date du 2 février 1745,
« lesquelles, n'ayant pas été enregistrées où besoin aurait
« été, se sont trouvées surannées ; devenues inutiles, par
« quelques nouveaux changements et augmentations desdits
« statuts et règlement, que ces dames ont trouvé nécessaire
« et avantageux de faire, pour la plus parfaite administration
« de ladite charité, auquel règlement contenant xxii articles,
« Mgr l'Evêque de Toul ayant derechef donné son approba-
« tion le 27 mars 1751, Sa Majesté le roi de Pologne a, par
« lettres patentes, du 12 juin suivant, enregistrées en cour
« souveraine, agréé, approuvé, autorisé et confirmé l'établis-
« sement de ladite maison de charité de la paroisse de Saint-
« Epvre de Nanci, pour continuer à jouir des privilèges et
« immunités dont elle avait joui, pu ou dû jouir ; Sa Majesté
« a également agréé, approuvé et confirmé les nouveaux sta-
« tuts et règlements.

« La maison de charité de Notre-Dame subsistait depuis le
« 1er juin 1690 ; son établissement avait été confirmé par arrêt
« rendu en conseil du duc Léopold Ier, le 27 mars 1726. »

Ainsi, à la fin du xviie siècle, en 1690, il existait à Nancy
au moins une association de dames de charité, et si nous
voulons savoir comment cette association s'est formée, qui
en eut l'initiative et la première pensée, il faut ouvrir le
registre des greffes du Conseil d'Etat de 1748 et nous y lirons :
« Vu la requête présentée au roi en son Conseil d'Etat, par les
« dames de l'Association de charité de Nancy, contenant
« que l'exemple de Sa Majesté autant que l'invitation faite à
« tous les fidèles du monde chrétien par le pape Innocent XII
« dans son bref du 18 décembre 1685 et celle faite aux fidèles
« de ce diocèse par deux mandements de l'Ordinaire des

« années 1695 et 1740 d'établir des assemblées de charité,
« pour le soulagement spirituel et corporel des pauvres, a
« donné lieu à l'association dont il s'agit, laquelle fut approu-
« vée par le roi en son Conseil tenu à Lunéville, le 14 juin
« 1748..... »

C'est donc pour obéir au souverain Pontife, qu'à Nancy, au
dix-septième siècle, se forma l'Association des dames de charité. Ce fait ne contredit nullement la tradition locale, laquelle
prétend que saint Vincent de Paul et ses missionnaires, ayant
confié à des personnes pieuses les immenses aumônes envoyées par eux en Lorraine, ces personnes s'associèrent
en confrérie, pour la distribution de ces dons et s'y main-
tinrent librement, jusqu'à la reconnaissance et l'approbation
qui leur furent accordées par les Evêques de Toul et par
le roi Stanislas en 1748, conformément au vœu du grand pape
Innocent XII.

Catholique avec le pape, française avec saint Vincent de
Paul, lorraine avec les Evêques de Toul et le roi Stanislas,
l'Association des dames de charité de Nancy, ville-vieille et
ville-neuve, subsiste encore aujourd'hui.

Il est bien regrettable qu'on ne puisse trouver aucun document qui permette de suivre son histoire, depuis 1748 jusqu'à
la Restauration en 1816. Les registres des dépenses et des
recettes ne remontant qu'à l'année 1819.

Le préfet de la Meurthe écrivant le 8 mars 1816 à Mme la
marquise de Ludres, présidente de l'association des dames de
charité de Nancy, lui rappelait qu'en vertu d'une ordonnance
du roi Louis XVIII en date du 31 octobre 1814, le ministre de
l'intérieur ayant accordé à la ville de Nancy une *Société de
charité maternelle*, il s'étonnait qu'à son arrivée dans le département il ne trouvât pas cette Société organisée ; il est vrai,
ajoute M. de Kersint, qu'il y a à Nancy deux Sociétés de *Dames
de charité* et que ces Associations peuvent être reconnues et
protégées par le gouvernement, puisqu'elles ont le même but

que la Société maternelle et qu'elles témoignent de la reconnaissance des Lorrains pour leur duc Stanislas. Toutefois, il désire que, dans le premier article du règlement, on introduise des termes par lesquels il soit prouvé que les Associations des dames de charité ont pour but premier, comme la charité maternelle, de secourir les jeunes mères.

Il ne semble pas qu'il ait été donné satisfaction au désir du préfet. Les Lorrains veulent être d'excellents Français ; mais ils désirent en même temps, puisque le patriotisme le permet, conserver leurs coutumes locales et rester bons Lorrains.

Le 31 mai 1820, la marquise de Pastoret, vice-présidente de la Société maternelle de France, écrivait à M⁰ᵉ la marquise de Ludres au nom de Mᵐᵉ la duchesse d'Angoulême, présidente, pour demander la liste des membres de la Société maternelle de Nancy, et proposer des secours. Une réponse très respectueuse mais très ferme, en date du 30 juin suivant, exposa à Mᵐᵉ la duchesse d'Angoulême, que Nancy possédait depuis le dix-septième siècle deux Associations de dames de charité, ayant pour but, d'après l'article X de leurs statuts, de secourir les mères de famille ; la reconnaissance et le respect des souvenirs voulaient que l'on conservât ces deux associations, et qu'il ne fût pas établi à Nancy, comme dans la plupart des autres villes du royaume, une Société de charité maternelle. Les dames de Nancy triomphèrent de ces difficultés administratives. Elles conservèrent leur titre et leur règlement. Voici les principaux articles du règlement de l'Association des dames de charité de la Ville-Vieille :

ARTICLE I. — L'Association a pour objet le soulagement des pauvres, qu'on ne peut recevoir à l'hospice, faute de place ou parce que le genre de maladie dont ils sont atteints ne permet pas qu'on les y admette.

ART. II. — Elle se compose du Curé de la paroisse, qui en est le directeur, d'un Syndic et d'un nombre de Dames de bonne volonté, ayant par leur position plus de temps à consacrer aux œuvres de charité.

Les ARTICLES III, IV et V règlent le mode de nomination des Membres du bureau ou Comité, le lieu et le jour de ses réunions et les droits de la Présidente.

Art. VI. — Le Syndic doit veiller à ce que les registres de l'Association soient bien tenus ; il garde les titres, inventaires, assiste à toutes les réunions, rédige les comptes et concourt, autant qu'il dépend de lui, à la bonne administration des fonds.

Art. VII. — Les Sœurs de Saint-Vincent de Paul veulent bien se charger de soigner le linge, les draps et couvertures déposés chez elle.

Art. VIII. — Lorsqu'un pauvre est malade, la dame de charité désignée pour cette rue doit, autant que possible, le visiter elle-même, pour connaître mieux sa position, l'engager à aller à l'hospice si c'est possible, veiller à ce qu'il envoie ses enfants à l'école et, au cas où il ne le ferait pas, le menacer de lui enlever les secours.

L'art. IX énonce les objets qu'il faut donner aux pauvres selon la saison.

Art. X et XI. — Lorsqu'une mère de famille a un troisième enfant et que ses enfants sont tous à sa charge, on lui donne un bon, pour aller chez les Sœurs recevoir une layette, un bon de viande, quatre bons de pain par semaine, un fagot en hiver et de la paille. Si elle n'a que deux enfants, il ne faut pas lui donner de layette ; mais si elle est pauvre on peut la secourir comme un autre malade.

Art. XII. — Les Dames chercheront à consoler les malades en les soulageant, et, en cas de danger, elles les engageront à recevoir les sacrements, feront préparer les choses nécessaires après en avoir averti M. le Curé.

Les Art. XIII et XIV portent qu'une neuvaine de messes devront être dites pour le repos de l'âme de tout membre de l'Association et que la fête patronale se célèbre le Dimanche le plus rapproché de la fête de Saint-Vincent de Paul, patron de l'Association.

L'association des dames de charité de la Ville-Vieille fut restaurée en 1819, par M. Rolin, curé de Saint-Epvre, aidé par le marquis de Beaufort, qui en fut nommé syndic, ainsi que par Mme la marquise de Ludres, nommée présidente, avec Mlle Millet de Chevers pour trésorière. En 1827, M. Antoine succéda à M. Rolin et M. Théodore de Ville au marquis de Beaufort. En février 1831, M. l'abbé Simon, nouvellement nommé curé de Saint-Epvre, préside une assemblée dans laquelle on fait un éloge touchant de Mme la marquise de Ludres, morte le 4 décembre précédent : Mme de Ludres fut remplacée par la comtesse de Riocourt dans la présidence, et M. E. de Ravinel nommé syndic.

A la mort de Mme de Riocourt, en 1838, Mlle Millet de Chevers fut nommée présidente, et Mlle Appoline de Villersvaudey trésorière. A M. de Ravinel succéda comme syndic, en 1856, M. d'Ubexi, et en 1865 nous trouvons comme syndic M. Pierson, comme trésorière Mlle de Chevilly, et comme curé-directeur M. Trouillet. En 1879, M. Boulart succéda à M. Pierson ; en 1884, M. de Haldat du Lys le remplaça. Enfin, en 1887, M. Briot, devenu curé de Saint-Epvre, remplaça Mgr Trouillet, décédé, avec M. Simonin pour syndic, Mlle Vesque pour trésorière, et Mlle de la Salle pour présidente. Sœur Joséphine, de la maison de Saint-Vincent-de-Paul, est adjointe à ces dames pour la distribution de leurs aumônes.

Les dames de charité de la Ville-Vieille sont au nombre de vingt-cinq. Elles observent leur règlement avec une exactitude scrupuleuse. On retrouve en elles le zèle des fondatrices. Elles sont fières de l'ancienneté et de la noblesse de leur association et s'efforcent de rester dignes de leurs devancières. Elles dépensent généreusement et chrétiennement leurs ressources. Toutes les misères qui s'adressent à elles sont secourues. Elles alimentent leur budget par leurs propres aumônes, par une quête annuelle le jour de leur fête patronale à la basilique Saint-Epvre et par les dons particuliers, qu'on veut bien leur confier pour les pauvres de la Ville-Vieille.

Les statuts de l'association des dames de charité de la Ville-Neuve ressemblent à ceux des dames de la Ville-Vieille. En voici les articles spéciaux :

ART. I et II. — L'Association de la Ville-Neuve étend son action et distribue ses secours sur toute la *circonscription* des paroisses de la Ville-Neuve de Nancy, c'est-à-dire sur toute l'étendue des paroisses de la Cathédrale, de Saint-Georges, de Saint-Sébastien, de Saint-Léon, de Saint-Nicolas, de Saint-Pierre et de Bonsecours.

A cet effet, les différentes paroisses de la Ville-Neuve sont divisées en quartiers paroissiaux, et chaque quartier est divisé en sections de secours. Chaque section est pourvue d'une seule Dame titulaire de l'Association et chargée de prendre soin des malades pauvres de sa section seulement, à l'exclusion de toute autre Dame appartenant à l'Œuvre des Dames de Charité de la Ville-Neuve.

Art. III. — L'*Association générale* se compose :

1° De Messieurs les Curés des paroisses de la Ville-Neuve de Nancy;

2° De Dames titulaires, mariées, veuves ou demoiselles, en tel nombre qu'il est nécessaire, choisies par le Conseil, indistinctement dans toutes les paroisses de la Ville-Neuve, présentées par lui et admises, à la majorité des voix des membres présents, par l'Assemblée convoquée et réunie à cet effet ;

3° De Membres affiliés, de l'un et de l'autre sexe, ne faisant pas partie de l'Assemblée, mais prenant part aux mérites et aux prières de l'Association, au moyen de simples offrandes, s'élevant au minimum à un franc cinquante centimes par mois, destinées à augmenter d'autant les ressources effectives de la Charité ;

4° Et d'un Syndic, choisi et présenté par le Conseil et accepté par l'Assemblée, à la majorité des voix des membres présents.

Art. IV. — Le *Conseil* de l'Association est composé :

1° De Messieurs les Curés des paroisses de la Ville-Neuve de Nancy, Directeurs-nés et Présidents de droit de l'Association ;

2° D'une Dame Supérieure ;

3° D'une Dame Assistante ;

4° D'une Dame Trésorière ;

5° D'une Dame Garde-Meubles ;

Ces quatre Dames, membres titulaires de l'Association et promues, à la majorité des voix, par le suffrage des personnes composant l'Assemblée de la Charité, c'est-à-dire par le suffrage de Messieurs les Curés de la Ville-Neuve, des Dames titulaires et du Syndic.

6° Du Syndic de l'Association.

La durée des fonctions est de trois années. Les élections ont lieu à la réunion des Quatre-Temps de Carême.

Art. V. — A chaque *Réunion*, le Président en exercice récite la prière au commencement et à la fin de la séance ; il fait la lecture d'usage dans un livre de piété, et il commente cette lecture par quelques paroles d'édification. Il s'attache spécialement, dans ses exhortations, à développer l'intelligence des devoirs pratiques de la charité.

Art. XIV. — La *Caisse* de l'Association est alimentée :

1° Par les cotisations des membres affiliés ;

2° Par les dons et legs, en argent, faits à l'Association ;

3° Par une quête à domicile faite, chaque année, pendant le Carême, dans tous les quartiers de la Ville-Neuve, par les Dames titulaires désignées à cet effet par le Conseil. Cette quête est annoncée, le dimanche qui la précède, par Messieurs les Curés de la Ville-Neuve, au prône de leur paroisse respective. Le produit de cette quête, versé par les quêteuses entre les mains de la Trésorière, est remis par cette Dame au Syndic qui le place de telle façon que les fonds en provenant soient toujours disponibles.

4° Par les quêtes faites aux offices le jour de la fête patronale de l'Association.

Art. XV. — Chaque année, le jour de la Visitation de la Très Sainte Vierge, ou le Dimanche ensuite, lorsque cette fête est assignée à la date d'un jour ouvrable, l'Association des Dames de Charité de la Ville-Neuve célèbre sa *Fête patronale*, en assistant en corps à la Grand'Messe et aux Vêpres en l'église Cathédrale.

A la demande de l'Association, les Services de ce jour sont solennels ; le Très-Saint-Sacrement est exposé dans l'Ostensoir depuis le commencement de la Grand'Messe jusqu'au Salut fait immédiatement après les Vêpres ; il y a sermon par un prédicateur qu'a désigné l'Association, et quêtes, à tous les Offices, par les Dames qu'en a chargées le Conseil.

Un bref de Sa Sainteté le Pape Grégoire XVI, en date du 23 juin 1837, accorde une Indulgence plénière aux Dames associées ou affiliées, qui auront communié le jour de la fête patronale de l'Association.

Le lendemain du service solennel dont il vient d'être parlé, on fera dans la même paroisse un service funèbre pour MM. les Curés, les bienfaiteurs, les Dames associées et les personnes affiliées décédées. Les Dames y assisteront en habit de deuil.

Le lendemain de ce Service, une Messe basse est dite à l'intention des défunts parmi les pauvres qui ont été secourus par l'Association.

Ce Service et cette Messe sont célébrés dans l'une des paroisses de la circonscription de la Ville-Neuve, alternativement et d'après la désignation du Conseil.

Les Membres de l'Association assistent, en tenue de deuil, à ces Offices.

Le 13 mars 1889, les dames de charité de la Ville-Neuve, réunies dans la salle des Catéchismes de la cathédrale, sous la présidence de Mgr Turinaz, ont reçu de Sa Grandeur des conseils précieux sur leurs devoirs et leurs fonctions. Nous ne pouvons mieux terminer cette notice qu'en résumant ces conseils. .

« L'Association des dames de charité, qui est, dit Monsei-
« gneur, la plus ancienne de toutes les sociétés charitables
« de Nancy, doit donner aux autres l'exemple de la fidélité à
« ses engagements, car ancienneté comme noblesse oblige.
« Or, à quoi sont obligées les dames qui en font partie? A la
« miséricorde et au dévouement actif. La charité est l'esprit
« de notre religion et aussi celui du siècle où nous vivons ;
« c'est le meilleur moyen d'arriver aux âmes.

« Il importe que les membres d'une société charitable
« s'occupent, avec la plus grande activité, d'accroître leur
« nombre ; car une association qui ne s'augmente pas sans
« cesse, diminue bientôt et finit par languir puis disparaître.
« Les hommes de désordre ne s'arrêtent jamais dans leur
« œuvre de destruction. Imitez leur activité et sachez donner
« une impulsion nouvelle à votre société si ancienne et qui
« répond si bien aux besoins de notre époque.

« La visite personnelle des pauvres est le plus grand acte de
« charité au temps présent. Il constitue pour vous, mesdames,
« le principal moyen d'action, de même que pour les hommes
« la Société de Saint-Vincent de Paul. Cette visite est la force
« de ces deux œuvres ; elle entretient l'esprit de foi et de
« charité chez les visiteurs et chez les pauvres ; elle aide à
« supporter les douleurs de la vie, par le spectacle de la
« misère que l'on considère souvent.

« Par elle-même, et indépendamment de toutes les bonnes
« paroles, qui en sont les conséquences nécessaires, la visite
« est aussi un témoignage de sympathie pour la classe si
« délaissée des malheureux. Elle est le grand moyen de rap-
« prochement des riches et des pauvres, et ce qui doit aider
« le mieux à résoudre la question sociale. L'action de la
« femme dans ces visites est plus efficace que celle de
« l'homme. C'est pourquoi les dames de charité doivent

« s'attacher à leur association, l'estimer grandement et la
« faire prospérer, afin de mériter la récompense que Jésus-
« Christ a promise aux cœurs charitables (1). »

La visite des pauvres ! Ah, que voilà une sainte et précieuse
chose et que Mgr Turinaz a raison de la recommander avec instance ! Il ne s'agit plus en effet, aujourd'hui, de jeter quelqu'aumône « dans le sein des malheureux », comme dit la
littérature démodée. Il ne suffit plus de remplir le rôle honorable, mais désormais vulgaire ou stérile, de ces dames élé-
gantes ou de ces excellents jeunes gens qu'on admire et qu'on
peut appeler les comparses de la charité.

Porter à la boutonnière une jolie rosette bleue et blanche,
conduire à leur fauteuil les dames quêteuses, ou dire d'une
voix étudiée, qui perce les cœurs les plus endurcis, le « *pour
les pauvres, s'il vous plaît* », c'est très louable. Mais ce ne sont
là que les moindres offices de la charité. Il nous faut aujour-
d'hui des escaladeurs de mansardes, il nous faut de vaillantes
et humbles visiteuses de taudis.

Nous n'avions affaire jadis qu'aux épouvantements de la
misère ; aujourd'hui, ce que nous trouvons devant nous, c'est
la haine farouche, irréconciliable, mortelle. Il y a des pauvres,
hélas ! qui détestent assez la religion pour préférer la mort
la plus horrible et la plus délaissée, aux secours que leur apportent les amis de la religion ; et puisque la charité, une
dans son essence, est variable en ses applications, il faut
aujourd'hui aller aux pauvres. Il faut faire plus que de leur
donner du pain. Il faut s'asseoir près d'eux, leur parler de
leur misère, leur faire raconter leur histoire ; il faut se dire
qu'ils sont plus innocents et meilleurs qu'ils ne le paraissent,
et se mettre à les consoler. Que l'abominable politique ne se
permette jamais d'intervenir entre ces malheureux et nous. Ils
souffrent. Nous voulons les empêcher de souffrir, tout est là.

(1) *Extrait* des procès-verbaux de la Société.

Depuis 1820 jusqu'aujourd'hui, voici quels ont été les supérieures et les syndics de l'Association des dames de charité de la Ville-Neuve. *Supérieures* : Madame de Morville, Mlle du Houx, Madame d'Arbois de Jubainville, et Madame Rolland de Malleloy qui a été nommée en 1852 et qui exerce encore aujourd'hui. *Syndics* : Messieurs de Landrian, de Myon, d'Arbois, Drouet, Slawinski et Roussel nommé en 1886. Le dernier compte-rendu financier énumère ainsi les aumônes distribuées : 4,028 kilog. de viande, 5,544 kilog. de pain, 2,216 bons de houille, 159 couvertures, 1,995 mètres de cretonne, 343 mètres de toile, 314 mètres de flanelle, 259 berceaux, 3,550 kilog. de paille, secours en argent 737 fr. Cela donne une dépense totale de 12,425 fr. pour l'année 1888-89.

Le nombre des dames de charité de l'association de la Ville-Neuve varie entre 50 et 60.

En 1870, M. l'abbé Barbier, curé de la paroisse Saint-Vincent et Saint-Fiacre, laquelle, de fondation relativement récente, ne participait pas aux charités des associations précédentes, résolut d'établir pour cette paroisse une Association de dames de charité, sous le patronage de Saint-Vincent de Paul. Un bureau composé d'une présidente, d'une vice-présidente, d'une secrétaire et d'une trésorière, et dirigé par Monsieur le curé, est à la tête de l'association qui comptait, en 1889, 136 membres actifs et honoraires.

Les ressources sont alimentées par les cotisations des membres, par le produit d'une loterie annuelle et par des dons particuliers. Les recettes pour l'année 1887-88 se sont élevées à la somme de 4,891 fr. 10 et les dépenses à la somme de 4,139 fr. 55.

. Ces dépenses ont été nécessitées par l'achat de pain, de pommes de terre, de paille, de chaussures et d'étoffes pour vêtements.

Le mercredi de chaque semaine, d'une heure à quatre, quelques dames de charité se réunissent, dans une salle offerte gracieusement par les Sœurs de Saint-Charles, dans leur maison de la rue de Boudonville, et confectionnent des vêtements pour les pauvres.

Depuis sa fondation, l'Association des dames de charité de Saint-Vincent et Saint-Fiacre entretient un petit garçon dans la Maison des apprentis. Elle a aussi pendant deux ans payé la pension d'une jeune aveugle à la Maison Saint-Paul. Elle a fait entrer au Bon-Pasteur et au Saint-Cœur de Marie plusieurs jeunes filles pauvres, qui avaient besoin d'être surveillées.

Dès l'année 1873, un ouvroir, composé de jeunes filles charitables et de bonne famille, fut annexé à celui des dames de charité. Ces jeunes filles confectionnent de petits vêtements et spécialement des layettes, qui sont distribués aux enfants pauvres de la paroisse. Pendant l'année 1888, la Société des dames de charité de la paroisse Saint-Vincent et Saint-Fiacre a secouru 92 familles.

Le jour de la fête de saint Vincent de Paul et aux funérailles des membres de l'Association, les dames de charité portent une médaille d'argent, suspendue à un ruban vert et blanc. Mgr Foulon a béni les premières médailles le jour de la fête patronale de juillet 1872.

Cette Association des dames de charité de la paroisse Saint-Vincent et Saint-Fiacre est une des Sociétés charitables les plus prospères de Nancy. Ses membres sont très zélés, pour se recruter et pour recueillir les aumônes abondantes qui leur permettent de soulager un grand nombre de pauvres. Cette association, très chère à M. le curé son fondateur, est d'un puissant secours pour maintenir et augmenter dans sa belle paroisse le respect, l'amour et la pratique de la religion.

Il faut ajouter qu'un grand esprit d'amabilité, de patience et de douceur règne dans toute l'association, grâce au zèle prudent et ferme qui anime les membres du bureau, ainsi composé aujourd'hui : *présidente* Mme la comtesse de Diesbach ; *vice-présidente* Mlle Pierson ; *secrétaire* Mme Noël ; *trésorière* Mme Lindenfelder. Mme la comtesse de Diesbach est la troisième présidente ; elle a été précédée dans cette fonction par Mme Ragon de Laurencey, qui elle-même avait succédé à Mme la baronne Daurier, présidente fondatrice.

Les noms que l'on trouve dans les trois associations des dames de charité de Nancy nous rappellent cette parole d'un célèbre écrivain catholique : « La vertu de charité, si belle « dans les grandes familles, est le plus fort pilier de l'ordre « social. C'est la dîme payée volontairement aux pauvres de « Jésus-Christ » (1). Le fait suivant, qui nous a été raconté, prouverait à lui seul la vérité de ces paroles.

Jeanne X... avait souvent entendu son père, ouvrier ciseleur, socialiste et athée, lui répéter ces horribles paroles : *Si jamais tu tombes dans la misère, défie-toi de ceux qui font l'aumône, ma fille ; c'est une manière d'entrer pour amener le prêtre, afin de prendre le mari, la femme, les enfants... et tout ce qu'ils peuvent.....*

L'épreuve était venue et ces mots étaient restés dans l'esprit de la jeune femme. Après avoir travaillé longtemps, jour et nuit, pour nourrir ses deux enfants et son mari malade, elle sentait ses forces et sa santé fléchir ; elle comprenait qu'elle allait être condamnée à l'aumône de ceux que son père lui avait appris à maudire. Elle tremblait de les voir entrer dans son pauvre réduit. Les dames de charité se présentèrent, en effet, mais la malheureuse Jeanne se montrait si défiante et si dure envers elles que, dans l'espace de quelques mois, trois visiteuses l'avaient abandonnée, désespérant de pouvoir toucher son cœur.

Elle va bientôt me parler du curé ! pensait Jeanne, dès qu'une de ces dames entrait. Quelquefois, en effet, on lui en parlait trop tôt. On lui en parlait en lui remettant un morceau de pain ; cela faisait à la pauvre femme l'effet d'un marché qui

(1) L. Veuillot : *Çà et là.*

l'exaspérait. Quelques visiteuses prirent prétexte du sombre silence et de la grossièreté des manières de Jeanne pour la délaisser. — *Vous visitez Jeanne,* disait une des premières à celle qui lui avait succédé. *Ah! ma chère, j'y ai été pendant trois mois... C'est une misère sans fond. Croyez-moi, il n'y a rien à faire...* — Jeanne, reprenait une autre, *je ne connais qu'elle; j'en ai fatigué tous les miens. A la fin mon mari m'avait défendu de prononcer son nom.* Toutefois, depuis quatre mois et demi, Jeanne était visitée par la même dame de charité, Madame B... Plusieurs fois, Jeanne avait dit à son mari : *C'est drôle qu'elle ne m'ait pas encore récité ses litanies.* — *Tu vois bien qu'elle vaut mieux que les autres,* reprenait le mari. — *Bah! elle va bientôt nous lâcher! Ça ne dure pas longtemps, ces grandes dames!* Cependant Madame B... persévérait, malgré l'amertume et la tristesse qui l'envahissaient chaque fois qu'elle sortait de la misérable demeure, malgré les observations de son mari, qui s'impatientait de la voir si longtemps secourir des pauvres orgueilleux et intraitables. *Je vous dis, ma chère, qu'avec ces gens-là, ça ne finit jamais,* disait Monsieur B. — *Voilà pourtant comme nous sommes nous autres,* répondait sa femme en riant; *il faut du changement, pour nous donner des sensations nouvelles. Ah! c'est bien heureux que le Bon Dieu ne fasse pas de même avec nous, et qu'il nous attende patiemment.*

Je m'étonne comme elle dure! répétait Jeanne, en voyant toujours revenir Madame B. Devant cette constante et discrète bonté, parfois il lui venait des moments d'attendrissement. Le jour des Morts surtout, son cœur parut s'adoucir. Sa visiteuse lui apporta un vase de fleurs, et lui dit : *Allez porter ces fleurs sur la tombe de votre père; moi, je vais garder vos enfants.*

Enfin, un mois après, Madame B. triompha de la défiance et de la dureté de ces malheureux. C'était la veille de la Fête de Saint-Nicolas. Depuis quinze jours, Jeanne brodait avec

ardeur, afin de pouvoir donner à ses chers petits les cadeaux
du patron des enfants en Lorraine. Les enfants s'empressèrent
de mettre leurs sabots sous la cheminée. Hélas ! la soirée
s'avançait, et Jeanne, qui avait terminé son ouvrage une
heure auparavant, rentrait à la maison, en disant à son mari :
Le patron ne veut pas recevoir ma broderie, c'est trop tard. Ah !
mon Dieu, mon Dieu, s'écria-t-elle désespérée, en se laissant
tomber sur sa chaise, *et dire qu'il y a des gens qui croient à*
la Providence !

Tout à coup, on frappe à la porte ; c'est Madame B. Elle
entre vivement, fait un signe à Jeanne, va droit au berceau,
embrasse les enfants endormis : *Oh ! les chers petits !* Puis,
ouvrant son panier, elle s'agenouille devant la cheminée,
met un pantin dans un sabot, une poupée dans l'autre et des
bonbons tout autour. Refermant ensuite son sac, elle rabat
son voile, et dit gaiement : *Je me sauve, car il faut que j'aille*
aussi arranger mes petits sabots à moi. Elle avait la main sur
la porte pour l'ouvrir, quand elle entend un cri étouffé... C'est
Jeanne qui, après avoir regardé cette scène sans prononcer
une parole, éclate tout à coup en sanglots et se précipite
dans les bras de sa bienfaitrice : *Mes petits ! mes pauvres*
petits ! s'écrie-t-elle. Les larmes, accumulées depuis des années, s'échappent à flots. Le dimanche suivant, les enfants
de Jeanne allaient à l'église avec les enfants de la dame de
charité.

C'est étrange, dit Monsieur B., *depuis six mois que vous sou-*
tenez ces gens là, ils ne vous ont jamais montré la moindre
reconnaissance ; et voilà maintenant pour un malheureux pan-
tin !...

— *Eh ! oui, mon ami ! tant que j'ai payé leur pain et leur*
loyer, ils ont cru que je venais simplement pour les empêcher de
mourir de faim ; et c'est seulement le jour où j'ai donné des
jouets à leurs enfants qu'ils ont compris enfin que je les aimais.

Pour achever de dire ce que la charité et la bienfaisance

font à Nancy, en faveur des petits enfants et de leurs mères, il
faut ajouter que la *Maison de secours* reçoit gratuitement les
jeunes mères. Cette bienfaisance a pour but de protéger la vie
et l'âme des enfants, et aussi de donner aux élèves en médecine des leçons pratiques.

Voici comment cette œuvre de charité a été établie et organisée à Nancy. « Frappés des malheurs qu'entraîne l'igno-
« rance des sages-femmes de la campagne, lisons-nous dans
« les *Affiches de Lorraine et Barrois* du 4 mai 1786, Mgr l'E-
« vêque de Nancy et M. l'Intendant de Lorraine viennent d'éta-
« blir en cette ville un cours public et gratuit. » Les *Affiches*
indiquent ensuite à quelles conditions les élèves seront reçues
et les privilèges dont elles jouissent. Cet état de choses subsista jusqu'à la Révolution. « On parle souvent fort mal de
l'Ancien Régime, ajoute bonnement à ce propos M. Courbes, à
qui nous empruntons cette citation ; c'est bien à tort, car il
avait beaucoup de bon ». Ces cours pratiques et gratuits, établis au siècle dernier, par les autorités civiles et religieuses,
ont continué jusqu'aujourd'hui, en passant par diverses péripéties et en subissant des modifications, nécessitées par les
circonstances.

L'hospice Saint-Stanislas, rue Saint-Dizier, est aussi une
œuvre de charité en faveur des *petits enfants.* Jusqu'au dernier siècle, dit M. Courbes, on s'était fort peu occupé, à Nancy,
des enfants abandonnés. S'en chargeait qui voulait. La ville
prenait quelquefois à sa charge l'entretien de ces enfants, pendant qu'ils étaient en nourrice, jusqu'à ce qu'ils pussent être
admis à l'hôpital Saint-Julien ; mais la plupart du temps, les
parents nourriciers les considéraient comme leurs et conti-
nuaient à les élever. C'est en 1774 que fut fondé à Nancy
l'hospice des *Enfants trouvés,* par décret de Stanislas, avec
220,000 livres de revenus et le droit de recevoir' toutes les
marchandises confisquées, pour contraventions aux règlements
de police. A la Révolution, l'hospice des enfants trouvés devint

l'hospice des *Enfants de la patrie* et fut placé sous l'administration de la commission des hospices civils de Nancy. De 1774 à 1796, l'hospice reçut 8,521 enfants, environ 370 par an; quand il passa sous la direction de l'administration civile, il n'en reçut plus que 150 chaque année (1). Cependant les sœurs de Saint-Charles continuèrent à le diriger. En 1805, l'hospice des *Enfants trouvés* fut réuni à l'hospice des *Orphelins* et établi dans l'ancien collège des Jésuites, près de la porte Saint-Nicolas, où il se trouve encore aujourd'hui. C'est en 1821 qu'il prit le nom d'*Hospice Saint-Stanislas*.

Une fois admis à Saint-Stanislas, les enfants trouvés sont considérés comme orphelins. Nous dirons, quand nous parlerons des orphelins, les soins dont ils sont l'objet.

Après avoir reçu l'enfant pauvre dans ses langes, la Charité lui offre un refuge dans ses *Crèches* et le garde pendant les longues heures de la journée, que la mère est obligée de passer loin de son domicile.

CHAPITRE III

LES CRÈCHES

Origine des Crèches. — Nécessité et avantages des Crèches pour la mère, pour l'enfant, pour toute la famille. — Création des Crèches à Paris, par M. Marbeau. — Objection contre les Crèches. — Résultats des Crèches. — Statuts de la Société des Crèches, à Nancy. — Fondation de la Crèche Saint-Nicolas. — Crèche Notre-Dame. — Dépenses nécessitées par les Crèches de Nancy.

La misère engendre la misère, mais la charité produit la charité. Mme la marquise de Pastoret, l'intelligente et zélée vice-présidente de la Société maternelle, eut la première l'idée d'aider les mères pauvres à nourrir et à élever leurs petits en-

(1) Courbes, *Rues de Nancy*, II, 115.

fants. « C'est de l'année 1804, dit-elle, que date le premier éta-
« blissement que j'aie tenté pour recueillir les pauvres petits
« enfants isolés et sans secours, pendant les travaux journaliers
« de leurs mères. Je rencontrai un jour l'une d'elles, que j'allais
« visiter, parce que je l'avais fait admettre aux secours de la
« Société maternelle. Elle était chargée de linge, qu'elle venait
« de laver à la rivière, afin de gagner sa vie et celle de son en-
« fant. Nous entrâmes dans sa chambre, qu'elle avait eu soin
« de fermer à clef; son petit enfant avait été posé sur son lit,
« mais il était tombé et baignait dans son sang. La pauvre
« femme me dit en pleurant et comme pour s'excuser : *Je n'ai*
« *pas le moyen de le faire garder ; on me demande huit ou dix*
« *sous par jour et je ne puis en gagner que vingt-cinq.* »

La naissance d'un enfant dans les familles pauvres, si elle
est une joie, comme dans les familles les plus fortunées, serait
souvent aussi une source d'épreuves et parfois une cause de
misère profonde, si la charité ne venait pas à leur secours.
Une femme d'ouvrier est ordinairement ouvrière elle-même ;
c'est sa meilleure condition et, pour elle, le moyen le plus facile
et le plus sûr de gagner sa vie et de vivre en paix avec son
mari. Mais avec un enfant qu'il faut nourrir, soigner et garder constamment, comment la mère pourra-t-elle continuer
son travail dans l'atelier ou la fabrique ? Comment pourra-t-
elle, même en travaillant chez elle, gagner suffisamment, pour
subvenir à toutes les dépenses de son ménage, si à chaque heure
elle doit être occupée de son enfant ? Et si la pauvre mère,
pour pouvoir se livrer à son travail, confie son enfant à une
nourrice ou à une gardienne mercenaire, à quel péril ne l'ex-
pose-t-elle pas ? *Sur cent enfants,* dit une statistique officielle,
*convenablement soignés par leurs mères, la moyenne des décès
dans la première année est de* DIX *; sur cent enfants confiés à
des nourrices, la moyenne de ceux qui meurent est de* CINQUANTE !
« Comment pourrait-il en être autrement, s'écrie le docteur
« Isarié, lorsque, sans aucune espèce de surveillance, de

« pauvres enfants sont livrés à la cupidité de malheureuses
« femmes qui, à défaut de lait, les gorgent d'aliments grossiers,
« que l'estomac des adultes eux-mêmes ne saurait digérer et
« qui, agissant sur eux en véritables poisons, les tuent ou
« les laissent dans un état de dépérissement tel, que tous les
« soins imaginables ne peuvent les rétablir. »

Ainsi, outre l'impossibilité où se trouve une ouvrière de payer
la nourrice ou gardienne de son enfant, le danger même, auquel elle exposerait cet enfant, lui interdit de le confier à de
telles mains. Que faire alors? D'un côté, un travail nécessaire
pour gagner le pain de chaque jour l'appelle à l'atelier, ou
lui impose chez elle une tâche incessante ; d'autre part, son
enfant est là, qui exige sa présence continue ou celle d'une
personne de confiance. Cette personne de confiance, sera-ce
le petit frère ou la sœur aînée ? Hélas ! qui n'a rencontré
vingt fois un pauvre enfant de huit ou dix ans, une jeune
fille surtout, portant dans ses bras, ou tenant sur ses genoux, un nourrisson au maillot, son petit frère, sa petite sœur?
Sans doute le dévouement du petit gardien, de la petite gardienne sont parfois dignes d'éloges ; mais le plus souvent,
n'est-ce pas un spectacle navrant, de voir ces deux enfants
ainsi exposés à toutes les détresses de l'abandon, à tous les
dangers de la rue?

Ecoutons encore à ce sujet Mme de Pastoret : « Je rencontrais
« souvent, dit-elle, sous nos galeries de la place Louis XV,
« une petite fille de six à sept ans, faible et pâle ; sa mère
« l'avait chargée du soin de sa sœur, enfant de quelques mois,
« et, pour suppléer à la force qui manquait à sa fille aînée,
« la mère liait autour de son cou et de ses épaules la pauvre
« petite emmaillotée. C'est ainsi que les deux enfants pas-
« saient leur journée, attachées l'une à l'autre. Un jour je défis
« tous ces nœuds, parce que je ne pouvais voir sans pitié la
« petite fille de sept ans s'asseoir fatiguée et s'appuyer contre
« la muraille, c'est-à-dire contre l'enfant même qui tenait à

« sos épaules. En examinant l'enfant emmaillotée, je la vis
« entièrement contrefaite, l'épine dorsale voûtée. Je cherchai
« tout de suite, presque sans autre guide que la Providence,
« une sœur hospitalière. Je lui adjoignis une bonne femme,
« je les établis dans deux grandes pièces chauffées, rue Miro-
« mesnil. Mais je voulais trop faire, je ne réussis pas. »

Cette œuvre manquée de Mme de Pastoret exista quelque
temps, sous le nom de *Salle d'hospitalité,* pour les enfants
au-dessous de quinze mois. Cette institution ne put subsister
faute d'un personnel convenable, qu'elle ne put recruter. Mais
si l'œuvre tomba, l'idée se conserva et fut reprise en 1844
par un membre du bureau de bienfaisance de Paris, M. Marbeau, qui la mena à bonne fin.

Visitant un jour un des quartiers populeux du premier arrondissement, cet honorable magistrat fut témoin d'un spectacle
qui l'émut profondément et l'excita à organiser l'œuvre des
crèches, telle que nous la voyons aujourd'hui.

M. Marbeau venait de pénétrer dans une impasse téné-
breuse et infecte, à la recherche d'une pauvre femme à qui il
était chargé de remettre un secours du bureau de bienfaisance. Cette femme, apprenant que quelqu'un allait monter
chez elle, de peur de laisser voir la misère profonde de son
appartement, s'empressa de descendre et d'aller à la rencontre
de M. Marbeau, qui la trouva dans la rue un petit enfant sur
le bras et un autre plus âgé à la main. *Vous avez un troisième
enfant?* lui dit le magistrat. — *Oui, Monsieur, l'aîné, il est à
l'asile.— Et ces deux-ci qu'en faites-vous pendant la journée?
— Je les mène à la garderie, mais c'est bien lourd ! Quatorze
sous par jour pour chacun, et je ne gagne que deux francs.*

Pendant cette conversation, M. Marbeau, remarquant le teint
pâle et la maigreur extrême de la misérable femme, fut vivement touché de compassion. Il voulut voir la *garderie* d'enfants. C'était une salle humide et sombre au rez-de-chaussée,
où une vieille femme pauvre recevait et gardait un certain

nombre de petits enfants, souffreteux et misérables. L'administration autorisait environ trois cents garderies pour Paris. Ces garderies étaient surveillées, passablement dirigées, mais il y en avait une foule d'autres établies par des particuliers comme moyen de spéculation. Elles étaient déplorables ; l'insuffisance des soins et l'insalubrité en faisaient des réduits, extrêmement dangereux pour les enfants.

M. Marbeau, en homme intelligent et charitable, comprit les avantages que pouvaient offrir aux ouvriers des garderies bien organisées. Il saisit de son projet le bureau de bienfaisance du premier arrondissement, qui l'accueillit avec empressement, mais ne crut pas devoir s'en charger comme institution administrative. Tous les membres pensèrent que c'était à la bienfaisance privée à réaliser cette création nouvelle. Pour donner, dit M. Lecomte, à leur opinion la consécration de leurs actes, ces messieurs s'empressèrent de s'inscrire sur la liste des fondateurs. Les dames de charité du quartier aidèrent avec empressement M. Marbeau. La supérieure des Sœurs de la Sagesse fournit le local, qui fut aussitôt aménagé. Quand il fut prêt, on songea à le baptiser, ou mieux à lui donner un nom. Jésus, naissant pauvre à Bethléem et déposé dans une crèche, fut le parrain de la nouvelle institution, qui prit le nom de *Crèche*. — *O Berceau de Jésus*, s'écria M. Marbeau, *protégez le berceau du pauvre !*

Le 14 novembre 1844, M. le Curé de Chaillot, qui avait été un des puissants promoteurs de cette œuvre, bénit la première crèche, en présence des fondateurs et des dames de charité. Douze berceaux, quelques tables, de petits fauteuils et un crucifix, tel était le mobilier de la première crèche. Dès les premiers jours, l'établissement fonctionna avec une régularité parfaite ; toutes les espérances furent dépassées. Il n'y eut qu'un cri de reconnaissance et d'admiration pour M. Marbeau. La crèche fut visitée par tous les amis des pauvres. On s'attendrissait à la vue de ces pauvres petits, arrachés à une demeure sombre et malpropre, où ils étaient si souvent délaissés, et reposant maintenant dans un berceau commode, en plein air et inondés de soleil.

A l'admiration succéda la critique. Toutes les objections, que l'on peut encore entendre aujourd'hui, contre cette belle œuvre des crèches, se produisirent dès son apparition. *En gardant son enfant chez elle*, disait-on, *la mère conserve l'esprit de famille, premier élément de moralité.* Cette objection serait juste si l'ouvrière pouvait, en même temps qu'elle soigne et garde son enfant, travailler à gagner sa vie. Mais puisque les mœurs nouvelles exigent que la femme pauvre confie son enfant à des mains étrangères, afin de pouvoir travailler, ne vaut-il pas mieux le porter à la crèche, que de le confier à toute autre personne? La crèche, du moins, permet à la femme du peuple de donner encore des soins à son enfant.

En ne recevant l'enfant, convenablement emmailloté, qu'aux heures de travail, en le rendant à la fin de la journée, sainement nourri, propre et reposé à sa mère, qui est venue l'allaiter aux heures des repas, la crèche n'affranchit celle-ci d'aucun des soins qu'elle doit à son enfant, et la jeune mère, par les exemples dont elle est témoin, se forme nécessairement aux soins de l'hygiène et de la propreté si nécessaires à l'enfant.

On dit encore : *Mais n'est-ce pas favoriser l'insouciance, la paresse, le vagabondage, de décharger ainsi les mères de famille des soins à donner à leurs enfants?* On peut répondre qu'une femme qui profiterait des secours qu'on donne à son enfant, pour se livrer à l'inconduite, serait immédiatement privée de tout secours; car le but de la Société des Crèches, c'est précisément de moraliser les parents et les enfants. La faible rétribution exigée par la Société des Crèches (15 ou 20 centimes) suffit à peine à couvrir les frais de blanchissage et d'alimentation; néanmoins, elle suffit pour contraindre les parents à des efforts et à subvenir à une dépense. N'est-ce pas là l'idéal de la charité intelligente et vraiment chrétienne? Au lieu de déposer avec insouciance, entre les mains des pauvres, une somme d'argent, dont ils pourraient abuser, on les met à même de travailler et de se procurer eux-mêmes les choses dont ils ont besoin. Est-ce là favoriser la paresse? N'est-ce pas plutôt exciter au travail, à l'économie, à la régularité? N'est-ce pas, en un mot, la charité de saint Vincent de Paul lui-même, qui blâmait et défendait l'aumône faite sans discernement aux vagabonds et divisait les pauvres en trois catégories? A ceux, disait-il, qui ne peuvent gagner leur vie (enfants, vieillards, estropiés, infirmes), on doit donner tout ce dont ils ont besoin pour vivre; — 2° à ceux qui, en travaillant, ne peuvent gagner que la moitié de ce qui leur est nécessaire, il faut donner l'autre moitié; — 3° enfin, à ceux qui ne peuvent gagner que le quart, on doit donner les trois autres quarts. En dehors de ces catégories, les hommes valides peuvent gagner leur vie en travaillant; s'ils ne le font pas, s'ils s'obstinent à mendier, il faut les repousser et leur refuser tout secours.

Pour cela, le bon prêtre ne faisait nulle difficulté de faire appel aux maires et aux corps de ville ; cela prouve que la plus ardente charité exclut très bien la mollesse et toute condescendance engendrée par la faiblesse, pour s'allier naturellement à une grande fermeté. Telle est la méthode que s'est imposée l'Œuvre des Crèches, lesquelles rendent à la mère de famille toute sa liberté d'action, afin de l'aider à devenir meilleure et plus utile à sa famille, comme l'abeille, à qui l'on donne la clé des champs pour rapporter, des fleurs qu'elle a butinées, un produit plus abondant ; ce profit honorable lui fait dire avec consolation : *J'aime mon enfant, et je le prouve en travaillant pour lui.*

On nous cite une ville qui, en 1887, a dépensé pour ses crèches 6,824 francs, dont 2,824 pour 14,963 journées de présence, soit 35 francs par enfant. Or, supposez seulement le

prix de journée de travail de la mère de famille à 1 fr. 25 ; c'est
une somme d'environ VINGT MILLE francs que l'Œuvre a permis
aux ouvriers d'économiser. Quelle magnifique aumône !

Mais ce n'est pas seulement la mère qui profite de l'institution de la crèche, c'est encore l'enfant. Toutes les indispositions,
toutes les petites maladies qui l'assiègent, combattues dans
leur principe, sont vaincues avant d'être développées. « Nous
« pouvons dire, — écrit le docteur Gachet dans un rapport
« annuel, — que la plupart des enfants arrivés à la crèche dans
« un état de maigreur et de débilité déplorable, sont aujour-
« d'hui frais, gras et vigoureux, grâce aux soins dont on les
« entoure et à la bonne nourriture qu'on leur donne, avec
« mesure, intelligence et régularité ! »

Un inspecteur interrogeant un jour, dans une des salles de
la crèche, une femme qui allaitait son nouveau-né, lui demanda comment elle aurait fait sans la crèche. — *Ah !
Monsieur*, répondit-elle en soupirant, *j'aurais fait comme
pour son frère..... Je suis marchande de pommes, je gagne à
peine quinze sous par jour, il n'était pas possible d'en donner
quatorze..... Le cher petit est mort à quatorze mois, et si la
crèche eût existé, il vivrait encore.*

Une autre femme racontait qu'elle devait à la crèche la
paix de son ménage. Son mari, sombre et brutal tant qu'elle
ne pouvait reprendre son travail, parce qu'il fallait garder son
enfant, avait complètement changé, depuis que l'enfant était
admis à la crèche et lui permettait de travailler.

Une troisième se félicitait que son petit garçon pouvait
maintenant fréquenter l'école, depuis que sa petite sœur,
qu'il était obligé de garder autrefois, était placée à la crèche,
où elle trouvait des bras pour la porter et une voix pour lui
chanter doucement les noms de Jésus et de Marie.

Tous les membres de la famille profitent donc de la crèche :
l'enfant, la mère et même le père. « Croyez-vous possible, écrit
« une dame de charité à une amie, croyez-vous possible que

« les femmes du peuple pénètrent journellement dans cette
« maison, sans recueillir pour leur âme des impressions ver-
« tueuses? La femme la plus légère, ou la plus ignorante, ne
« verra pas longtemps son enfant être l'objet des soins les
« plus dévoués, jouir d'un bien-être complet, sans que son
« cœur en soit touché. Cette dame patronnesse, qui visite
« son enfant et veille à ce qu'il soit pourvu de tout, cette
« sœur surtout, qui tend les bras à toute heure, pour recevoir
« le fils d'une étrangère, qui écoute le récit des peines et
« des chagrins de ces pauvres ménages, ne resteront pas
« toujours sans influence. Un jour cette mère se dira :
« *Elle est bien bonne sœur Alexis ; ma vie est changée, depuis*
« *que je la connais. Hélas ! mon premier enfant ne serait pas*
« *mort si je l'avais mis à la crèche. Ces pauvres religieuses,*
« *comme elles arrangent nos enfants ! Que de peines !... Et*
« *toute la vie !... Et pour Dieu!* Bientôt cette femme aimera le
« Bon Dieu de sœur Alexis. Alors l'intimité et la confiance s'é-
« tabliront entre les sœurs et les pauvres. Le mal se réparera,
« l'ordre s'établira et la paix habitera dans la mansarde. »

Une mère nous racontait dernièrement avec attendrissement que son jeune enfant de deux ans et demi, arrivant un
soir de la crèche, avait pris la main de son père, et lui montrant à faire le signe de la croix, lui avait dit en suppliant :
Papa, la prière comme à la crèche !

L'œuvre des crèches, si chrétienne par son nom et son origine, ne l'est donc pas moins par le but qu'elle se propose, les
moyens qu'elle emploie et les résultats qu'elle obtient. Plusieurs enfants doivent aux crèches, entre autres bienfaits, la
grâce incomparable du baptême ; et nous pouvons dire que
sous la même influence, quelques unions contractées en
dehors de l'Eglise ont été sanctifiées par le mariage religieux. L'œuvre des crèches appartient à la religion et il
dépend des catholiques d'y trouver un moyen d'apaisement
et de salut pour les pauvres ouvriers.

La meilleure preuve de l'excellence des crèches, c'est l'empressement qu'ont mis à les créer, à les soutenir et à les protéger, les hommes les plus intelligents et les plus charitables de notre époque. Aujourd'hui l'œuvre française des crèches existe jusqu'en Chine. L'administration civile proclamait, dès 1845, par l'organe du Ministre de l'intérieur, qu'il était d'une bonne administration de favoriser, de toute son autorité, la propagation des crèches. Le Pape, dans une bulle en date du 27 janvier 1846, étendit sur leurs bienfaiteurs les indulgences et les bénédictions de l'Eglise. Mgr Freppel proclame la crèche *la fleur de nos institutions charitables.*

Il faut croire que l'œuvre des crèches n'était pas connue sous cet aspect, dès le principe, à Nancy ; car je lis dans une petite brochure intitulée : *Manuel des œuvres et institutions de charité du diocèse de Nancy,* en 1855 : « Une généreuse « tentative a été faite, pour l'établissement d'une crèche à « Nancy, quelques années après la crèche fondée à Paris par « M. Marbeau. Mais ni les habitudes ni les besoins de la popu- « lation n'ont secondé ce projet, qui a échoué. » Or, il existe aujourd'hui à Nancy *deux crèches,* établies par une société dite : *des crèches de Nancy.*

Voici les principaux articles des statuts de cette société :

ARTICLE I. — Pour le service des pauvres de tout culte résidant à Nancy, il est fondé en cette ville une Société charitable, ayant pour objet l'établissement de crèches, destinées à recevoir et à soigner, pendant la durée ouvrière de chaque jour ouvrable, les enfants âgés de plus de quinze jours et de moins de trois ans, dont les mères se conduisent bien et travaillent hors de leur domicile.

ART. IV. — Le fonds social se compose : 1° des sommes versées par toute personne pour acquérir le titre et le droit de fondateur de l'œuvre; 2° des sommes versées pour la fondation d'un berceau ; 3° des cotisations annuelles des bienfaiteurs, souscripteurs; 4° des dons en nature, notamment en lingerie et objets mobiliers; 5° du montant des rétributions quotidiennes payées par les parents des enfants recueillis ; 6° du produit des troncs placés dans chaque crèche ; 7° de l'importance de tous les dons et legs faits par toutes personnes au profit de la Société ; 8° des produits des sermons de charité, des quêtes, des réunions, concerts, loteries et ventes de Bienfaisance ; 9° des subventions accordées par l'Etat, le département, l'administration municipale, le bureau de bienfaisance et toute société charitable ; 10° des immeubles et du matériel acquis par la Société ; 11° des placements faits comme capital de dotation ou comme emplois temporaires.

Art. V. — La qualité de *fondateur* de l'œuvre s'acquiert par le versement à la Société, soit en une seule fois ou au plus en quatre annuités, d'une somme d'argent qui ne peut être moindre de cent francs. Les fondateurs bienfaiteurs sont ceux qui donnent au moins cent francs ; les fondateurs souscripteurs sont ceux qui, outre le don de cent francs au moins, versent chaque année une cotisation de dix francs.

Art. VI. — Moyennant une somme de cinquante francs donnée une fois pour toutes, toute personne est admise à fonder, un berceau qui porte son nom. Le fondateur d'un berceau n'est pas sociétaire.

Art. VII.— La Société est administrée par trois groupes distincts d'associés fondateurs, nommés par l'assemblée générale et dont les fonctions sont gratuites. Ces trois groupes sont : le comité des *dames patronnesses*, la *commission administrative* et le *comité médical*. Chacun des trois conseils statue définitivement et en dernier ressort dans les limites de sa compétence.

Art. IX. — Le Comité des dames patronnesses de trente membres (dames ou demoiselles), avec une présidente, trois vice-présidentes, deux trésorières et deux secrétaires. Toutes les autres dames, membres du comité, sont inspectrices.

La compétence du Comité des dames s'étend à tous les détails du fonctionnement intérieur des crèches. Le Comité surveille l'installation, ordonne les achats du matériel mobilier, nomme et révoque les gouvernantes, les surveillantes et les berceuses, fixe les traitements et salaires des employés, arrête le chiffre de la rétribution des familles, surveille la tenue des registres et préside au bien-être physique et moral de l'établissement.

Art. X. — La Commission administrative composée de neuf membres administre seule la fortune sociale de l'œuvre ; elle fait le budget et arrête les comptes. Son trésorier reçoit les comptes du Comité des dames, encaisse les versements et fournit les fonds nécessaires pour la dépense.

Art. XI. — Le Comité médical se compose de cinq médecins chargés d'inspecter, de surveiller et de visiter les crèches, ordonnant toutes les mesures sanitaires, notamment celles ayant trait à l'alimentation des enfants et à la salubrité des locaux.

Art. XII. — L'assemblée générale comprend tous les fondateurs convoqués par la présidente du Comité des dames. Cette assemblée est souveraine. Elle entend le rapport annuel sur la situation morale, matérielle et financière de l'œuvre. Elle procède à l'élection des membres des trois conseils. Cette assemblée générale se réunit de droit une fois par an dans le courant du mois de mars.

Art. XIII. — Chaque année, dans le courant de mai, a lieu une séance publique à laquelle sont convoqués tous les bienfaiteurs de la Société. Il est rendu compte de la situation et des progrès de l'œuvre.

Art. XIV. — Deux règlements sont dressés par le Comité des dames ; l'un, général, traite de l'installation et des fonctions des crèches ; l'autre, intérieur, a trait à la police de la crèche. Un exemplaire de ce règlement est affiché dans chacune des salles.

Ces statuts furent adoptés dans les premiers mois de 1877 à l'assemblée générale qui se tint le 27 avril. Depuis longtemps Mme Mény, frappée de l'état d'abandon d'un grand nombre d'enfants confiés à des gardeuses, ainsi que de la sécurité qu'une crèche bien organisée offrirait aux mères de famille, avait fait de nombreuses démarches, pour obtenir la coopération des personnes disposées à concourir à la création d'une société des crèches.

Dans une première réunion tenue le 27 février de la même année, à la maison des sœurs de Saint-Vincent-de-Paul, Mme Albert Gigot fut élue présidente de la nouvelle société, qui aussitôt adressa l'appel suivant à la charité « bien connue » des habitants de Nancy :

« Il n'existe pas jusqu'à présent, à Nancy, de crèches pour les enfants du premier âge ; cette lacune dans nos institutions charitables devient de plus en plus regrettable à mesure que s'accroît la population ouvrière. Un grand nombre de mères se trouvent dans la pénible nécessité, soit de renoncer à leur travail, c'est-à-dire à une part importante des ressources de la famille, soit de se séparer de leurs enfants en les confiant à des nourrices de la campagne ou à des gardiennes. La plupart de ces malheureux petits êtres ainsi délaissés paient, sinon de leur vie, du moins de leur santé, les conditions déplorables dans lesquelles ils ont été élevés.

« Un groupe de personnes charitables a pensé qu'il était possible de remédier à un semblable état de choses, et prenant exemple sur ce qui se fait dans beaucoup d'autres villes, elles ont constitué une Société, sous les auspices de laquelle des crèches seront incessamment ouvertes dans différents quartiers de Nancy. Les enfants au-dessous de trois ans y seront reçus depuis le matin jusqu'au soir, moyennant une légère rétribution (15 cent. par jour pour un enfant, 25 cent. pour deux enfants de la même famille). Ils y trouveront une salle aérée, la nourriture convenant à leur âge, des soins de tous les instants, sous la surveillance d'une religieuse et de dames inspectrices. Les mères seront invitées à venir les voir et les allaiter autant que cela leur sera possible. Enfin des médecins veilleront à ce que toutes les conditions d'une bonne hygiène soient observées.

« L'Œuvre des crèches admettra, sans distinction de religion, tous les enfants dont les mères se conduisent bien et que leur travail appelle au dehors.

« Se plaçant uniquement au point de vue de la charité, l'Œuvre s'adresse à toutes les personnes bienfaisantes, à toutes celles qui désirent que la génération nouvelle soit forte et bien portante et, par conséquent, ne s'étiole pas dès la première enfance. Elle espère que son appel sera entendu et que des souscriptions nombreuses lui faciliteront la tâche qu'elle a entreprise. »

Cet appel ne resta pas sans écho : des cotisations, s'élevant à plus de dix mille francs, furent rapidement recueillies.

La première question à examiner et à résoudre fut ensuite celle du local ou de plusieurs locaux destinés à recevoir les enfants.

Après de longues et laborieuses recherches, on reconnut qu'en tenant compte de l'impossibilité à peu près absolue de louer un local convenable, du prix élevé des loyers et des frais considérables d'une appropriation spéciale, la Société avait tout intérêt à construire sa première crèche.

Cette proposition ne fut pas acceptée sans difficulté par le Comité des Dames, justement préoccupé de la responsabilité qu'il encourait, en s'engageant au delà des ressources de la Société. Deux circonstances contribuèrent à lever ces scrupules : d'abord l'avis du Comité d'administration ; en second lieu, l'occasion qui se présenta d'acquérir un terrain dans des conditions avantageuses, tant au point de vue du prix que de sa situation au milieu d'un quartier populeux.

Ce terrain, placé à l'angle de la rue Sainte-Anne et de la rue des Fabriques, appartenait à la Société Immobilière et avait été indiqué par M. l'adjoint Sidrot, qui protégea toujours avec empressement la Société des Crèches.

Le plan adopté pour la crèche fut imposé par les nécessités mêmes du service, ainsi que par les modèles de crèches, que l'on trouve dans les traités spéciaux. Ce ne fut cependant pas sans beaucoup de tâtonnements et sans avoir modifié à diverses reprises la distribution intérieure de la construction, que l'on parvint à l'accommoder aux dimensions et à la forme du terrain. Ces difficultés se trouvèrent encore augmentées par un incident tout à fait indépendant de la volonté du Comité. L'entrepreneur avec lequel on était d'abord entré en relations, ne se trouva pas en mesure de commencer les travaux en temps opportun. L'entreprise fut confiée tardivement à une autre personne, qui apporta toute la célérité possible dans l'exécution des travaux. Le bâtiment fut complètement terminé au mois de mars, et le Comité médical n'en permit l'occupation que dans les derniers jours du mois d'avril.

La Crèche Saint-Nicolas a pris naturellement le nom du quartier au milieu duquel elle est située. Elle se compose d'un grand bâtiment rectangulaire de 16 mètres de façade sur 10 mètres de profondeur, et d'une cour dont les dimensions sont un peu moins considérables. Elle est élevée d'un mètre au-dessus du niveau de la rue, par suite de la disposition antérieure du terrain. La porte d'entrée et quatre fenêtres donnent sur la rue des Fabriques et sont orientées au nord-ouest. Dans la cour s'ouvrent également quatre fenêtres, une porte vitrée et une petite porte de service qui conduit sous un hangar.

Le bâtiment est divisé en sept pièces. De chaque côté de

la porte d'entrée, se trouvent les pièces ouvertes aux mères. A droite, la salle d'allaitement et le bureau avec une porte vitrée rendant, au besoin, la surveillance facile ; à gauche, le vestiaire et la cuisine, cette dernière reliée à la cour par un corridor de service. La seconde partie, plus spécialement réservée aux enfants, comporte la salle des berceaux et la salle de récréation, si commode avec sa porte-fenêtre ouvrant sur la cour et ses accès immédiats dans toutes les autres pièces de l'établissement. La lingerie est voisine du cabinet de toilette, petite pièce que son ventilateur et une porte de dégagement, donnant sur l'allée de service, placent dans les meilleures conditions hygiéniques, malgré ses usages multiples. En haut, un grenier-séchoir permet, pendant l'hiver, de donner au linge et au couchage des enfants tous les soins nécessaires. En bas, une cave renferme le calorifère, qui chauffe tout le rez-de-chaussée. Le gaz est employé pour l'éclairage, la cuisine et le repassage.

Dans la cour, un préau couvert sert à la fois de promenoir aux enfants et d'abri pour l'installation du blanchissage ; chaudière, appareils à lessives, pompe, réservoir à eau de pluie, s'y trouvent réunis.

La crèche Saint-Nicolas a été ouverte le 23 avril 1877 et les enfants admis successivement, afin de permettre au personnel de s'habituer plus facilement à sa nouvelle tâche. Après quelques semaines, les trente-six places dont on pouvait disposer étaient prises. Jusqu'aujourd'hui cette crèche a reçu 654 enfants.

Les petits pensionnaires arrivent à la crèche à sept heures du matin ; la sœur et les berceuses s'occupent immédiatement de leur toilette ; puis, aux heures convenables, on leur donne la nourriture que comporte leur âge.

Les soins hygiéniques et le régime alimentaire sont étudiés avec l'attention la plus scrupuleuse par MM. les Médecins. Chaque jour l'un d'eux visite la crèche.

Les enfants sont divisés en trois catégories : la première comprend les enfants au-dessous de six mois ; la deuxième, ceux au-dessus ; et la troisième, les sevrés ayant plus de neuf mois.

Aux premiers on donne le biberon, aux seconds des potages au lait, aux autres des potages gras. Les mères nourrices viennent deux fois par jour allaiter leurs nourrissons. Ils font un ou deux sommeils, suivant leur âge, et la journée se passe, soit dans la cour, soit dans la salle de récréation, selon le temps. Les plus grands jouent entre eux, les autres sont tenus et amusés à tour de rôle.

La première année, des parents qui avaient été recommandés n'ont pas su apprécier les soins donnés à leurs enfants. Quelques-uns de ces enfants étaient entrés au moment d'un travail de dentition, et les petits accidents qui en résultèrent furent mis par les mères sur le compte de la crèche.

« Nous connaissons, dit Mme Meny, dans le rapport de 1878,
« un ménage qui habite une des maisons les plus noires et
« les plus malpropres de la rue Notre-Dame. Ce ménage se
« compose de huit personnes logées dans une chambre obs-
« cure et encombrée. Parmi les six enfants, il y a de grands
« garçons et de grandes filles ; près des deux seuls lits où
« tout ce monde couche pêle-mêle, un panier rempli de gue-
« nilles compose le berceau de l'enfant qu'on nous avait
« confié. Cet enfant n'a paru que quelques jours à la crèche.
« Nous sommes allées voir pourquoi on ne le ramenait plus.
« On a fini par nous avouer, après bien des hésitations, que
« le bébé ayant crié la nuit, on préférait le conserver, parce
« qu'on se rendait compte que, ayant à la crèche beaucoup
« d'enfants à garder, ceux-ci ne pouvaient jamais être aussi
« bien que chez eux. »

Le rapport de 1889 constate avec satisfaction que les difficultés du début, par suite des préjugés répandus chez les pauvres, ont complètement disparu. Beaucoup de mères, après y avoir eu leur premier enfant, y amènent avec empressement leurs derniers nés.

Le prix de la construction et du terrain pour la crèche Saint-Nicolas s'est élevé à 24,500 francs.

Tous les membres du Comité des Dames, ayant à leur tête Mme Grandeau, rivalisèrent de zèle et d'activité, pour ne pas laisser le budget obéré par les dettes. La charité publique leur vint largement en aide.

Les fondations de crèches et de berceaux, les cotisations annuelles de 1877, la rente d'un legs du général Drouot, d'importantes offrandes dues à la libéralité des comités d'Alsace-Lorraine, du lycée et du conseil municipal, enfin une vente faite à la Pépinière, dont le bénéfice fut de 3,000 francs, ainsi que le résultat d'une loterie qui rapporta 8,788 francs, permirent de payer les premiers frais, en laissant en caisse un surplus de 8,790 francs.

Dès 1879, le Comité, dans sa séance annuelle, reconnut l'insuffisance d'une crèche pour toute la ville et prit la résolution d'en établir une seconde le plus tôt possible.

Cette seconde crèche ne put être construite qu'en 1883, sur un terrain donné par la ville, situé entre la rue de la Citadelle et la rue Grandville, qui est devenu depuis la rue Sellier.

La crèche Notre-Dame fut ouverte le 1er janvier 1884. Elle est encore mieux aménagée que la crèche Saint-Nicolas. Elle est aussi dirigée par une religieuse de Saint-Charles, sœur Barthélémy, et a reçu jusqu'aujourd'hui 308 enfants.

Désirant se faire reconnaître d'utilité publique, la Société des crèches de Nancy dut modifier ses statuts et adopter ceux proposés par le Ministre de l'intérieur. Le 22 décembre 1884, un décret présidentiel accorda la faveur désirée.

L'année 1886 fut douloureuse pour la Société. Sœur Scholastique, de la congrégation de Saint-Charles, chargée de la direction de la crèche Saint-Nicolas depuis sa création, fut enlevée par la mort à ses chers petits enfants. Voici comment Mme Marcot, dans le rapport de fin d'année, déplorait cette perte :

« L'année qui vient de se passer a été marquée pour nous
« par un douloureux événement. Sœur Scholastique, qui de-
« puis la fondation de l'Œuvre dirigeait la crèche Saint-
« Nicolas, nous a été enlevée à la suite d'une longue maladie.
« Attachée comme une mère aux petits enfants qui lui
« étaient confiés, on n'a pu la décider à quitter la crèche
« que lorsque ses forces lui ont fait défaut. Combien d'en-
« fants apportés malingres et chétifs qui, grâce à ses bons
« soins, sont encore de ce monde. C'est à ceux-là qu'elle
« s'attachait plus particulièrement, et elle en était presque
« plus fière que de ceux qui faisaient honneur à la crèche
« par leur bonne mine.

« Lorsque l'âge arrivait pour les enfants d'être envoyés à
« l'asile, si elle n'avait eu tant de conscience, elle eût volon-
« tiers caché l'extrait de naissance pour ne pas s'en séparer.
« C'était une joie pour elle, aux vacances, de voir revenir ses
« petits pensionnaires, qu'elle nous demandait l'autorisation
« de reprendre pour soulager les mères pendant que l'asile
« était fermé. Il semble qu'elle doit encore veiller sur l'œuvre,
« et, avec l'aide de sœur Marie qui nous a été donnée pour la
« remplacer, la prospérité de la crèche Saint-Nicolas conti-
« nuera. »

La même année, M. Maguin, président, disait à son tour dans son compte-rendu général :

« Durant l'année qui vient de s'écouler, notre Comité a été
« cruellement frappé dans la personne d'un de ses membres
« les plus distingués et les plus dévoués. M. l'abbé Claude
« qui, depuis la création de notre Société, avait témoigné à
« notre Œuvre la plus grande sollicitude, nous a été enlevé
« d'une façon prématurée. Sa nature bienveillante, son carac-
« tère élevé, sa haute intelligence lui avaient attiré le respect,

« l'estime et l'affection de tous ceux qui l'ont connu. Sa mort,
« qui a profondément impressionné la population de notre
« ville, a été particulièrement ressentie par notre Comité, qui
« se félicitait de pouvoir compter sur son concours éclairé et
« sur son puissant patronage.

« Nous avons pensé ne pouvoir mieux répondre aux senti-
« ments des membres de notre Société, qu'en allant solliciter
« de Mgr Trouillet la faveur de vouloir bien remplacer notre
« regretté collègue. Nous sommes heureux de pouvoir vous
« annoncer que Mgr Trouillet, curé de Saint-Epvre, dont le
« nom est attaché dans notre pays à tant d'œuvres considé-
« rables, a bien voulu accueillir favorablement notre requête,
« donnant ainsi à notre Société un témoignage manifeste de
« l'intérêt qu'il porte au développement et à la prospérité de
« nos crèches. »

Depuis 1886 la Société des crèches de Nancy désire établir
une troisième crèche sur la paroisse Saint-Mansuy.

« Nous devons vous faire connaître, dit le rapport de cette
« année, que pour satisfaire au désir d'un donateur généreux,
« votre Comité administratif a décidé l'acquisition d'un terrain
« situé chemin de Montbois, près l'église Saint-Mansuy, pour
« y fonder une troisième crèche. Il a été du reste convenu
« avec le donateur, que ce projet de construction ne sera mis
« à exécution que quand les ressources de la Société le per-
« mettront. »

Jusqu'à présent il n'a pas encore été possible de réaliser
ce projet. Le rapport de 1889, après avoir constaté que l'actif
au 31 décembre 1888 n'est que de 17,116 fr. 10, ajoute :
« Vous comprendrez certainement qu'il ne nous est pas encore
« possible de vous proposer l'établissement de la troisième
« crèche, près de l'église Saint-Mansuy, — cette crèche devant
« nécessiter, pour sa construction, une dépense supérieure
« aux ressources dont nous disposons, et devant en outre, une
« fois ouverte, grever annuellement notre budget d'un entre-

« lien coûteux, sans que les recettes de notre Société parais-
« sent devoir en être sensiblement augmentées. »

Les dépenses annuelles des deux crèches de Nancy varient
entre 10 et 12,000 francs. Les recettes normales provenant
des subventions de l'Etat et de la ville, de la fondation Drouot,
des rétributions maternelles et des souscriptions annuelles
étant d'environ 7,500 fr., il est nécessaire, pour équilibrer le
budget, de trouver chaque année une somme variant entre
2 et 4,000 francs, que la Société se procure au moyen de
loteries ou de donations.

Le Conseil actuel d'administration est ainsi composé : MM. B.
Maguin, président; Lederlin, secrétaire; Dagand, trésorier;
Gouy de Bellocq, Henry de Vienne, Volmerange; Mᵐᵉ Victor
de Metz, vice-présidente; Mˡˡᵉˢ Escallier, Fleury et Mᵐᵉ François.

Le Comité des Dames comprend trente-cinq membres et le
Comité médical sept médecins. Parmi les nombreux bienfaiteurs de la Société, nous trouvons le général Drouot, le Comité de secours aux Alsaciens-Lorrains, le ministère de l'intérieur, Mgr Turinaz, etc. Cent vingt-huit personnes ont fondé
des crèches en versant 100 francs. Parmi elles, nous remarquons
Mgr Foulon, cardinal-archevêque de Lyon, M. l'abbé Claude,
mort curé de la Cathédrale, et M. l'abbé Noël, mort curé de
la paroisse Saint-Léon ; cent quatre-vingt-deux personnes
ont versé 50 francs pour la fondation d'un berceau; enfin, trois
cents personnes environ donnent chaque année une cotisation
de 10 francs.

Il faudrait presque doubler ces fondations diverses et ces
offrandes, pour satisfaire tous les désirs et accueillir toutes
les demandes.

Peut-être le secret d'augmenter ces aumônes et de
multiplier ces cotisations serait-il de faire mieux connaître
les crèches ? C'est le but que nous nous sommes proposé
en écrivant cette notice ; c'est aussi le vœu du Comité, qui
termine son compte de 1889 en disant :

« Nous désirons vivement que nos crèches soient plus sou-
« vent visitées ; nous avons trop fréquemment entendu ex-
« primer l'admiration que provoquent leur excellente tenue
« et la bonne santé de nos petits enfants, pour ne pas pen-
« ser que de nouvelles sympathies et de nouvelles ressour-
« ces nous arriveraient, si notre œuvre était plus connue. »

Certainement ! de nouvelles sympathies et de nouvelles
ressources arriveraient à la Société des Crèches, surtout si les
visiteurs et les visiteuses, lorsqu'ils se trouveraient entourés
de nombreux berceaux, se rappelaient ces belles paroles de
M. Maxime Ducamp :

« Il est beau d'adopter les vieillards et de les conduire en
« paix jusqu'au seuil de l'éternité ; il est bien de soigner les
« maux incurables et d'en adoucir la souffrance ; mais il est
« mieux, il est plus utile au groupe humain, dans lequel la
« destinée nous a vus naître, de récolter les enfants ; car ils
« gardent en eux un avenir dont on peut se rendre le maître
« et le bienfaiteur. Le vagissement du nouveau-né est peut-
« être la première inflexion de la voix d'un grand homme. On
« n'a de belles forêts qu'à la condition de ne répudier aucun
« sacrifice pour fertiliser les pépinières.

« C'est du côté des enfants qu'il convient donc de regarder
« surtout et de diriger les impulsions charitables (1). »

(1) *La Charité privée à Paris.*

CHAPITRE IV

LES ASILES OU ÉCOLES MATERNELLES

Nécessité de la Salle d'asile ou école maternelle. — Mme de Pastoret crée la première Salle d'asile. — Avantages des Salles d'asile. — Oberlin dans les Vosges. — Denys Cochin crée les asiles à Paris. — Les Salles d'asile à Nancy. — Mlle Didion. — Programme des Écoles maternelles actuelles. — Sœur Vincent et le cordonnier Bernard. — Sœur Zozime et l'asile Sainte-Anne, à Nancy. — L'enlèvement des crucifix.

En quittant la crèche à l'âge de deux ans, l'enfant ne peut pas encore être reçu à l'école primaire, qui ne s'ouvre pour lui qu'à l'âge de sept ans. Il faut donc une œuvre qui ne soit plus la crèche, mais qui ne soit pas encore l'école et qui accueille l'enfant âgé de deux ans pour le conserver jusqu'à sept. Cet établissement, c'est *la Salle d'asile* ou *l'école maternelle*, station entre le berceau et l'école. L'asile n'est pas encore l'enseignement, mais ce n'est plus l'attention exclusive donnée aux soins corporels comme à la crèche. C'est un heureux mélange et un sage tempérament des soins que réclame le développement de l'intelligence et des exercices capables de fortifier et d'assouplir les organes. Le but de l'asile, est « de recueillir l'enfant pour le préserver du danger « de l'isolement, de s'emparer de ses facultés à mesure qu'elles « éclosent, de sa mémoire, de son imagination, de son esprit, « de son âme tout entière pour les remplir de saintes images, « de récits édifiants, d'idées morales, de sentiments vertueux, « de pures et douces affections (1) ». A l'asile :

> Selon l'heure de la journée
> On fait de toute chose un peu,
> On joue, on rit, on aime Dieu...
> Et voilà le train de l'année (2).

(1) Mgr Giraud : *Les Asiles.*
(2) H. Durand : *La Poésie de l'École.*

On a fait et on fait encore aujourd'hui, contre les salles d'asile, les objections que nous avons réfutées au sujet des crèches. En prenant l'enfant dans les salles d'asile depuis l'âge de deux ans jusqu'à sept ans, n'expose-t-on pas ces enfants à ne pas connaître assez leurs mères et par conséquent à ne pas les aimer, à ne pas s'y attacher? Et encore n'expose-t-on pas les mères à se décharger trop facilement des soins qu'elles doivent à leurs enfants et par conséquent à ne pas remplir la sainte mission, qui leur est imposée par la Providence, de faire la famille et de devenir le lien matrimonial qu'elles seules peuvent constituer? N'est-ce pas le regard, le sourire, la parole de la mère qui ouvre l'intelligence de l'enfant? N'est-ce pas la mère qui doit devancer le prêtre auprès de lui pour former sa conscience et jeter dans son cœur le germe des vertus?

Évidemment, c'est à la mère de famille qu'il appartient de donner la première éducation à son enfant. Cependant, si de fait et par suite de circonstances inévitables, il arrive que des mères ne remplissent pas ce devoir sacré, et si d'autres mères sont assez coupables pour négliger ce même devoir, la société devra-t-elle délaisser les misérables enfants de ces mères malheureuses ou coupables et ne pas les suppléer, en leur donnant l'éducation et les soins dont ils sont privés au foyer paternel?

Or, qui pourrait nier la transformation radicale opérée dans nos mœurs et nos habitudes sociales depuis cinquante ans? Autrefois le travail du père de famille suffisait à l'entretien de sa maison; la femme, occupée seulement des soins intérieurs du ménage, pouvait facilement garder ses enfants et les élever. Aujourd'hui, pour subvenir à l'enchérissement des choses de la vie, ainsi que pour satisfaire à un besoin de luxe qui a envahi toutes les classes, il faut que la mère partage les pénibles travaux de son mari, ou bien se livre à une occupation spéciale pour suffire à toutes les dépenses de sa maison.

Mais alors que deviennent ses petits enfants? A quels périls ne sont-ils pas exposés, s'ils restent seuls au logis, les plus petits gardés par les plus grands?

Un jour que Mme de Pastoret gravissait l'escalier d'un cinquième étage pour porter des secours à une femme alitée dans une mansarde, elle entendit des cris de détresse qui partaient d'une chambre voisine. Elle frappe à la porte : point de réponse. Elle essaie d'entrer, elle appelle, mais ses efforts sont inutiles et les cris déchirants d'une pauvre enfant évidemment abandonnée continuent plus perçants. Mme de Pastoret poursuit son ascension et arrive chez la malade, qui l'attendait. Tout en lui remettant son secours, elle la questionne sur les cris qu'elle venait d'entendre. La malade répondit que, probablement, sa voisine ayant laissé seuls ses enfants dans sa chambre pendant qu'elle était à son travail, ceux-ci étaient victimes d'un accident. Mme de Pastoret n'eut pas besoin d'en entendre davantage. Elle se leva, descendit précipitamment et courut chercher un serrurier qui ouvrit la porte de la chambre d'où partaient les cris. Quelle ne fut pas la douleur de la marquise, quand elle se trouva en face d'une petite fille de cinq ans, blottie toute effrayée dans un coin de la chambre, ayant à ses pieds une enfant de deux ans ensanglantée qui s'agitait dans des convulsions horribles. Mme de Pastoret releva la petite fille, la rassura et apprit d'elle que sa petite sœur, confiée à sa garde, étant montée sur la commode en était tombée à son insu ; la pauvre petite avait le bras cassé et de fortes blessures à la tête.

Cette scène pénible fut pour Mme de Pastoret l'avertissement providentiel qui la détermina à créer les salles d'asile.

Ce n'est pas seulement la nécessité de travailler pour vivre qui expose les mères de famille à négliger la première éducation de leurs enfants. Que de mères, il faut bien l'avouer, se soucient peu de donner à leurs enfants l'éducation capable de les moraliser et de les sanctifier! Élevées elles-mêmes dans l'ignorance de leurs devoirs, par des parents sans religion, elles ne s'inquiètent que de donner à leurs enfants la nourriture, le vêtement et les soins corporels, sans penser à leur âme immortelle. Pour elles la terre et le corps sont tout ; le ciel et l'âme rien !

Quand la nature est détournée de ses fins par de dures nécessités, ou qu'elle s'est dépravée elle-même par l'ignorance et l'oubli des principes qui en consacrent et en perfectionnent les sentiments, n'est-il pas nécessaire que la religion et la société lui viennent en aide et y suppléent au besoin ?

Voilà ce que fait l'asile. Sans interdire à l'amour maternel les épanchements et les consolations dont il peut toujours jouir, dans les intervalles des réunions et des exercices, la salle hospitalière reçoit également l'enfant de la mère accablée sous le poids des travaux et celui de la mère incapable de former son esprit et son cœur.

D'ailleurs le nombre considérable de salles d'asile créées en France et dans le monde entier prouve combien ces établissements sont reconnus nécessaires et bienfaisants. Il y a en France environ quarante mille asiles, tant libres que communaux, dus au zèle des administrateurs ou à la générosité de bienfaiteurs, et dont la population est d'environ cinq millions d'enfants.

L'asile est une création toute chrétienne et toute française. Au siècle dernier, en 1775, le pasteur protestant Oberlin eut l'idée d'établir une œuvre semblable dans les Vosges, au Ban-de-la-Roche ; mais cet établissement tout local et vosgien ne fut pas connu alors en France. « Arbre de bonne essence, semé par la main de Dieu, découvert et cultivé par un pieux serviteur, il dut grandir inconnu du monde et attendre son jour providentiel pour être répandu au dehors et naturalisé partout où la civilisation aura préparé un coin de bonne terre (1). »

(1) De Malarce, *Histoire des Salles d'asile.*

Cette idée de l'asile est venue au pasteur Oberlin d'une façon étrange et curieuse, qui montre une fois de plus que les merveilleuses découvertes ou les inventions sont dues souvent au hasard ou à une cause très simple, comme si Dieu voulait nous montrer qu'il est seul le maître des petites et des grandes choses. Disons donc un mot de l'origine et du développement de cette inspiration lorraine.

Quelques personnes, qui ont connu M. Oberlin, prétendent que la plupart des créations qu'on lui attribue seraient moins à lui qu'à Dom Freschard, ancien Bénédictin de Senones et curé à Colleroy-la-Roche, pendant qu'Oberlin y était pasteur au Ban-de-la-Roche. Dom Freschard, comme nous le verrons, est le fondateur de nos *Frères de la Doctrine chrétienne* et c'est précisément à Colleroy-la-Roche qu'il a commencé cette fondation.

Frédéric Oberlin fut nommé pasteur du Ban-de-la-Roche, sur la hauteur du Waldersbach, en 1769. Le pays était pauvre et ses habitants misérables. Des pâtres et des braconniers errant dans la montagne, voilà les paroissiens d'Oberlin. Il essaya en vain de les réunir pour les évangéliser. Voyant ses efforts stériles, il imagina de les aider à défricher, à assainir, puis à cultiver la montagne. Le succès fut merveilleux. Bientôt l'aisance prit la place de la misère. Chacun avait sa métairie, son verger, ses champs. Alors l'habile pasteur, connu et vénéré par tous ses paroissiens, les engagea à venir remercier Dieu, dans son temple, des bienfaits dont ils jouissaient. Il fut écouté. « Toute la population aventurière du Ban-de-la-Roche ne forma bientôt plus qu'une paisible tribu de cultivateurs, qu'une grande famille chrétienne (1). » Oberlin compléta son œuvre en établissant des écoles. Mais il découvrit une lacune. Les enfants, trop jeunes pour être reçus dans les classes, restaient forcément livrés à eux-mêmes,

(1) Lecomte, *La Charité à Paris.*

errant dans les chemins et les champs, exposés à tous les
dangers de l'isolement. Comment remédier à cette misère ?

Un soir d'été, dit M. Lecomte, Frédéric Oberlin se prome-
nant dans la montagne, entendit soudain un chant alterné de
voix d'enfants. Il entra dans la chaumière d'où s'élevait ce
naïf concert. Il était formé par un groupe de petites filles du
premier âge, dirigé par l'aînée d'entre elles, *Louise Scheppler*.
Retenue à la maison par les soins à donner à un enfant au
maillot, cette jeune fille avait réuni autour d'elle ses petites
voisines pendant que leurs parents se livraient aux travaux
de la moisson. Elles jouaient à la maîtresse d'école. Louise,
qui en remplissait les fonctions, apprenait aux unes de menus
travaux d'aiguille, aux autres des chansons du pays, à quelques-unes des prières, puis, pour varier les plaisirs, leur
racontait des histoires. Les heures s'écoulaient ainsi, rapides
et gaies.

Oberlin, charmé de ce spectacle, résolut aussitôt le problème
qui le préoccupait : le moyen de recueillir et d'occuper les
petits enfants pendant le travail de leurs parents. Il établit un
asile, dont il confia la garde à Louise Scheppler. Lui-même
s'en occupa très activement, dessina les animaux, les plantes
du pays avec leurs noms en patois et en français ; en un mot
il inventa ce système d'éducation attrayante, qui est encore
aujourd'hui pratiqué dans nos écoles maternelles.

C'est donc à un enfant des Vosges, à une petite villageoise
qu'il faut rapporter l'institution de la salle d'asile ! Malheureusement cette idée merveilleuse et sa réalisation en France,
ne se répandirent activement qu'en 1826, vers la fin de la
Restauration.

Un Anglais, Robert Owen, s'était emparé de l'initiative de
Louise Scheppler, et vers la fin du premier Empire, il avait
créé de nombreuses salles d'asile dans son pays. Leur étude
détermina quelques Français dévoués à les introduire en
France. Que de fois les Français n'ont-ils pas ainsi emprunté

aux étrangers des idées qui leur appartenaient, acceptant naïvement le rôle de copistes et d'humbles imitateurs, quand ils pouvaient revendiquer la gloire de l'invention! Il est vrai et il est juste de dire que, si l'idée des salles d'asile nous est venue des Vosges en passant par l'Angleterre, leur organisation admirable et telle que nous la voyons aujourd'hui, est due complètement à des intelligences et à des cœurs français.

Si donc autrefois les catholiques de France ont cru devoir se défier des salles d'asile, parce que l'imitation de ces établissements était une imitation étrangère et protestante, ils doivent aujourd'hui se rassurer. Les salles d'asile, dans leur organisation et leur vie actuelles, sont bien françaises et catholiques.

En même temps qu'Oberlin dans les Vosges essayait d'organiser les salles d'asile, Mme de Pastoret, après la douloureuse découverte d'une petite fille à moitié morte dans l'appartement de sa mère absente, installait, en 1801, sœur Françoise dans une maison louée près de Saint-Philippe-du-Roule à Paris et lui confiait douze enfants du quartier.

L'établissement subsista trente ans et contribua puissamment à la création d'autres salles d'asile à Paris. M. Denys Cochin fut l'âme de cette précieuse entreprise. Neveu de M. l'abbé Cochin, curé de Saint-Jacques-du-Haut-Pas et fondateur de l'hospice qui porte son nom, M. Denys Cochin, fils du baron Cochin, maire et député sous la Restauration, devenu maire à son tour du xiie arrondissement, résolut de sauver la multitude de petits enfants que leurs parents laissaient sans éducation, sans soins et sans pain.

En 1826, un comité dirigé par M. l'abbé Desgenettes et composé des dames de charité les plus dévouées de Paris, s'imposa la mission de multiplier les salles d'asile, semblables à celles de Mme de Pastoret et de l'Angleterre. Malgré les renseignements généraux recueillis chez nos voisins, l'organi-

sation de ces établissements fut très pénible. C'est alors que
M. Cochin lui apporta son concours. Il engagea le comité à
envoyer en Angleterre une personne qui étudierait sur place
les méthodes et les règlements. Mlle Millet reçut cette mission. Plus tard, M. Cochin alla lui-même la rejoindre. Cette
double enquête produisit d'heureux résultats. En revenant à
Paris, M. Cochin créa à ses frais, près des écoles qu'il avait
déjà fondées dans le faubourg Saint-Marceau, l'*Asile modèle
de la rue Saint-Hippolyte*.

Dès ce jour, les salles d'asile se multiplièrent dans les
divers quartiers de Paris et dans toute la France. M. Cochin les
fit adopter par l'Etat comme des annexes de l'instruction publique. Placées en 1829 sous la direction du conseil général
des hospices, elles devinrent, en 1833, une des branches du
service de l'Instruction primaire et comme la première assise
de l'éducation nationale.

La création des salles d'asile à Nancy remonte à 1836.
« A cette époque, dit M. Courbes, la question des salles d'a-
« sile était à l'ordre du jour, mais les moyens d'exécution
« faisaient absolument défaut. La ville était embarrassée dans
« ses finances et ne pouvait prendre à sa charge tous les frais
« d'installation et d'entretien. Tout ce qu'elle pouvait, c'était
« de fournir le local. On eut recours aux quêtes; celles-ci ne
« produisirent pas suffisamment pour créer un fonds de ré-
« serve, ou mieux un capital inaliénable, dont les revenus
« seuls devaient pourvoir au fonctionnement. »

Dès le mois de novembre 1835, M. Gustave Choley, fondateur et rédacteur de la *Revue Lorraine*, et Mme de Caumont
avaient conçu le projet des salles d'asile à Nancy; mais ce
projet ne se serait probablement pas réalisé de sitôt, sans la
générosité de Mlle Didion. Barbe-Françoise-Madeleine Didion,
née à Nancy le 6 août 1798, dut, pendant sa jeunesse, comme
demoiselle de magasin, subvenir à la subsistance de sa mère
et d'un frère infirme. A vingt-six ans, elle entreprit pour son

compte un commerce de broderies. Elle débuta avec 800 francs. Lorsqu'elle céda sa maison douze ans après, elle possédait une fortune de 250,000 francs. Par son testament elle disposa de 200,000 francs qu'elle légua à la ville de Nancy, à la charge de créer des salles d'asile.

La première établie à Nancy, rue Sainte-Anne, fut ouverte le 7 novembre 1836; la seconde, rue de la Source, le 23 novembre 1837. Aujourd'hui notre ville compte treize salles d'asile communales ou écoles maternelles. Un comité de patronage, présidé par le maire et composé d'un grand nombre de dames, visite régulièrement les établissements, surveille les enfants et les maîtresses et distribue des récompenses trimestrielles. De plus, des inspectrices de l'Etat sont chargées d'assurer l'exécution des programmes.

Ces programmes, arrêtés par les lois scolaires votées en 1881, comprennent les premiers principes d'éducation morale, des exercices de langage, des leçons de choses, la connaissance des objets usuels, les premières notions d'histoire naturelle.

« L'école maternelle, dit le texte officiel, n'est pas une école « au sens ordinaire du mot : elle forme le passage de la « famille à l'école ; elle garde la douceur affectueuse et indul- « gente de la famille, en même temps qu'elle initie au tra- « vail et à la régularité de l'école. Le succès de la directrice « d'école maternelle ne se juge donc pas essentiellement par « la somme de connaissances communiquées, mais plutôt « par l'ensemble des bonnes influences auxquelles l'enfant est « soumis, par le plaisir qu'on lui fait prendre à l'école, par « les habitudes d'ordre, de propreté, de politesse, d'attention, « d'obéissance, d'activité intellectuelle qu'il doit y contracter « pour ainsi dire en jouant. Le goût de la gymnastique, du « chant, du dessin, des images, des récits; l'empressement à « écouter, à voir, à observer, à imiter, à questionner, à répon- « dre; une certaine facilité d'attention entretenue par la doci-

« lité, la confiance et la bonne humeur ; l'intelligence éveillée
« enfin, et l'âme ouverte à toutes les bonnes impressions
« morales ; tels doivent être les effets et les résultats des
« années passées à l'école maternelle. »

Si, par *premier principe de morale* le programme comprend
la notion et la connaissance de Dieu, les vérités élémentaires
de la religion, il est acceptable et peut être agréé par les
catholiques. Du reste, à ce point de vue religieux, les programmes universitaires sont si vagues et si peu précis, qu'ils
semblent laisser aux directrices d'asile une large initiative,
dont celles-ci seraient coupables de ne pas profiter pour la
satisfaction de leur conscience et pour le plus grand profit
spirituel des enfants qui leur sont confiés.

Quelques personnes s'étonnent parfois que les asiles reçoivent ensemble les petits garçons et les petites filles. Une
religieuse directrice de salle d'asile, à qui l'on exprimait cet
étonnement, répondit : « *Cette réunion n'a pas les inconvénients que vous supposez; au contraire, l'habitude de vivre
ensemble sous une discipline sévère prévient le danger.* »

Du reste, à Nancy, il y a plusieurs écoles enfantines libres
pour les petits garçons seuls et d'autres pour les petites filles
seules. Les Religieuses de la Doctrine chrétienne, en particulier, dirigent dans leur maison-mère et sur le cours Léopold, deux écoles enfantines de garçons qui sont très prospères et fort estimées par les familles.

Nous pouvons résumer le règlement et la méthode des
salles d'asile ou écoles maternelles en disant avec Mgr Giraud :
« Là, dans des leçons accommodées à sa faiblesse et entre-
« mêlées de chants et d'évolutions variées, l'enfant apprend
« presque tout sans s'en douter et comme en se jouant : les
« éléments de la religion, les rudiments de la langue, les
« premières notions de l'histoire et de la géographie, de la
« numération ; et, grâce à la vigilance qui préside à la bonne
« tenue et au bien-être de ces douces créatures, vous voyez

« briller, sur leurs visages ouverts et souriants, un air de
« santé et de bonheur, qui est comme le reflet de leur âme. »

La religion dans l'asile n'est pas seulement un principe de
salut pour l'enfant, mais souvent aussi pour la famille tout
entière. Qui n'a entendu le récit touchant de l'apostolat des
petits enfants de l'asile auprès de leurs parents tombés dans
une déplorable indifférence pour les choses du ciel? Redisant
au foyer domestique, avec la naïveté de leur âge, les leçons
qu'ils ont entendues, ces anges aimés portent, sans s'en douter, une lumière, un trouble inconnu dans des consciences
endormies. Ils réveillent le souvenir des vérités oubliées, des
devoirs longtemps méconnus. Des cœurs obstinés, qui auraient
résisté à toutes les instances du zèle apostolique, se brisent
devant la persuasion de l'innocence. Des yeux, jusque-là secs
et insensibles, se mouillent de larmes qui attestent la victoire
de la grâce. La prière remonte sur des lèvres qui ne savaient
plus que blasphémer, ainsi que le prouve le fait suivant, rapporté par un témoin digne de foi.

En quittant sœur Vincent, qui venait de me faire les honneurs de ses salles d'asile, je lui dis : *Ma sœur, indiquez-moi
dans ce quartier une pauvre famille que je puisse visiter et secourir. — Très volontiers, monsieur. Allez au n° 29 dans cette rue, à
droite. Vous trouverez, au cinquième étage, un cordonnier dont
la femme est malade depuis cinq ans. Vous vous présenterez de
ma part. —* Je vais au numéro indiqué et je monte péniblement jusqu'au cinquième. Un homme d'une cinquantaine d'années vint m'ouvrir. — *Salut, monsieur, qu'y a-t-il pour votre
service? — Père Bernard, je suis un ami de sœur Vincent. —*
A ce nom, la figure du cordonnier s'épanouit, et je fus reçu
avec empressement. Au moment même, j'aperçus la mère
étendue sur son lit, au fond de la chambre. Je m'approchai
d'elle et j'appris qu'en effet, depuis cinq ans, elle était clouée
sur son lit, incapable de toute occupation. Elle commençait
à gémir et à se lamenter, quand son mari l'interrompant s'écria:

« Voyons, ne va pas recommencer tes plaintes. Figurez-
« vous, Monsieur, que je ne puis lui faire entendre raison
« là-dessus. Elle se désole de ne pouvoir rien faire. Puisque
« maintenant tout marche chez nous et que je travaille, pour-
« quoi cette désolation ? — Comment, Bernard, lui dis-je,
« vous n'avez donc pas toujours travaillé ? — Hélas ! Monsieur,
« répondit Bernard en baissant tristement la tête et des larmes
« dans la voix, autrefois j'ai été bien coupable. Après avoir
« été bon ouvrier, je me suis laissé aller à l'ivrognerie, à la
« paresse ; je battais ma femme et mes enfants. — Et main-
« tenant ? — Oh ! maintenant, c'est fini et bien fini, il y a déjà
« plusieurs années. — Et comment avez-vous pu changer de
« vie aussi complètement ? — Ah ! voilà, Monsieur : c'est
« l'asile qui m'a tout retourné. Ma pauvre femme, n'y tenant
« plus, avait placé nos enfants à l'asile de sœur Vincent. Les
« petits devenaient si gentils et si sages qu'ils me firent honte.
« J'allais quelquefois les chercher, et, quand sœur Vincent
« m'attrapait, il fallait entendre un sermon ! Je rentrais à la
« maison abîmé dans la honte et le remords.

« Un jour, ma petite Thérèse, me voyant prendre l'argent
« pour aller boire, se jeta à mon cou en pleurant et me dit :
« Petit père, il n'y a plus de pain ; sœur Vincent a pleuré ce
« matin quand elle a vu nos paniers vides, et si elle ne nous
« avait pas donné à manger, nous n'aurions rien eu. Oh ! père,
« aie pitié de nous et de maman. Quand je serai grande, je
« travaillerai et je te soignerai bien. Voilà, Monsieur, les dis-
« cours que me faisait cette gamine à l'âge de six ans. — Elle
« avait raison. — Oui, mais je crois que sœur Vincent lui en
« soufflait pas mal. Voyez-vous, Monsieur, les sœurs ça vous
« retourne un jour ou l'autre ; il n'y a pas moyen d'y échap-
« per.

« Bref, j'ai fini par écouter tous leurs sermons, et mainte-
« nant je suis guéri de ma vilaine habitude, je vis heureux
« avec ma femme et mes enfants. — Hé ! bien, père Bernard,

« je vous félicite de tout mon cœur de votre bonne conver-
« sion ; je suis heureux d'avoir fait votre connaissance ; voici
« une petite somme qui vous aidera à payer quelques dettes.
« — Oh ! pour ça non, Monsieur, c'est la sœur Vincent qui
« nous arrange. Si Monsieur veut lui remettre sa charité, à
« la bonne heure. Pour moi, l'argent ne me connaît plus ;
« c'est Thérèse, maintenant âgée de onze ans et demi, qui
« tient la bourse ; elle l'ouvre et la ferme à volonté. »

Voilà comment des enfants formés par la religion à l'asile
peuvent devenir des apôtres et sauver les âmes qui s'approchent de leur âme. Faut-il nous étonner, après cela, d'entendre
un grand évêque de France s'écrier : « Nous estimons sans
« doute les écoles, mais nous leur préférons les salles d'asile ;
« et, dans la nécessité de faire un choix faute de ressources
« insuffisantes pour faire face aux dépenses des deux fonc-
« tions, nous n'hésitons pas à nous prononcer pour l'asile en
« attendant l'école, comme on pose une première pierre avant
« d'élever l'édifice.

« Nous estimons les écoles ; mais l'école sans l'asile qui
« lui sert de préparation et de vestibule ne répondra jamais
« qu'imparfaitement à sa destination. Nous estimons les écoles ;
« mais dans l'intérêt même de leurs succès, nous voudrions
« voir un asile uni à chacune d'elles comme son annexe et
« son appendice indispensable. Des asiles donc, des asiles
« dans les villes et dans les campagnes ! Des asiles pour les
« enfants pauvres ! Des asiles même pour les enfants riches,
« afin que le superflu de ceux-ci couvre l'insuffisance de ceux-
« là (1) ! »

L'asile compris et organisé tel que nous venons de le décrire mérite toutes les sympathies, tous les encouragements
et tous les concours. Concours du clergé, qui doit voir dans
les petits enfants l'espérance, la consolation de la famille, de

_____

(1) Mgr Giraud, archevêque de Cambrai.

la paroisse, de l'Eglise ; concours des Dames de charité, qui comprennent si bien le bonheur d'adopter l'enfant du pauvre et de le couvrir de leur doux et bienveillant patronage ; concours des administrations, qui savent bien que le plus sûr moyen de former des citoyens dévoués à leur patrie, c'est de les élever religieusement ; concours de tous les patriotes sérieux, qui veulent des ouvriers et des hommes se respectant eux-mêmes et respectant tout ce qui est honorable, cherchant dans le travail et la conduite, et non dans un bouleversement social, l'aisance et le bien-être.

Nous avons dit que le premier asile créé à Nancy, en 1836, fut établi dans la rue Sainte-Anne. En 1838, cet asile, confié à sœur *Zozime Thouvenot*, religieuse de la Doctrine chrétienne, devint si prospère qu'il mérita le titre d'*Asile modèle*.

Il est donc utile de voir comment sœur Zozime parvint à exciter à ce point l'admiration et l'estime de l'administration. En tout cas, la réputation de cette bonne religieuse comme directrice d'asile a été si grande et sa méthode aussi bien que son caractère étaient si originaux, qu'il sera intéressant de les étudier ici.

Dès que sœur Zozime Thouvenot, âgée de vingt-deux ans seulement, fut chargée par ses supérieurs de l'asile Sainte-Anne, on l'envoya à Paris pour y étudier le fonctionnement des institutions semblables. On était en hiver. Elle partit avec une compagne plus âgée. La supérieure des Sœurs de la Providence, à qui elles avaient été recommandées, était absente lorsqu'elles arrivèrent pendant la nuit pour lui demander l'hospitalité. Les traits sévèrement dessinés du visage de sœur Zozime, son air un peu gêné dans les lainages qui entouraient son cou à cause du froid et d'un mal de gorge, la firent prendre pour un homme déguisé. On ne consentit qu'à grand'peine à abandonner aux deux voyageuses la cellule de la portière pour y passer le reste de la nuit.

En revanche, le lendemain elles furent parfaitement accueillies par Mgr de Forbin-Janson, évêque de Nancy, ainsi que par les religieuses de Notre-Dame, au couvent des Oiseaux, où elles résidèrent malgré les pressantes instances des sœurs de la Providence, qui, au retour de leur Mère Supérieure, s'étaient hâtées de venir s'excuser de leur méprise.

Paris ne possédait alors que deux asiles, dont l'un était dirigé par un homme, lequel indiquait le commencement et la fin de chaque exercice par un coup de cloche et rendait uniformes la marche et les mouvements des enfants en battant la mesure sur le sol avec un bâton. Sa méthode, comme on le voit, était rudimentaire, et sœur Zozime eut à la perfectionner considérablement.

Revenue à Nancy, sœur Zozime, qui était douée d'une aptitude merveilleuse pour l'éducation des petits enfants, entra dans sa nouvelle fonction avec un dévouement absolu et une activité qui ne se démentit pas un instant pendant trente-huit ans.

Le 3 août 1842, M. Blau, professeur, écrivait : « J'ai prié « sœur Zozime de vouloir bien me permettre d'être témoin « des différents exercices avec lesquels on familiarise les « enfants dans la Salle Sainte-Anne, et j'ai été réellement « étonné de la précision avec laquelle se font tous les mou- « vements, mais surtout de l'aplomb avec lequel les enfants « s'empressent de répondre aux questions qui leur sont adres- « sées. Parmi ces questions, j'en ai remarqué quelques-unes « qui me semblaient d'abord au-dessus de la portée d'enfants « aussi jeunes, mais elles sont faites avec tant de clarté que tous, « ou presque tous, s'empressent de répondre de la manière la « plus satisfaisante.

« Entré pour la première fois dans une salle d'asile, je « croyais trouver de la contrainte imposée aux enfants ; mais « l'air de gaîté que j'ai vu briller sur tous les visages a fait « cesser mon erreur, et je suis tout convaincu que la fré- « quentation des salles d'asile est un moyen sûr de préparer

« d'excellents élèves à l'instruction primaire, surtout quand
« on s'attache, comme sœur Zozime, à jeter dans ces jeunes
« cœurs le germe de toutes les vertus et qu'on s'y prend aussi
« habilement qu'elle pour développer l'intelligence des enfants. »

On pourrait citer des centaines d'attestations de ce genre
consignées dans le registre des inspections de l'asile ; on y
relève presque à chaque page des phrases comme celles-
ci : « Le zèle et le tact de la directrice ne laissent rien à dé-
« sirer ; sa douceur est au-delà de tout ce que j'ai rencontré
« jusqu'alors ; elle n'a nul besoin d'élever la voix, car les en-
« fants sont très dociles ; il est impossible de trouver une
« meilleure tenue, un ordre plus admirable ; rien ici ne sent
« l'effort ni la contrainte ; l'aspect de la salle offre le plus pai-
« sible et le plus riant tableau ; on cause et on ne professe
« pas ; voilà tout le secret, et par-dessus tout on aime et on
« est aimée ! Le cœur se repose à l'asile Sainte-Anne. »

Voici une attestation qui peut suppléer toutes les autres :
« Aujourd'hui, 30 mai 1857, lisons-nous sur le registre des
« inspections de l'asile, Madame la Déléguée de l'Académie de
« Nancy et l'inspecteur général de l'instruction publique ont
« visité l'asile Sainte-Anne ; étaient présents soixante-quatre
« garçons et cinquante filles.

« Tous les exercices qui ont eu lieu en leur présence, chants,
« marches, lecture, interrogations au gradin, témoignent de
« l'excellente direction de la sœur Zozime. Ils s'abstiennent
« de lui donner les éloges qu'elle mérite pour ménager sa
« modestie de religieuse ; mais ils ne peuvent que féliciter les
« familles du quartier de l'avantage qu'elles ont de faire élever
« leurs petits enfants par les saintes filles de la Doctrine
« chrétienne.

« L'asile Sainte-Anne réunit réellement toutes les condi-
« tions nécessaires pour être déclaré *asile-modèle :* conve-
« nance parfaite du local, direction morale et intellectuelle
« très remarquable. »

Peu de temps après, ce titre d'Asile-modèle fut décerné à l'asile Sainte-Anne par le Gouvernement, qui n'avait encore accordé cette distinction qu'à un seul établissement du même genre.

L'anecdote suivante prouve combien sœur Zozime était aimée et populaire. A la fin de février 1848, elle se rendit un jour à l'Hôtel de Ville pour y traiter quelque affaire avec M. Hinzelin, agent des écoles. Des faisceaux de fusils étaient dressés devant la porte; elle pria les soldats de les déplacer pour lui livrer passage, ce qu'ils firent avec empressement : « *Malheureuse! comment êtes-vous ici et que venez-vous y faire?* lui dit M. Hinzelin, en la voyant entrer dans son bureau; *ne savez-vous pas que nous sommes en révolution?* » Sœur Zozime, qui en fait de politique ne connaissait que son chapelet, comme elle disait, répondit sans se troubler qu'on l'avait laissée passer sans difficulté et qu'elle ignorait que la ville fût en émoi. Elle faillit cependant payer cher sa démarche imprudente. En s'en retournant, elle rencontra dans la rue de la Constitution une bande d'ouvriers traînant un tombereau et chantant le *Ça ira.* — *A la charrette! la sœur, à la charrette!* hurlèrent quelques voix. La chose allait être exécutée quand l'un des plus hardis, s'avançant pour arrêter la sœur, la reconnut et s'écria : « *Oh! non, pas celle-là ; c'est la mère de nos enfants.* »

Sœur Zozime était vraiment une mère, et une mère tendre pour ses chers asiliens, qu'elle traitait avec une bonté maternelle, et aussi avec une délicatesse respectueuse. Gaie, vive, enjouée, elle savait captiver son remuant auditoire et le charmer par sa simplicité naïve. Sa présence suffisait pour épanouir tous les visages. « *Mes bons amis, je suis bien malade,* leur dit-elle peu de temps avant sa mort; *aucun remède ne peut me soulager, si ce n'est de vous voir ; je vous aime tant!* »

Toutes les directrices et sous-directrices venaient faire un stage de trois mois et passer leur examen à l'école-modèle, avant d'être envoyées dans les autres asiles du département. « L'asile

« Sainte-Anne se soutient toujours à la hauteur de sa mission,
« lisons-nous dans le compte-rendu de l'inspection du 2 juillet
« 1858 : il ne nous reste qu'à exprimer le vœu, dans l'intérêt
« des asiles futurs, que les jeunes aspirantes qui viennent ici
« se former s'inspirent des excellents enseignements et sur-
« tout de l'esprit maternel et religieux qui anime les direc-
« trices. »

Pendant longtemps sœur Zozime eut la mission d'installer
et d'organiser les divers asiles dont on confiait la direction
aux religieuses de la Doctrine chrétienne. Un soir, au retour
d'une de ses excursions charitables, elle fut suivie en rentrant
à Nancy, depuis la gare jusqu'à la rue Saint-Dizier, par un
homme qui lui inspirait de la défiance. Elle pressa le pas, car
il se faisait tard et la ville était dans l'obscurité. Arrivée
devant une pharmacie bien éclairée, sœur Zozime se retournant résolûment interpella celui qui l'avait effrayée : « *Re-
garde-moi bien*, lui dit-elle, *car si tu m'avais reconnue plus
tôt, je pense que tu ne m'aurais pas suivie si longtemps.* »
L'individu suspect se hâta en effet de disparaître.

En 1850, elle fit dans le même but un voyage de quatre
mois en Algérie. A Marseille, lorsqu'elle présenta son passeport aux employés de la marine, elle s'étonna de les voir se
le passer de main en main, puis jeter sur elle un regard
curieux, en s'efforçant de dissimuler un malicieux sourire.
Elle eut le mot de l'énigme, quand elle lut à son tour les
détails suivants de son signalement : Yeux bleus, cheveux id.,
nez effilé, langue id., etc. Elle devina une revanche plaisante
des commis de la préfecture de Nancy, qui avaient eu maintes
fois l'occasion de s'écrier : *Voilà encore un tour de sœur
Zozime !*

Elle ne s'était éloignée qu'à regret de ses petits enfants :
« *Il m'en coûte de partir*, avait-elle avoué ; *pourtant, si une
tempête nous jetait sur la côte d'Italie, je m'en consolerais
par un pèlerinage à Rome.* » Elle faillit avoir cette consolation

à son retour. La mer était déjà houleuse quand le navire quitta le port d'Alger; elle devint tout à coup furieuse. Après quatre jours de ballottements, il fallut faire escale en Corse pour radouber le vaisseau qui était sur le point de sombrer. Des zouaves qui le montaient, venant d'Afrique pour prendre part à la guerre d'Italie, dans l'imminence du danger perdirent leur jactance et oublièrent leur joyeuse légèreté; dans leur détresse quelques-uns demandèrent à se confesser à sœur Zozime qui, épouvantée elle-même, priait de tout son cœur en répétant : « *Mon Dieu, quand je vous demandais de nous faire arriver à Rome, c'était pour rire.* » Après avoir échappé à un nouvel ouragan on aborda à Toulon. La semaine suivante, sœur Zozime reprenait avec un nouveau zèle la direction de sa chère petite école, qu'à partir de ce moment de hauts dignitaires de l'Eglise et de l'Etat visitèrent souvent. Mgr Menjaud, évêque de Nancy, y vint dix-huit fois; les ministres Rouland et Duruy, le maréchal Forey y passèrent quelques instants. La distribution des prix, présidée par M. le Recteur ou par M. le Préfet, y réunissait chaque année' une société d'élite; et la quête, destinée à procurer des vêtements aux asiliens indigents, s'y élevait à 7, 8 et jusqu'à 900 fr. La visite la plus solennelle fut celle de l'impératrice Eugénie, accompagnée du prince impérial, en 1866, pendant les fêtes du Centenaire de la réunion de la Lorraine à la France.

Ce jour-là l'asile Sainte-Anne était en grande toilette : buste de Sa Majesté, drapeaux, fleurs, parmi lesquelles une ingénieuse allusion avait fait dominer l'hortensia. Reçue par Mlle Didion, inspectrice des salles d'asile, Mme la Directrice et les dames du Comité de patronage, Sa Majesté fut saluée par une chorale de deux cents voix enfantines, exécutant le *Chant de l'Impératrice*, composé pour la circonstance. Une petite fille de cinq ans récita ensuite un compliment, qui lui valut une cordiale accolade du Prince Impérial.

L'Impératrice fit le tour de la salle au bras de sœur Zozime, à qui elle exprima son bonheur d'avoir constaté par elle-même ce qu'on lui avait dit de l'asile Sainte-Anne. De son côté, le Prince vint saluer la sœur, qui lui dit : *Prince, les maîtresses et les enfants de l'asile Sainte-Anne n'oublieront jamais l'honneur que vous venez de leur faire. — Ni moi non plus, ma bonne Mère*, répondit le jeune prince, *je n'oublierai pas les enfants de l'asile Sainte-Anne, car je les ai trouvés très gentils.*

Sœur Zozime ne s'occupait pas seulement de ses petits élèves, mais encore de leurs parents. Une de ses plus grandes consolations était de soigner les malades du quartier, surtout les cholériques, comme en 1853, et de préparer des enfants arriérés à la première communion.

Dieu épargna à sœur Zozime, morte en 1876, le chagrin de voir le crucifix banni de son Asile, et, au mois d'octobre 1888, l'enlèvement de l'inscription *Ecole maternelle modèle*, placée au-dessus de la porte d'entrée de l'asile Sainte-Anne. En conservant cette inscription, la municipalité n'aurait pourtant froissé aucune susceptibilité et se serait honorée au contraire aux yeux des hommes vraiment libéraux et des Nancéiens jaloux de la gloire de leur noble cité.

Quant à l'enlèvement des crucifix, il a été un acte de sotte maladresse et de basse impiété, qu'on ne peut trop sévèrement blâmer et trop souvent reprocher à ceux qui en sont les malheureux auteurs. Sans le crucifix et sans la foi qu'il inspire, quelle œuvre charitable se serait établie à Nancy ?

« Un ménage de négociants, raconte M. Maxime du Camp, retirés après avoir fait fortune, n'avait qu'un enfant, un fils sur la tête duquel reposaient toutes les espérances et toutes les illusions. Vers sa dix-huitième année ce garçon fut atteint d'une fièvre typhoïde. L'inquiétude des parents fut extrême ; la mère qui était pieuse priait ; le père qui estimait volontiers que « tout ça c'est des bêtises » se désespérait. La maladie s'aggrava, l'enfant était en péril, les médecins cependant ne désespéraient pas.

« La femme entraîna son mari dans une église et là, tous deux agenouillés devant un autel, sanglotant éperdus, ils firent vœu si leur fils était sauvé de consacrer une somme importante au soulagement des pauvres de Paris. L'enfant ne mourut pas. Dès que sa convalescence eut pris fin, ses parents achetèrent un terrain, où, par leur ordre et de leurs deniers, on construisit un hospice, qu'ils meublèrent et qui peut contenir près de trois cents vieillards...

« Combien d'établissements de bienfaisance qui n'ont point d'autre origine ? Il n'est que loyal de reconnaître que toutes les fondations charitables, où tant d'infortunes ont été secourues jadis et le sont aujourd'hui, sont dues en principe à la croyance religieuse. J'en conclus que dans le labyrinthe de la vie le meilleur fil conducteur est encore la foi.....

« Je parle d'une façon désintéressée, ajoute M. Maxime Ducamp, car je n'ai pu encore saisir la foi. J'ai eu beau étudier et admirer ses œuvres, je lui reste réfractaire malgré moi ; mais si je savais où est le chemin de Damas, j'irais m'y promener (1). »

(1) *La Charité privée à Paris.*

LIVRE II

LES ÉCOLIERS

CHAPITRE I

L'ÉCOLE CHRÉTIENNE '

Caractères de l'Ecole chrétienne. — Résumé d'une lettre pastorale de
Mgr Turinaz sur l'enseignement primaire. — Dangers de la suppression
de l'enseignement religieux. — Protestation éloquente de M. l'abbé
Villemet. — Résultats de l'Ecole chrétienne, d'après le témoignage du
R. P. Monsabré. — Paroles de Mgr Perraud.

Quand je passe devant un petit séminaire, disait naguère
un de nos grands polémistes, *tout mon sang se remue et se
réjouit dans mon cœur ; mon sang chrétien et mon sang français. Le petit séminaire est l'école nationale. Ces enfants aimeront Dieu et la France* (1).

Ce langage ne peut être tenu à propos d'une école qu'à la
condition que l'enseignement donné dans cette école n'exclura
pas l'instruction religieuse.

« Supprimer la religion dans l'enseignement, dit Mgr Turinaz
dans une de ses éloquentes Lettres pastorales sur l'enseignement
primaire (2), c'est le rendre fatalement incomplet, c'est repousser

---

(1) L. Veuillot.
(2) Cette Lettre pastorale a été publiée en 1882, pour protester contre la loi du 28 mars
1882 qui prescrit l'enseignement primaire *gratuit, obligatoire* et *laïque.* Mgr l'Evêque
de Nancy a publié en 1885 une autre Lettre pastorale qui a pour titre : *L'Enseignement
primaire et l'avenir de la France.*

les plus hautes, les plus nécessaires, les plus fécondes vérités. Bannir de l'instruction et de l'éducation de l'enfance le nom même de Dieu, son autorité et ses lois, c'est condamner ces deux œuvres incomparables à la stérilité, à la contradiction, à l'impuissance. »

Après avoir développé avec une logique irrésistible ces profondes pensées, Mgr Turinaz conclut ainsi : « Bannir Dieu et « la religion de l'école, c'est bon gré malgré et par la force « des choses jeter l'outrage à la foi de tout un peuple ; c'est « déclarer par des actes publics, à la face de tout un pays, « que Dieu est sans autorité, que la religion est sans valeur. « L'ouvrier, le paysan, l'enfant lui-même se demandent pour- « quoi les doctrines religieuses sont exclues de l'école, tandis « que tant de zèle est déployé, tant d'argent jeté à pleines « mains, pour assurer et développer l'enseignement de toutes « les sciences. L'école sans Dieu est l'école contre Dieu. « Bannir Dieu de l'école, c'est le bannir de l'âme et de la vie « même du peuple, c'est préparer un peuple sans Dieu, un « peuple contre Dieu, c'est-à-dire le triomphe de la morale « avilissante de l'intérêt et de l'instinct, le règne de la force, « le mépris de la vertu, la destruction de tous les droits, « l'écrasement des faibles, le triomphe de l'anarchie et de la « barbarie sauvage.

« Et qu'on ne dise pas, ajoute Monseigneur, que l'école « peut être *neutre*, parce que n'outrageant pas la religion ou « ne niant pas Dieu, elle ne s'en occupe pas et laisse les « parents avec les ministres du culte donner aux enfants « l'instruction religieuse ! Cette neutralité n'est pas possible. « Car il est évident que la plupart des parents pauvres et ou- « vriers, ne pouvant pas donner à leurs enfants l'instruction « religieuse, sont forcés de les confier à des maîtres qui ne la « leur donneront pas non plus et qui devraient le faire puisqu'ils « tiennent la place des parents. D'un autre côté, les ministres « du culte, n'étant pas libres de prendre les enfants dans les

« moments où ils pourraient les instruire, sont obligés de ne
« leur donner qu'une instruction religieuse très superficielle.

« Il y a plus ; les instituteurs eux-mêmes ne peuvent, dans
« leurs écoles, observer cette neutralité chimérique. Leur
« silence au sujet de Dieu et de la religion conduit fatalement
« l'enfant au doute, à l'indifférence, à la négation. Et le silence
« lui-même est impossible. Comment l'instituteur pourra-t-il
« toucher aux grandes questions d'origine, de vie, de mort,
« sans nommer Dieu ? Comment enseigner l'histoire sans
« parler de Jésus-Christ ? Alors que devient la neutralité ? »

C'est la même pensée que M. Léon Gautier exprimait en
ces termes, à propos de l'enseignement secondaire universi-
taire actuel : « L'idée de Dieu pénètre tout, sa pensée se pré-
« sente à chaque seconde dans la lecture et l'explication de
« vos auteurs et vous ne pourrez l'éviter. Oui, Dieu est là, qui
« vous barre le chemin à chaque pas, et il faut de toute né-
« cessité que l'éducateur de l'enfance tombe aux pieds de ce
« Dieu ou se déclare son ennemi. Pas de faux-fuyant possible.
« L'enfant vous aura bien vite percé à jour, et il verra au
« bout d'une heure si vous êtes un croyant ou un athée.
« O philosophes, votre silence suffira ; car il y a une façon de
« ne point parler de Dieu qui équivaut à une profession d'a-
« théisme (1) ».

« Enfin et de fait, continue Mgr Turinaz, cette neutralité
n'existe pas ; elle est violée impudemment par ceux-là même
qui l'imposent, à tel point, dit un journal républicain, que
tous les hommes raisonnables sont à la fois indignés et honteux des harangues révoltantes, impies et ridicules dont nous
sommes inondés depuis quelques jours (2) ».

Et l'enlèvement des crucifix et de tous les emblèmes religieux des salles d'asile et des écoles municipales, est-ce aussi
de la neutralité ? Qui ces crucifix offusquaient-ils ? quels pa-

(1) Léon Gautier : *Lettres sur l'Enseignement.*
(2) Le *Parti National* (12 août 1889).

rents, quels maîtres ont réclamé leur disparition? « La vérité est que, tant que Dieu règne dans les écoles, il n'y a pas place pour la révolution qui est satanique par essence, a dit le comte de Maistre ; il faut donc l'en chasser (1).

Mais Dieu chassé par la loi, de l'école, c'est la *liberté* de la religion, la liberté des parents et celle des enfants frappée et supprimée. C'est la religion outragée dans les manuels scolaires et dans toutes sortes de productions livrées à l'enfance, qui n'a pas la liberté de se défendre. Le père de famille peut livrer les âmes de ses enfants à toutes les erreurs et à toutes les corruptions ; il n'a pas la liberté de les confier aux maîtres qui ont sa confiance et pourraient garantir ces âmes contre l'indifférence et l'incrédulité. Pour avoir les maîtres de son choix, il faut qu'il s'impose la double charge de payer d'abord les maîtres publics dont il ne veut pas, ensuite ceux qu'il choisit pour ses enfants. S'il est pauvre et s'il ne peut s'imposer ce double sacrifice, il est obligé de subir l'enseignement qu'il condamne. Où est la liberté ? Où est la liberté de son enfant exposé à devenir fatalement le disciple, on pourrait dire la victime, d'une doctrine qu'il repousse ?

> Mon foyer est un temple et vous l'envahissez,
> Mes fils sont mon trésor et vous le ravissez (2).

Cette question de la liberté de l'enseignement est la question suprême et décisive. Son intérêt nous est révélé par les efforts des ennemis de la religion. « C'est sur ce point qu'ils concentrent toutes leurs attaques. *C'est donc sur ce terrain aussi que doivent s'unir tous les enfants de l'Église ; c'est en faveur de cette cause première, décisive, qu'ils doivent accepter tous les sacrifices sans se laisser ni déconcerter par les difficultés, ni arrêter par les obstacles, ni décourager par les défaites.* »

(1) L'abbé d'Erzeville.
(2) M. l'abbé Demange, directeur de l'École Saint-Léopold de Nancy : *La Liberté de l'Enseignement chrétien.*

L'éloquent appel de Mgr Turinaz a été entendu par tous les catholiques de Nancy, qui ont redoublé de générosité et de dévouement pour soutenir et faire prospérer leurs écoles chrétiennes.

Aujourd'hui, chacun d'eux répète ce cri jeté autrefois par un de leurs prêtres les plus éloquents : « Je réclame pour les en-« fants l'école chrétienne, soit que leurs talents les appellent « dans les rangs de la jeunesse studieuse, soit que la pau-« vreté les laisse au rude métier de leur père. Je la réclame « au nom de Dieu leur père, au nom de l'Eglise leur mère, « au nom du ciel leur patrie, au nom de leur âme qui n'a bien « soif que de ces biens-là.

« Je la réclame comme homme, et mon droit, c'est le « profond intérêt que nous avons tous et que nous portons « mieux que personne à toutes les choses humaines. Je la « réclame comme la seule école où ils apprennent bien la « vie et ses deux grands devoirs : bien travailler et bien « souffrir.

« Je la réclame trois fois : pour la sécurité présente de la « France, pour la force de son avenir, pour l'honneur de son « passé !

« Maintenant que l'instruction soit non plus gratuite comme « autrefois dans l'Eglise, mais donnée à l'indigent sur la « bourse du riche requise par l'Etat, j'y consens, et de grand « cœur je déposerai aux mains de l'Etat l'obole de ma pau-« vreté ; mais qu'en retour l'Etat me laisse à l'endroit de l'é-« cole la liberté du vrai dévouement; la vieille et vraie gra-« tuité de l'aumône.

« Je veux bien aussi que l'on contraigne les parents négli-« gents, par des amendes, les enfants récalcitrants, par des « peines disciplinaires ; mais je demande qu'on laisse parler « la seule voix qui oblige les consciences, que la religion « vienne créer l'obligation du dévouement au cœur des maî-« tres, l'obligation de la vigilance au cœur des parents, et

« sous l'influence de ce double amour, l'obligation, la dou-
« ceur, le besoin du travail au cœur des enfants.

« Enfin, je demande hautement que l'instruction soit *laïque,*
« c'est-à-dire donnée à tout le monde par tout le monde, à
« toute la France par toute la France ; que tout Français, tout
« chrétien qui porte dans la tête un bon savoir, au cœur un
« vrai dévouement, puisse les mettre au service d'un âge si
« sacré, d'une cause si sainte. Je le demande au nom du droit
« et de la liberté. Je le demande au nom de la France. Il
« faudrait être un misérable pour exclure systématiquement
« aucun secours dans la pénurie d'hommes et le désarroi des
« choses où nous nous trouvons. Je le demande parce que tel
« est le vrai sens de ce mot chrétien *laïque.* Arrière donc et
« pour jamais l'enseignement antichrétien et antifrançais, en-
« seignement destructeur et nihiliste !

« Honneur donc et place à ces vaillants instituteurs laïques,
« tels que nous les possédons à Nancy, qui puisent dans la
« religion l'amour sacré de leurs devoirs, qui ne voudraient
« pas plus d'un enseignement qui passerait à côté de la reli-
« gion, que d'un enseignement qui serait contre elle.

« Honneur surtout et place aux humbles disciples du bien-
« heureux de la Salle, à ces vaillants ignorantins qui ont
« inauguré en France et vulgarisé par tout le monde depuis
« si longtemps l'instruction laïque, obligatoire et gratuite ;
« qui ne se sont voués à ce dur métier de l'enseignement que
« pour en épouser la part la plus humble, la plus âpre et la
« plus rebutante ! (1) ».

Ceci rappelle les belles paroles de l'illustre et vaillant Président de la République de l'Equateur, Garcia Moreno, quand
il présenta son fils au Directeur des Frères : *Voilà mon fils,*
lui dit-il, *il a six ans ; ce que je désire, c'est que vous fassiez*
de lui un bon chrétien. La science et la vertu en feront un bon

---

(1) M. l'abbé Villemet : *l'Ecole chrétienne.* Sermon prononcé dans l'église Saint-Léon de Nancy, le 4 août 1872.

citoyen. Ne le ménagez pas, je vous prie, et s'il mérite une punition, ne voyez pas en lui le fils du Président de la République, mais un simple écolier qu'il faut redresser (1).

Le R. P. Monsabré a donné, le 16 juin 1889, à Cognac, devant un auditoire d'environ sept mille personnes, un sermon en faveur de l'Œuvre des Ecoles libres. L'illustre conférencier a résumé d'une manière admirable tout ce qui, jusqu'à ce jour, a été dit ou écrit de plus profond sur la question scolaire ; il a su trouver des aperçus nouveaux et des accents de la plus haute éloquence. Pour montrer la supériorité de l'Ecole chrétienne, il a dit entre autres choses : « Cherchez, je vous prie, dans la vie individuelle, domestique et sociale, ceux qui savent le mieux respecter leur dignité d'homme, et faire marcher le savoir, le travail, l'honneur et la vertu ; ceux qui se montrent les plus fidèles aux devoirs de respect, d'amour et de dévouement dont dépendent l'honorabilité, la paix et la prospérité des familles ; ceux qu'on peut appeler d'honnêtes et utiles citoyens, scrupuleux observateurs des lois, ennemis des agitations malsaines qui bouleversent les sociétés, ne marchandant point leur assistance à la misère humaine, ni leur service à la chose publique et prêts à porter aux heures critiques, où le pays est en danger, les plus lourdes charges du sacrifice. Cherchez ces hommes, vous dis-je, et quand vous les aurez rencontrés, remontez à la source de tout ce qu'ils ont fait de bien, vous y trouverez l'Ecole chrétienne. »

Il faut que nos Ecoles soient religieuses et chrétiennes. Les hommes les plus graves, ceux qui veillent avec le plus de soucis sur les destinées de notre patrie, ne craignent pas dele proclamer dans les circonstances solennelles.

Mgr Perraud, évêque d'Autun, président de l'Académie française, disait le 14 novembre 1889 dans son rapport sur les prix de vertu :

(1) Garcia Moreno par le R. P. Bertho.

« Les tableaux dressés périodiquement par le ministère de la justice attestent une effrayante augmentation du nombre des crimes, et, de la part de beaucoup de criminels, un prodigieux raffinement de perversité et de cruauté.

« Pendant la seule année 1880, on a compté jusqu'à vingt-trois mille enfants ou mineurs traduits devant les tribunaux. Ainsi, non seulement le mal gagne en étendue et en profondeur, mais il devient plus précoce. L'éducation première soustraite à toute influence religieuse porte ses fruits. Une dépravation favorisée par toutes sortes de provocations impunies mine rapidement les assises de la moralité publique et semble la menacer d'une ruine inévitable et prochaine. »

CHAPITRE II

LES ÉCOLES CHRÉTIENNES DE GARÇONS A NANCY

Les Frères des Écoles chrétiennes appelés à Nancy par le roi Stanislas en 1749. — Décision du Conseil municipal de Nancy. — Ouverture de la première École tenue par les Frères en 1821. — Les Écoles des Frères se multiplent. — Les Cours d'adultes. — Mgr Menjaud et les Frères. — Allocation de la municipalité. — Les Frères en 1889. — Attachement des élèves. — Témoignage de M. Sarcey. — Discours de M. de Chambon. — Les Frères récompensés par l'Académie française. — Les Frères de la Doctrine chrétienne de Nancy. — Témoignage de M. Keller en leur faveur.

Les Ecoles chrétiennes de garçons de Nancy, dirigées par les frères du bienheureux de la Salle, ont été établies en 1820. Dès 1749, le roi Stanislas avait appelé ces religieux dans ses États et par un acte passé avec le frère Exupère, premier directeur de l'Institut, leur avait confié à perpétuité l'établissement de Maréville, avec toutes ses dépendances mobilières et immobilières. Les frères créèrent à Maréville un pensionnat pour l'enseignement professionnel. La révolution le supprima en 1794 et s'en empara. Le souvenir de l'instruction donnée

par les frères des Écoles chrétiennes, à Maréville, se réveilla
en 1820 ; un grand nombre de Nancéiens pressèrent la municipalité de rappeler les frères. La municipalité accéda à ce désir
avec empressement, mit à la disposition des frères l'ancien
couvent des Cordeliers, rue Ville-Vieille, et fournit leur traitement.

Voici la délibération dans laquelle le Conseil municipal prit
cette précieuse décision :

« Le Conseil municipal de Nancy, réuni sous la présidence de M. le Maire,
d'après l'autorisation de M. le Préfet en date du 7 de ce mois, à l'effet de
délibérer sur la proposition faite par le Bureau de charité et contenue dans
sa lettre à M. le Maire du 5 courant, de rétablir à Nancy les Frères de la
Doctrine chrétienne pour l'instruction des enfants, et les placer dans la ci-
devant maison conventuelle des Cordeliers ;

« Considérant que le Conseil a déjà plusieurs fois émis le vœu du rétablissement de cette institution, si utile sous le rapport des mœurs et de la
religion ; que si jusqu'à présent ce vœu n'a point été réalisé, c'est que les
charges de toute espèce, qui ont pesé et qui pèsent encore sur les revenus
de la ville, n'ont point permis au Conseil de voter les fonds nécessaires au
premier établissement ; mais que cet obstacle vient d'être levé par une
souscription volontaire, recueillie par les mains du Bureau de charité,
offerte par le zèle éclairé d'un grand nombre d'habitants de cette ville ;
qu'il ne s'agit plus, dans ce moment, que d'affecter un local suffisant pour
le logement des Frères et le placement de leur école ;

« Considérant que le couvent des ci-devant Cordeliers a été concédé à la
ville pour servir à l'instruction primaire ; qu'on ne peut lui donner une
destination plus convenable que celle réclamée par le Bureau de charité ;
que cet édifice communal cessant d'être inhabité sera sujet à moins de
dégradations, et qu'on parviendra ainsi à utiliser les réparations qui y ont
été ou qui pourraient y être faites ;

« En conséquence, le Conseil, après en avoir délibéré, a arrêté ce qui
suit, sous l'agrément et l'approbation de M. le Préfet de la Meurthe :

« M. le Maire est autorisé à effectuer dans cette ville le rétablissement
des Frères de la Doctrine chrétienne et à leur affecter tout ou partie de la
ci-devant maison conventuelle des Cordeliers et le jardin qui en dépend,
pour leur logement et le placement de leurs écoles ; les frais de premier
établissement seront pris sur les fonds de la souscription volontaire déposée entre les mains du Bureau de charité, selon ses offres. Quant au traite-

ment des religieux, dont le nombre pourra provisoirement être porté à cinq, il sera payé sur les sommes allouées au budget et mises à la disposition du bureau pour l'instruction de la classe indigente.

« Il sera fait, lors de la prochaine session du Conseil, un rapport détaillé de l'emploi de ces fonds et les améliorations dont peut être susceptible l'organisation des écoles payées sur le revenu de la ville.

« Fait et délibéré à Nancy ledit jour 12 mars 1821.

« Présents : MM. DE RAULECOUR, maire, président ; l'abbé VAUTRIN ; le président DE COURVILLE ; LANG ; TOURNAY ; VALENTIN ; le président SALADIN ; JACOB ; BEAUPRÉ ; DEMANGEOT ; GAUVAIN ; DE FRANÇOIS ; DE LEFEBVRE ; DROUOT ; CUVIER ; FERRY ; DE HALDAT ; le Marquis DE RAIGECOURT ; DE LA SALLE ; CHARON ; ROBERT et GRILLOT, membres du Conseil.

Une souscription publique, que dirigea le charitable chevalier Collinet de la Salle, procura le mobilier des frères et celui des classes. A la rentrée de novembre 1821, les frères purent ouvrir une première école, avec deux maîtres, aux Cordeliers, et une seconde un peu après, avec deux autres frères, rue Saint-Jean.

Le *Journal de la Meurthe* du 21 novembre 1821 rapporte ainsi la cérémonie d'ouverture de l'Ecole des Cordeliers :

« Nous annonçons à nos lecteurs, avec une entière satisfaction, que deux écoles de la Doctrine chrétienne sont ouvertes aux enfants de la ville de Nancy. Quatre frères, sous la direction d'un supérieur, sont chargés de leur enseigner la lecture, l'écriture, l'orthographe et l'arithmétique, mais avant tout de leur donner l'éducation chrétienne. C'est peu, sans doute, que quatre maîtres pour une cité populeuse ; mais espérons que la Providence achèvera une œuvre si bien commencée.

« Un très beau local a été approprié pour cette intéressante institution, dans l'ancienne maison des R. P. Cordeliers, où nos Ducs souverains fondèrent leur sépulture.....

« Hier, 19 novembre, jour de leur installation, les Frères, suivis d'un nombre considérable de jeunes garçons, se sont rendus à la cathédrale ; une grand'messe, précédée du *Veni Creator*, et suivie d'un discours analogue prononcé par M. l'abbé Poirot, a été chantée avec la plus grande solennité. Mgr l'Evêque y a assisté, à la tête de tout le clergé des paroisses de la ville ; les autorités et un concours immense de personnes de toutes les classes, notamment les parents des élèves, se sont empressés d'y venir remercier Dieu d'un si heureux événement et lui demander de répandre ses bénédictions sur nos Ecoles. »

Aujourd'hui, nous pouvons constater que cette bénédiction n'a pas fait défaut, puisque les Ecoles chrétiennes à Nancy n'ont fait que prospérer.

L'année suivante, deux nouveaux frères prirent possession de la porte Saint-Georges ; enfin, en 1825, le Conseil municipal, encouragé par les résultats obtenus, demandait deux frères pour diriger une école à la porte Saint-Nicolas. En 1829, le recteur de l'Académie adressait aux frères une lettre très élogieuse et de remerciement pour leurs succès et leur dévouement.

La Révolution de juillet 1830 brisa, avec l'ancienne municipalité, les hommes qui avaient appelé les frères ; ceux-ci furent rayés du budget de la ville, renvoyés des Cordeliers et se virent même dépouillés d'une partie de leur matériel, bien que la ville n'y eût rien mis. Bien plus, au nom de la liberté, on voulut les forcer à quitter Nancy. Une lutte ardente eut lieu dans les feuilles publiques ; des brochures d'une extrême vivacité furent publiées pour et contre ; plusieurs milliers de pétitionnaires se mirent du côté des frères, et la véritable liberté triompha, grâce aux sympathies populaires. Les frères ne puisèrent plus dans la caisse municipale ; mais quelques citoyens, ayant à leur tête M. Collinet de la Salle, considérèrent comme un honneur et un devoir de leur faire part de leur propre budget.

Quatre classes s'ouvrirent rue de la Primatiale, 30, et trois rue de la Source, dans un local dépendant de la maison des sœurs de Saint-Vincent de Paul, et approprié par le Bureau de bienfaisance qui en est propriétaire. M. l'abbé Michel, curé de la Cathédrale, se chargea en partie de l'entretien de l'école de la Primatiale, et M. l'abbé Simon, curé de Saint-Vincent et Saint-Fiacre, de celle de la seconde, qu'il transféra rue du Haut-Bourgeois quand il fut nommé curé de Saint-Epvre, et peu après, rue Saint-Michel.

Sous la protection de ces deux prêtres, dont le nom est resté si populaire et si vénéré à Nancy, l'œuvre des Ecoles chrétiennes se suffit à elle-même ; mieux encore, elle put réunir les sommes nécessaires pour acquérir en 1836, sous le nom de la fabrique de Saint-Epvre et avec l'autorisation du gouvernement, une maison rue Callot, où s'installa la communauté avec les classes de la Ville-Vieille. C'est là que, par une très intelligente initiative, on vit s'ouvrir un cours d'adultes, à une époque où ailleurs l'on ne songeait guère encore à cette précieuse institution.

En 1842, après la mort de M. Michel, son successeur M. Poirot, qui pensait déjà à la construction de l'église Saint-Georges, craignant de succomber sous un double fardeau, pria Mgr Menjaud de donner à l'œuvre des écoles une organisation qui reposât moins sur la tête d'un seul homme. Sa proposition fut accueillie. Un comité des écoles fut institué. Ce comité d'administration se réunissait chaque année à l'évêché pour prendre connaissance de la situation morale et matérielle de l'œuvre et créer les ressources nécessaires, soit par des souscriptions, soit par des quêtes précédées de sermons. Les révérends pères de Ravignan et Lacordaire entre autres lui apportèrent à la cathédrale le secours de leur admirable parole (1).

En 1843, le faubourg des Trois-Maisons eut aussi son école.

---

(1) Allocution de M. Vagner à la distribution des prix, le 19 août 1867.

Messieurs les curés Joseph et Marin Simonin firent don à la ville d'une maison, rue de Metz, en exprimant le désir qu'elle servit de local à une école primaire dirigée par les Frères.

En 1844, grâce au zèle de M. l'abbé Pierre, curé de Saint-Pierre, qui paya de ses deniers un des deux Frères, et à la bienveillance du séminaire qui prêta le local, une quatrième école dont M. l'abbé Marguet, supérieur du séminaire, fit les frais d'installation, s'ouvrit au faubourg Saint-Pierre. Cette école subsista jusqu'en 1870.

Pour aider et soutenir ces créations nouvelles, le ministre de l'instruction publique donnait chaque année à l'œuvre des écoles de Nancy la somme de quinze cents francs. Une année il doubla cette somme pour faire disparaître un déficit de cinq mille francs. Mgr Menjaud, en donnant les deux autres mille francs, recommanda à la nouvelle commission, présidée par M. d'Arbois de Jubainville, beaucoup de prudence et d'économie.

En 1852, l'allocation du ministre de l'instruction publique avait été supprimée, mais un conseil municipal nouveau, avec M. le baron Buquet comme maire, comprit les nombreux avantages de la présence des Frères à Nancy, avantages d'une noble et féconde émulation entre leurs écoles et les écoles municipales ; avantages d'une légitime satisfaction donnée à la liberté des pères de famille ; avantages matériels par l'instruction que fournissaient les Frères à une foule d'enfants, alors que la ville eût été dans l'impossibilité de pourvoir elle-même à tous les besoins de l'instruction primaire. Une allocation annuelle de trois mille francs, proposée par M. Buquet, fut votée par le conseil municipal. Elle subsista jusqu'en 1871.

En 1864, une cinquième école fut établie sur la paroisse Saint-Sébastien, rue de l'Equitation, puis transférée quelques années plus tard rue des Ponts. L'année suivante, M. l'abbé Noël, curé de Saint-Léon, après avoir recueilli dans son presbytère les enfants de sa paroisse, qui avaient d'abord fréquenté les écoles de Saint-Sébastien, demanda des secours pour l'aider à créer une école dont il fournit le local dans la rue Saint-Léon.

En 1878, la générosité de Mlle P. ot permit à M. l'abbé Harmant, curé de Saint-Georges, d'ouvrir à son tour une nouvelle école rue du faubourg Saint-Georges. Deux ans plus tard, en 1880, voulant donner plus d'extension à l'enseignement des frères, Mgr Trouillet, curé de la basilique Saint-Epvre, fonda des cours primaires supérieurs dans les appartements de l'hôtel Creuzol, rue Callot, 8. Enfin en 1885, divers dons et une souscription recueillis spécialement dans la paroisse Saint-Pierre, permirent d'acquérir et de disposer une propriété rue Nabecor pour une septième école, aujourd'hui aussi prospère que les autres.

L'œuvre des frères en 1889, à Nancy, comprend un personnel de *trente* frères dirigeant vingt-six classes, fréquentées par seize cents élèves. En 1881, les élèves des frères n'étaient qu'au nombre de sept cent quatre-vingt-cinq. Le progrès accompli depuis huit ans est admirable. Un comité d'administration, composé de quarante-six membres, présidé par Monseigneur l'évêque, le soutient. Chaque mois, une commission de surveillance, composée des curés des paroisses et de laïques choisis parmi les plus honorés de la ville, visite les écoles, y constate la discipline, la bonne tenue et se rend compte de la conduite, du travail et des succès des élèves.

Chaque année, vers le mois de novembre, Monseigneur l'évêque annonce par une circulaire la quête faite par des dames dévouées et charitables, qui recueillent chaque fois environ *vingt mille francs !*

« Cette Œuvre des Écoles est une œuvre de liberté et de charité, disait Mgr Turinaz dans sa lettre du 11 novembre 1880.

« Les familles du peuple qui envoient leurs enfants aux

écoles libres ne peuvent supporter les dépenses qu'elles exigent. C'est donc un grand acte de charité, et de la charité la plus élevée, la plus puissante et la plus méritoire, que de soutenir ces écoles et de faire, si nous pouvons nous servir de ce terme, aux familles l'aumône de la liberté, aux enfants l'aumône de l'instruction et de l'éducation chrétiennes. »

A la fin de l'année scolaire, une somme d'environ deux mille francs, ainsi que de nombreux volumes, sont remis aux frères pour être distribués en livrets de caisse d'épargne ou en prix aux élèves les plus méritants.

En 1888, M. le curé de la paroisse Saint-Mansuy fit construire une école libre, confiée aux *frères* de la Doctrine chrétienne de Nancy. Ajoutons, pour terminer ce que nous avons à dire des frères des Ecoles chrétiennes, qu'à Nancy, comme ailleurs, ils sont les maîtres qui non seulement instruisent le mieux, mais surtout élèvent le mieux les enfants. La confiance de plus en plus marquée que leur témoignent les familles, les sentiments d'estime, d'affection et de reconnaissance de leurs élèves, sont la preuve évidente de leur mérite et de leur aptitude.

Quels maîtres savent se faire comme eux aimer de leurs élèves et des parents?

C'était à Paris, pendant la Commune. Les Ecoles de la rue de Fleurus venaient d'être fermées, les gardes nationaux veillaient à la porte de l'établissement.

Le 7 mai, au matin, un groupe de jeunes écoliers se forma rue Jean-Bart, devant la petite porte du jardin des Frères. Ces enfants se baissaient, se couchaient par terre, criaient, se relevaient pour se concerter entre eux, et, de loin, on ne savait à quel jeu ils s'appliquaient. En approchant, on reconnut qu'ils appelaient les Frères : *Cher frère, cher frère,* criaient-ils sous la porte, *cher frère, nous entendez-vous?* et comme ils ne recevaient aucune réponse, le désappointement était grand, mais n'entraînait pas le découragement. On re-

commençait : *Cher frère, cher frère, nous entendez-vous ?*
Enfin, l'un de ces petits obstinés se releva vivement : *Il m'a
entendu; il m'a entendu!* Aussitôt tous se précipitèrent sur
le pavé ; et passèrent à l'envi les uns des autres leurs petites
mains sous la porte : *Cher frère, c'est nous! nous venons vous
dire bonjour. Comment allez-vous?*

Cette démonstration touchante se passe de commentaires.
La scène allait se continuer; mais un fédéré parut l'arme au
bras, à l'angle de la rue Jean-Bart et de la rue de Fleurus.
Les enfants lui firent un pied de nez et se dispersèrent de tous
côtés, comme une volée d'oiseaux.

« J'ai plus d'une fois visité des établissements dirigés par
« eux, écrivait dernièrement M. Francisque Sarcey, et no-
« tamment le grand pensionnat Saint-Nicolas, un des plus
« beaux de Paris ; j'ose dire que ce sont des modèles de pro-
« preté et de bonne tenue; que les enfants y travaillent avec
« une ardeur incroyable ; que ces messieurs prennent sur ces
« jeunes âmes un empire admirable, et obtiennent des résul-
« tats où nous n'arrivons que bien rarement dans nos insti-
« tutions laïques. »

L'admirable Institut des Frères des Écoles chrétiennes est
le plus redoutable adversaire de l'ignorance.

« Ce sont les Frères qui ont vulgarisé la langue française
dans le pays.

Ce sont les Frères qui ont créé le mode d'enseignement si-
multané, aujourd'hui reconnu le meilleur.

Ce sont les Frères qui ont créé les cours d'adultes.

Ce sont les Frères qui ont organisé les cours d'enseignement supérieur et professionnel.

Ce sont les Frères qui nous ont donné la meilleure méthode connue pour l'enseignement du dessin.

Ce sont les Frères qui, dans toutes les branches de l'enseignement primaire, obtiennent le plus de succès (1). »

----

(1) *L'Enseignement des Frères et des Religieuses,* par l'abbé d'Erzeville.

En 1875, la distribution des prix aux élèves des Frères de Nancy fut présidée par le préfet, M. de Chambon. Dans une allocution dont on se souvient encore et qui était toute vibrante de vérité, de foi et de patriotisme, le préfet, après avoir résumé les résultats de l'instruction donnée par les frères, ainsi que les sacrifices que les catholiques de Nancy s'imposent pour les entretenir, terminait ainsi :

« Il me reste à examiner si les sympathies manifestées pour les Frères des Écoles chrétiennes sont bien justifiées, et si la générosité des bons citoyens à leur égard est bien placée.

« Messieurs, plus on avance dans la vie, plus les circonstances, les événements, les exigences de situation vous mettent en contact avec les hommes et vous permettent de les mieux connaître, plus vite on arrive à cette conviction que la confiance doit se mesurer au désintéressement et que la vraie grandeur humaine réside dans l'humilité.

« La Sœur de charité dans notre pays est à mes yeux le type le plus élevé de l'abnégation, du renoncement, du sacrifice et de l'humilité. Je trouve dans cette servante du pauvre, de toutes les douleurs, de toutes les plaies, de toutes les misères, je trouve un caractère de grandeur tel, que je ne m'incline devant aucun puissant de la terre aussi profondément que devant la Sœur de charité. (Applaudissements prolongés).

« Et nos Frères, que font-ils ? Dans ce monde de combinaisons ardentes, de désirs, d'appétits non satisfaits, où chacun est à la poursuite de la jouissance et du plaisir, où la vanité est un si puissant mobile dans les actions humaines, quelle est l'attitude des Frères des écoles chrétiennes ? Ils ont arraché de leur cœur toutes les attaches les plus légitimes, tout ce qui peut charmer l'existence ; ils ont tout quitté pour venir à vous ; ils ont abandonné foyer, parents, famille, bien-être, pour vivre dans la pauvreté et dans l'humilité ; ils ont détourné leurs regards de l'horizon du monde pour les renfermer entre les quatre murs de leur classe. (Applaudissements.)

« Toute leur ambition consiste à développer votre intelligence, à déposer dans vos cœurs le germe de toutes les vertus, de tous les grands principes, à y porter les croyances qui doivent assurer votre bonheur en ce monde et répandre dans votre cœur l'amour de Dieu, l'amour de vos parents, l'amour de vos semblables, de la patrie ! Et leurs jouissances, quelles sont-elles ? La satisfaction du devoir accompli, de vos nobles efforts, des succès que vous remportez en ce jour de triomphe. La joie que vous leur communiquez et, plus encore que votre joie, celle de vos mères émues. Eh bien ! toutes ces joies trouvent un écho chaleureux dans le cœur de nos bons Frères ; voilà leur récompense. (Triple salve d'applaudissements.)

« Si je cherche les Frères hors de leur demeure, je les trouve sur le champ de bataille, dans les tranchées, sous les canons ennemis, pansant nos soldats dans la plaine de Champigny, où ils tombaient mourants sur le sol couvert de neige, où les blessés succombaient sous le froid, implorant le secours de la science et de la foi. Qui se précipite ? Qui vient alors bravant la fatigue, le froid et la mort, pour arracher à la douleur et au péril les braves mobiles venus de toutes nos provinces ? J'ai nommé ceux que tous ont bénis non moins qu'admirés, les Frères, les brancardiers de Champigny. Je ne dirai pas leurs noms ; l'histoire redira combien il en est mort au champ d'honneur.

« Je dois me taire ; l'humilité a ses pudeurs qu'il ne faut pas blesser. Mais je tenais à prouver que ceux de nos concitoyens, qui ont fait vivre l'Œuvre des Frères des Ecoles chrétiennes dans notre ville, ont fait une œuvre excellente. Et vous, mes enfants, montrez-vous dociles aux conseils de ces Frères ; ouvrez-leur vos cœurs pour qu'ils y déposent la bonne semence. Vous êtes nés à une époque néfaste, vous aurez des devoirs à remplir. Rappelez-vous ces pauvres blessés, ces familles éperdues, éplorées, venant à Nancy sans pain, sans asile, réfugier leur patriotisme dans le sein de la patrie. C'est qu'il est un sentiment plus cher que tout : la France ! !... (Applaudissements prolongés et bravos.)

« Que ces pensées soient profondément empreintes dans votre âme. Et si aujourd'hui j'évoque le souvenir d'une époque douloureuse, si j'assiste joyeux à cette solennité, c'est que c'est la fête du travail, c'est la fête du peuple qui renaît à l'espoir et qui se relève. C'est le travail qui ennoblit l'homme lorsqu'il est tombé, comme il relève les nations et les peuples lorsqu'ils sont tombés. Aimez ce travail ; aimez-le surtout pour ses fruits ; aimez-le pour lui-même, car le travail a des jouissances que vous apprécierez plus tard. Autant l'oisiveté abêtit l'homme, autant le travail le relève et lui procure des jouissances, inconnues à celui qui ne travaille point.

« Il faut encore être le rigoureux observateur de la discipline ; songez que les années s'écoulent vite ; bientôt, comme tous les Français, vous serez soldats, et quand vous serez au régiment avec un bon bagage de connaissances acquises et une bonne habitude de la discipline, vous aurez une existence douce et facile. Le bon soldat est un bon citoyen. Ne répudiez jamais ni votre foi, ni la foi de vos pères ; dans les jours d'épreuve, le mot d'ordre, qui fut celui de vos ancêtres est et sera toujours : Dieu et Patrie ! Je prie Dieu que la France se relève sans que vous ayez jamais besoin des brancardiers de Champigny ; mais, si ce besoin se faisait sentir, soyez sûrs qu'ils seraient à leur poste de péril et de danger ! » (1)

Après la guerre, l'Académie française fut chargée par les Américains de Boston de décerner un prix au plus bel acte de patriotisme.

Le choix était difficile ; mais, guidée par le sentiment public, l'Académie n'hésita point. « Nous avons donné ce prix à un corps entier, dit son rapporteur, à un corps aussi modeste qu'il est utile, que tout le monde connaît, que tout le monde estime et qui, dans ces temps malheureux, s'est acquis une véritable gloire par son dévouement, nous voulons parler des Frères des Ecoles chrétiennes. »

Après avoir fait connaître la conduite héroïque des Frères sur les champs de bataille et dans les ambulances où des généraux leur disaient : *L'humanité et la charité n'exigent pas qu'on aille si loin ; vous êtes admirables, vous et les vôtres!* le rapporteur de l'Académie ajoute : « Que toute justice leur soit rendue ! L'Académie est heureuse de la leur rendre et ce prix qu'elle va leur donner sera comme la croix d'honneur attachée au drapeau du régiment. »

Nous devons dire quelques mots des Frères de la Doctrine chrétienne de Nancy. Ces Religieux reconnaissent, pour fondateur de leur congrégation, un ancien bénédictin de l'abbaye de Senones, dans les Vosges, Dom Joseph Freschard.

Chassé de son couvent par la Révolution, Dom Freschard s'exila en Suisse. Il rentra sous le Directoire qui l'emprisonna. Après la Révolution il devint curé dans le diocèse de Nancy. Dom Freschard s'associa à messieurs Rollin et Faye pour restaurer la Congrégation des Sœurs de la Providence de Portieux ; c'est ce qui lui donna l'idée de préparer des instituteurs chrétiens pour les campagnes. Il commença cette œuvre dans son presbytère de Colleroy-la-Roche.

(1) *L'Espérance*, numéro du 14 août 1875.

Il se mit en rapport avec M. l'abbé Mertian, de Strasbourg, fondateur, lui aussi, d'une congrégation de frères instituteurs. Il suivit ses conseils pour l'organisation de son Institut. Un décret royal du 22 juillet 1822 reconnut la Congrégation des Frères de la « Doctrine chrétienne du diocèse de Nancy. L'autorisation épiscopale ne fut donnée que le 19 août suivant. Un mois après eut lieu la première vêture dans l'ancien couvent de Vézelise, devenu la maison-mère de la Congrégation, dont le premier supérieur était Dom Freschard.

La Révolution de 1830 fut fatale aux Frères de la Doctrine chrétienne, qui se dispersèrent jusqu'en 1837. A ce moment Dom Freschard essaya de restaurer sa congrégation, mais sa vieillesse et ses infirmités l'obligèrent à en laisser la direction à trois prêtres bien connus pour leur zèle excessif. L'un des trois fut nommé supérieur général de l'Institut par Mgr de Forbin-Janson. On abandonna la maison de Vézelise et on transporta le noviciat et la maison-mère au couvent de Sion. Mais de grosses difficultés étant survenues entre le supérieur et l'autorité diocésaine, la Congrégation dut être ramenée à Vézelise et confiée à la direction de M. Gridel, vicaire général, qui lui donna une très heureuse impulsion. Dom Freschard eut la consolation de mourir assisté par ses frères, le 24 juillet 1849.

Dès cette époque, les Frères furent gouvernés par un directeur général choisi parmi eux, avec un conseil pour l'assister. Mgr Menjaud donna l'approbation provisoire à un projet de Constitution que Mgr Lavigerie approuva définitivement en 1866, en même temps qu'il transférait la maison-mère et le noviciat à Nancy, rue du Montet. Voici comment M. Keller, dans sa grande étude sur les congrégations religieuses en France, apprécie l'Institut des Frères de la Doctrine chrétienne : « Cette Congrégation, dit-il, a produit les meilleurs résultats [; elle ne néglige rien de ce qui peut développer l'intelligence et le cœur des jeunes gens qui lui sont confiés.

Aussi, dans les concours cantonaux, dans les examens pour le certificat d'études, plusieurs écoles tenues par les Frères ont à constater des succès qui ne le cèdent en rien à ceux des écoles laïques et qui même les surpassent dans certains cas. Dans le département de la Meuse, c'est à un de leurs établissements que l'inspecteur d'académie a fait appel pour introduire le certificat d'études dans la circonscription, et le résultat a été tel que ce fonctionnaire a sollicité une distinction honorifique pour le frère directeur.

« Plusieurs des pensionnats tenus par les Frères ont été des premiers à introduire l'enseignement secondaire spécial ; ils y obtiennent chaque année de très beaux succès. Bon nombre de jeunes gens en sortent tous les ans pour entrer dans les diverses administrations ou même à l'Ecole centrale, et arrivent ainsi à des fonctions qu'ils n'auraient pu espérer sans les conditions très modestes auxquelles ils sont admis dans les établissements des Frères de la Doctrine chrétienne (1). »

Le beau pensionnat Saint-Joseph de Nancy, si estimé par les familles, justifie pleinement cette appréciation élogieuse de l'éminent écrivain et orateur catholique.

(1) Keller, ancien député, *les Congrégations religieuses en France.*

CHAPITRE III

LES ÉCOLES CHRÉTIENNES DE FILLES A NANCY

Situation actuelle des Écoles gratuites de filles à Nancy. — Écc es dirigées par les Sœurs de Saint-Charles. — Ecole de la rue de l'Equitation. — Ecole de la rue de Boudonville. — Ecole de la maison Saint-Mathieu. — Ecole dirigée par les Sœurs de Saint-Vincent de Paul. — Ecole gratuite de la Doctrine chrétienne. — Ecole gratuite de la Maison des Orphelines. — Ecole Bernadette. — Aspect des Ecoles congréganistes. — Ecole Professionnelle Sainte-Anne. — Congrégation des Religieuses de la Doctrine chrétienne. — Religieuses de la Sainte-Enfance. — Religieuses du Saint-Cœur de Marie.

Le Comité des écoles chrétiennes de Nancy ne protège pas seulement les écoles tenues par les frères ; il s'intéresse aussi à celles de filles dirigées par les religieuses ; mais sa sollicitude est nécessairement moins active et moins laborieuse pour les écoles de filles que pour celles de garçons. La raison en est toute simple : les nombreuses congrégations religieuses établies à Nancy se chargent directement et selon leurs ressources de l'instruction gratuite de beaucoup de petites filles. Néanmoins le Comité des écoles chrétiennes a dû parfois aussi prêter son concours, soit pour la création, soit pour l'entretien de quelques classes. Nous allons dire sa part de charité et de dévouement, en exposant rapidement la situation actuelle des différentes écoles gratuites de filles à Nancy.

Ecoles gratuites de filles dirigées par les sœurs de Saint-Charles. — Ecole de la rue de l'Equitation. — Vers la fin du dix-huitième siècle, en 1774, M. l'abbé de Tervenus, supérieur de la congrégation de Saint-Charles, dont nous raconterons l'histoire quand nous parlerons de la charité envers les malades, construisit à ses frais dans la rue des Artisans, et près de la maison-mère de ses religieuses, un grand bâtiment où il établit cinq écoles contenant, dit un historien de Nancy, M. Lyonnais, quatre-vingts petites filles chacune. Ces écoles gratuites furent naturellement dirigées par les sœurs de Saint-Charles.

Une haine stupide les supprima pendant la Révolution. Après la restauration du culte et la rentrée des prêtres en France, M. l'abbé Charlot, curé de la cathédrale, « l'idole de sa paroisse et de la ville de Nancy tout entière », dit un manuscrit du temps, s'empressa de rétablir les écoles fondées par M. de Tervenus. Un ouvroir annexe recevait les petites filles après leur première communion. L'école et l'ouvroir furent transférés en 1883 dans un nouveau bâtiment, construit par une société civile. La construction de ce local, avec l'achat du terrain, a nécessité une dépense d'environ cent mille francs.

La manière dont cette somme considérable a été recueillie est une des preuves les plus éclatantes de la générosité des catholiques de Nancy. Quand on eut décidé la démolition des bâtiments de l'hôpital Saint-Charles, et qu'il fallut s'occuper activement de trouver une nouvelle installation pour les écoles tenues par les sœurs, Mgr Turinaz fit appel à toutes les personnes capables de s'intéresser à cette bonne œuvre. Il les réunit deux fois dans un des salons de l'évêché. Dans ces réunions, Monseigneur montra la nécessité de maintenir ces écoles gratuites, écoles anciennes, écoles fréquentées par une foule d'enfants pauvres, écoles appelées à se développer encore et à recevoir un plus grand nombre d'élèves et d'apprenties pour l'ouvroir.

L'éloquence de l'Evêque fut si pénétrante et la charité des personnes présentes si attendrie, qu'une somme de soixante-quatorze mille francs fut souscrite immédiatement, et dix mille francs remis, séance tenante, à Monseigneur, par un de ses auditeurs, comme offrande personnelle.

Les écoles de la rue de l'Equitation sont parfaitement aménagées et l'on peut dire que leurs classes forment un des groupes scolaires les plus remarquables de Nancy. Aussi les élèves y sont-elles nombreuses et les parents heureux de les confier aux sœurs de Saint-Charles. Pendant l'année 1889, six religieuses non rétribuées ont donné l'instruction à trois cents petites filles, à qui la congrégation fournit tous les objets classiques et même parfois des vêtements et du pain.

La Congrégation donne aussi le mobilier, le chauffage et l'éclairage. En un mot, la Congrégation des Sœurs de Saint-Charles, fidèle à la tradition des grands ordres religieux et afin d'attirer sur son noviciat et sa maison-mère, qui se trouvent dans les environs, la bénédiction de Dieu, se charge généreusement, dans un local qui a été mis à sa disposition, de l'instruction et de l'éducation chrétienne d'une foule d'enfants dans un des quartiers les plus populeux de Nancy.

Ecole de la rue de Boudonville. — L'école gratuite de la rue de Boudonville fut établie quelques années avant la Révolution par M. l'abbé de Ravinel, fondateur de la maison de charité à laquelle elle est annexée. Soixante petites filles pauvres devaient y recevoir l'instruction jusqu'à leur première communion, et pendant six mois apprendre à coudre, à filer et à tricoter.

L'école de Boudonville a subi le sort de tous les établissements de bienfaisance. Après avoir été supprimée pendant la Révolution, elle fut rétablie et organisée plus largement encore. Aujourd'hui elle compte environ deux cents élèves.

Ecole de la maison Saint-Mathieu. — En 1832, une ordonnance royale autorisa la Communauté des Sœurs de Saint-Joseph, établie au faubourg Saint-Pierre de Nancy, réunie depuis peu à la Congrégation de Saint-Charles, à confondre ses biens avec ceux de cette dernière congrégation. Aussitôt les religieuses de Saint-Charles, grâce à un legs considérable de cent vingt mille francs qui leur fut fait en 1834 par le comte Mathieu de Michelet de Vatimont pour être employé aux œuvres de charité, établirent une école gratuite de filles. Aujourd'hui cette école compte cent vingt élèves. Une troisième classe y a été créée, il y a quelques années, par la charité de M. le comte de Lambel, dont on retrouve le nom et le cœur dans toutes les œuvres de charité de Nancy.

La Congrégation des Sœurs de Saint-Charles se charge encore ici de tous les frais d'entretien, de mobilier et de fournitures de classes.

Ecole dirigée par les Sœurs de Saint-Vincent de Paul. — Cette école, située rue de la Charité, a été fondée en 1720 par le curé de la paroisse Saint-Epvre. Elle reçoit toutes les petites filles que ses salles peuvent contenir. Aujourd'hui elles sont cent quatre-vingts. Il y aurait de la place pour en recevoir le double, que cette place serait aussitôt prise. On conçoit l'estime et la confiance que les familles témoignent à cette école, quand on sait que l'instruction que leurs enfants y reçoivent est à la hauteur, sinon au-dessus, de celle de toute autre école primaire. Les certificats de fin d'études obtenus chaque année en font foi, ainsi que les éloges donnés par les inspecteurs. Les enfants qui fréquentent l'école de la rue de la Charité, tout en recevant une instruction très convenable, sont comme adoptées par les religieuses qui les surveillent, les dirigent et les suivent partout pour les aider ou les secourir en leur donnant les choses nécessaires à la vie.

Ecoles gratuites de la Doctrine chrétienne. — *Ecole de la Maison-Mère.* — Dès que la Maison-Mère des Sœurs de la Doctrine chrétienne fut établie à Nancy, en 1804, une école gratuite s'y ouvrit. En 1808, elle recevait deux cent cinquante élèves; aujourd'hui deux cents environ la fréquentent.

Depuis 1886, un ouvroir annexé à cette école reçoit, gratuitement, les jeunes filles après leurs études primaires ; en ce moment, une trentaine de jeunes filles de treize à dix-huit ans y sont admises.

Ecole gratuite de la Maison des Orphelines. — Une fondation de deux cents francs de rentes, faite par M. de Haldat, a donné l'occasion d'ouvrir dans la grande et belle maison des Orphelines, rue Jeannot, deux classes gratuites qui comptent aujourd'hui cent quatre-vingts élèves des quartiers environnants. La rente de M. de Haldat a pour but de donner aux élèves les objets classiques.

En 1889, les religieuses de la Doctrine ont fondé une nouvelle école ou plutôt un pensionnat gratuit, cours Léopold, 18. Elles donnent à cette école le nom d'*Ecole libre ménagère.* Sur quatorze élèves internes, douze ont été admises gratuitement.

Dans leur beau pensionnat de l'Assomption, rue du Faubourg-Stanislas, les religieuses de la Doctrine reçoivent gratuitement environ douze orphelines.

Toutes les congrégations religieuses enseignantes de Nancy entretiennent de même et instruisent gratuitement un certain nombre d'enfants. C'est ce que font les Religieuses du Sacré-Cœur, les Dominicaines, les religieuses du Saint-Cœur de Marie, celles de la Sainte-Enfance et celles du Pauvre Enfant Jésus.

La dernière école gratuite de filles fondée à Nancy, il y a trois ans, est l'Ecole Bernadette sur la paroisse Saint-Mansuy. Elle est dirigée avec succès par les Sœurs de Sainte-Chrétienne.

« Lorsque l'on pénètre dans une école de filles, dit M. Maxime du Camp, que l'on voit les escaliers cirés, les vitres bien transparentes, les tables très nettes, il est inutile de demander si l'on est chez des congréganistes ou des laïques. On est dans une maison dirigée par les Sœurs.

« Elles n'ont pas d'autre coquetterie, mais elles savent la pousser jusqu'aux extrêmes limites du possible ; la classe est moins morose, les cuivres reluisent, les rideaux éclatants de blancheur tombent le long des fenêtres, chaque encrier est entouré d'une rondelle de drap qui épargne bien des taches au pupitre et contre la muraille ; à la place d'honneur, s'élève une statuette de la Vierge environnée de fleurs en clinquant.

« Elles sont charmantes avec les enfants ces saintes filles, et s'en font adorer, ce qui rend le travail de la classe singulièrement facile ; alertes, fort jeunes pour la plupart, assez fières de la bonne tenue des salles, elles vont et viennent à travers les bancs avec une prestesse élégante que leur gros vêtement de laine n'alourdit pas, donnant un conseil, corrigeant une faute, très gaies, toujours souriantes et fort occupées de leur jeune troupeau (1). »

École professionnelle Sainte-Anne. — L'école professionnelle Sainte-Anne a été fondée à Nancy au lendemain de la guerre de 1870-71, sur le modèle des écoles professionnelles que des sociétés philanthropiques d'abord et des sociétés religieuses plus tard avaient établies à Paris depuis plusieurs années.

Mgr Foulon, alors évêque de Nancy, encouragea cette fondation en se confiant pleinement à l'initiative généreuse des dames fondatrices.

Le but était d'ouvrir, pour les jeunes filles de douze à treize ans, sortant des écoles primaires, des ateliers chrétiens où elles pussent, à l'abri des dangers trop connus des ateliers ordinaires, faire leur apprentissage comme couturières, employées de commerce, etc. Quelques heures par semaine devaient être prélevées sur le temps consacré au travail manuel, pour des instructions religieuses et des leçons de français et de calcul.

(1) Maxime du Camp, *Paris*, ses organes, sa vie, etc.

Le 1ᵉʳ mai 1873, l'école fut ouverte, rue Jeannot, 8 bis, dans un local très modeste, acheté par les Dames fondatrices de l'œuvre, et en partie payé par leurs abondantes souscriptions.

A côté des Dames fondatrices, propriétaires de l'immeuble, se groupèrent des membres sociétaires, versant vingt-cinq francs par an, et des membres honoraires, dont les souscriptions annuelles facultatives fournirent les fonds nécessaires au traitement des maîtresses d'ateliers et aux frais généraux. Chaque année, des dons particuliers viennent s'y joindre et équilibrent, avec les recettes d'une petite loterie, le budget toujours réglé avec une très scrupuleuse économie. Le mouvement de fonds annuel est d'environ sept mille francs. Aujourd'hui, il ne reste plus que mille francs à payer sur l'immeuble dont la valeur représente un capital de vingt-cinq à trente mille francs, et deux mille neuf cents francs d'arriéré (déficits annuels accumulés depuis dix-sept ans).

A l'école professionnelle, l'enseignement proprement dit est donné gratuitement par des jeunes filles de bonne volonté, dont le dévouement ne se ralentit pas; munies des brevets d'enseignement, elles sont heureuses de consacrer quelques heures de leur temps à l'éducation populaire. Dans ces dernières années seulement, il a fallu leur adjoindre une maîtresse générale rétribuée.

Dans le principe, les jeunes filles n'étaient admises comme élèves à l'école professionnelle Sainte-Anne qu'après leur première communion. Quand l'enseignement religieux fut supprimé dans les écoles publiques, une division spéciale préparatoire à la première communion y fut formée; on y admit les enfants dès l'âge de huit ans.

L'instruction religieuse est donnée dans l'école : aux élèves des ateliers, par la directrice; à la petite classe, par la sous-directrice. Ces enfants fréquentent les catéchismes de leur paroisse quand les parents le désirent, ou sont conduits aux catéchismes de première communion et de persévérance, ainsi qu'aux offices de la Cathédrale, par les maîtresses de l'école.

La moitié environ des élèves de l'école professionnelle Sainte-Anne prennent le repas de midi dans leurs familles. Celles dont le domicile est trop éloigné mangent à l'école à des conditions très modiques, et quelques-unes gratuitement. En 1873, l'école s'ouvrit avec un personnel de six élèves ; quelques mois plus tard, elles étaient douze, puis trente, puis soixante ; cette année, elles sont cent dix.

La durée de l'apprentissage aux ateliers est régulièrement de deux ans et absolument gratuit ; beaucoup de jeunes filles y prolongent leurs études pratiques au delà de ce temps. Quelques élèves paient une très légère rétribution mensuelle pour suivre la classe préparatoire au certificat d'études et à la classe des plus jeunes enfants ; mais la plupart d'entre elles sont admises gratuitement ou jouissent du privilège des bourses fondées à l'école par de généreuses bienfaitrices.

Les cours de l'école professionnelle Sainte-Anne s'ouvrent à huit heures du matin et se ferment à six heures du soir. Il n'y a pas de congé le jeudi.

Un patronage pour les heures libres du dimanche, après les Offices de paroisse, a été organisé à l'école dès les premières années de sa fondation. Destiné d'abord à recevoir les anciennes élèves après leur sortie des ateliers, il a ouvert ses portes plus au large et a servi de modèle à des patronages fondés depuis dans les faubourgs de Nancy et dans plusieurs villes de Lorraine, où ils fonctionnent actuellement avec beaucoup d'entrain et d'excellents résultats.

Celui de Sainte-Anne ne reçoit plus que les jeunes filles des paroisses très voisines de l'école. Il est partagé en deux divisions : la première comprend les apprenties âgées de plus de treize ans ; la seconde, les enfants qui se préparent à la première communion.

Cinquante à soixante jeunes filles fréquentent habituelle-

ment ce patronage ; plusieurs y sont restées fidèles depuis
sa fondation et y viennent régulièrement sans autre attrait
que celui d'une instruction religieuse, de simples leçons de
français et de calcul et de quelques instants de récréation dans
la vaste cour de l'école.

Une bibliothèque choisie fournit des livres de lecture aux
élèves de l'école, aux jeunes filles du patronage et à une société de lectrices composée des jeunes maîtresses de l'école
professionnelle et de dames amies et associées (1).

Les congrégations enseignantes des sœurs de la *Doctrine
chrétienne*, de la *Sainte-Enfance* et du *Saint-Cœur de Marie*
étant comme des fleurs de charité écloses à Nancy, puisque
toutes trois y ont leur maison-mère, nous leur devons une
courte notice historique.

Congrégation des Religieuses de la Doctrine chrétienne. —
Cette congrégation date de 1615. Elle a été fondée par les
évêques de Toul, aidés par M. Vatelot, son premier supérieur. L'Histoire de la congrégation des sœurs de la Doctrine
chrétienne pourrait se partager en *quatre périodes*. La *première*, de 1615 à 1802, comprendrait la préparation puis sa
fondation régulière par M. Vatelot et ses premiers développements, dûs à la puissante protection de Mgr Bégon, évêque
de Toul ; enfin la dispersion momentanée de ses membres
pendant la Révolution française.

Dans la *seconde période*, de 1802 à 1827, on verrait son rétablissement laborieux par son supérieur ecclésiastique, M. l'abbé
Chaput, qui eut le bonheur en mourant de laisser la congrégation entre les mains habiles et sages de la révérende mère
Pauline de Faillonnet.

Dans la *troisième période*, de 1827 à la mort de la révérende
mère Pauline en 1856, on admirerait cette sainte supérieure

---

(1) L'Ecole professionnelle Sainte-Anne a pour fondatrice et directrice Mlle de Metz-
Noblat.

générale pendant trente-quatre ans, imprimant à sa famille religieuse un mouvement progressif des plus remar``able, aidée puissamment par M. l'abbé Mougenot, lui donnant l'organisation définitive qui élève l'association des religieuses de la Doctrine chrétienne de Nancy au nombre des grands ordres religieux de l'Eglise catholique et la place parmi les congrégations les plus répandues de la France.

Enfin dans une *dernière période*, de 1856 à nos jours, on constaterait l'état prospère de la congrégation et on verrait qu'aujourd'hui elle compte 2,600 religieuses, 556 établissements, dont 370 en France, 4 en Alsace-Lorraine, 51 en Algérie, 32 en Belgique, 59 dans le duché de Luxembourg et instruisant 52,500 élèves; on conclurait volontiers, comme M. Hervé Bazin, à la fin de sa Notice sur cette congrégation, dans son beau Livre sur les grands ordres religieux de femmes : *Quelle gloire pour un pays d'être le berceau d'une telle congrégation et la source féconde d'où s'échappent continuellement les vocations qui l'alimentent !*

Congrégation des Religieuses de la Sainte-Enfance. — Cette congrégation a pour fondateur M. Claude Daunot, né à Liverdun en 1785. Après avoir fait les campagnes d'Italie, M. Daunot fut envoyé en Espagne en 1808, où il combattit jusqu'en 1811. Blessé grièvement, on le renvoya dans ses foyers.

Avant d'être appelé sous les drapeaux, M. Daunot désirait être prêtre. Rentré dans sa famille, il fut fidèle à sa vocation et entra au séminaire de Nancy. A sa sortie on le nomma curé de Flirey, près de Thiaucourt. Pendant son service militaire, il avait été douloureusement frappé de l'abandon des malades pauvres et des périls auxquels sont exposées les jeunes filles de la campagne. Il résolut de travailler à diminuer ce péril et cet abandon. Il groupa autour de lui les pieuses filles de sa paroisse et des paroisses voi-

sines, leur communiqua son intention en leur demandant si
elles consentiraient à soigner les malades pauves et à diriger
sous son autorité les jeunes enfants de leur entourage. L'offre
de M. Daunot fut acceptée. En 1823, sa petite association
s'installa à Dommartin-la-Chaussée, annexe de Charrey, où
M. Daunot fut nommé curé en 1832. Dix ans plus tard, une
ordonnance royale approuva les statuts de la nouvelle compagnie, autorisée auparavant par l'autorité épiscopale. En
1853, l'association prit le titre définitif de *Congrégation de
la Sainte-Enfance de Marie,* qu'un décret impérial du
17 janvier 1855 reconnaissait comme congrégation ensei-
gnante.

La maison-mère des religieuses de la Sainte-Enfance, après
avoir été pendant quelques années établie à Houdemont, a
été transférée à Nancy, rue du Montet.

En 1866, Mgr Lavigerie consolida l'Association en y introduisant les vœux ordinaires de religion et en l'instituant en
Congrégation religieuse.

Aujourd'hui cette Congrégation compte 200 religieuses et
80 établissements d'instruction primaire. A Nancy, une dizaine de sœurs sont envoyées comme gardes malades à domicile, en ville et dans les environs.

Pendant la guerre de 1870, les sœurs de la Sainte-Enfance
ont soigné environ 3,000 blessés dans les ambulances. En 1832
et 1854, époques des invasions du choléra, plusieurs payèrent
de leur vie leur dévouement. Quelques-unes reçurent du
ministre des lettres de félicitations.

Congrégation des religieuses du Saint-Cœur de Marie. — Le
fondateur de cette congrégation est Mgr Menjaud, évêque de
Nancy. Le 7 novembre 1842, rue du Haut-Bourgeois, il installa
cette nouvelle communauté. Il fut aidé dans cette fondation par
Mlle Clara de Gondrecourt, qui devint la pierre fondamentale
de l'institut. L'œuvre naissante fut confiée à la direction de

M. l'abbé Masson, secrétaire de l'évêché, et qui devint plus tard vicaire,général.

La bénédiction de la chapelle se fit le 8 février 1843.

Cette cérémonie resta longtemps célèbre à Nancy. Le Père Lacordaire fit l'allocution de circonstance et Louis Veuillot, qui était présent, témoigna sa reconnaissance en écrivant dans son *Çà et Là* les belles pages que l'on connaît sur Mme de Gondrecourt, cette comtesse « qui payait patente pour avoir le droit de donner un asile, du pain et des vertus à une cinquantaine de pauvres petites filles abandonnées ».

En 1844, M. Masson soumit à l'approbation épiscopale les premiers règlements.

Les rapides développements de l'Association lui méritèrent d'être autorisée légalement par décret impérial du 16 septembre 1859. En 1866, Mgr Lavigerie publia la *règle définitive de la Congrégation du Saint-Cœur de Marie.*

Quand Mgr Menjaud voulut faire connaître son intention de créer cette nouvelle congrégation, il s'était exprimé ainsi : *On a fondé une maison religieuse pour recueillir les filles égarées, je veux en établir une pour les conserver pures.* L'institut, disent les constitutions, a en effet pour fin, non seulement la sanctification des âmes qui s'y consacrent à Dieu, mais encore celle des jeunes filles de la classe industrielle auxquelles les religieuses se dévouent ; heureuses de les former à la vertu tout en leur enseignant le travail manuel qui les mettra à même de gagner honorablement leur vie.

Trente-trois années après sa fondation, le Saint-Cœur de Marie comptait non seulement à Nancy une nombreuse et édifiante communauté de religieuses, de novices et d'élèves, mais encore des établissements dans dix autres villes ou communes : à Vic-sur-Seille, Paris, Franois près Besançon, Boulogne-sur-Mer, Remoncourt (Vosges), Chuselan (Gard), Vassy, Baccarat, Bussang, Vesoul et Bomillet. Seules, les maisons de Bussang et de Vassy ont dû être supprimées ; toutes

les autres sont très prospères. Sur plus de 300 jeunes filles qu'elles renferment annuellement, ces maisons rendent chaque année à la famille, à la société, un certain nombre d'excellentes chrétiennes et d'excellentes ouvrières, prouvant ainsi que les espérances exprimées par le Père Lacordaire, dans son allocution pour la bénédiction de la chapelle, se réalisent toujours :

« Espérons, disait l'illustre dominicain, espérons pour une œuvre animée de l'Esprit de Dieu. Celle-ci, Mesdames, porte avec elle de bien doux et saints caractères de cet Esprit. Elle est dévouée à deux faiblesses sacrées : la faiblesse de la pauvreté et celle de votre sexe qui aggrave la pauvreté.

« Il y a des pauvres; ce sont des êtres faibles; mais il y a des filles pauvres ; c'est tout ce qu'il y a de plus faible.

« Vous avez compris, Mesdames, qu'il fallait porter secours à cette double faiblesse, si exposée à dégénérer en misère !...

« Puisse ce saint asile, placé sous une si puissante protection, le Saint-Cœur de Marie, croître, s'étendre pour la gloire de Dieu et la consolation du cœur qui l'a conçu ! (1) »

CHAPITRE IV

ASSOCIATIONS DE CHARITÉ EN FAVEUR DES ÉCOLIERS — SOCIÉTÉ DE SAINTE-CATHERINE

Origine de la Société de Sainte-Catherine. — Sa fondation en novembre 1844. — Sa première fête patronale. — Elle est favorisée par la municipalité. — Son organisation. — Chiffre des enfants secourus. — Charité n'est jamais perdue. — Témoignage de M. l'abbé Burlin.

Toutes les associations de charité et de bienfaisance de Nancy, sans exception, considèrent comme un de leurs devoirs

(1) *Espérance* du 10 mai 1875.

d'encourager les enfants à fréquenter l'école. Elles proportionnent leurs secours aux familles pauvres selon le zèle que celles-ci mettent à les envoyer en classe. Aux écoliers assidus et studieux, elles donnent des récompenses utiles et abondantes.

A leur manière, qui est la bonne, ces œuvres rendent réellement l'école obligatoire.

Outre les associations générales, il y a à Nancy, pour la protection des écoliers, deux œuvres spéciales : *la Société de Sainte-Catherine* et *le Comité des Dames.*

En 1844, une famille composée du père, de la mère toujours malade, et de dix enfants dans un dénuement extrême, émut douloureusement le cœur de deux jeunes filles pieuses, leurs voisines. Tout l'espoir de la malheureuse famille reposait sur le fils aîné qui achevait brillamment, aux frais de la ville de Nancy, ses études artistiques à Paris. Ce jeune homme périt dans la catastrophe du chemin de fer de Versailles. Ce fut pour les jeunes voisines l'occasion de s'occuper de la famille éprouvée. Afin de la secourir largement, elles n'hésitèrent pas à se faire mendiantes. Grâce aux aumônes qu'elles reçurent, elles purent immédiatement donner à l'un des enfants, qui était sur le point de faire sa première communion, les vêtements nécessaires. Quelques semaines après, huit autres enfants reçurent la même faveur.

Ces jeunes filles charitables avaient eu l'idée de confectionner elles-mêmes ces vêtements. L'idée parut excellente ; pourquoi ne pas la généraliser et ne pas continuer à secourir les enfants pauvres en leur fournissant des habits que l'on confectionnerait soi-même et qui seraient donnés comme récompense ou moyen d'encouragement ? Il y aurait là un triple résultat : faire l'aumône, se servir de cette aumône pour exciter les pauvres à l'étude ou au travail, et participer soi-même à cette charité. Cette charitable pensée fut communiquée à quelques amies, qui consentirent à former une association charitable en vue de secourir les enfants ou écoliers pauvres.

Au mois de novembre de la même année, l'association nouvelle comptait deux cents adhérentes, et prenait *sainte Catherine* pour patronne. Le 25 du même mois, elle célébrait solennellement à la cathédrale sa première fête patronale ; et Mgr Menjaud lui promettait sa haute et bienveillante protection.

En 1848, M. l'abbé Delalle, vicaire général de Nancy, et plus tard évêque de Rodez, pensa qu'il serait préférable, afin de donner plus de relief à cette solennité, de la célébrer le dimanche plutôt qu'un jour de la semaine, comme on l'avait fait jusqu'alors. Depuis cette époque, la fête patronale de la Société de Sainte-Catherine est fixée chaque année au dimanche le plus rapproché du jour de la fête de sa patronne.

Dès son origine, la Société de Sainte-Catherine a été favorisée et soutenue par toutes les autorités religieuses et civiles. Depuis 1844, tous les ans, elle a obtenu l'autorisation d'organiser une loterie dans un des salons de l'hôtel de ville. Cette loterie, qui se tire en janvier ou février, est une de ses principales ressources.

La Société se compose d'associés et de sociétaires. Les sociétaires se recrutent parmi les demoiselles, les associés parmi les demoiselles, les dames et les messieurs. Chaque sociétaire ou associé est tenu de verser une cotisation annuelle de 2 fr. 60. A la tête de la Société, il y a encore aujourd'hui une présidente qui a été une des fondatrices, M¹¹ᵉ Félicie Granville, et une trésorière, M¹¹ᵉ Félicie Hilbert, dont on trouve le nom dans toutes les œuvres charitables de Nancy.

Chaque samedi les sociétaires se réunissent chez la présidente pour confectionner les vêtements destinés aux enfants pauvres. Un certain nombre de sociétaires doivent visiter les familles et les enfants secourus, afin de constater la réalité de la misère et prendre les mesures pour la confection des vêtements. Ces vêtements ne pouvant être tous confectionnés par les sociétaires, on demande à des ouvrières adoptées par la Société de vouloir bien s'en charger, moyennant un salaire plus élevé que le salaire ordinaire.

Une famille n'est adoptée qu'autant qu'elle est recommandée par des sociétaires ou des associés, qui ont dû vérifier ses besoins et son mérite.

Outre la loterie annuelle et les cotisations des membres de la Société, une quête faite le jour de la fête patronale à la cathédrale, à tous les offices, complète les ressources dont on peut disposer. Ces ressources montent à 3,000 francs environ chaque année, ce qui donne, pour les quarante-cinq ans d'existence de l'association, le chiffre de 135,000 francs.

Les dépenses se règlent sur les recettes. Jamais, depuis quarante-cinq ans, la Société de Sainte-Catherine n'a consenti à s'endetter ni à escompter l'avenir.

Le nombre des enfants secourus a été, en moyenne, de trois cents chaque année, ce qui donne un total de treize mille cinq cents enfants protégés depuis 1844. Quel chiffre éloquent ! Que de pauvres enfants ont été ainsi maintenus dans l'honnêteté et la vertu ! Quelles consolations pour les sociétaires de pouvoir constater humblement, mais joyeusement, ces heureux résultats de leur dévouement et de leur persévérance que Dieu veuille récompenser !

C'était le 27 novembre 1870. Paris, assiégé par les Prussiens, souffrait de la faim et du froid. Silencieux et tristes, les passants se hâtaient dans leurs courses à travers les rues où éclataient à chaque instant les obus ennemis.

Cependant, voici un homme qui marche lentement. Par sa capote militaire, son pantalon garance et son képi recouvert d'une toile cirée, on devine un officier d'infanterie dont rien n'indique le grade. Sa figure porte l'impression de toutes les souffrances. Il a été témoin des désastres de Metz et de Sedan.

Le regard baissé, l'officier longeait la rue Basse-du-Rempart, quand il aperçut une vieille femme étendre sur la neige un vieux tapis, et, sur le tapis, une quantité de gants fourrés. La marchandise étalée, la femme s'assit sur un coin du tapis, à côté d'une chaufferette, sur laquelle elle tenait ses mains glacées.

Au même instant parurent deux fantassins qui s'arrêtèrent à examiner les gants. Ils semblaient les regarder avec une avidité d'autant plus attristée, qu'ils grelottaient et que leur porte-monnaie était vide. *Achetez, achetez de bons gants bien chauds, mes chers messieurs*, dit la marchande. L'un d'eux murmura : *Nous n'avons pas d'argent !*

L'officier, qui s'était rapproché des soldats, avait tout entendu. Appuyant ses mains sur leurs épaules, il leur dit : *Allons, camarades, prenez des gants, c'est moi qui régale.* Tout surpris, les deux militaires regardaient leur chef et n'osaient faire leur choix ; mais l'officier les encouragea : *Je suis des vôtres, soldat comme vous ; entre camarades, on ne refuse pas.*

Quand le choix fut fait, les deux soldats étaient si heureux et si confus de tant de bonté, qu'ils ne savaient comment remercier leur bienfaiteur. L'un d'eux, s'approchant timidement, lui dit à voix basse : *Dieu vous le rende !*

Le lendemain, 28 novembre, commençait la grande bataille de Champigny.

Nos deux soldats furent envoyés avec leurs camarades au secours d'un régiment décimé par les obus. Quels ne furent pas leur étonnement et leur joie d'apercevoir à cheval, à la tête de ce régiment, l'officier qui, la veille, avait été si bon pour eux! La bataille fut épouvantable. Pendant le combat, nos deux soldats perdirent de vue le colonel. Le soir, ils s'informèrent de lui auprès d'un sergent, qui leur répondit: *Il est tombé frappé par un éclat d'obus.*

Il était nuit et la neige couvrait la terre. On ne voyait partout que des cadavres. Pendant que leurs camarades se pressaient autour des feux, nos deux soldats, une lanterne à la main, s'éloignèrent parmi les blessés et les morts. Ils cherchaient leur colonel, allant de cadavres en cadavres, dont ils éclairaient les pâles visages. Leur funèbre revue dura deux heures. Enfin, l'un d'eux fit entendre une exclamation. Leur officier était là devant eux, raidi, glacé, presque enseveli dans la neige. *Il est mort*, se dirent-ils, *mais enlevons-le pour qu'on l'enterre près d'une église.* Chargés du cadavre, ils retournèrent péniblement et en foulant aux pieds d'autres cadavres. Quand ils arrivèrent au bivac, les chirurgiens accoururent, pensant qu'ils apportaient un blessé. Ils s'efforcèrent de le ranimer ; les petits soldats, armés de leurs gants fourrés, le frictionnaient avec ardeur. Depuis minuit jusqu'à trois heures du matin, tout espoir sembla perdu. Enfin, un peu avant quatre heures, le colonel parut se ranimer. Aussitôt les soins redoublent. Bientôt, ouvrant les yeux, le blessé sourit; il a reconnu les gants de ses petits soldats qui, par d'énergiques frictions sur le cœur, rétablirent la circulation du sang.

Vingt années nous sépareront bientôt de ces événements. Les deux soldats sont rentrés, l'un dans sa métairie, près de Gérardmer, l'autre dans les ateliers des forges de Pont-à-Mousson. Tous deux ont conservé les gants du colonel qui, devenu général, est maintenant en retraite. Il pense souvent aux deux petits soldats et à cette parole de l'un d'eux : *Dieu vous le rende!* et il dit en lui-même : *Charité n'est jamais perdue!* (1).

Une conclusion à tirer de l'acte de charité du colonel envers les deux soldats, c'est que si Dieu récompense si vite et si magnifiquement le seul fait d'avoir donné un vêtement non indispensable, à plus forte raison récompensera-t-il l'aumône de vêtements nécessaires renouvelée des centaines de fois et pendant toute une vie, à condition toutefois que le

(1) D'après le général Ambert.

sentiment et l'intention qui animent ceux qui font cette charité soient purs et divins et qu'ils n'aient pas cherché ou reçu leur récompense dans les applaudissements et l'admiration des hommes.

Les riches, a écrit un moraliste, qui achètent à prix d'argent un renom de charité sans songer le moins du monde à ranimer la charité dans leur âme, peuvent s'attirer le sourire des quêteuses, mais que leur doit le bon Dieu? Trop heureux si cette générosité ne s'appelle pas hypocrisie dans le ciel (1) !

« L'Œuvre de Sainte-Catherine de Nancy, disait, en 1870,
« un de ses prédicateurs les plus goûtés, se recommande
« par sa durée. Depuis près de trente ans elle agit et travaille :
« c'est une période, et lorsqu'une œuvre vit ce temps, elle
« a le droit de voir sur elle la bénédiction de Dieu.

« Elle se recommande par les résultats qu'elle donne. Il est
« grand le nombre des familles qu'elle a secourues, des en-
« fants qu'elle a vêtus et nourris, et c'est avec une joie bien
« sincère que vous avez vu s'accroître chaque année ses au-
« mônes en même temps que s'accroissait le nombre de ses
« membres.

« Elle se recommande par les personnes qui la dirigent :
« leur zèle, leur désintéressement, leur générosité, qui leur
« fait compter pour rien le sacrifice de leur temps et de leur
« repos, ont conquis la confiance et l'estime de tous » (2).

Ce qui était vrai il y a vingt ans, l'est encore aujourd'hui. La Société de Sainte-Catherine, de Nancy, est vraiment chère à Dieu qui la soutient et la fait prospérer; elle est chère aux familles et aux nombreux enfants qu'elle a secourus et qui lui doivent leur éducation chrétienne; elle est chère à toutes les âmes charitables et bienfaisantes, qui s'encouragent par l'exemple de la persévérance et du zèle avec lesquels la présidente et la trésorière la dirigent.

(1) L. Veuillot, *Çà et là*.
(2) M. l'abbé Burtin, secrétaire de l'évêché.

CHAPITRE V

ASSOCIATIONS EN FAVEUR DES ÉCOLIERS (*Suite*)
— LE COMITÉ DES DAMES

Le Comité des Dames fondé en faveur des Alsaciens-Lorrains. — Il adopte le même but que la Société de Sainte-Catherine. — Statuts du Comité des Dames. — Son impartialité. — Membres actifs et membres honoraires. — Budget. — Obligations des Dames visiteuses. — Organisation du vestiaire. — Distribution des vêtements. — La vraie morale, d'après M. Maxime du Camp.

Pour connaître cette œuvre, il suffit de lire ses statuts en les complétant par les comptes-rendus publiés chaque année. Dans les statuts du comité on découvre son origine, son but, son organisation, ses ressources, ses résultats et son caractère de bienfaisance large et généreuse.

« ARTICLE PREMIER. — Le Comité des Dames de Nancy, « fondé en 1871 au moment de l'annexion, pour venir en aide « aux ouvriers Nancéiens et Alsaciens-Lorrains, borne main- « tenant son œuvre à habiller les enfants des familles néces- « siteuses, en vue de la fréquentation et de l'assiduité à « l'école. Il continue à leur fournir des vêtements pendant « l'apprentissage, si la famille en a besoin. »

Le Comité des Dames est donc né des malheurs de notre patrie. C'est une origine qui doit le rendre cher et respectable. Pour secourir les Alsaciens-Lorrains qui fuyaient les Allemands et se réfugiaient en France, il a fallu en 1871 organiser à Paris d'abord, sous la présidence de M. d'Haussonville, et dans toutes les villes frontières ensuite, des comités chargés de distribuer avec intelligence les aumônes à ces infortunés compatriotes. Plus tard, quand les émigrés furent installés en France ou en Algérie, les aumônes continuant d'arriver aux comités, celui de Nancy imagina d'employer les ressources dont il disposait en faveur des misères les plus pressantes et les plus intéressantes. Il crut, et très justement, qu'imiter la Société de Sainte-Catherine en encourageant les enfants à fréquenter les écoles, serait une œuvre excellente. C'est ce qu'il fait depuis bientôt vingt ans avec ardeur et grand succès.

Par exception, si l'enfant, en quittant l'école, ne peut aller en apprentissage et y rester jusqu'à ce qu'il devienne ouvrier, parce que ses parents sont dans l'impossibilité de subvenir à sa subsistance, le Comité des Dames continue à lui fournir des vêtements. Le compte-rendu de 1888 dit que, sur la demande de Monsieur le Directeur de la Maison des apprentis, le Comité des Dames a rendu possible l'entrée dans cette excellente maison de plusieurs jeunes gens en leur fournissant le trousseau exigé. Le même compte-rendu ajoute que beaucoup de jeunes filles apprenties, recommandées par le bureau de bienfaisance, ont aussi participé aux distributions du Comité des Dames.

« ART. 2. — Le comité s'occupe de tous les enfants sans « distinction et surveille leur fréquentation dans l'école pu- « blique ou libre choisie par les parents. »

L'article 3 caractérise le but du comité. C'est l'enfant en tant qu'écolier qui est l'objet spécial de sa protection et de ses secours. Contribuer à rendre l'enfant capable non seulement de se suffire à lui-même dans la vie par une solide instruction et une bonne éducation, c'est évidemment la charité la plus intelligente et celle qui mérite le plus d'être encouragée. « L'école pour nos protégés, dit un compte-rendu, n'est pas « seulement l'instruction, elle est aussi l'apprentissage de « l'ordre, de la règle, de la soumission, l'habitude d'une tenue « convenable, d'une propreté relative. Les enfants, trop nom- « breux encore, qui restent livrés à eux-mêmes, non seule- « ment n'acquièrent pas ce goût et ce besoin du bien, mais

« apprennent le mal sous toutes ses formes ; leur vie entière
« se ressent souvent de ces tristes influences qui les poussent
« plus tard à la paresse, à la misère et au vice. Sauvons donc
« ces jeunes âmes tandis qu'il en est temps encore et contri-
« buons, dans la mesure de nos forces, à former une généra-
« tion nouvelle, *honnête, religieuse et morale.* » (1).

Nous avons vu dans l'article 2 que l'intention du Comité
des Dames est de protéger indistinctement tous les enfants
nécessiteux, quelle que soit l'école chrétienne ou laïque à
laquelle leurs parents les envoient. L'essentiel pour le Comité
des Dames, c'est que l'enfant soit assidu à son école. C'est
l'unique condition qu'il exige pour le secourir. Dire au père
de famille : *Envoyez votre enfant à l'école que vous préférez ;
soyez libre. Et quelle que soit l'école que vous aurez choisie, je
vous aiderai, je vous protégerai :* c'est la vraie liberté, c'est la
bonne tolérance.

D'ailleurs, à Nancy, le contraire serait difficilement agréé.
On ne supporterait pas qu'une œuvre de bienfaisance ou de
charité fît acception de personnes à cause des opinions ou
des croyances. Il y a certainement peu de villes en France où
les associations charitables et bienfaisantes pratiquent aussi
réellement et sincèrement la fraternité !

Ici la misère est considérée comme un champ de bataille
où chacun lutte vaillamment par la charité, sans s'inquiéter
des idées de ceux qu'il soulage, ni des opinions de ceux qui
combattent à ses côtés. C'est la charité du bon Samaritain.

Toutefois et malgré sa déclaration de principes, il paraît
que le Comité des Dames de Nancy a été quelquefois accusé
de partialité. Les uns lui ont reproché de favoriser les enfants
des écoles laïques ; d'autres, au contraire, l'ont accusé de favoriser les écoles chrétiennes. Tant il est vrai qu'il n'est pas
plus possible aujourd'hui que du temps du bon Lafontaine de

Contenter tout le monde et son père...

(1) Compte-rendu de 1879.

Tant il est vrai aussi que, du moment qu'on s'occupe activement, on doit s'attendre à être critiqué surtout par ceux qui ne font rien. A plusieurs reprises, le Comité des Dames a cru devoir repousser ces accusations de partialité. Nous lisons dans le compte-rendu de 1882 : « Le Comité des Dames a continué « son œuvre. Il n'a pas cru que la loi sur l'instruction obliga- « toire (qui venait d'être votée) le dispensât de la tâche qu'il « poursuit depuis 1871. Il l'a continuée en observant l'article 2 « de son règlement. En devenant exclusif, il aurait manqué à « son devoir et à l'intention de beaucoup de personnes qui lui « remettent leur offrande comptant sur « son impartialité et sa « bonne foi. »

En 1886, le Comité des Dames, éprouvant de nouveau le besoin de justifier son impartialité, disait : « En écrivant le « compte-rendu de l'année qui vient de s'écouler, le comité « veut répondre à quelques accusations qui lui sont faites. Il « entend dire par les uns qu'il favorise les écoles libres; par « les autres que ce sont les écoles municipales qui ont la « plus large part à ses distributions. La meilleure manière « de prouver son impartialité, c'est d'agir au grand jour et « de prier les personnes qui veulent bien s'occuper de lui de « venir quelquefois au vestiaire, dont la porte ouverte au « large laisse entrer tout enfant pauvre sans lui demander « qui lui apprend à lire. Le comité accueille en même temps « et de la même façon les enfants des vingt écoles munici- « pales et des quatorze écoles libres de Nancy. » Après ces déclarations, il est bien entendu que le Comité des dames de Nancy veut être impartial et qu'il l'est.

L'article 3 dit que le comité comprend deux classes de membres : 1° Les membres actifs, chargés de visiter les familles, d'acheter, de confectionner ou de faire confectionner les vêtements et de les distribuer; 2° les membres honoraires payant une cotisation de 10 francs chaque année. Pour être membre honoraire, il suffit de se faire inscrire chez une dame du comité. Plus les membres honoraires sont nombreux, plus les membres actifs peuvent secourir d'enfants ; aussi trouve-t-on dans presque tous les comptes-rendus des supplications éloquentes adressées principalement aux jeunes mères de famille pour les prier de s'inscrire sur les listes du comité.

En 1888, les membres honoraires étaient 270. Pour devenir membre actif, il faut en faire la demande au comité qui statue sur l'admission dans la séance suivante. En 1888, les membres actifs étaient 27, dont 3 religieuses de Saint-Charles et une religieuse de Saint-Vincent-de-Paul. Ces religieuses sont comme les fourriers, qui découvrent et indiquent les misères à soulager. Elles taillent la besogne au comité.

L'article 6 fixe les réunions, qui commencent en octobre avec les classes et ont lieu chaque samedi, à deux heures. Vers le milieu de janvier, tous les écoliers pauvres sont habillés. Les secours sont moins nombreux en été qu'en hiver. Pendant l'année 1888, les dépenses se sont élevées à la somme de 12,087 fr. 80, se décomposant ainsi : achat d'étoffes diverses 4,903 francs, drap 1,325 fr. 60, chaussures 3,150 fr. 35, journées des ouvrières 2,321 fr. 95, mercerie 94 fr. 90, frais divers 293 francs.

Pour couvrir les dépenses, les recettes se sont élevées à 12,168 fr. 10, provenant des cotisations 2,430 francs, dons divers 2,480 francs. La Société des Alsaciens-Lorrains de Paris envoie chaque année au Comité des Dames au moins 500 francs; la préfecture de Nancy donne aussi tous les ans environ 200 francs; la loterie a rapporté 5,135 fr. 35. Les vêtements vendus à la ville, pour donner en récompense à d'autres enfants, donnent 1,422 fr. 75. Quand la misère est trop pressante, le comité organise une vente de charité.

Depuis 1871, les recettes et les dépenses se sont élevées chaque année à la somme d'environ 13,000 francs. L'année dernière, 1,894 enfants (937 garçons et 957 filles) ont parti-

cipé aux distributions du comité qui a donné 4,552 objets ou
vêtements. On voit par ces chiffres élevés combien l'action du
Comité des Dames a été considérable depuis vingt ans. Néanmoins son désir de secourir les écoliers et son ardeur pour le
bien sont si grands, qu'il proclame hautement que les aumônes qu'il distribue et les misères qu'il soulage n'atteignent
pas la moitié de ce qu'il faudrait faire. Ceci démontre d'abord
l'utilité du Comité des Dames et des œuvres semblables et
aussi la nécessité de leur confier des sommes qui leur permettent de secourir plus de malheureux.

Les articles 7 et 8 exposent les obligations de la Dame
visiteuse, qui doit vérifier si la famille qui lui est confiée n'est
pas déjà secourue par d'autres sociétés, afin de s'entendre
avec celles-ci pour ne pas combler de secours certaines
familles et en délaisser d'autres plus malheureuses. C'est là
une pensée pratique et très judicieuse.

Les Sociétés charitables d'une grande ville, parce qu'elles
sont nombreuses, sont exposées à se laisser exploiter par les
pauvres hardis, et à négliger les pauvres honteux qui sont
ordinairement les plus méritants. C'est aux membres directeurs de ces Sociétés à veiller sur ces abus et à les réprimer.
Si chaque Société charitable pouvait se charger d'une certaine catégorie de pauvres et en faire sa spécialité, il y
aurait moins d'empiètement et de confusion ; mais pour cela
il faudrait, chez chacun des membres de ces Sociétés, un
désintéressement et une humilité qui n'existent que dans les
vies des saints.

La dame visiteuse doit connaître à fond par elle-même, et
sans intermédiaire, la situation des familles qu'elle patronne.
Cette prescription est très importante. Il est sage que la
visiteuse ne s'en rapporte qu'à elle-même. Il est avantageux
pour elle et pour la famille visitée qu'elle se rende en personne
au domicile de ses pauvres, qu'elle s'informe de leurs besoins,
qu'elle les console, les encourage et les exhorte à l'économie,

à la régularité, à la vertu. « *Un bon avis*, a dit quelqu'un, *est plus précieux qu'une pièce d'or ; une parole tendre, une larme, une prière est plus précieuse qu'un bon avis. L'aumône vraie, l'aumône féconde est celle du cœur, et chacun peut la faire* (1) »

Les articles 9, 10 et 11 règlent l'organisation du vestiaire. Pour avoir le droit d'aller choisir et recevoir un vêtement, l'écolier doit prouver par son livret son assiduité et son application. Les vêtements doivent être simples, mais de bonne qualité. C'est la directrice du vestiaire qui taille ces vêtements, lesquels sont confectionnés par de pauvres veuves ou des ouvrières sans ouvrage, en sorte, qu'avant d'être distribués, ces vêtements ont déjà soulagé des misères. Ils ont permis à des ouvriers et à des ouvrières, qui seraient restés sans ouvrage, de travailler et de gagner leur vie.

Le Comité des Dames, par la seule charité qu'il pratique envers les écoliers, atteint des buts multiples. Il habille de pauvres enfants, c'est sa première aumône et celle qui est le principe des autres ; il favorise la fréquentation de l'école ; il empêche la mendicité la plus déplorable, celle des enfants ; il fournit à de malheureuses ouvrières un travail qui leur serait refusé ailleurs ; il protège des apprentis et les aide à devenir des ouvriers honnêtes et habiles. Enfin, il permet au riche de s'approcher du pauvre et de l'évangéliser, œuvre capitale aujourd'hui.

« Le riche et le pauvre, dit un de nos moralistes, depuis « longtemps devenus ennemis, se sont livré bataille. Com- « ment finira le combat ? Par l'abolition de la pauvreté ? Non ! « Par l'abolition de la richesse ? Pas davantage ! Pour chan- « ger de nom et pour être diminuée dans celles qui la possé- « deront, la richesse ne sera pas abolie. Le combat finira par « le retour de la richesse aux devoirs que Dieu lui impose, « la charité active et bienveillante. »

_____

(1) Louis Veuillot, *Historiettes et fantaisies.*

Les articles 12 et 13 règlent la distribution des vêtements, qui a lieu deux fois par semaine sous la surveillance des Dames du comité. Les enfants sont amenés par leurs instituteurs respectifs, place Carrière, au local mis à la disposition du comité par la municipalité. Qui n'a vu, à la fin de décembre ou au commencement de janvier, de longues files d'écoliers conduits un jour par un instituteur ou une institutrice municipale, un autre jour, par un frère des écoles chrétiennes ou par une religieuse, emportant sous leur bras ou dans leurs mains, les uns des pantalons ou des vestes, d'autres des chaussures ou des robes. Quelle joie dans leurs cœurs, quel rayonnement sur leurs visages ! Quelle admiration pour la précieuse récompense et quel empressement d'aller la montrer aux parents qui l'attendent.

Nous ne pouvons mieux terminer ces notes sur le Comité des Dames de Nancy, qu'en répétant ce qu'il disait lui-même dans un prospectus de 1875 : « Le développement de notre « œuvre a pris des proportions considérables ; ses résultats « se recommandent à tous ceux qui pensent qu'il ne suffit pas « d'empêcher les pauvres de mourir de froid et de faim, mais « qu'il importe autant de les aider à faire donner à leurs enfants une instruction *morale* et *religieuse* et de leur préparer les moyens de vivre honorablement par le travail. »

Ainsi, grâce au Comité des Dames, aussi bien qu'à la Société de Sainte-Catherine et aux autres sociétés de bienfaisance, à Nancy, pour l'enfant pauvre, depuis longtemps et avant la loi de 1881, l'instruction est gratuite, obligatoire, mais heureusement non laïque dans le sens impie du mot. A Nancy, on secourt avec empressement l'enfant pauvre et on l'aide volontiers à se procurer l'instruction dont il a besoin, mais à condition que cette instruction sera morale et religieuse et nullement indépendante et athée ou sans Dieu.

Il est bon que cette volonté de nos associations charitables soit connue et proclamée. Elle rassure les parents, qui veulent tous pour leurs enfants une religion qui les rende respectueux et obéissants. Elle indique aux maîtres le caractère de la mission qui est exigée d'eux.

« Lorsque j'entre dans une école tenue par les Sœurs, dit M. Maxime du Camp, je ne leur demande pas quel Dieu elles adorent ; j'écoute la morale qu'elles professent, je m'incline, j'admire, j'estime que cette morale n'a jamais fait que du bien aux enfants... »

Si l'on veut imposer l'école où l'on démontrera que l'avenir d'au delà n'est fait que de néant, chacun cherchera la doctrine qui affirme que l'effort sur soi-même, la victoire sur ses mauvais instincts, le redressement de sa propre nature, les bonnes actions trouveront plus tard une récompense éclatante ; on se dira qu'à tout prendre, et dans l'incertitude où flotte la pensée humaine, il vaut encore mieux essayer de gagner le paradis et de retrouver ses chers morts que de marcher vers l'anéantissement.

« Si ce mouvement s'accentue, ce seront les congréganistes qui en profiteront, car on ira vers l'école qui enseigne la vie future et promet des compensations à cette vie terrestre (1). »

CHAPITRE VI

L'ŒUVRE DE CHARITÉ PAR EXCELLENCE. — LES CATÉCHISTES VOLONTAIRES

La meilleure aumône consiste à évangéliser les pauvres. — Le catéchisme est le meilleur moyen d'évangélisation. — Témoignage de M. George, ancien supérieur du séminaire de Nancy. — M. Berman à Chaligny. — Sainte Jeanne de Chantal, catéchiste. — Confrérie de la Doctrine chrétienne à Nancy. — Les catéchistes volontaires. — Rôle des catéchistes volontaires.

Ce qui distingue l'école chrétienne de celle qui ne l'est pas, c'est l'instruction religieuse. Dans la première, l'instruc-

_____
(1) Maxime du Camp, *Paris*, ses organes, ses fonctions, etc.

tion religieuse tient la place principale. Elle forme la base de tout l'enseignement. Elle prend, non la plus grande, mais la meilleure partie du temps consacré à l'étude. Dans la seconde, au contraire, du moins en théorie et d'après la loi du 28 mars 1882, l'instruction religieuse n'a pas de place, l'instituteur ne s'en occupe pas, il la laisse au ministre du culte. Nous avons dit combien cette théorie est coupable. Mais, puisque la charité s'applique à Nancy, depuis quelques années, à donner elle-même cette instruction religieuse, il nous faut exposer ici l'excellence, la nécessité, les avantages et l'état de cet enseignement sacré dans notre ville.

Cette parole que Bossuet adressait au fils de Louis XIV : *La religion est le plus grand et le plus utile de tous les objets qu'on puisse proposer aux hommes*, sera toujours vraie.

L'étude de la religion est la plus importante de toutes les études. Elle nous apprend nos devoirs envers Dieu, envers le prochain, envers nous-mêmes ; et elle nous indique le moyen de les remplir. Comme la lumière, l'étude de la religion est en même temps force et chaleur. Elle nous éclaire sur notre vie future, elle nous apprend comment nous pouvons l'acquérir et nous en fournit les moyens. Voilà pourquoi l'étude de la religion est plus nécessaire que l'étude des sciences ordinaires, qui seules ne nous serviraient de rien pour mourir, ni après la mort. Voilà pourquoi aussi l'étude de la religion contribue même à améliorer notre vie présente, puisque, si nous sommes fidèles à ses enseignements, notre cœur et notre intelligence grandissent avec elle. *Les plus grands bienfaiteurs de l'humanité n'ont pas été les hommes les plus savants, mais les plus chrétiens.* « Donnez aux pauvres, a dit quelqu'un, mais. surtout évangélisez-les. Vous aurez fait plus pour celui à qui vous apprendrez une prière, que si vous aviez assuré sa fortune. »

« Le moyen le plus propre, le plus radical, le plus infaillible pour régénérer promptement nos paroisses, écrit Mgr Du-

panloup, et la France entière, c'est sans contredit l'œuvre
des catéchismes. Oui, si cette œuvre est bien organisée, bien
faite, conduite avec zèle et persévérance, quelque grand,
quelque profond que soit le mal, ayons confiance, nous pouvons encore tout sauver, et la raison en est bien simple, c'est
que l'œuvre des catéchismes atteint les enfants et que les enfants ce sont les hommes de l'avenir. Les enfants d'aujour-
d'hui et ceux de l'année prochaine et ceux des années suivantes, dans vingt ans formeront les paroisses, la nation, la
société ; ce seront les pères et les mères de famille, les ouvriers, les laboureurs, les vignerons, les propriétaires, les
marchands, les magistrats, tout le peuple enfin, et si ces enfants ont été gagnés à Jésus-Christ, si nous en avons fait de
bons chrétiens, un jour toutes les paroissses, toute la France
sera chrétienne..... (1). »

On parle des bons prédicateurs, disait autrefois aux séminaristes M. George, supérieur du grand séminaire de Nancy,
*on a raison, ils font beaucoup de bien. On parle rarement des
catéchistes, des bons catéchistes ; on a tort, ils peuvent faire
encore plus de bien, ou tout au moins le préparer.*

Lui-même, pendant qu'il était curé de Xirocourt et de la
cathédrale de Toul, attachait une extrême importance aux
catéchismes. Un jour, c'était un lundi, un de ses confrères
venant le visiter, le trouva absorbé dans une profonde méditation, son catéchisme ouvert devant lui, et comme il lui en
exprimait son étonnement : *C'est le lundi*, lui répondit
M. George, *que je prépare mon catéchisme pour le dimanche* (2).

Souvent même on ramène les familles par les enfants. Les
soins qu'on donne à ceux-ci, l'amitié qu'on leur témoigne,
l'intérêt qu'on leur porte, les petites récompenses qu'on leur
distribue, concilient au prêtre l'affection et la confiance des

(1) *Entretiens sur le catéchisme.*
(2) *Oraison funèbre* de M. George, par M. Gombervaux, mort supérieur du petit
séminaire de Pont-à-Mousson.

parents ; cela est un acheminement vers la conversion. Puis
le changement que le catéchisme opère dans les enfants, leur
docilité, leur modestie, leur piété, leur application à remplir
tous leurs devoirs, font comprendre aux parents l'influence
de la religion, leur en inspirent l'estime et l'amour avec le regret
de l'avoir abandonnée et le désir d'y retourner.

Le fait suivant, arrivé à M. Berman, ancien professeur au
séminaire de Nancy, quand il était curé de Chaligny, en est
une preuve évidente. Une petite fille, d'après les recommandations de M. le curé, ne manquait jamais de dire ses
prières matin et soir. Or, cela contrariait vivement ses
parents très peu religieux, pour qui ce spectacle était un
reproche. Ils firent tout ce qu'ils purent pour l'empêcher de
se livrer à ses dévotions. Dans leur colère, ils allèrent jusqu'à la maltraiter. Vains efforts, la petite enfant se laissait
frapper sans mot dire et n'en continuait pas moins ses prières
avec ferveur. Un jour, sa mère n'y tenant plus, alla trouver
M. Berman et lui dit en entrant : « *Monsieur le curé, mon mari
et moi nous sommes des gueux. — Oh ! oh !* s'écria M. Berman
interloqué, *qu'y a-t-il donc, ma bonne femme ? — Il y a, M. le
curé, que notre petite s'entête à dire ses prières et que nous ne voulons pas. Et comme elle est très obéissante et très bonne, notre
conduite nous fait honte. Je viens vous l'avouer tout haut, car
je n'y tiens plus, et mieux que cela, je veux me confesser ; après
quoi je vous amènerai aussi mon homme. Je pense qu'il y
a encore de la miséricorde pour nous, n'est-ce pas, M. le curé ?*
En entendant une telle confession, le zélé curé fondait en
larmes, et accueillit avec bonheur les parents convertis par
leur petite fille (1).

Lors même que les enfants n'obtiendraient pas toujours
ce consolant résultat, au moins ils se prépareront pour eux-
mêmes l'assurance du salut la mieux fondée. Le catéchisme

---

(1) *Vie de M. Berman*, par l'abbé P.., curé de F.,.

jette dans l'âme le germe de toutes les vertus, et, tôt ou tard, ce germe porte fruit. Presque jamais il n'arrive qu'après avoir été bien instruit de la religion dans son enfance, on meure impénitent. Heureuses les paroisses qui ont de bons catéchismes ! Toutes les prédications y sont comprises, les pénitents s'y confessent facilement et avec profit. Les malades acceptent volontiers les sentiments de contrition, de confiance et de résignation ; les morts sont chrétiennes et édifiantes. Le catéchisme est le premier livre.

Saint François de Sales, apprenant que sainte Jeanne de Chantal faisait le catéchisme à ses propres enfants, aux enfants de ses domestiques et des pauvres de sa paroisse, lui écrit : « Oh ! vraiment j'approuve fort que vous soyez maîtresse « d'école. Dieu vous en saura gré, car il aime les petits « enfants ; et comme je le disais l'autre jour au catéchisme, « les anges des petits enfants aiment d'un particulier amour « ceux qui les élèvent dans la crainte de Dieu et qui instillent « dans leurs tendres âmes la sainte dévotion. »

Depuis que les programmes d'enseignement primaire ne comprennent plus l'enseignement du catéchisme pour les écoles publiques, où l'instruction doit être donnée en dehors de tout dogme religieux, sous prétexte que le surnaturel dont le christianisme est l'expression la plus authentique et la plus complète est antiscientifique et que désormais, à tout prix, il faut organiser la société civile d'après les principes du positivisme, Mgr Turinaz a demandé aux personnes pieuses de Nancy de vouloir bien aider les curés et se faire, sous leur direction, *catéchistes volontaires*.

Une ordonnance épiscopale du 24 février 1883 a organisé ces catéchistes volontaires en confrérie de la Doctrine chrétienne. Voici les articles de cette ordonnance :

ARTICLE PREMIER. — Est érigée, dans chacune des paroisses de notre diocèse, la Confrérie de la *Doctrine chrétienne*, pour les fidèles de l'un et de l'autre sexe qui se proposent de s'occuper de l'œuvre des catéchismes, sous la direction du clergé paroissial.

« ART. II. — En vertu des pouvoirs spéciaux qui nous ont été accordés par notre Saint Père le Pape Léon XIII, le 21 avril 1882, nous affilions la Confrérie de la Doctrine chrétienne de chaque paroisse à l'Archiconfrérie Romaine du même nom.

« ART. III. — Pour être membre d'une confrérie paroissiale et gagner les indulgences auxquelles donne droit son affiliation à l'Archiconfrérie Romaine, il faut :

1° Se faire inscrire sur le registre à ce destiné ;

2° Participer à l'Œuvre d'une façon quelconque, notamment en enseignant le catéchisme aux enfants en vue de la première communion, en prenant part à la direction des catéchismes de persévérance, en procurant, favorisant ou surveillant l'assistance aux catéchismes, à la messe et aux autres exercices religieux, en faisant une offrande annuelle pour l'achat de catéchismes, histoires saintes et objets de piété en faveur des enfants pauvres.

« ART. IV. — La Confrérie, dans chaque paroisse, est placée sous l'autorité de M. le Curé ou des prêtres chargés par lui de l'enseignement du catéchisme.

« ART. V. — Le directeur de la Confrérie pourra, suivant l'importance de la paroisse, donner à l'Œuvre un Bureau composé d'un président, d'un vice-président, d'un secrétaire et d'un trésorier, ou, tout au moins, s'adjoindre spécialement un ou deux membres pour les détails de l'administration et la répartition des enfants à instruire entre les catéchistes volontaires.

« ART. VI. — Le directeur réunit les catéchistes une fois par mois et plus souvent, s'il le faut, pour leur donner des instructions nécessaires à l'accomplissement et au succès de leurs importantes fonctions.

Il peut y avoir aussi, au moins dans les villes, deux réunions générales chaque année, l'une pour la lecture du compte-rendu de l'Œuvre, l'autre pour la célébration de la fête patronale.

« ART. VII. — La fête patronale sera célébrée, par chaque Confrérie, le premier dimanche après la Pentecôte, fête de la Trinité, ou tout autre jour qu'il nous aura été demandé d'assigner pour cette cérémonie. »

Vient ensuite l'énumération des très nombreuses indulgences que peuvent gagner les membres de la Confrérie de la Doctrine chrétienne.

Cette institution des catéchistes volontaires, qui apparait

aujourd'hui comme le remède providentiel à l'erreur la plus grave et la plus pernicieuse de la société contemporaine en France, consistant à éliminer de la législation civile et du gouvernement politique tout principe religieux, est utile aux catéchistes et aux enfants catéchisés. Les catéchistes, afin d'être à la hauteur de leur mission, ont dû reprendre leurs manuels, les répéter et se préparer sérieusement à devenir professeurs. De plus, comme c'est surtout en enseignant qu'on apprend une science, les catéchistes ont augmenté leur science religieuse. Un autre avantage pour les catéchistes, c'est qu'ils ont ainsi l'occasion de pratiquer la plus exquise charité. Si Jésus-Christ bénit ceux qui, en son nom, donnent un verre d'eau aux nécessiteux, à plus forte raison bénit-il et récompense-t-il magnifiquement les personnes qui prêchent son évangile et donnent la vérité aux âmes.

Les catéchistes exercent une fonction où il y a tout à gagner pour leur âme, magnifique récompense promise à ceux qui instruisent les autres dans la justice : *qui ad justitiam erudiunt multos fulgebunt quasi stellæ in perpetuas æternitates.* (Daniel, XII, 3); expiation de leurs péchés : *qui converti fecerit peccatorem ab errore viæ suæ operiet multitudinem peccatorem,* celui qui convertira un pécheur effacera la multitude de ses péchés; grâces spéciales obtenues par les prières des enfants pour celui qui les instruit, et surtout vertus de piété, de douceur, de zèle et de prudence, car il faut pratiquer toutes ces vertus en faisant le catéchisme.

D'autre part, les enfants sont singulièrement édifiés de voir des dames, des demoiselles, des hommes intelligents et de haute position se dévouer à leur enseigner le catéchisme.

Les heures passées ainsi, en compagnie de personnes qui pratiquent la charité si humblement et avec zèle, laisseront dans leurs âmes une impression et un souvenir ineffaçables. La manière dont leur aura été distribuée l'instruction religieuse leur sera aussi utile que la doctrine elle-même.

« Me permettez-vous, Messieurs, dit un jour Mgr Dupanloup à ses prêtres, de vous faire dans la simplicité de nos entretiens une humble confession ? Pour ma santé, j'avais fait un voyage de trois mois en 1830. Il m'était arrivé, pendant ce temps, de manquer assez souvent mon chapelet. De retour à la Madeleine, un jour que j'étais à mon confessionnal, un enfant y entre, se met à genoux, récite son *Confiteor* et ensuite me dit : « *Mon père, pendant que j'étais à la campagne en vacances, je m'accuse d'avoir négligé de dire mes deux dizaines de chapelet.* » Le rouge me monta au visage. De ce moment ma résolution fut inébranlable, et, par la grâce de Dieu, sans en avoir fait le vœu, depuis ce temps je n'y manque pas. »

Si le catéchiste est ce qu'il doit être, c'est-à-dire vrai et sincère, il fera tout ce qu'il dit aux enfants de faire. Il le pratiquera lui-même, d'où, pour lui, un puissant motif de régularité et de sanctification.

Il y a quelques années, un archevêque, prenant les eaux à Aix-les-Bains, en Savoie, fut appelé près d'une mourante, la fille du général Bertrand. Pendant l'entretien que le prélat eut avec elle, il fut tellement émerveillé de l'instruction religieuse solide et étendue de cette dame, qu'il ne put s'empêcher de lui demander comment elle était parvenue à connaître ainsi sa religion.

« Monseigneur, répondit-elle, après Dieu, je dois mon instruction à l'empereur Napoléon. J'étais avec ma famille à Sainte-Hélène. J'avais dix ans, lorsqu'un jour l'empereur me dit : *Mon enfant, tu es jeune, de grands dangers t'attendent dans le monde. Que deviendras-tu si tu n'es pas protégée, armée par la religion ? Ton père n'en a pas, ta mère encore moins. Je prends sur moi le devoir qui pèse sur eux ; viens dès demain, je te donnerai la première leçon.*

« Pendant deux années, j'allai au catéchisme auprès de l'empereur, plusieurs fois chaque semaine. Il me faisait réciter chaque leçon et m'en donnait l'explication avec beaucoup de soin.

« Quand j'eus atteint l'âge de douze ans, il me dit : *Mainte-*
nant, mon enfant, tu es suffisamment instruite; je le crois. Il
faut songer sérieusement à ta première communion. Je vais
faire venir de France un prêtre pour nous préparer, toi à cette
grande action et moi à la mort.

L'empereur tint parole.

Qui sait si ce n'est pas pour se montrer sincère et conséquent
avec lui-même, en pratiquant pour son compte ce qu'il conseillait et enseignait à son élève, que Napoléon s'est décidé à
se préparer religieusement à la mort ?

Qui sait aussi si ce grand acte de charité, qu'il accomplit
en se faisant catéchiste volontaire, n'a pas mérité au grand
empereur la grâce de la sainte mort dont il a été gratifié,
après une vie pendant laquelle il s'était si souvent et si
scandaleusement révolté contre Dieu ?

Il y a dans cet exemple une haute leçon et un puissant
encouragement pour tous les catéchistes volontaires.

Les catéchistes volontaires peuvent aider beaucoup le prêtre
à instruire et à former les petits enfants. Ici, plus que partout
ailleurs peut-être, on peut dire que le prêtre a besoin d'eux.

Ils peuvent aider le prêtre à former la liste des enfants ap-
pelés à fréquenter le petit catéchisme. La formation de cette
liste présente des difficultés particulières. Les petits enfants
(de six à dix ans) fort nombreux, sont encore inconnus
sur le chemin de la vie, et puis un certain nombre de parents, par négligence ou ignorance, ne prennent aucun souci
de l'instruction religieuse de ces petits enfants. Pour eux,
croient-ils, le catéchisme est superflu. Il y a là de sérieuses
difficultés à vaincre.

Les catéchistes volontaires peuvent aussi aider le prêtre à
constater les absences et à les rendre moins fréquentes par des
visites aux parents.

Enfin les catéchistes volontaires peuvent aider beaucoup le prê-
tre à apprendre aux petits enfants le texte même du catéchisme.

Pour réussir à préparer convenablement les enfants à la première communion, il est nécessaire que ces enfants connaissent la *lettre* du catéchisme. Cette connaissance rend les explications plus faciles ; avec les formules gravées dans la mémoire, se perpétue la connaissance des vérités expliquées.

Or, c'est un immense travail pour le plus grand nombre des enfants d'apprendre la lettre du catéchisme.

Pour triompher de cet obstacle, on pouvait compter autrefois sur les instituteurs de l'enfance ; il n'y a plus rien à espérer de ce côté aujourd'hui. Qui réparera ce dommage causé à l'enfant ? La famille ? Elle en est le plus souvent incapable.

A défaut de la famille, c'est au pasteur des âmes qu'incombe le soin de pourvoir aux connaissances religieuses que l'enfant doit posséder. Mais où le prêtre trouvera-t-il du temps pour cela ? Si le prêtre doit être chargé du travail d'apprendre aux enfants la lettre du catéchisme, ce sera au détriment des explications. De là un grand dommage pour les enfants, surtout pour les enfants les plus avancés.

Il faut donc que les catéchistes volontaires interviennent ici pour soulager les pasteurs des paroisses, pour suppléer à l'école et à la famille qui trop souvent font défaut. Aussi les évêques, en exposant l'œuvre des catéchistes volontaires, signalent-ils comme l'un des premiers services que doit rendre cet apostolat laïque, l'enseignement de la lettre du catéchisme.

L'obstacle, le grand obstacle que le prêtre rencontre, dans l'œuvre des catéchismes de persévérance, c'est la difficulté de réunir les enfants, de les avoir à ses leçons. Il obtient encore, dans une certaine mesure, la présence des filles, mais celle des garçons ? Les catéchistes volontaires sont de très précieux auxiliaires pour procurer cette assistance assidue.

Ils peuvent aider le prêtre :

A former les listes de persévérance. A eux de s'occuper du travail de recrutement, de suivre le va et vient des paroisses ;

De constater les présences et les absences en se partageant la surveillance, en se chargeant d'un groupe, afin d'assurer facilement le contrôle des présences et des absences ;

De rendre les absences moins fréquentes, par des visites aux familles ;

De trouver des ressources pour donner des récompenses ;

D'obtenir la fréquentation du catéchisme, en l'encourageant par leur présence ;

De mettre la vie dans les catéchismes de persévérance, par les fêtes et les communions du mois (1).

Nous allons voir ces principes appliqués à Nancy par l'*Association des Jeunes Economes*.

CHAPITRE VII

ASSOCIATION DES ÉCONOMES DE L'ENFANT JÉSUS CATÉCHISTES VOLONTAIRES

Origine de l'Association. — Son but pieux et charitable. — Son esprit catholique. — Son organisation. — Réunions et exercices spirituels. — Œuvre des catéchismes. — Première communion des foraines. — Cours supérieur de religion. — Situation actuelle de l'Association.

L'idée de l'Association des Jeunes Economes est sortie, il y a environ cinquante ans, d'une âme visiblement inspirée de Dieu. Un jour, une jeune fille à qui Dieu avait tout accordé : beauté, esprit, fortune, noblesse de rang relevée par noblesse de cœur, s'est dit à elle-même : « Le ciel m'a prodigué tous « les dons que le monde envie ; mon nom est une gloire, ma « fortune est telle que ma fantaisie épuise à peine l'or qu'on « abandonne à mes désirs ; je vis dans le rayonnement du « bonheur, tandis que tant de jeunes filles, mes semblables,

(1) M. l'abbé Capplicz : *Manuel des catéchistes volontaires.*

« restent dans l'ombre de l'ignorance, se débattent doulou-
« reusement contre l'indigence, chancellent et succombent
« faute d'une partie de l'argent que dissipent chaque jour mes
« caprices... Non, Dieu ne le veut pas ainsi ; s'il m'a comblée,
« ce n'est pas pour la satisfaction de mon égoïsme, mais
« pour le devoir et les joies de la charité ; et si ma mesure
« déborde, n'est-ce pas pour que je la déverse généreusement
« sur tous les malheureux qui m'entourent ? »

C'est de ces réflexions que naquit à Paris l'Association des
Jeunes Economes. L'idée était généreuse, elle était chrétienne,
elle devait être bénie de Dieu et faire son chemin. Elle se pro-
pagea en effet rapidement, et des Associations semblables
furent créées successivement dans plusieurs grandes villes de
France.

A Nancy, l'Association date de 1873. Elle fut fondée chez
les religieuses de Notre-Dame du Cénacle, et tient actuellement ses réunions dans la maison des religieuses du Saint-
Cœur de Marie, rue du Haut-Bourgeois, 18.

Cette Association, composée de jeunes filles vivant dans le
monde, a pour but la sanctification des âmes par l'exercice
de la piété chrétienne et de la charité. Elle fait appel aux
jeunes filles désireuses d'occuper sérieusement leurs loisirs,
et applique leur zèle à enseigner le catéchisme aux petites
filles qui ne l'apprennent plus dans les écoles primaires.

L'esprit de l'Association s'inspire de l'esprit même de
l'Eglise, et l'on y cherche avant tout à donner aux jeunes filles
une religion bien entendue. Remplir leurs devoirs d'état dans
la famille, être de vraies chrétiennes au milieu du monde, se
réserver du temps pour les œuvres d'apostolat, voilà le programme qui leur est tracé et qu'elles ont le devoir de remplir.

Pour les y aider, des réunions régulières sont établies au
centre de l'Œuvre : ouvroir, instructions, messes et saluts du
Saint-Sacrement. C'est dans ces réunions que les Economes
puisent l'esprit et l'amour de leur Œuvre, qu'elles se façonnent

à la vraie et solide piété et qu'elles se préparent à l'apostolat des catéchismes. A l'ouvroir, elles travaillent pour les pauvres, et leur cœur s'ouvre bientôt à la charité. Dans les catéchismes, elles se donnent tout entières, et se forment au véritable dévouement. Enfin par leur docilité à accepter dans l'Œuvre les charges et les enfants qui leur sont confiées elles contractent l'habitude de l'abnégation et se préparent ainsi à remplir courageusement les devoirs que leur réserve l'avenir.

Et qu'on n'objecte pas la difficulté de bien faire le catéchisme, ou la responsabilité de la préparation à une première communion. Si ces prétextes ne procèdent pas de l'égoïsme, ils partent d'une fausse humilité. L'apôtre se défie de lui-même, il est vrai ; mais il a confiance en Dieu qui l'envoie par le ministère de son Eglise, son obéissance fait sa force, et Dieu bénit sa bonne volonté. D'ailleurs, ne doit-on pas craindre davantage la responsabilité de ne rien faire pour tant d'âmes si abandonnées et toutes prêtes à s'ouvrir à la vérité ?

Que de faits nous pourrions apporter à l'appui de nos affirmations ! Sur vingt-six petites filles à qui l'on demandait : « Qu'est-ce que faire sa première communion ? » une seule crut savoir et répondit : « C'est d'être habillée en blanc. »..... Un autre jour une des petites filles s'étant évanouie pendant l'exercice du chemin de la croix, une Econome la ramena à sa mère, et celle-ci de lui dire : « Chaque fois que ma fille fait le chemin de la croix, elle se trouve mal en pensant aux souffrances de Notre-Seigneur. »

Non, non, aucun prétexte n'est acceptable en face d'une œuvre si nécessaire et si bienfaisante.

C'est Mgr Turinaz qui eut la généreuse pensée d'intéresser les Economes aux catéchismes, et ils fonctionnent ainsi depuis le 15 novembre 1886. La faveur qui accueillit cette innovation et le bien qui s'est déjà opéré sont une marque de la bénédiction du ciel.

L'Association des Economes est placée sous l'autorité de monseigneur l'Evêque et sous la direction d'un prêtre délégué par Sa Grandeur.

Elle choisit parmi ses membres son Conseil ainsi composé : une présidente, deux vice-présidentes, une secrétaire, une trésorière, dix conseillères. Le Conseil se réunit une fois par mois.

L'Association est sous le patronage spécial de l'Enfant Jésus : elle en fait solennellement la fête au mois de janvier ; les petites filles catéchisées et les renouvelantes y sont conviées, et chaque année on a la consolation d'en voir un bon nombre s'approcher pieusement des Sacrements, et d'en ramener plusieurs au devoir pascal malheureusement oublié. L'Association célèbe aussi les fêtes de saint Joseph, de Notre-Dame Auxiliatrice, et des Saints-Anges.

Tous les samedis, les Economes se réunissent de deux heures à quatre heures pour confectionner les vêtements qu'elles donnent en récompense aux enfants catéchisées. Pendant le travail, la conversation est interrompue par le chapelet et par des lectures pieuses et intéressantes.

Le quatrième samedi du mois, l'ouvroir est suivi d'une instruction faite par le Directeur et du salut du Saint-Sacrement.

Chaque année, vers la fin de novembre, une retraite spéciale est donnée aux Economes ; mais d'autres jeunes filles y sont admises avec une carte personnelle d'invitation.

Plusieurs fois par semaine, les Economes font le catéchisme dans leurs paroisses respectives, aux jours et heures fixés par Messieurs les Curés. Elles suivent les enfants pendant les retraites de Première Communion et les préparent ensuite à la Confirmation, leur inspirant plus encore par les actes que par les paroles l'amour de la religion, et leur donnant l'exemple de l'assiduité aux offices paroissiaux trop négligés aujourd'hui dans tous les rangs de la société.

A l'époque de la foire annuelle de mai, la mission des Eco-

nomes est de catéchiser les petites foraines ; elles les disci-
plinent, les instruisent rapidement, et les préparent de leur
mieux à la Première Communion et à la Confirmation. C'est
le moment des plus grandes préoccupations et du plus grand
dévouement des Economes ; rien ne peut alors donner idée
de l'activité de l'Œuvre : les unes catéchisent, les autres confectionnent des vêtements, toutes prient afin que la grâce pénètre profondément dans les âmes et y porte des fruits. Car
leur action n'est pas limitée aux futures premières commu-
niantes, elle s'étend à toutes leurs familles. Les aînées accou-
rent avec joie retrouver « *Les demoiselles* », leur demander
de compléter leur instruction et de les préparer à renouveler
leur Première Communion ; bientôt après viennent les parents,
touchés de la bonté dont on entoure leurs enfants, tout heureux de les accompagner à la Table Sainte et de revenir eux-
mêmes au Dieu des pauvres et des petits.

Enfin, Monseigneur l'Evêque réalisant un projet qu'il for-
mait depuis son arrivée à Nancy, vient d'ouvrir au centre de
l'Association un cours supérieur d'Instruction religieuse destiné tout d'abord aux Economes catéchistes volontaires, mais
où sont admises les personnes vraiment désireuses de s'instruire.

L'Œuvre a pour ressources les cotisations de ses membres,
les souscriptions recueillies par les Economes, les quêtes
faites pendant l'année et les dons des associées qu'un changement de vie appelle ailleurs.

Les jeunes filles désirant faire partie de l'Association, doivent se présenter à la Présidente, qui délibère avec le Conseil
sur leur admission.

Ajoutons que cette Œuvre est grandement appréciée par
Messieurs les Curés de Nancy. Plusieurs fois, en effet, et publiquement, ils ont rendu hommage au zèle intelligent et dis-
cret des Economes ; et le Curé d'une grande paroisse écrivait :
« Quelques-unes de nos petites filles sont confiées aux soins

« des Economes, qui apportent dans leur mission de Caté-
« chistes un grand dévouement et obtiennent d'heureux ré-
« sultats, soit au point de vue de l'instruction religieuse, soit
« au point de vue de la piété et même de l'éducation. »

Au 1er janvier 1890, le nombre des Economes est de cent
trente-un. Celui des petites filles catéchisées de trois cent
soixante-quatorze et celui des foraines a été de quatorze.

Telle est dans ses grandes lignes l'Association des Economes de l'Enfant Jésus Catéchistes volontaires. Manifeste-
ment, elle porte le cachet des œuvres de Dieu ; manifeste-
ment, elle atteint le but de sa fondation ; elle a fait du bien,
elle en fera beaucoup encore au milieu de nous. Qu'elle se
répande donc dans les classes qui, ayant beaucoup reçu, doivent beaucoup donner ; qu'elle porte partout avec elle la vie
chrétienne et le zèle de l'apostolat, et que la persévérance
des enfants auxquelles elle se dévoue soit sa première bénédiction.

·CHAPITRE VIII

LES SEMINARISTES CATÉCHISTES A LA PAROISSE
SAINT-PIERRE. — LA PREMIÈRE COMMUNION DES FORAINS
A L'ÉCOLE SAINT-SIGISBERT

Mgr Turinaz organise les catéchismes de la paroisse Saint-Pierre. — Action
des Séminaristes dans les différents catéchismes. — Heureux résultats
de cette institution. — Les enfants forains. — M. l'abbé Bourgeois,
catéchiste des forains. — Il est remplacé par les professeurs et les élèves
de l'école de Saint-Sigisbert. — Heureux résultats de cette charité. —
Fête de la première communion. — Apostolat des religieuses du Cénacle.

D'autres catéchistes, et non les moins habiles ni les moins
aimés, ce sont les Séminaristes, chargés des catéchismes
de la paroisse Saint-Pierre de Nancy.

Il y a quatre ans, Mgr Turinaz demanda à M. le Directeur

du grand Séminaire, après s'être concerté avec M. le Curé, de se charger, avec les séminaristes de dernière année et les vicaires de la paroisse Saint-Pierre, des catéchismes de petits garçons. Monseigneur voulait ainsi former les futurs prêtres à ce ministère si essentiel. Le vœu de Sa Grandeur fut immédiatement réalisé.

Voici en résumé comment il a été rendu compte à Mgr Turinaz de l'organisation et des progrès de cette œuvre importante.

Les catéchismes ont lieu tous les dimanches à la fin des vêpres. Aux tintements de la cloche qui sonne la bénédiction, MM. les Catéchistes quittent le Séminaire. Arrivés à l'église, ils groupent devant eux tous les enfants pour la prière et les cantiques. Grâce à d'habiles organistes et chefs de chant, cette première partie du catéchisme est suffisamment disciplinée, parfois même un peu bruyante et agitée.

Immédiatement après la prière et le cantique, les enfants se partagent en douze groupes et vont s'installer dans les nefs latérales. Ici, soixante ou quatre-vingts petits enfants de six à sept ans s'habituent à répéter pieusement *Notre Père...* *Je vous salue Marie*, à écouter les premières et principales vérités de la religion, ou les faits, si nouveaux pour eux, de l'Ancien Testament et de l'Evangile. Leur cœur se tourne ainsi facilement et avec bonheur vers les hommes et les choses de Dieu.

Plus loin est installé le *moyen catéchisme* pour les enfants de huit à dix ans. Ceux-ci, au nombre de soixante-cinq à soixante-dix, commencent à apprendre et à réciter la lettre du catéchisme. De courtes et simples explications, sous forme d'exemples et de comparaisons, les aident à comprendre leurs leçons.

A côté des enfants du moyen catéchisme, mais séparés d'eux, se trouvent ceux du catéchisme de *première communion*, partagés en trois petits groupes, comprenant en tout environ cinquante enfants. Les catéchistes sont chargés de répéter aux enfants les instructions qu'ils ont reçues pendant la semaine de M. le Curé de la paroisse. Avec lui et après lui, ils s'efforcent de communiquer aux jeunes âmes qu'ils ont devant eux, la connaissance et l'amour du Dieu qui fera bientôt la joie de leur cœur.

Outre le petit, le moyen et le grand catéchisme, MM. les Séminaristes font aussi le catéchisme de persévérance à une quarantaine d'enfants qui se préparent à renouveler leur première communion et à une vingtaine d'autres, âgés de quatorze à dix-sept ans, qui forment le *catéchisme d'honneur*. Devant ces jeunes gens, ils développent les vérités fondamentales de la religion et de l'Eglise, afin de les rendre capables de réfuter les attaques dont elles sont l'objet dans les conversations, dans les journaux et les livres. Cet enseignement important est reproduit en rédactions par les enfants, qui présentent leurs cahiers chaque dimanche aux catéchistes.

Après deux heures d'instruction religieuse, de prières et de chant, tous les enfants sortent la joie dans le cœur, la musique sur les-lèvres, une image ou un bon point dans la poche, parfois aussi dans la tête une bonne résolution d'être plus dociles et plus studieux le dimanche suivant. Chaque semaine, des récompenses sont accordées au travail et à la bonne conduite. Tous les mois, ordinairement le dimanche de la communion générale, MM. les Séminaristes, qui le matin sont venus prier avec les enfants et pour eux, leur distribuent de pieuses brochures ; aux plus grands, les Annales de la Propagation de la foi et de la Sainte-Enfance ; aux autres, des Mois de Saint-Joseph, de la Sainte-Vierge, du Sacré-Cœur, des Vies de leurs saints patrons. Aux fêtes de Noël et de Pâques, deux petites distributions de prix, présidées par M. le Curé, donnent un avant-goût et un grand désir de participer à la distribution solennelle, qui se fait à la fin de l'année scolaire, sous la présidence de Monseigneur l'évêque.

D'après les registres de l'Œuvre, sur deux cent quarante enfants, cinquante-neuf ont obtenu la note *très bien*, soixante-huit la note *bien*.

Les résultats de cette organisation sont précieux et consolants. Les familles, reconnaissantes et touchées de l'intérêt qu'on porte à leurs enfants, se rapprochent du prêtre et de l'Eglise. Les enfants, plus dociles et plus respectueux, deviennent plus religieux et plus disciplinés.

Les séminaristes apprennent par la pratique, et dans quelques heures, beaucoup plus que pendant des mois d'études et de théorie.

Quand MM. les Curés, avec leurs coopérateurs, officiels ou volontaires, ont instruit les enfants et que ceux-ci sont prêts pour le grand acte de la première communion, tout n'est pas fini. A de nombreux enfants dans chaque paroisse, il faut, non seulement donner les soins spirituels, mais aussi, du moins pour le jour de la première communion, les habits qui doivent leur permettre de se présenter décemment à la cérémonie. Cette charité matérielle est parfois considérable. En 1888, dans la seule paroisse Saint-Sébastien, il a fallu vêtir soixante-neuf enfants, garçons et filles, ce qui a occasionné une dépense de 800 fr. recueillis dans la paroisse. Aux petites filles, on prête un costume blanc pour le jour de la première communion et on donne un costume de couleur pour le lendemain et le dimanche suivant. Aux petits garçons, on donne un vêtement complet : veston, gilet, pantalon, chaussures, etc.

Ainsi s'exerce la charité catholique, à propos de la première communion, dans toutes les paroisses de la ville.

Outre les enfants qui suivent exactement les catéchismes de la paroisse, ou qui se rendent régulièrement chez les catéchistes volontaires et qui sont admis à participer à la grande solennité paroissiale de la première communion, il reste, parfois, malgré la sollicitude des curés, des enfants qui ne peuvent pas se présenter, bien qu'ils soient en âge de communier. Les uns, n'ayant assisté que rarement aux instructions religieuses ; il faut punir leur négligence et les remettre à plus tard. D'autres, pour un motif de discipline ou de moralité, se sont fait exclure. D'autres encore n'ont pas les dispositions ni la science requises. Enfin il y a, spécialement à Nancy, les enfants des saltimbanques et des petits marchands qui exercent leur métier pendant la foire de mai. Depuis quelques années, ces enfants arriérés ou nomades sont préparés à leur première communion à l'*école Saint-Sigisbert.*

Voici comment cette école ecclésiastique a hérité de ce ministère. Il y a quarante ans, la foire de Nancy se tenait sur la place Carrière et la terrasse de la Pépinière. Quelques baraques étaient adossées aux murs de l'Evêché, habité alors par Mgr Menjaud, « de douce et affectueuse mémoire ». Les enfants forains, peu discrets et facilement apprivoisés, entraient vite en relations avec Mgr Menjaud et les autres prêtres de l'Evêché. « Par une tolérance excessive de la part de
« Monseigneur, dit son biographe, M. l'abbé Blanc, on'voyait
« les jeunes acrobates escalader les planches de leur baraque,
« sauter dans le jardin épiscopal, en parcourir les allées en
« costume de représentation et venir trouver Sa Grandeur
« jusque dans son cabinet. Monseigneur les accueillait avec
« simplicité, leur faisait réciter leurs prières ou leur distri-
« buait des médailles de la sainte Vierge qu'ils suspendaient
« aussitôt à leur cou. »

« Chaque année, quelque ecclésiastique préparait plu-
« sieurs enfants à la première communion ; cette cérémonie,
« toujours si touchante par elle-même, le devenait plus encore
« dans la chapelle de l'Evêché, par la présence de ces pauvres
« artistes ambulants, père, mère, enfants, tous à la sainte
« table ou recevant à genoux, aux pieds de Sa Grandeur, le
« sacrement de confirmation. Plusieurs fois, Mgr Menjaud
« leur fît servir à déjeuner à l'issue de la messe. Un jour,

« l'une des petites filles, se faisant l'organe de sa famille
« reconnaissante, crut ne pouvoir mieux remercier Monsei-
« gneur, après le repas, qu'en lui disant *qu'elle n'avait jamais*
« *autant mangé de sa vie* (1). »

Quand la foire fut transportée sur le cours Léopold et
Mgr Menjaud transféré comme archevêque à Bourges, un
chanoine titulaire, M. l'abbé Bourgeois, hérita de la mission
d'évangéliser les forains. Avec le vénérable chanoine la mission s'élargit : il ne s'occupa pas seulement des enfants
nomades pendant le mois de mai, mais toute l'année il était
à la recherche des Bohémiens qui s'arrêtent à l'entrée de la
ville. Il entrait dans leur maison ambulante ou les prêchait en
mettant la tête à une fenêtre du véhicule. Que de malheureux
à qui il a procuré le mariage chrétien ! Que d'enfants il a
baptisés et préparés à la première communion !

En même temps que M. Bourgeois, les pères Jésuites
s'occupèrent des enfants de la foire. En 1874, M. Bourgeois
sentant ses forces trahir son zèle, alla frapper à la porte de
l'école Saint-Sigisbert et demanda qu'on voulût bien accepter
ses ouailles. M. l'abbé Renaud, sur l'avis du directeur,
M. Blau, et avec le concours de quelques élèves, se chargea
de cette mission. Cette année-là, six enfants seulement firent
leur première communion à une messe basse de six heures,
dans la chapelle de l'établissement. Le lendemain, dans la chapelle de l'Evêché, ils reçurent le sacrement de confirmation
des mains de Mgr Foulon.

En 1875, M. l'abbé Renaud, ne put s'occuper des enfants
forains et il n'y eut pas de première communion. L'année
suivante, M. Blau chargea M. l'abbé Briot, professeur de
philosophie et directeur de la Conférence de Saint-Vincent-de-
Paul de l'école Saint-Sigisbert, de préparer les enfants à
ce grand devoir. M. l'abbé Lacour devait régler les détails de
la cérémonie.

(1) *Vie de Mgr Menjaud.*

Le 1er juin, à la messe de huit heures et demie, onze premiers communiants et six renouvelants, accompagnés des élèves qui avaient été leurs catéchistes, s'approchèrent de la sainte table. A dix heures, un dîner leur fut offert et servi par les membres de la Conférence de Saint-Vincent-de-Paul et de la Confrérie de la Sainte-Vierge.

A une heure et demie, pèlerinage à Bon-Secours ; à quatre heures, confirmation dans la chapelle de l'Ecole. Le lendemain, à sept heures, messe d'actions de grâces ; à dix heures, distribution des cachets et adieux des catéchistes aux enfants.

De ce jour, l'Œuvre était fondée et organisée. Chaque année, depuis cette époque, le dernier jeudi de la foire, la chapelle de l'école Saint-Sigisbert est témoin de cette touchante cérémonie, connue de tout Nancy sous le nom de *Première communion des petits forains.*

Néanmoins, et comme nous l'avons déjà dit, les enfants forains ou étrangers ne forment que le noyau de la petite troupe des premiers communiants. Les enfants vagabonds de Nancy et des environs attendent l'arrivée des forains, et quand ceux-ci se rendent à l'école Saint-Sigisbert pour le catéchisme, leurs camarades de Nancy se joignent à eux et demandent à être admis aussi comme néophites. Malheureusement, ces derniers enfants sont bien plus difficiles à discipliner et à diriger. Moins sauvages et plus apprivoisés avec le monde que les forains, ils sont plus rusés ou moins naïfs et souvent plus vicieux. Aussi il n'est pas rare d'en voir expulser plusieurs après quelques jours d'étude, soit parce qu'ils sont indociles et paresseux, soit surtout parce qu'ils sont pour les autres des camarades dangereux et de redoutables tentateurs.

L'instruction religieuse des nomades, voilà le but primitif et principal de l'œuvre de la première communion des forains. Les enfants des bohémiens, des vagabonds ou de parents qui changent de paroisse à chaque terme de loyer, ne sont que l'exception. Ces derniers se présentent d'eux-mêmes, on ne les cherche pas et on ne les accepte qu'avec la permission ou sur la demande expresse du curé de leur paroisse. Les forains, au contraire, sont l'objet d'un recrutement et d'une recherche parfois pénibles, mais toujours étrange et intéressante. Dès le premier jour de la foire, le prêtre chargé de cette mission prend avec lui un ou deux élèves membres de la Conférence de Saint-Vincent-de-Paul et s'en va parcourir le champ de foire, entrant dans chaque baraque, et se présentant comme le *curé de la foire*. En général, ces missionnaires sont reçus poliment, mais avec une surprise marquée. Cependant, aussitôt que le but de la démarche est connu, une curiosité sympathique se peint sur tous les visages. On se déride, on cause, et si des enfants se trouvent capables ou en âge de profiter de l'offre, on accepte volontiers. On promet d'être fidèle au rendez-vous, et d'aller aussitôt que possible à l'*École de dessus la place*.

Presque chaque année, on recueille ainsi au moins douze ou quinze enfants, parmi lesquels il y a parfois des âmes choisies qui écoutent les instructions religieuses avec une avidité et un profit merveilleux.

Il y a trois ans, la foire était commencée depuis une dizaine de jours, quand un matin, Ivanoff, le nain de la belle Corysandre, fit prier le directeur de la Conférence Saint-Augustin de vouloir bien venir dans sa baraque. Ce n'était pas morgue de sa part, mais impossibilité de sortir. Lorsqu'on a l'honneur d'être une curiosité, on ne se montre pas en public, surtout quand on n'est pas son maître. Le directeur arrive à onze heures et demie ; il trouve un petit homme au visage grêlé, aux jambes courtes en lame de serpette, qui l'accueille avec transport, et lui dit qu'il est Belge, fils de manœuvre, âgé de vingt-deux ans, engagé depuis sept ans dans la troupe de la belle Corysandre, qu'il n'a pas fait sa première communion, et qu'il voudrait bien se mettre en règle sur ce point. *Il me semble*, ajoute-t-il, *que ça me déchargerait le cœur ; comme je ne pouvais aller vous voir, j'ai donné vingt ronds au garçon sans que le patron le sache.* Le patron en question se présente et, au grand étonnement du prêtre, très volontiers permet qu'on vienne instruire son nain à domicile, promettant de le laisser aller à Saint-Sigisbert le jour de la première communion. Deux étudiants de la Faculté sont aussitôt chargés du néophyte ; ils l'entreprennent vivement et, le jour de la première communion, l'amènent en fiacre, parfaitement disposé, à Saint-Sigisbert. Le soir, pour la confirmation, Ivanoff paraissait si heureux en récitant le *Notre Père, Je vous salue Marie* et *Je crois en Dieu*, que les assistants étaient émus jusqu'aux larmes.

Les catéchistes de ces enfants ne sont autres que les élèves membres de la Conférence de Saint-Augustin. Leur zèle pour instruire ces pauvres enfants fait chaque année l'admiration de tous ceux qui en sont témoins.

Ces jeunes gens riches, instruits, assis côte à côté, enseignant chacun un enfant misérable et ignorant, n'indiquent-ils pas la solution de la question sociale, par la charité chrétienne et le dévouement apostolique ?

Ils sont dirigés, surveillés, consolés et encouragés, car, parfois la tâche est rude et décourageante, par le prêtre directeur de la Conférence de Saint-Vincent-de-Paul de l'école de Saint-Sigisbert.

Les instructions durent environ trois semaines. C'est peu, sans doute, mais si l'on compte les heures, si l'on songe que l'enseignement est à la fois collectif et individuel, on se convaincra que cette vingtaine de jours équivaut bien à six mois de préparation ordinaire. Du reste, ces enfants sont réellement dans une *serre chaude*. Serre chaude de prières : chaque jour, les catéchistes et les enfants s'agenouillent ensemble. Chaque jour aussi, les âmes pieuses, les religieux et les religieuses des couvents de Nancy prient pour les forains. Serre chaude de charité : y a-t-il une plus belle charité que ce dévouement des catéchistes pour de tels élèves? Serre chaude de sacrifices : le temps du catéchisme est pris sur les récréations, et puis ces pauvres enfants sont loin d'être toujours attrayants et parfumés.

Aussi, à cause de ces prières, de cette charité, de ces sacrifices, que de grâces tombent sur ces jeunes gens et sur leur école ! Mgr Foulon, s'adressant un jour de confirmation aux enfants et aux élèves, s'écria : *Je bénis les premiers communiants, je bénis leurs catéchistes, et je bénis cette Œuvre qui sera pour cette maison la source de* GRACES DE CHOIX.

Cette bénédiction de Monseigneur a été fructueuse. Que de jeunes gens, occupant aujourd'hui de brillantes positions, se montrent apôtres et « prêtres au dehors », par la charité et l'apostolat qu'ils ont appris à exercer à Saint-Sigisbert !

Combien doivent à cette Œuvre bénie la grâce de leur préservation et de leur persévérance !

Et qui pourrait dire que les trente élèves sortis de Saint-Sigisbert pour se faire prêtres, n'ont pas pris ou mérité leur vocation dans ce ministère des forains !

Le livre d'or de cette Œuvre édifiante contient aujourd'hui cent quatre-vingt-six noms de premiers communiants et quatre-vingts de renouvelants.

Les cérémonies de la première communion des forains sont touchantes. Elles émeuvent et parfois convertissent ceux qui ont le bonheur d'en être témoins.

Pour les décrire, nous ne pouvons mieux faire que d'emprunter la page ravissante qui suit à la *Notice sur l'Œuvre de la première communion des enfants forains à l'école Saint-Sigisbert*, gracieusement communiquée par M. l'abbé Schneider, sous-directeur, et à laquelle nous avons déjà emprunté les détails précédents.

« Le mercredi soir, quand tous les enfants se sont confessés et qu'ils ont reçu les derniers avis pour le lendemain, on leur donne leurs habits de fête : veste et pantalon noirs, chemise blanche et souliers, dons des élèves et de leurs parents, qui ont voulu attirer sur eux cette bénédiction du divin Ami des pauvres : *Venez, les bénis de mon Père, j'étais nu et vous m'avez vêtu.*

Le jeudi, dès six heures, les enfants arrivent lavés, peignés et parés de leurs beaux vêtements. Ils semblent ravis de se trouver si beaux. Ils récitent la prière, le chapelet, reçoivent encore quelques conseils, puis chaque catéchiste s'empare de son protégé et complète sa toilette. Il lui ajuste un gilet blanc, une cravate blanche, des gants blancs, lui fixe au bras un brassard et lui met dans la poche un mouchoir, meuble rare dont plusieurs ne connaissent pas l'usage.

A huit heures et quart, les enfants, un cierge à la main, sont conduits en procession à la chapelle embaumée de fleurs, éblouissante de lumières, remplie d'une nombreuse assistance. Ils prennent place dans les bancs, toujours accompagnés de leurs catéchistes qui les aideront à suivre la messe et à se préparer à la venue de Jésus-Christ. Le voici.... Déjà les actes sont récités, le prêtre vient de faire jaillir de son cœur quelques paroles brûlantes : le moment solennel est arrivé...., l'assemblée prie en silence ; enfants et catéchistes s'avancent ensemble, s'agenouillent ensemble à la Table sainte et reviennent faire ensemble leur action de grâces ; un silence religieux règne dans la chapelle et l'on croit entendre le bruit des prières qui montent ferventes vers le ciel.

Un de ces enfants, à l'intelligence épaisse, au cœur renfermé, mais qui s'était brisé la veille dans un torrent de larmes, à peine rentré à sa place, joint les mains et se met à dire de tout son cœur : « Notre Père, qui êtes dans les cieux.... » Admirable simplicité. « *Confiteor tibi, Pater, quia abscondisti hæc a sapientibus et prudentibus et revelasti ea parvulis.* »

La messe terminée, on reconduit les enfants dans la salle,

et là, on se donne l'accolade fraternelle. « *Ecce quam bonum et quam jucundum habitare fratres in unum !* »

Les catéchistes s'arment ensuite d'un tablier blanc et se préparent à servir aux enfants un petit festin, repas frugal, d'où la gaieté n'est pas bannie et qu'agrémentent des « toasts « qui, pour malmener la grammaire, n'en vont pas moins au « cœur. » Parfois on entend de joyeuses acclamations : que voulez-vous ? Les pauvres petits n'ont jamais été à pareille fête. On en voit qui ne boivent pas, tellement ils ont peur de la liqueur de Bacchus. D'autres s'acquittent consciencieusement de leur besogne, esprits pratiques qui estiment qu'un tiens vaut mieux que deux tu l'auras. Mais ne craignez rien ; les précautions sont prises, et il n'y aura aucun accident à déplorer.

A une heure et demie, on se forme en bataillon carré, quatre de front, les enfants au milieu et les élèves sur les flancs : colonne bizarre, car les premiers communiants sont par rang de taille, tandis que les catéchistes offrent de pittoresques contrastes. Dans les rues, beaucoup de curieux se retournent intrigués, mais les habitués les renseignent en disant : « *Ce sont les forains.* »

Oui, ce sont les forains que nous venons abriter sous votre manteau, ô Notre-Dame de Bon-Secours ; ils vont nous quitter pour suivre leur course vagabonde ; demain, ils nous diront adieu. Pauvres enfants ! Que feront-ils seuls sur le chemin du monde ? Non, nous ne pouvons les laisser orphelins, nous venons vous les confier solennellement, et, nous l'espérons, vous nous les rendrez au ciel.

On revient en tramway, on passe chez le photographe ; de retour à la maison, on goûte et, vers quatre heures, on rentre dans le recueillement pour se préparer à la confirmation. C'est le moment critique de la journée : les enfants sont un peu en l'air, et il faut un bon quart d'heure pour calmer leur pétulance.

Monseigneur l'Evêque, dont c'est une des œuvres de prédilection, vient à cinq heures leur conférer le sacrement qui les rendra parfaits chrétiens, et leur donner cette force de Dieu qui leur sera d'une si grande nécessité dans les périls que l'avenir leur ménage. Il réunit ensuite au parloir enfants et catéchistes, et leur distribue à tous des médailles, précieux souvenirs et des joies d'un beau jour et de l'affection du premier pasteur.

Le lendemain, à sept heures, messe d'actions de grâces ; à dix heures, distribution des cachets de première communion. C'est à ce moment que, en principe, devraient se faire les adieux, mais on use de ménagements envers les faiblesses du cœur humain, et on permet aux enfants de revenir pendant quelques jours aux récréations de dix heures et de quatre heures. Vous les verriez alors « accourir par bandes « saluer leurs catéchistes : on dirait une couvée qui ne peut « se faire à l'éloignement, ni s'empêcher de revenir au nid « abandonné. Et qui pourrait imaginer les derniers conseils, les « recommandations touchantes, les petits arrangements, les « souvenirs, les promesses qui s'échangent alors ? » (1)

     « Adieu, cher petit frère, adieu ! tu pars demain, (2)
     « Ton sort t'appelle ailleurs. Mais Dieu nous est témoin
     « Que nous voulons garder un souvenir fidèle
     « Des jours heureux pour toi, où repliant ton aile,
     « Jeune oiseau voyageur, tu t'arrêtas ici.
     « Toi aussi, dans ton cœur, redis souvent : « *Nancy!* »...

Nous avons dit que souvent aux enfants forains, petits garçons et petites filles, venaient se joindre des enfants de la ville, enfants délaissés par leurs parents, enfants paresseux, indociles, révoltés, qui, refusant d'écouter le prêtre au catéchisme et jetant le trouble dans toutes les réunions, ont mérité d'être

(1) *Semaine Religieuse.*
(2) D'un témoin.

congédiés et renvoyés à une époque ultérieure ; enfants arriérés ou peu intelligents, incapables de suivre leurs camarades dociles et studieux. Parfois même des hommes et des femmes les imitent.

Que faire de ces malheureux? Faut-il les abandonner, avant d'épuiser toutes les ressources de la charité et du zèle? Mais, qui s'occupera d'eux ? Les prêtres des paroisses sont déjà surchargés par les catéchismes ordinaires; d'un autre côté, les personnes pieuses, dans le monde, n'ont pas le loisir de prendre et de suivre, pendant des mois, ces âmes dures et réfractaires. Et puis, comment s'y prendre pour éveiller ces intelligences aux choses du ciel, comment toucher ces cœurs qui ne se laissent émouvoir que par les instincts grossiers ? Les *Religieuses du Cénacle* acceptent volontiers cet apostolat.

Dans les huit dernières années, il y a eu dans leur chapelle neuf abjurations : deux de l'hérésie de Calvin, quatre de l'hérésie de Luther, une de l'hérésie anglicane, deux de la religion judaïque, et cent trente premières communions, tant de petits garçons ou d'hommes, que de petites filles ou de femmes.

Il n'y a pas d'époque fixe pour les abjurations ni les premières communions. Quand une personne ou un enfant se présente, aussitôt on commence son instruction, et dès qu'ils sont jugés capables d'accomplir l'acte religieux pour lequel ils sont préparés, la cérémonie se fait. En sorte que, pour ces neuf abjurations et ces cent trente premières communions, il y a eu presque autant de cérémonies que d'individus. Cependant, pour les premières communions, on s'efforce de grouper les enfants afin de les encourager par la présence d'autres camarades et aussi pour rendre la cérémonie de leur première communion plus imposante.

CHAPITRE IX

CATÉCHISMES DE PERSÉVÉRANCE

Importance du catéchisme de persévérance. — Ce qu'il faut pour que le catéchisme soit profitable. — Catéchisme de la paroisse Saint-Epvre. — Son origine. — Son organisation. — Ses résultats. — Catéchisme de la Cathédrale. — De la paroisse Saint-Vincent et Saint-Fiacre. — De la paroisse Saint-Georges.

L'article 137 des statuts synodaux de Nancy se termine par ces mots : « Nous recommandons à Messieurs les curés « de ne rien négliger pour favoriser l'assistance des Caté- « chismes de Persévérance, et pour obtenir que les enfants « les fréquentent pendant plusieurs années après la première « communion. C'est le seul moyen de donner aux enfants une « connaissance suffisante de la religion ; c'est là aussi que « Messieurs les curés pourront créer, sous la forme la plus « avantageuse, des œuvres de jeunesse. »

Ces quelques lignes font deviner la nature et l'importance des Catéchismes de Persévérance.

« Deux choses principalement perdent les âmes : l'ignorance de la religion et les passions. Eh bien ! le Catéchisme de Persévérance est ici le seul moyen et grand secours. C'est lui qui fortifie les premiers enseignements de la foi dans les esprits. Les premières leçons, même les mieux données et les mieux reçues, n'ont pas pu pénétrer assez avant, à cause de l'âge tendre des enfants ; ce sont des linéaments à peine tracés à la surface ; mais si le Catéchisme de Persévérance vient marquer fortement ces traits et les graver jusqu'au fond de l'âme, ils ne s'effaceront jamais.

« En même temps que le Catéchisme de Persévérance affermit et complète la connaissance de la religion, il accoutume à la pratique; il fait contracter des habitudes pieuses, il aide à lutter contre les passions naissantes; et c'est là peut-être le plus grand bienfait du catéchisme. Il est une grande École de Religion, mais, si je le puis dire ainsi, c'est une école d'application, une école pratique, à l'âge où les oublis, les défaillances sont plus à craindre : en même temps qu'il enseigne il exerce, et en exerçant il fortifie et persévère; il éclaire la foi, et par la foi et les pratiques de la religion, il sauve la vertu (1). »

Pour ma part, dit M. l'abbé Parisot, supérieur des prêtres auxiliaires de Nancy, je trouve deux principaux avantages au Catéchisme de Persévérance : 1° les enseignements de la Religion y sont mieux compris et gravés, pour ainsi dire, au burin; 2° un curé y trouve la précieuse occasion de donner à ses jeunes communiants les avis indispensables et précieux dont ils ont besoin (2).

Un Catéchisme de Persévérance, pour être utile et attrayant, doit durer au moins cinq années. Il faut encourager les élèves par des récompenses annuelles, distribuées solennellement. Cette distribution est une occasion pour la propagande d'excellents livres, surtout des manuels de prières.

Les enfants qui ont persévéré pendant cinq années ont droit à un diplôme, ou à une médaille grand module avec l'inscription de leur nom.

L'instruction doit être variée; après le chant d'un cantique et la récitation de quelques réponses de catéchisme, on fait réciter l'évangile du dimanche, suivi d'une explication ou homélie.

Après l'homélie, vient l'instruction religieuse proprement dite sur le dogme, ou sur la morale, ou sur le culte, la prière ou la vie des saints. Cette instruction, comme l'homélie, doit être reproduite par les élèves en rédaction. Il est difficile

(1) Mgr Dupanloup.
(2) *La Bonne Mère.*

d'imaginer, si on ne l'a pas constaté soi-même, combien sont profitables ces rédactions, soit au point de vue de la doctrine, soit au point de vue du style.

Que de jeunes filles, après leur première communion, obligées de quitter l'école, ont pu, grâce à ces rédactions, acquérir une facilité d'écrire surprenante et souvent bien supérieure à celle de jeunes filles continuant pendant de longues années leurs classes ordinaires! Nous l'avons maintes fois constaté dans le Catéchisme de Persévérance de la paroisse Saint-Laurent de Pont-à-Mousson, le plus beau peut-être et le mieux organisé de tout le diocèse. Les jeunes filles le suivent pendant six années, les garçons pendant quatre années. La communion mensuelle est de règle.

Les jeunes filles sont toujours au moins 180 et les garçons 110. Les trois vicaires sont présents simultanément à chaque catéchisme. L'un fait réciter la lettre, le second explique l'Evangile du jour, et le troisième donne l'instruction fondamentale qui doit être rédigée. Le catéchisme des jeunes filles se fait chaque dimanche avant les vêpres de la paroisse et après les vêpres de la Congrégation des demoiselles ; il dure trois quarts d'heure. Celui des garçons se fait après les vêpres.

Le Catéchisme de Persévérance de la paroisse Saint-Laurent a été établi et organisé vers 1865 par M. l'abbé Harmand, curé de la paroisse, et ancien vicaire de la cathédrale de Nancy. C'est assurément à ce catéchisme qu'on doit attribuer l'instruction peu commune et la piété solide des paroissiens de Saint-Laurent de Pont-à-Mousson.

Catéchisme de Persévérance de la paroisse Saint-Epvre. — Le plus ancien, le mieux organisé et par conséquent le plus fructueux et le plus consolant des Catéchismes de Persévérance de Nancy, est, sans contredit, celui de la paroisse Saint-Epvre, qui se rattache par son origine et son caractère aux célèbres catéchismes de Saint-Sulpice à Paris.

Les Catéchismes de Persévérance tels que nous les entendons, c'est-à-dire les catéchismes ayant pour but de faire persévérer les jeunes gens dans l'étude de la religion et la pratique des devoirs chrétiens, ont été établis en France vers le milieu du XVIIe siècle, par M. Olier, curé de Saint-Sulpice. L'ignorance et l'immoralité de ce quartier étaient telles, qu'on le nommait l'*Egout de Paris*. M. Olier résolut d'employer tous les moyens que lui inspirait son zèle, pour arracher les âmes qui lui étaient confiées, à leurs misères inouïes. Il multiplia ses prédications, menaçant avec véhémence ses malheureux paroissiens des jugements sévères et des châtiments terribles de Dieu, s'ils persévéraient dans leur indifférence, ou bien, les suppliant avec la tendresse d'un père désolé s'adressant à ses enfants bien-aimés, pour les tirer d'une aveugle folie. Il visitait les ateliers, allait s'asseoir au foyer des pauvres et les évangélisait par ses conversations. Ses efforts furent inutiles. Partout il éprouva une résistance déplorable.

C'est alors, qu'abandonnant une génération incrédule, le vénérable pasteur se tourna vers les enfants et les jeunes gens, et essaya de les préserver de l'ignorance et de la corruption générale par l'établissement des catéchismes de toute catégorie, mais spécialement de celui de persévérance. M. Olier réussit au-delà de toute espérance. Après quelques années d'étude et de constance, les jeunes gens avaient reporté la religion dans leur famille, et la paroisse Saint-Sulpice devint un modèle que l'on put proposer à toutes les autres paroisses de Paris.

Les successeurs de M. Olier continuèrent avec zèle de protéger son œuvre de prédilection. Jusqu'à la Révolution française les catéchismes de Saint-Sulpice restèrent florissants et des plus fructueux. Suspendus pendant la période révolutionnaire, ils furent rétablis en 1804 et devinrent pour toutes les autres paroisses de Paris et beaucoup de paroisses de la province, des modèles suivis avec les plus heureux succès.

Bénie et encouragée par les Souverains Pontifes, l'Œuvre des Catéchismes de Persévérance fut protégée très activement par les Evêques de France. C'est ainsi qu'en 1824, Mgr de Forbin-Janson, nommé évêque de Nancy, y établit ces Caté-chismes sur le modèle de ceux qu'il avait admirés à Paris. M. l'abbé Menjaud, qu'il avait amené de Paris avec lui, et qui avait lui-même dirigé un des Catéchismes de Persé-vérance de la paroisse Saint-Sulpice, fut chargé d'organiser ceux de Nancy. Jusqu'en 1830, les catéchismes de notre ville furent prospères, et réussirent admirablement. Mais, la Révolution ayant forcé Mgr de Forbin-Janson à quitter son diocèse et à s'exiler, les œuvres qu'il avait créées, et en particulier les Catéchismes de Persévérance, dispa-rurent.

Ce n'est que pendant l'année 1845, qu'un vicaire de la pa-roisse Saint-Epvre, M. l'abbé Bagard, mort curé de la paroisse Saint-Gengoult de Toul, tenta, d'après les conseils et les encou-ragements de son curé, de rétablir, mais seulement pour sa paroisse, le Catéchisme de Persévérance. Il adressa aux prin-cipaux paroissiens de Saint-Epvre une lettre par laquelle il leur annonçait la reprise du catéchisme et leur exposait les motifs les plus puissants pour les engager à y envoyer exacte-ment leurs enfants.

Son appel fut écouté. Un certain nombre de jeunes gens et de jeunes filles se présentèrent. Ils se joignirent aux enfants qui se préparaient à la seconde communion , et le Caté-chisme de Persévérance de la paroisse Saint-Epvre fut fondé. En 1850, le nombre des enfants de la Persévérance était de-venu si grand, qu'on se vit obligé de faire deux catéchismes, l'un pour les garçons, l'autre pour les filles. Les réunions générales n'avaient lieu que pour les deux fêtes patronales.

En 1853, le catéchisme des jeunes filles fut affilié à ceux de Saint-Sulpice. En vertu de cette faveur, il participe de-puis ce moment à toutes les indulgences dont les souverains pontifes Léon XII et Grégoire XVI ont gratifié l'Œuvre des Catéchismes de Persévérance.

En établissant les Catéchismes de Persévérance, M. l'abbé Bagard ne tarda pas à s'apercevoir qu'il s'était imposé une tâche qu'il lui serait à jamais impossible de remplir, même d'une façon incomplète, tant qu'il serait seul à s'en occuper. Son esprit pratique avait compris qu'il ne suffit pas de rassembler chaque dimanche un certain nombre de jeunes filles, pour leur enseigner la religion et leur donner les conseils en rapport avec leur âge et leur position. Il faut encore, pour assurer davantage leur constance, les suivre, chacune en particulier, dans l'intérieur de leur famille et dans leurs ateliers ou magasins. Il faut pouvoir, chaque jour, les encourager et les aider à supporter et à vaincre les difficultés de la vie, en procurant aux unes le bienfait d'un apprentissage que leurs parents sont incapables de leur donner et qui les mette à même de gagner honorablement leur vie, en fournissant aux plus indigentes les vêtements qui leur permettent de se présenter décemment et sans humiliation aux réunions du catéchisme, ainsi qu'aux offices et à la réception des sacrements. C'est dans ce but que fut créée l'Association des Dames patronnesses du Catéchisme de Persévérance de la paroisse Saint-Epvre, avec Mlle de Custine pour présidente. L'Association comprend les Dames patronnesses proprement dites, qui s'occupent activement des jeunes filles jusqu'à l'âge de dix-huit ans, en les visitant dans leur famille ou dans leur apprentissage, leur emploi, et surtout en les accompagnant et en les surveillant au catéchisme et dans l'accomplissement de tous leurs devoirs religieux; des Dames affiliées, qui se contentent, comme le font du reste aussi les Dames patronnesses, de payer une cotisation annuelle de six francs.

On ne peut être Dame patronnesse qu'à vingt ans. Mais, dès dix-huit, une jeune fille peut être aspirante et, comme telle, se charger de la surveillance de quelques jeunes filles et accompagner les Dames patronnesses dans leurs visites. Les Dames patronnesses forment le *conseil* de l'Œuvre, présidé par le vicaire directeur du catéchisme. Une Association d'Enfants de Marie, composée des jeunes filles les plus exactes et les plus studieuses, est comme la pépinière de la Congrégation de la Sainte Vierge.

La fête patronale du catéchisme se célèbre solennellement le dimanche qui suit la Présentation de la sainte Vierge. Ce jour-là, il y a un sermon spécial et la quête est faite au profit de l'Œuvre.

Des récompenses sont distribuées deux fois par an. La première distribution, vers Noël, consiste en vêtements donnés aux jeunes filles les plus exactes au catéchisme, aux offices et au patronage des Sœurs de Saint-Vincent-de-Paul. La seconde, plus solennelle, a lieu au mois d'août et consiste en livres ou objets de piété. Les dépenses s'élèvent annuellement à quinze cents francs environ; elles sont couvertes par les cotisations des Dames patronnesses, par celles des Dames affiliées, par les quêtes à l'église et par les dons particuliers. Les Associées sont au nombre d'environ cinquante, et les jeunes filles patronnées au nombre de cent cinquante.

Catéchisme de Persévérance de la Cathédrale. — En 1889, ce Catéchisme comptait cent trente jeunes filles, dont cinquante de première année, trente de seconde et cinquante de troisième, quatrième, cinquième et sixième année.

Le catéchisme se fait comme les classes, pendant toute l'année, excepté pendant les deux mois de vacances, août et septembre. Les réunions ont lieu chaque dimanche, de une heure trois quarts à deux heures un quart. L'instruction y est donnée comme un cours suivi de la Doctrine Chrétienne.

Les instructions sont rédigées avec soin par la plupart des jeunes filles. Après chaque trimestre, il est rendu compte de ces rédactions qui sont corrigées exactement. L'année se ter-

mine par une distribution de prix pour récompenser l'assiduité et le travail.

Les différentes maîtresses d'écoles et de pensionnats religieux ou laïques assistent à ces catéchismes, non seulement
pour surveiller leurs élèves, mais pour prendre elles-mêmes
des notes qui les aident à compléter les rédactions.

Les mères de famille y accompagnent volontiers leurs
filles.

*Catéchisme de Persévérance de la paroisse Saint-Vincent et
Saint-Fiacre.* — Voici comment M. l'abbé Barbier, curé de la
paroisse, rend compte de ses catéchismes : « L'Œuvre des
Catéchismes est dirigée par le Comité des patronages, dont
elle forme le complément. Il est convenu que les jeunes filles
ne seront admises au patronage qu'à la condition de faire
partie des catéchismes de persévérance. Pour des raisons faciles à comprendre, la mesure s'applique moins rigoureusement aux garçons, dont plusieurs ont atteint l'âge de vingt-
deux à vingt-trois ans.

« Deux fois la semaine, les messieurs et les dames catéchistes réunissent les premiers communiants des écoles municipales dans leurs salles respectives, pour leur apprendre
les prières, le catéchisme et les formules de la confession.
Les enfants arriérés sont pris en particulier et reçoivent à
domicile le supplément d'instruction qui leur est nécessaire.

« La caisse de l'Œuvre, formée par les souscriptions des
paroissiens, est employée à décerner des récompenses aux
enfants les plus méritants.

« L'Œuvre célèbre sa fête patronale le dimanche qui précède l'Assomption. Ce jour-là, à l'issue des Vêpres, on fait à
l'église la distribution solennelle des prix. Ils consistent en
médailles d'honneur et en livres. La médaille d'honneur est
donnée à ceux qui ont fréquenté assidûment, pendant cinq
ans, les catéchismes de persévérance. » Le catéchisme de

persévérance des jeunes filles compte environ cent vingt élèves, et celui des garçons, soixante-dix.

Dans la *paroisse Saint-Georges,* des efforts couronnés de
succès sont faits pour retenir « tous les jeunes gens le plus
longtemps possible aux catéchismes qui ont lieu le dimanche,
séparément, pour les jeunes garçons et pour les jeunes filles.
Afin de les engager à l'exactitude et à la discipline, une petite
distribution de récompenses leur est faite avant les vacances. »

Nous avons vu plus haut les résultats importants du catéchisme de persévérance de la paroisse Saint-Pierre.

LIVRE III

JEUNES GENS ET JEUNES FILLES

CHAPITRE I

IMPORTANCE DES ŒUVRES DE JEUNESSE

Conseils de M. l'abbé Berman. — Efforts de l'impiété. — La vraie charité.
— Les deux cités. — Nécessité de favoriser la persévérance chrétienne
des jeunes gens. — Situation déplorable des enfants pauvres après leur
première communion. — L'association est le grand moyen de préservation. — Jésus-Christ doit être le principe de l'association. — Vœu de
Léon XIII.

M. l'abbé Berman, après avoir exercé le ministère comme
curé et comme missionnaire dans un grand nombre de paroisses, disait à ses élèves, les séminaristes de Nancy : « Mon
« expérience m'a fait sentir et toucher du doigt cette vérité,
« que, bien qu'il soit très difficile à un curé de campagne de
« s'occuper des récréations de la jeunesse, à cause de divers
« inconvénients, néanmoins la chose est en soi si importante,
« les dangers auxquels cette jeunesse est exposée sont si
« nombreux, si prochains, et les chutes tellement funestes,
« qu'il faut absolument qu'un pasteur des âmes, s'il veut
« avoir la conscience et le sommeil tranquilles, essaie
« d'abord de tous les moyens possibles, selon son caractère,

« pour empêcher le mal de s'introduire, ou au moins arrêter
« ses progrès pendant qu'il en est temps encore.

« Le vice qui n'attaque une âme qu'à dix-huit ans n'aura
« pas de si profondes racines que s'il l'avait fait dès l'âge de
« quatorze ou quinze ans (1). »

On remarque dans ces paroles le zèle du pasteur, la science
du théologien, la prudence du saint prêtre, la sagesse du directeur. Ce que M. Berman conseillait et demandait à ses
élèves, il l'avait pratiqué lui-même comme vicaire à Féné-
trange, comme curé à Niderstinzel, à Glonville, à Cirey et
surtout à Chaligny, avec une ardeur et des procédés parfois
singuliers, mais toujours avec une charité, une humilité et
une bonté qui ravissaient les âmes.

Tirons de sa doctrine les principes ou la théorie qui doivent
diriger les catholiques dans les œuvres de jeunesse. D'après
M. Berman, qui ne fait que résumer les pensées des directeurs
les plus expérimentés, il y a *nécessité absolue* de s'occuper
des jeunes gens.

Dans l'intérêt des familles, de la société, de l'Eglise et des
âmes, les catholiques doivent aller à la jeunesse, s'emparer
d'elle, la diriger et la maintenir dans la pratique des devoirs
religieux.

L'impiété révolutionnaire cherche, en effet, à mettre le
jeune homme, ouvrier, commis ou employé, dans un état d'isolement, de haine et d'insubordination, à l'égard de tous ceux
qui pourraient l'aider à supporter la vie et même à la rendre
heureuse.

Elle l'isole de Dieu en l'éloignant de l'Eglise, du prêtre, de
l'autel. Elle l'isole des classes supérieures en détruisant le
respect, la confiance, l'affection envers ses protecteurs naturels. Elle l'isole de ses frères les autres ouvriers ou employés
en détruisant les associations. Elle l'isole des siens en détruisant l'esprit de famille.

(1) *Vie de M. Berman*, par l'abbé P...

Voilà les plaies. Le devoir des catholiques est de les guérir, de ramener l'union, l'affection, l'obéissance, de refaire l'esprit religieux, l'esprit social, l'esprit de famille. Mais comment atteindre ce but ? A des maux extrêmes, les remèdes ordinaires ne suffisent pas ; il faut un traitement spécial, habile, énergique, qui ne se trouve que dans les Associations et Patronages catholiques.

L'*isolement*, l'*ignorance* et le *vice* sont les trois grands dangers qui menacent nos enfants au sortir de l'école, et ruinent leur persévérance. Si nous voulons, à tout prix, sauver leurs âmes, il faut que nous leur préparions un remède à chacun de ces maux : à l'ignorance, le bienfait d'un enseignement religieux, solide et intéressant ; à l'immoralité, la divine efficacité des Sacrements ; à l'isolement, la salutaire influence des bons exemples.

La charité, d'ailleurs, consiste-t-elle seulement à faire l'aumône matérielle d'un morceau de pain ou d'un vêtement ? La charité c'est l'amour de Jésus-Christ passant dans le cœur d'un chrétien ; c'est le plus noble et le plus grand des amours, c'est l'amour des âmes et ce n'est que l'amour des âmes.

Quelle que soit la bonté d'un homme, quand même il prodiguerait l'or à pleines mains pour soulager les malheureux, il n'est pas charitable dans le sens catholique du mot. Il le devient quand il aime les âmes. Jusque-là, il agit en philanthrope, nullement en chrétien.

Cette charité est la vraie base de l'édifice social, tandis que l'égoïsme en est la ruine.

« Il y aura, dit saint Paul, dans les derniers temps, des hommes dominés par l'égoïsme ; la soif de l'argent les dévorera. Ils auront la morgue des parvenus et rien n'égalera leur orgueil. On les entendra blasphémer et on les verra désobéir hardiment à leurs père et mère ; ce seront des ingrats et des scélérats ; ils manqueront à la fois de cœur et de parole. Incapables d'avoir la paix et de la laisser aux autres, ils sèmeront partout la calomnie, ils joindront à la débauche la cruauté. Ils auront la haine des gens de bien et se croiront le droit de les écraser par la trahison, par l'insolence, par le faste de leur fortune et par l'enflure de leur ambition. Le seul dieu qu'ils aimeront, c'est l'impureté. Et s'ils conservent quelque dehors de religion, ce sera une hypocrisie (1). »

La charité des catholiques à l'égard des jeunes gens doit s'étendre aux choses qui les intéressent davantage, comme l'instruction, l'éducation, le travail, mais aussi à leurs récréations. C'est la maxime de M. Berman, qui ne fait que répéter cette parole du comte de Maistre : *Amusons les jeunes gens, de peur que les jeunes gens ne s'amusent*. Pour l'ordinaire, en effet, ce n'est pas en travaillant que les jeunes gens et les hommes se corrompent et se perdent, c'est en se récréant. Le temps du travail et de l'étude est rarement pernicieux ; mais le temps du repos offre de grands périls.

L'humanité présente en ce moment un spectacle intéressant et bien instructif. On peut dire aujourd'hui, avec plus de vérité que jamais : la religion est au fond de toutes les questions, de tous les problèmes; elle est véritablement le grand signe de contradiction, le principe ou la cause de toutes les haines, de toutes les colères, de toutes les révoltes, de tous les blasphèmes et en même temps de tous les amours, de toutes les admirations, de tous les honneurs, de toutes les adorations.

Aujourd'hui les deux camps sont tranchés et distincts. Les deux cités se dessinent clairement; les deux étendards — celui de Jésus-Christ et celui de Satan — sont levés haut et tenus ferme.

Depuis longtemps en France on n'a vu les hommes irréligieux pousser aussi loin leur audacieuse incrédulité, attaquer plus violemment la foi catholique et souhaiter plus ardemment sa disparition. Il y a vraiment chez eux, contre l'Église, une haine implacable, mystérieuse, inexplicable.

(1) II Tim. III, 1, etc.

« Au siècle dernier, dit Mgr Freppel, l'impiété frappait au sommet pour renverser l'édifice social, et elle n'y avait que trop réussi ; aujourd'hui que le sommet s'est quelque peu raffermi, elle reprend par la base son travail de démolition. L'atelier, l'usine, la ferme, voilà le théâtre où elle opère de préférence par la parole et par l'action.

« C'est aux classes ouvrières qu'elle s'efforce de persuader que la religion, avec ses dogmes et ses préceptes, est un mensonge et une duperie ; que le tout de l'homme, c'est d'amasser et de jouir, et que le néant est le dernier mot de ses destinées ; c'est là qu'elle cherche à faire le vide dans les âmes, pour n'y laisser debout, sur les ruines de la foi et de la conscience, que des appétits grossiers, et des instincts pervers.

« On tremble pour la France et pour l'Europe, on tremble à l'idée de ce que pourraient faire ces multitudes, sans frein religieux ni moral, le jour où, renonçant à toute espérance du côté du ciel, elles n'auraient plus conscience de leur nombre et de leur force que pour chercher à se procurer sur la terre la plus grande somme de jouissances possible. Ce serait le commencement de la guerre sociale.

« Et lorsqu'on voit des publicistes et des hommes d'Etat assez imprudents pour s'acharner à détruire le peu de religion qui reste encore dans les classes ouvrières, l'on reste confondu de l'aveuglement qui les porte à creuser un abîme où ils tomberaient les premiers, entraînant à leur suite la société tout entière (1). »

L'abîme entre les catholiques et les incrédules est donc profond, infranchissable, la rupture éclatante. Chacun se renferme avec une jalousie retentissante dans le camp qu'il a choisi, prêt à le défendre jusqu'à la mort.

Et cette démarcation entre les catholiques et les incroyants

(1) Mgr Freppel. *Discours* prononcé à l'ouverture du Congrès catholique d'Angers en 1879.

se remarque dans toutes les conditions de la société, chez les ouvriers comme chez les patrons, chez les riches comme chez les mendiants, chez les hommes mûrs et chez les vieillards.

Comment cette division s'est-elle formée et d'où vient-elle? Pourquoi et comment les catholiques, qui sont aujourd'hui la gloire de notre société, l'honneur de notre ville, sont-ils restés fidèles à leur foi? Pourquoi et comment les incroyants sont-ils devenus sourdement hostiles?

Il y eut un jour où ces hommes, qui s'attaquent aujourd'hui avec âpreté, étaient unis et fraternisaient dans la même piété, les mêmes croyances catholiques, les mêmes prières, la même communion. Pourquoi et comment les uns sont-ils restés fidèles à cette religion et à ces pratiques saintes, tandis que les autres les négligeaient, les abandonnaient, puis les méprisèrent et les insultèrent?

La seule explication de ce changement doit se tirer des soins qui ont entouré les premiers, des secours qui leur ont été accordés, et de la négligence, du délaissement dans lesquels on a laissé les autres. En un mot, les uns sont aujourd'hui catholiques, fidèles et résolus parce qu'un prêtre a favorisé leur persévérance, et les autres sont devenus incroyants parce qu'aussitôt après leur première communion ils ont été laissés à eux-mêmes sans conseils et sans direction.

Voulons-nous voir augmenter le nombre des catholiques convaincus et fidèles, aidons-les à persévérer après leur première communion, soutenons-les jusqu'à la fin de leur jeunesse.

Quoi de plus triste que de voir, quelques années après ce grand acte, la plupart des enfants tomber dans l'impiété insolente, et fuir ou insulter le prêtre qui les a élevés? Quoi de plus triste pour les catholiques, quand, de tant de milliers d'enfants qu'ils ont protégés et instruits dans leurs écoles, à peine quelques-uns demeurent solides chrétiens?

« Il y a sans doute, dit Mgr Besson, des revirements par-

« tiels ou momentanés vers la religion, mais la masse du
« peuple s'endurcit dans l'impiété et le sensualisme. La vie
« chrétienne tend de plus en plus à disparaître de notre
« société. »

Oui, dit un économiste chrétien, les catholiques sont le
nombre ; les derniers recensements constatent que l'immense
majorité des Français est catholique. Il y a plus : ils ont aussi
la vérité, la science, les talents. Chaque jour, sur tous les
points de la France, on entend retentir les voix les plus éloquentes pour la défense de la foi catholique.

Enfin, et c'est là le comble, ils ont le dévouement, un
dévouement qu'on n'osera jamais leur contester, puisqu'il
atteint les proportions de l'héroïsme. Ils sont toujours prêts à
payer et de leurs personnes et de leurs bourses. Peu contents
de supporter les charges communes, ils dépensent encore
des sommes fabuleuses pour nourrir les pauvres, soigner les
malades, recueillir les vieillards, élever les enfants du peuple.

Or, malgré toutes ces causes de succès, ne semblent-ils pas
marcher de plus en plus vers une défaite générale ? Leurs
œuvres ne sont-elles pas menacées de ruine ? Leur existence
même de catholiques n'est-elle pas en jeu?

Quel est ce mystère? Comment expliquer cette lamentable situation et cette progression effrayante de l'esprit du mal ? Les secours apportés par Jésus-Christ auraient-ils perdu leur efficacité? Ou bien Satan et ses séides seraient-ils décidément les plus
forts ? Non, la foi et le bon sens nous disent que là n'est pas
l'explication de notre décadence religieuse. Aujourd'hui, les catholiques sont aussi charitables et zélés que jamais; les secours
de Jésus-Christ sont toujours aussi puissants, et son adversaire
n'est pas plus fort qu'autrefois. Il n'est possible d'expliquer
l'insuccès des catholiques qu'en disant qu'ils manquent d'organisation.

Le nombre sans organisation n'est plus qu'une masse
informe et ingouvernable ; la science sans organisation

n'est qu'une vaine prodigalité de lumières jetées aux yeux d'aveugles volontaires ; le dévouement sans organisation n'est qu'une dépense folle de bontés inutiles au profit de besogneux qui les exploitent. Saint Vincent de Paul n'est le génie de la charité que parce qu'il en a été l'organisateur. Organiser, c'est compter ; organiser, c'est reconnaître la valeur des hommes et des choses, et c'est mettre tout en place, afin de tirer parti de tout. En sommes-nous là ? Chaque catholique a-t-il une place assignée, un rôle défini ? Connaît-il ses chefs, et ses chefs le connaissent-ils ?

C'est parce que cette organisation leur fait défaut, que les œuvres et les travaux des catholiques ont eu pour objet ce qui était secondaire ou accessoire, au lieu d'embrasser et de viser ce qui est essentiel. Ils ont fait de grands pas, mais hors de la voie : *Magni passus extra viam*, comme dit saint Augustin.

Quelle est donc cette chose essentielle, principale, qui a été délaissée par les catholiques ? Pie IX s'est chargé de l'indiquer, en disant un jour à un prêtre français : *En France, vous préparez très bien les enfants à la première communion, mais après cela vous les abandonnez trop vite. On ne fait pas assez pour leur persévérance.*

Cette parole du pape est très grave. Elle explique peut-être pourquoi sont si rares et isolés, en France, les catholiques instruits, fidèles à leurs convictions dans leurs fonctions publiques aussi bien que dans leur vie privée, catholiques décidés à défendre courageusement et à propager leur foi avec zèle. Elle explique pourquoi le plus grand nombre, après avoir reçu dans leur enfance une instruction religieuse sommaire et pratiqué les devoirs essentiels de la vie chrétienne, sont tombés dans une ignorance lamentable et dans une indifférence désolante.

Oui, la cause de ces défections innombrables est toute dans ce cri poussé naguère par quelques catholiques : *Nous n'a-*

vons pas assez fait pour la persévérance des jeunes gens.

Le ministère paroissial tel que nous le pratiquons, disait Mgr Dupanloup à ses prêtres, on le dirait organisé pour les femmes et pour les enfants, pas pour les hommes.

Les jeunes gens nous échappent après leur première communion; que faisons-nous pour les retenir? Pour dix réunions de persévérance, de congrégations en faveur des filles, il n'y en a pas une pour les garçons... Et cependant notre première affaire, le grand et souverain labeur, à l'heure qu'il est, ne doit-il pas être de travailler énergiquement, constamment à l'évangélisation des hommes (1)?

A quoi bon, en effet, s'épuiser, se consumer à préparer des enfants au grand acte de la première communion, si quelques mois plus tard ces enfants viennent à violer les engagements sacrés de ce beau jour et à passer dans le camp de l'ennemi? Sans doute on peut espérer qu'au lit de la mort, le Dieu de leur enfance réveillera leur foi longtemps endormie, bien qu'il faille un vrai miracle de la miséricorde divine pour qu'il demeure encore, au fond de ces âmes qui ont vécu sans pratique religieuse, assez de foi pour faire un acte de contrition avant de mourir. Toutefois, en attendant, ils vivent dans le péché, ils commettent le mal et le font commettre.

L'Eglise et la société nous demandent donc de favoriser la persévérance chrétienne des jeunes gens ; mais la situation déplorable faite à la plupart de ces pauvres enfants, après leur première communion, doit encore plus émouvoir notre charité et l'enflammer.

Prenons le premier venu d'entre eux, ou même, si vous voulez, le plus sage, le plus pieux. Il sort de nos écoles où nous avons toujours été satisfaits de sa conduite pendant les quelques années qu'il y a passées. Nous sommes-nous jamais bien rendu compte de l'épouvantable différence qui va exister

_____

(1) Lettre XXXII *Sur le ministère pastoral à l'égard des hommes.*

pour ce cher enfant entre le milieu qu'il quitte et le milieu dans
lequel il entre, et cela à l'âge de douze, de quinze ans, âge le
plus critique de toute la vie? Jusqu'ici des soutiens puissants
l'aidaient à pratiquer la vertu : bons conseils, bons exemples,
exhortations, éloignement des occasions du péché, assistance
aux offices de l'Eglise, fréquentation des sacrements, réunions pieuses du dimanche; aucun secours spirituel ne lui
manquait. Et il vivait dans cette atmosphère de religion alors
qu'elle lui était relativement moins nécessaire pour conserver
son innocence, soit parce que les passions ne lui faisaient pas
sentir encore leur dangereux aiguillon, soit parce que rien au
dehors ne le provoquait au mal. Tout à coup il quitte l'école,
et le voilà privé brusquement, soudainement, de tous les secours à la fois. Plus d'avis, plus d'encouragements, plus de
prières, plus de confessions ni de communions !

Comme compensation, que trouve-t-il? Le spectacle du vice,
de l'impiété, qui s'impose à lui presque chaque jour, et, dans
certaines situations, à chaque heure du jour. Est-il besoin de
décrire ce qui se passe dans l'atelier, au magasin, à l'usine,
aux divers lieux où l'enfant est forcément obligé de se rendre
à la sortie de l'école? Tout ce qu'il voit est un scandale pour
son innocence; tout ce qu'il entend vient battre en brèche ses
principes religieux. Est-ce possible d'exiger que nos enfants
demeurent sains et saufs au milieu des petits et grands périls
sans recevoir aucun secours ?

« On sait avec quel soin, dit M. le Curé de Saint-Remy
de Reims, les diverses paroisses de la ville préparent
les enfants à la première communion. C'est aussi avec une
entière sincérité, n'en doutez pas, que tous ces petits communiants promettent à Dieu de ne jamais abandonner son
service. Eh bien ! l'année d'après, 60 p. 0/0 au moins, empor-
tés par le torrent de l'industrie, ne font même pas leurs
Pâques, et n'assistent jamais, ou presque jamais, à la messe.

« La seconde année, il n'en reste presque plus. Le travail

incessant, la vie des ateliers, la négligence des familles et surtout, oui surtout, l'absence de secours particuliers qui les tiennent en rapport avec le prêtre, a tout dévoré » (1).

Non, il n'est pas possible que, dans de pareilles conditions, nos jeunes gens persévèrent et restent chrétiens. Autant exiger qu'un jeune homme subisse les examens les plus difficiles sans lui procurer les leçons nécessaires et en lui interdisant toute espèce d'études ; autant exiger que nos officiers et nos soldats sachent leur rude et difficile métier, et soient toujours prêts ou capables de repousser l'ennemi redoutable qui nous menace, sans toucher un fusil et sans ouvrir leur Théorie.

Nous voulons que nos jeunes gens restent chrétiens ? Eh bien, fournissons-leur des moyens de persévérance et ne nous en prenons qu'à nous, catholiques, qui prétendons porter dignement la livrée de la charité, si la plupart de nos concitoyens sont si peu religieux et si dévoyés.

Pour détourner les hommes de Dieu et les arracher à l'Eglise, que fait la franc-maçonnerie ? Elle s'empare des jeunes générations et les enrôle dans des associations diaboliques. N'est-ce pas un exemple pour les catholiques ? Que leur grand souci soit donc de retenir et de ramener au prêtre les enfants et les jeunes gens ; qu'ils enrôlent ces jeunes gens dans des associations où ils soient à l'abri de l'isolement et où ils reçoivent la puissance magique de l'entraînement. Bientôt ils contempleront autour d'eux une armée vaillante et nombreuse d'hommes fidèles à Jésus-Christ et décidés à le confesser partout.

« Il est un moyen de persévérer que nous voulons particulièrement vous signaler, écrivait dernièrement un patron chrétien à ses employés, parce que, à lui seul, il vous garantit tous les autres : c'est l'*Association*. L'Eglise, cette

_____
(1) *Rapport au Congrès de Reims* (août 1875).

grande et immortelle société de tous les disciples de Notre-Seigneur Jésus-Christ, bénit et protège toutes les associations que forment entre eux ses enfants, dans le but de s'aider les uns les autres et de se soutenir dans l'accomplissement du devoir. Hélas ! il faut bien reconnaître aussi que l'esprit du mal abuse de l'association pour détourner les hommes de leur fin, qui est la félicité éternelle ! Mais si les méchants s'unissent pour faire le mal, pourquoi ceux qui veulent être bons ne s'uniraient-ils pas pour se fortifier dans le bien ?

« L'association que nous voulons vous recommander a pris à notre époque différents noms ; elle s'appelle *patronage, œuvre ou société de persévérance, cercle catholique, congrégation*, etc. Elle est comme un prolongement de l'école chrétienne et un complément de l'église paroissiale ; elle est sous la direction spirituelle du prêtre, tandis que son organisation matérielle est confiée le plus souvent aux Frères des écoles. Si elle offre aux jeunes gens des distractions et des délassements honnêtes, elle cherche surtout à atteindre leurs âmes en leur facilitant par mille industries la pratique de leurs devoirs de religion, de famille et de société.

« Dans ces œuvres de persévérance, le jeune homme trouve un directeur de conscience toujours à sa disposition, des conseillers sages et expérimentés prêts à le soutenir, à le consoler, à l'encourager ; il rencontre des camarades dignes de lui, pensant, croyant, priant comme lui ; parmi eux, il peut même découvrir ce que l'Esprit-Saint appelle un trésor, un véritable ami. De plus, il y a là les inappréciables avantages attachés à l'union des esprits et des cœurs, qu'il nous suffira de vous rappeler en les énumérant : exactitude à vos prières du matin et du soir, fidélité à la sanctification du dimanche et aux lois de l'Eglise, usage fréquent de la confession et de la communion, lecture des bons livres et rigoureuse exclusion des mauvais, fuite des compagnies dangereuses. »

Oui, donnez à un jeune homme un directeur dévoué, des

amis chrétiens, un lieu de réunion où il puisse venir retremper sa foi, où surtout il ait la facilité de s'approcher des sacrements : alors vous pourrez espérer le sauver du naufrage. Il luttera parce qu'il se sentira fortifié au contact de ses amis pieux ; il gardera sa foi parce qu'il la verra partagée par d'autres. S'il fait une chute, s'il reçoit une blessure, il se relèvera avec courage, parce qu'il ne lui en coûtera rien pour aller demander le remède qui doit le guérir.

« Nos associations de jeunes gens, disait le marquis de « Ségur dans une allocution qu'il adressait, le jour de l'Ascen- « sion de 1889, aux membres du Patronage de Sainte-Clo- « tilde à Paris, c'est par l'union des âmes qu'elles vivent et « qu'elles grandissent dans l'esprit de foi et de dévouement « qui les a inspirées. Permettez-moi une comparaison plus « que familière : il en est de la ferveur chrétienne comme du « feu matériel. Pour que le bois flambe, que le feu brille et « dure dans le foyer, il faut mettre bûche sur bûche. Une « bûche isolée prend feu, mais bientôt noircit, tourne en « fumée et s'éteint misérablement.

« Nous aussi, pauvres gens que nous sommes, isolés, nous « ne pouvons rien ou presque rien. Pour que la flamme du « saint amour s'allume, croisse et resplendisse dans nos âmes, « il y faut cette union sainte et bénie entre toutes, qu'on « appelle l'amitié chrétienne. Ne l'oubliez pas, chers jeunes « gens, l'amitié chrétienne n'est pas seulement le plus doux « des sentiments, la plus pure des jouissances, la meilleure « sauvegarde contre les tentations de la jeunesse. Elle est « aussi le plus beau spectacle que vous puissiez offrir au « monde, et, par là même, elle devient le plus fécond comme « le plus facile des apostolats (1). »

Nos officiers, pendant le combat, disent à leurs hommes : *Ne perdez pas le contact, restez toujours en communication.*

_____

(1) *Bulletin mensuel des Œuvres de Jeunesse* (juillet 1889).

Dans les combats pour la vertu et pour le ciel, c'est la même chose. Il importe de ne pas perdre le contact; plus on sent autour de soi des poitrines vaillantes, plus on prend de confiance pour soutenir la lutte.

En 1871, de sa prison de la Roquette, un pauvre jeune homme, condamné à la déportation, écrivait au vicaire qui lui avait fait le catéchisme : « Je reconnais, malheureusement « trop tard, que là où il n'y a point de religion, il n'y a ni « honnêteté, ni honneur, ni rien du tout (1). »

Ne pas faire tous les efforts, pour que le jeune homme ait une religion solide et vraie, c'est donc l'exposer à manquer d'honnêteté, d'honneur et de tout ce qui mérite l'estime ; c'est l'exposer à devenir criminel.

Aussi la fondation d'œuvres pour la jeunesse est-elle aujourd'hui un intérêt de premier ordre.

« Nous ne croyons pas qu'il y ait un autre moyen d'assurer la persévérance des jeunes gens, et si un certain nombre conservent la foi, c'est à des œuvres de ce genre qu'ils le doivent: il faut fréquenter des chrétiens pour rester chrétien. Quel mérite n'acquièrent pas les hommes de bonne volonté qui soutiennent ces œuvres admirables; qui se font enfants pour amuser les enfants ; qui humilient leurs intelligences pour élever ces intelligences ; qui inclinent leurs cœurs pour gagner ces cœurs, y faire pénétrer de bons sentiments, de sages conseils (2) ? »

Pour accentuer encore plus cette conclusion et pour montrer comment les hommes les plus expérimentés dans le ministère si difficile et si important de l'éducation sont convaincus que notre seul moyen de salut, c'est la persévérance chrétienne, c'est la connaissance, l'amour et le service de Jésus-Christ inspirés aux jeunes gens, écoutons un des prêtres qui s'occupent depuis bien des années de la jeunesse de Nancy.

---

(1) *Mystères de la première communion*, par M. l'abbé Delmas.
(2, Semaine du clergé. *Biographie du R. P. Muard*, par M. Darras.

A la fin de l'année scolaire de 1871, le 6 août, dans un de ses éloquents discours de distribution de prix, M. l'abbé Vanson, supérieur du collège de la Malgrange, après avoir, dans un langage vibrant de patriotisme et de foi, montré que, parmi les réformes tant désirées et hautement proclamées de toute part, la plus urgente, c'est d'inspirer aux jeunes gens l'obéissance prompte, instantanée, intérieure et filiale, avec le respect de toute autorité, ajoutait ces belles paroles :

« Mais est-ce tout ? Non, Messieurs, pas encore. Si je « m'arrêtais là, vous seriez les premiers à me condamner. Il « faut s'élever plus haut. Il faut monter au principe d'où les « vertus découlent. On entend dire et répéter tous les jours « qu'il faut des principes, que la société périt parce qu'il n'y « a plus de principes. Ce n'est pas nous, certes, qui y contredi- « rons. Oui, il faut des principes ; je dirai mieux : il n'en faut « qu'un, mais il le faut. Il n'y a qu'un principe, Messieurs, et « il ne peut y en avoir qu'un, puisque le principe, c'est à « quoi tout se rattache. Ecoutez l'éternelle vérité : *In principio*, « dans le principe était le Verbe, et le Verbe était en Dieu, et « le Verbe était Dieu. Voilà le principe. En lui était la vie, « c'est-à-dire le progrès, c'est-à-dire le développement de « toutes les aspirations utiles et généreuses, en lui la mortifi- « cation de tous les instincts destructeurs. Et il est venu, et « nous l'avons vu parmi nous. C'est lui la source et l'idéal « de toute réforme. C'est lui qui, après les avoir pratiqués, « nous enseigne l'obéissance et le respect. C'est lui qui les « ennoblit et les sanctifie. C'est lui qui confie à l'esprit de l'enfant « les plus profonds mystères et qui convie le jeune homme à « ces études austères et sublimes où l'esprit français, négli- « geant la bagatelle, retrouverait sa grandeur. C'est lui qui « fait de la lutte contre soi-même la condition de son royaume. « C'est lui qui préconise et qui féconde l'effort personnel ; « c'est lui qui divinise le sacrifice, et qui, de chacun de ses « saints, fait autant de héros.

« En dehors du Christ, notre Sauveur et notre modèle, il n'y
« a pas de réforme radicale. Non, Messieurs, non, Dieu ne re-
« fera pas son œuvre. Il a sauvé le monde une première fois
« par le Christianisme. C'est là toujours, c'est là seulement
« qu'est le salut (1). »

Le salut est en Jésus-Christ. Et puisque ce n'est que dans
les associations ou sociétés de persévérance qu'il est possible
de donner Jésus-Christ aux jeunes gens et les faire vivre
chrétiennement, l'objet principal de la sollicitude des catholiques, c'est d'établir ces œuvres, de les soutenir et de les
diriger.

Que dans chaque paroisse il se trouve un groupe de chrétiens fervents, incapables de se laisser entamer par l'apathie
mondaine, et bientôt la France possédera les éléments d'une
résurrection certaine ; elle sera rendue au christianisme. C'est
ce que proclamait dernièrement le pape Léon XIII, ce grand
pape illuminateur des intelligences, comme l'appelle Mgr Turinaz, inspirateur de la charité, défenseur de la liberté : « Les
« œuvres établies pour la persévérance des jeunes gens à
« leur sortie des écoles catholiques, dit Léon XIII, semblent
« être le plus puissant moyen pour les empêcher de s'affilier
« aux sectes maçonniques. Ce n'est pas pendant que les élè-
« ves fréquentent les classes qu'ils s'enrôlent dans ces asso-
« ciations diaboliques, cause de tout le mal que nous voyons
« autour de nous, mais c'est après les avoir quittées. Il est
« donc excessivement important de leur procurer un milieu
« dans lequel ils puissent se conserver ; or, l'œuvre dont nous
parlons paraît éminemment propre à atteindre ce but. » —
« Je désire, ajoutait le Souverain-Pontife, à propos d'un pa-
« tronage dirigé par les frères des écoles chrétiennes, que les
« frères établissent des œuvres semblables dans tous les lieux
« où ils ont des écoles. Etant très nombreux en France et

---

(1) M. l'abbé Vanson. *Discours prononcé à la distribution des prix le 6 août 1871.*

« dans plusieurs autres contrées, ils peuvent, peut-être plus
« que tout autre Ordre, empêcher le recrutement de la franc-
« maçonnerie, en retenant leurs élèves auprès d'eux au moyen
« des œuvres de persévérance. Ce point fait partie de leur
« mission.... »

« Les Œuvres de Jeunesse, écrit M. l'abbé de Cabanoux,
devraient entrer dans l'organisation et le budget de chaque
paroisse, comme les catéchismes, comme la première communion ; elles devraient être la forme ordinaire des catéchismes de persévérance de garçons qui échouent presque
partout. Enfin, elles devraient être considérées comme le couronnement nécessaire de l'éducation religieuse des enfants,
comme la préparation du mariage et de la famille chrétienne.

« Demandons à Dieu qu'il fasse pénétrer ces vérités dans
le cœur des hommes qui se consacrent à la moralisation de
la classe ouvrière, qu'il les bénisse et les rende fécondes. Et
pour nous, Prêtres, Frères et laïques, donnons-nous la main,
soutenons-nous par la prière et l'action, et fondons partout
de ces associations qui procurent si efficacement la gloire de
Dieu et le salut des âmes. »

Comment le désir du Souverain-Pontife a-t-il été entendu
et réalisé à Nancy ? Et qu'y fait-on pour la persévérance des
jeunes gens ?

C'est à ces questions qu'il nous faut maintenant répondre, en
faisant connaître la situation des différentes œuvres de jeunesse dans notre ville.

CHAPITRE II

PATRONAGES PAROISSIAUX DE JEUNES GENS

Origine du patronage de la paroisse Saint-Vincent et Saint-Fiacre. — Son
état actuel. — Patronage de la Cathédrale. — Ses développements. —
Situation prospère du patronage de Saint-Léon. — Patronage de Saint-
Sébastien ; — de Saint-Nicolas ; — de Saint-Pierre. — But et organisation
de ce dernier patronage. — Rôle important des séminaristes. — Conclusions pratiques.

Patronage de la Paroisse Saint-Vincent et Saint-Fiacre. —
« Le patronage de Saint-Fiacre date de 1871. C'est un des
premiers, sinon le premier, établi à Nancy. Installé d'abord
dans les salles de l'école des Frères, rue de Metz, il prit en
peu de temps un développement assez considérable pour
qu'il fallût songer à lui procurer un local plus approprié à
son importance. En 1873, les vastes bâtiments de la boulan-
gerie coopérative, rue du Ruisseau, ayant été mis en vente,
M. l'abbé Barbier, curé de la paroisse, en fit l'acquisition au
prix de quarante mille francs. En 1886, ne pouvant supporter
plus longtemps les dépenses que lui imposait cette maison,
il dut se résigner à en aliéner la partie la plus considérable
et à installer l'Œuvre dans un modeste local qu'il s'était réservé, en attendant que la Providence vienne lui tendre la
main.

Le personnel de l'Œuvre, réduit aujourd'hui à son minimum, est de soixante-quinze membres. Les statuts sont em-
pruntés à ceux de M. l'abbé Resse, directeur des Œuvres de
Jeunesse de la ville de Metz.

Patronage de la Cathédrale. — Le patronage de la Cathédrale fut fondé en 1872, par M. l'abbé Vosgien, vicaire de la

paroisse. Le but de cette fondation était de réunir, les dimanches et jeudis, quelques jeunes gens du catéchisme de persévérance, dont les parents ne pouvaient pas s'occuper.

Les premières réunions, comptant à peine dix membres, se réunissaient dans la chambre du vicaire.

Au bout d'un an, on était vingt ; il fallut un local plus vaste. M. le Curé de la cathédrale mit à la disposition de l'Œuvre la grande salle du rez-de-chaussée de la maison de cure. C'est là qu'on vécut pendant deux ans, de 1873 à 1875.

En 1875, le nombre des jeunes gens ayant encore augmenté, M. l'abbé Vosgien obtint, moyennant un loyer annuel de 500 fr., le premier étage de la maison de Saint-Vincent-de-Paul, rue Montesquieu, 13. Deux ans plus tard, la Société de Saint-Vincent-de-Paul offrit généreusement au patronage l'hospitalité gratuite. C'est encore dans ce local de la rue Montesquieu que se tiennent aujourd'hui les réunions.

En 1889, le nombre des jeunes gens inscrits au patronage était de soixante-quinze, âgés de douze à seize ans. On ne les reçoit pas avant la première communion. Pour faire place aux plus jeunes, ceux qui sont âgés de seize ans quittent le patronage et vont, pour la plupart, s'inscrire au cercle catholique.

Les réunions sont toujours présidées par un des vicaires de la paroisse. Aux beaux jours, et quand les jeunes gens en expriment le désir, les jeux tranquilles et la lecture sont remplacés par la promenade.

Le patronage a des fêtes, des séances récréatives, des distributions de récompenses et des ventes aux enchères. Ces récompenses et ces fêtes, ainsi que l'entretien des jeux et de la bibliothèque, constituent les dépenses ordinaires du patronage, couvertes par une souscription annuelle ; la générosité des bienfaiteurs de l'Œuvre a suffi, jusqu'à présent, à tous les frais.

Un Comité vient d'être constitué ; il se réunit plusieurs fois chaque année, pour s'occuper et discuter les intérêts de l'Œuvre. Le président actuel de ce Comité est M. Pierre de Mont.

Patronage de Saint-Georges. — Le but de ce patronage est spécial. Les enfants qui le fréquentent sont préparés à devenir pour la paroisse des enfants de chœur exacts et pieux. Ils sont cinquante inscrits, et à chaque réunion environ trente présents. C'est seulement le dimanche, après les vêpres, qu'ils se réunissent dans les salles de l'école des Frères. Chaque fois que le temps le permet, leur directeur, qui est un des vicaires de la paroisse, les conduit en promenade. La prière termine les réunions. Les jetons de présence que les enfants reçoivent en arrivant leur servent à acheter des numéros d'une loterie qui se tire à la fin de l'année scolaire.

La récompense la plus goûtée est le pèlerinage à Notre-Dame de Sion, que l'on a déjà fait deux fois. Une bibliothèque de trois cents volumes est aussi un grand attrait.

Les honoraires donnés aux enfants de chœur forment la caisse qui alimente le patronage,

Patronage de Saint-Léon. — La fondation de ce Patronage remonte à l'origine de la paroisse. M. l'abbé Noël a créé cette œuvre en même temps qu'il bâtissait son église. Une chapelle vaste et bien entretenue, et où chaque dimanche se dit une messe paroissiale, une grande salle de réunion et une cour avec un gymnase couvert, constituent le local, qui est certainement le plus beau et le plus convenable de tous ceux de Nancy.

Les réunions ont lieu le dimanche, après les vêpres paroissiales, auxquelles les jeunes gens doivent assister dans la chapelle. Les deux vicaires de la paroisse dirigent l'Œuvre et président tour à tour les réunions.

Le jeudi, les écoliers sont admis depuis midi jusqu'à la nuit, à condition qu'ils aient été exacts à leurs catéchismes respectifs.

Le dimanche, la réunion se termine par une instruction et la récitation d'une dizaine du chapelet à la chapelle.

La fête patronale de l'Œuvre se célèbre le jour de l'Immaculée Conception ; ce jour-là, il y a communion générale, ainsi qu'aux principales fêtes de l'année.

Le Patronage compte aujourd'hui environ deux cents membres. Il est très aimé et fort apprécié par les paroissiens, qui fournissent volontiers à ses dépenses. Une loterie annuelle rapporte suffisamment pour son entretien.

Patronage de Saint-Sébastien. — Le Patronage des jeunes gens de Saint-Sébastien, sous le vocable de saint Louis de Gonzague, a été fondé en 1883 ; il est dirigé par un vicaire de la paroisse.

L'Œuvre a longtemps souffert ; les jeunes gens n'avaient pour lieu de réunion qu'une salle trop étroite de l'école des Frères, rue des Ponts, avec une cour malsaine et qui ne se prêtait pas aux jeux et exercices ordinaires ; les ressources elles-mêmes manquaient : rien n'attirait les jeunes gens.

En 1885, après une quête fructueuse, on a songé à bâtir, et en juillet 1887, Monseigneur Turinaz daignait bénir la nouvelle salle dans laquelle l'œuvre est aujourd'hui établie, rue de Mon-Désert.

Les ressources annuelles viennent des quêtes faites au jour de la fête et aux séances récréatives, mais surtout des cotisations annuelles des dames patronnesses, dont la générosité assure l'avenir financier de l'Œuvre, qui compte soixante jeunes gens ou enfants. Dix font partie de l'Œuvre depuis sa fondation.

L'âge minimum pour être admis est dix ans et demi.

Le dimanche, réunion pour tous, de trois à sept heures ; le jeudi, pour les enfants qui fréquentent les écoles, de deux heures à sept. Ces réunions se terminent par la prière en usage dans le diocèse. Chaque enfant est muni d'un livret ; le directeur le signe après y avoir inscrit l'heure de la sortie de la salle de réunion ; les parents doivent inscrire l'heure du retour à la maison.

Des jeux nombreux sont mis à la disposition de tous, ainsi qu'une bibliothèque qui compte près de deux cents volumes.

La communion mensuelle est obligatoire.

Chaque année, à la fin de juin, le patronage célèbre solennellement la fête de saint Louis de Gonzague, son patron ; les familles des jeunes gens et celles des dames patronnesses sont invitées spécialement à la messe chantée en musique avec le concours de plusieurs artistes. Le jeudi suivant, le directeur offre à ses jeunes gens une grande promenade à la campagne, avec un dîner sous bois, servi par les soins des bienfaiteurs de l'Œuvre.

Patronage Saint-Nicolas. — En 1889, un vicaire de la paroisse a réuni les enfants de chœur et leur a fourni quelques amusements. C'est le commencement d'un patronage désiré par les parents et les enfants.

Patronage de Saint-Pierre. — L'origine du patronage de Saint-Pierre est récente : elle remonte seulement à deux années. Mais l'idée qui l'a inspirée est plus ancienne. Au Conseil diocésain, quelques membres avaient témoigné, depuis plusieurs années, le désir de voir établir au grand séminaire de Nancy des conférences sur les Œuvres, à l'exemple de ce qui se pratique dans d'autres séminaires de France. C'était surtout le zélé et regretté M. Vagner qui poursuivait l'exécution de ce projet et qui, après chaque congrès où il entendait raconter les exploits d'autres régions sur ce point, revenait à la charge avec une sainte jalousie, voulant à tout prix égaler et même dépasser les autres diocèses.

On paraissait ne pas répondre à son ardeur, à ses engagements pris solennellement devant les grandes assemblées
catholiques. Et cependant, on était loin d'opposer la résistance et l'inaction à son impulsion, autorisée et encouragée
par Monseigneur l'évêque, par le Président et les autres
membres du Conseil.

On l'acceptait au contraire, et M. le Supérieur avec M. l'abbé
Vosgien ne manquaient jamais l'occasion de mettre leurs
élèves au courant des œuvres du diocèse et des travaux du
Conseil diocésain, dont ils lisaient fidèlement les comptes-
rendus généraux. Par là, les séminaristes connaissaient les
premières tentatives et ce qu'on attendait d'eux pour l'avenir. Ils pouvaient déjà diriger leurs recherches et leurs
études particulières dans ce sens. Les zélés directeurs les
aidèrent d'une façon plus précise dans ce travail de préparation, en faisant entrer l'étude des œuvres de jeunesse, d'après
M. Timon-David, dans le cours régulier des études d'éloquence, après les questions touchant le catéchisme. De la
sorte, tous les séminaristes devaient avoir des notions exactes
sur les œuvres de jeunes gens et la manière de les diriger.
Ils connaissaient à fond, avant leur sortie du séminaire, la
théorie des patronages et des cercles, aussi bien que celle des
autres travaux du ministère.

Ce cours de pastorale paraissait avoir, sur les conférences
tenues dans les autres séminaires entre élèves, l'avantage
d'être un enseignement plus méthodique, plus suivi, plus autorisé et plus efficace. — Toutefois, ce n'était encore que
de la théorie, et quand il s'agit d'Œuvres, c'est surtout une
affaire pratique. Il faut des idées et un goût spécial, qui ne
peuvent germer et se développer que dans le champ de l'expérience. Mais comment, dans un grand séminaire, introduire
un patronage ? Le désirer semblait rêver l'impossible. — On
désespérait donc de voir aboutir ce dessein, lorsque l'occasion se présenta de le réaliser au delà de toute espérance.

Il y a trois ans, Mgr Turinaz chargeait les Directeurs du Grand Séminaire de faire faire le catéchisme aux petits garçons de la paroisse Saint-Pierre par les élèves du dernier cours, afin de les préparer pratiquement à cette importante fonction du ministère, en suivant, autant que possible, la méthode de Saint-Sulpice. Monseigneur préparait aussi la réalisation d'un projet qu'il méditait depuis longtemps, la fondation d'un patronage comme une annexe et une suite nécessaire de l'Œuvre des Catéchismes. On comprit en effet que le meilleur moyen d'attirer les jeunes gens aux catéchismes, c'était de leur offrir, après la leçon, les réunions et les jeux d'un patronage. Monseigneur et M. le comte de Lambel donnèrent la somme nécessaire pour les premiers frais. On appela aussitôt, dans quelques salles inoccupées du séminaire de philosophie, les plus grands élèves du catéchisme. Pendant l'hiver, leur nombre augmenta sans cesse, et, en été, l'Œuvre était dans son plein épanouissement.

Le patronage de Saint-Pierre poursuit un double but : la sanctification des enfants de la paroisse et l'initiation pratique des élèves du Grand Séminaire aux œuvres de jeunesse. Il est à la fois une œuvre paroissiale et diocésaine.

Sous le premier point de vue, il ressemble à tous les patronages paroissiaux. Car, écrit M. l'abbé Vosgien, bien loin d'exclure le concours et le contrôle du clergé de la paroisse, nous avons soin d'agir de concert avec lui, en nous conformant aux habitudes paroissiales et en dirigeant notre œuvre dans le sens de la paroisse pour l'en faire bénéficier avant tout. Il y a toujours un de Messieurs les Vicaires avec nous, au catéchisme et au patronage ; c'est lui qui exerce le contrôle suprême pour l'admission et l'exclusion des enfants. Nous laissons au clergé paroissial tout ce qui touche aux relations avec les parents, et nous l'aidons à avoir toute l'influence possible sur les enfants, bien loin d'en distraire la plus petite partie à notre profit. Nous faisons profession de ne pas connaître les parents et de ne pas nous occuper des enfants en dehors du catéchisme et du patronage. C'est donc bien un patronage paroissial, surveillé par un des vicaires, dont nous sommes les auxiliaires. Nous les aidons et ils nous rendent service en nous fournissant l'occasion et le moyen d'instruire nos séminaristes dans la science pratique des œuvres.

Le second caractère du patronage Saint-Pierre, c'est, en effet, d'être une œuvre diocésaine, en ce sens que le patronage sert à initier les diacres et sous-diacres au ministère des œuvres qu'ils seront appelés à diriger dans les différentes paroisses du diocèse.

MM. les catéchistes, après avoir instruit les enfants de la paroisse de trois heures et demie à quatre heures et demie, à l'église, les amènent au séminaire, dans les salles du patronage, dirigé par deux professeurs et un des vicaires. Ils sont chargés de préparer la salle des jeux, les livres, et de les distribuer. Ils apprennent à surveiller les enfants, à les récréer, à les intéresser et à les édifier. Ils voient comment on s'y prend pour les attirer aux réunions, par quels petits moyens on y met de l'ordre et de la vie. Ils connaissent les différents jeux, anciens et nouveaux ; ils voient s'organiser de petites fêtes, des récréations extraordinaires ; ils entendent faire la lecture spirituelle à la fin des séances ; ils constatent l'efficacité de telle ou telle petite industrie employée, le rôle important que jouent les livres d'images et la boutique où s'achètent les petites friandises, si chères aux enfants, avec les jetons de présence ou de gain. En un mot, ils assistent et concourent au fonctionnement vital d'un patronage, et reçoivent une initiation très importante.

Car, sans dire avec M. Timon-David qu'il faut une vocation spéciale et des talents éminents pour diriger une œuvre, nous croyons qu'il est nécessaire d'en avoir au moins l'idée et le goût, choses qui ne s'acquièrent que par la pratique. Si quelques prêtres ont reculé devant ces entreprises ou les ont abandonnées, c'est sans doute moins par manque de bonne volonté, que par défaut de connaissances pratiques ; ils ne savaient pas comment s'y prendre pour intéresser les enfants et les jeunes gens. Quelques-uns peuvent deviner les ressources de cet art, mais la plupart les ignorent, jusqu'à ce qu'ils les aient vues mises en œuvre.

Tous les séminaristes du diocèse de Nancy peuvent acquérir des connaissances suffisantes, et leur goût pourra plus facilement se développer, entraînés qu'ils sont par le mouvement d'une œuvre, sinon parfaite, du moins très vivante. Le patronage Saint-Pierre sert, sinon de modèle, du moins d'école, où se forment et s'initient les futurs prêtres. Sans s'attendre à en voir sortir autant de directeurs éminents, quelques-uns du moins seront plus aptes à diriger avec zèle et expérience les patronages déjà fondés. A quelques autres, l'idée viendra d'en créer de nouveaux, et ainsi tomberont les préjugés de tous, puisqu'ils auront vu ces œuvres possibles et salutaires.

Les portes du patronage s'ouvrent seulement le dimanche de quatre à six heures, pour tous les enfants et jeunes gens de la paroisse Saint-Pierre qui ont assisté aux offices et aux catéchismes et s'y sont comportés convenablement. Les années précédentes on n'admettait que les enfants ayant fait leur première communion, mais l'exclusion des petits excita leur colère et ils menacèrent de ne plus aller au catéchisme si on ne les acceptait aussi au patronage. Les parents réclamèrent avec eux. Il fallut céder. Trois cent dix enfants, depuis l'âge de sept ans jusqu'à l'âge de dix-sept ou dix-huit ans, s'empressent chaque dimanche dans les salles du patronage Saint-Pierre. Pendant l'année 1889, Monsieur le Directeur du patronage et le vicaire de la paroisse furent secondés par vingt-cinq séminaristes pour faire les catéchismes et diriger le patronage. On comprend qu'avec tant de maîtres, il soit possible de discipliner, de surveiller et d'occuper agréablement un si grand nombre d'enfants.

A quatre heures, le catéchisme est fini ; la bande joyeuse
des trois cent dix enfants s'échappe de l'église où elle est
restée enfermée pendant deux heures ; ils brûlent du désir
d'arriver aux salles du patronage et de détendre dans le jeu
leurs nerfs fatigués par une si longue contention ; il faut
retenir et modérer leur ardeur, pour qu'ils n'aillent pas, dans
leur course échevelée, en traversant la rue, renverser les
passants, heurter les voitures et troubler la circulation. A cet
effet, les séminaristes maintiennent à distance leurs groupes
respectifs, et les amènent assez tranquillement jusqu'au
séminaire de philosophie. A la porte d'entrée s'arrêtent les
deux premiers catéchistes, qui prélèvent les cachets de présence, qu'un des vicaires a distribués pendant le catéchisme,
et donnent, en échange, à chacun des entrants, dix jetons, avec
lesquels ils pourront mettre au jeu et acheter des friandises.

Après quelques moments assez tumultueux, les enfants ont
trouvé leur salle, leurs tables, leurs jeux, leurs livres, et les
voilà tous appliqués, faisant un bruit étourdissant qui attire
bien un peu l'attention des passants, mais n'est bientôt plus
remarqué des séminaristes eux-mêmes, occupés à surveiller
ou à jouer. Chaque dimanche, en effet, la moitié de ces messieurs est proposée à la surveillance, à la vente d'objets utiles
et à la distribution des jeux ; l'autre moitié se mêle librement
aux enfants, pour jouer et causer avec eux.

Il y a ainsi des surveillants, des boutiquiers, des chefs de
salle et des chefs de jeux dont voici en quelques mots les
attributions. Les *surveillants* n'ont d'autre soin, pendant toute
la séance, que d'observer ce qui se passe dans les salles et
à la cour, de veiller à la bonne tenue des enfants dans leurs
conversations, dans leurs rapports mutuels, dans leurs jeux,
relevant les mots impolis, apaisant les différends, arrêtant les
luttes commencées, empêchant surtout leur attroupement
dans la cour spéciale où se promène constamment à ce dessein un séminariste.

Par cette vigilance, on espère bien déjouer toutes les ruses du démon et le mettre dans l'impossibilité de nuire à ces enfants, au moins pendant le temps qu'ils passent au patronage. Cet emploi de surveillant est recommandé instamment aux séminaristes et on cherche à les convaincre pratiquement de la vérité de ce principe : *Qu'il vaut mieux ne pas réunir les enfants que de les laisser un instant sans surveillance;* point essentiel qui laisse quelquefois à désirer dans les œuvres, faute de fonctionnaires suffisants. A Saint-Pierre, on en est pourvu abondamment et on a des hommes sûrs. Et cependant on ne les laisse pas seuls exercer cette surveillance: deux directeurs, messieurs les abbés Vosgien et Mangenot, à tour de rôle, président le catéchisme et le patronage ; souvent tous les deux à la fois.

Ces conditions exceptionnelles permettent de réunir un si grand nombre d'enfants sans courir les risques de la contagion ; du reste, au besoin, on sait exclure impitoyablement ceux qui paraissent trop douteux. Enfin, la surveillance n'est pas tellement dévolue à ces cinq ou six surveillants officiels, que les vingt autres séminaristes doivent s'en désintéresser. Au contraire, il leur est facile, sans en avoir l'air, de surveiller, comme boutiquiers, comme chefs de salle et comme chefs de jeux.

Un mot encore sur ces fonctions, moins importantes, mais aussi utiles.

Les boutiquiers ont la charge la plus sympathique aux enfants ; ils vont dans chaque salle vendre les petites friandises: dragées, chocolat, oranges, croquignoles... destinées à donner de l'intérêt aux jeux, en prêtant de la valeur aux jetons reçus ou gagnés, qu'ils rendent en échange des marchandises offertes. On appelle *vente* ce qui est un pur don ; mais encore les enfants en font-ils une affaire sérieuse, discutant le prix et cherchant à faire fléchir la rigueur des tarifs. Aussi, faut-il que les boutiquiers exercent leurs fonctions avec fermeté. Cependant, on n'est pas trop sévère, quand on remarque quelques faiblesses de leur part sur ce point : c'est la bourse seule des directeurs qui en pâtit. Les séminaristes apprennent ainsi l'attrait que ces petites gâteries ont pour les enfants, et ce que l'on peut faire d'eux avec peu de chose.

Plusieurs des anciens catéchistes, devenus vicaires ou curés, avouent avoir trouvé de grandes ressources dans ces petites industries mises en œuvre dans leurs paroisses, pour en avoir puisé l'idée et vu l'efficacité au patronage Saint-Pierre.

Trois chefs de salle doivent prendre soin du matériel de l'œuvre, avant, pendant et après chaque réunion.

Avant, ils préparent les salles, les tables, les bancs, les jeux, les livres, et les disposent de façon qu'à l'arrivée des enfants tout soit sorti des armoires et prêt à être mis en leurs mains.

Pendant la réunion, ils allument le gaz, veillent à recueillir les pièces des jeux, tombées, égarées, dispersées çà et là ; à assurer le mobilier, autant que possible, contre les déprédations de ces petits brise-tout ; à procurer des jeux, des livres aux désœuvrés ; à tenir les portes et les fenêtres fermées ou ouvertes avec discrétion ; à faire du feu, si le besoin s'en faisait sentir. Les chefs de salle, en remettant les jeux et les livres le soir ou le lendemain du patronage, constatent la fragilité des beaux jeux en carton et la dépense trop fréquente nécessitée par le renouvellement de ces jeux ; de là, obligation de n'acheter, pour les enfants, que des jeux en bois, plus solides et plus faciles à raccommoder.

Voici, maintenant, le rôle des chefs de jeux. D'abord, c'est un bonheur, pour les enfants, de jouer avec les abbés, dont ils s'efforcent de gagner les jetons. Il est vrai que les abbés se laissent aisément vaincre, tout en apprenant les jeux aux nouveaux et en dissipant les nombreux conflits.

La présence du séminariste assure la stabilité et la persévérance des jeux. Aussi, rien d'étonnant, si le temps, au patronage, passe vite. Les enfants, pendant une heure et demie ou deux heures, jouent sans s'arrêter, et trouvent toujours que la séance finit trop tôt. C'est là le secret de l'organisation et de l'attrait du Patronage, plutôt que dans le genre des récréations, qui sont extrêmement simples.

En hiver on est un peu à l'étroit et on ne peut permettre aux enfants que des jeux de salon : les vieux jeux de loto, de domino, de toupie, etc., avec la revue de vieux livres ou d'almanachs illustrés et expurgés, genre d'agrément fort goûté des plus petits et des moins habiles au jeu.

Mais à partir du printemps et pendant l'été, on leur offre une installation merveilleuse, dans le jardin même du séminaire où se trouve un rond-point ombragé, un petit bois et de larges allées. C'est là qu'il faut voir la troupe joyeuse prendre ses ébats, jouer aux quilles, au croquet, aux boules, ou encore dans les bosquets, sur des tables, aux jeux plus tranquilles.

C'est là vraiment que s'épanouit l'œuvre et qu'on la trouve vivante et parfois frémissante.

Comme fêtes extraordinaires, on célèbre les fêtes de l'Eglise : Noël, Pâques, etc., et la distribution des prix à la fin de l'année scolaire. Ces fêtes consistent dans le chant des cantiques, dans la récitation d'intéressants dialogues et dans la proclamation des notes, puis des récompenses. Les parents sont convoqués.

Quelques séances de lanterne magique, d'ombres chinoises, la fête de saint Nicolas, patron du directeur, et surtout les visites de Monseigneur l'évêque, rompent la monotonie des réunions.

Il faut cinq à six cents francs pour subvenir aux frais du Catéchisme et du Patronage. La paroisse fournit les enfants. Le séminaire prête le local et paie l'éclairage. C'est Monseigneur l'évêque qui donne la plus grande partie de ce qui est nécessaire pour le reste. Grâce à cette providence, on a pu jusqu'ici faire face aux dépenses d'installation et d'entretien.

Tel est le patronage de la paroisse Saint-Pierre. Nous avons tenu à donner une monographie aussi complète de cette œuvre, avec les détails multiples qu'on a lus et qu'ont bien voulu nous fournir gracieusement les directeurs eux-mêmes, parce que ce patronage est le plus beau, le plus prospère et le plus utile de Nancy ; parce qu'aussi cette œuvre, étant probablement unique en son genre, en France, peut servir de modèle pour celles qui pourraient être établies auprès des séminaires et dans lesquelles s'exerceraient les futurs prêtres.

En comparant cette œuvre aux autres patronages paroissiaux, on est tout d'abord frappé d'une différence considérable.

Au patronage Saint-Pierre, les enfants sont très nombreux : tous ceux de la paroisse y viennent. Ceux qui n'y paraissent pas sont la toute petite minorité, l'infime exception. Ces nombreux enfants fréquentent leur Patronage avec une ardeur et un empressement tels, qu'il faut plutôt les modérer que les exciter. Les parents sont heureux du grand intérêt qu'on porte à leurs enfants ; ils sont les premiers à apprécier le bien qu'on leur fait, car ils sont les premiers à en profiter. Aussi, il faut entendre leur concert de louanges, d'estime et de reconnaissance, en l'honneur des prêtres et des abbés directeurs de l'Œuvre.

Un autre fait à constater, c'est qu'au patronage Saint-Pierre, il n'y a aucune distinction parmi les enfants, qui viennent là de toutes les écoles laïques ou congréganistes et jouissent indifféremment des mêmes faveurs ; tous sont réunis et mis sous l'autorité du prêtre, qui ne voit en eux que des âmes à éclairer, à diriger, à sauver.

Le patronage Saint-Pierre peut donc être considéré comme l'idéal de ce qui pourrait être tenté et exécuté ailleurs.

Ici le local est vaste, très bien aménagé pour l'hiver et pour l'été. Il est au centre de la paroisse ; l'intérieur est tenu proprement et avec ordre ; les jeux, les livres et les meubles y sont parfaitement rangés ; ce soin est essentiel pour inspirer aux enfants le respect et la discipline indispensables au profit moral de l'œuvre.

Au contraire, dans la plupart des patronages paroissiaux, les locaux manquent ou sont défectueux, à part un ou deux. Ils ne sont pas spéciaux ; les enfants ne peuvent pas dire : *Nous allons chez nous, nous sommes chez nous* ; ou bien encore ils sont trop éloignés de la paroisse ; ou enfin leur tenue intérieure laisse peut-être à désirer, d'où l'éloignement des enfants, d'où l'ennui et le manque de discipline chez ceux qui s'y rendent.

Nous voyons aussi chez les directeurs du patronage Saint-Pierre les deux qualités essentielles pour réussir : l'aptitude et la stabilité. Dans les autres, au contraire, quand il s'y trouve un directeur apte et capable, combien de temps y reste-t-il ? Et quand ce directeur capable, créateur et organisateur s'en va, a-t-il su ou a-t-il pu toujours faire de son patronage une œuvre assez impersonnelle, pour que sa disparition passe inaperçue et n'y jette pas le trouble, en permettant à la plupart des enfants et des jeunes gens de prendre prétexte de son départ et de l'arrivée d'un nouveau directeur, pour quitter l'œuvre ?

La conclusion de tout ceci, c'est qu'il n'y aura pas à Nancy de grands et beaux patronages paroissiaux, tant qu'un local ou des locaux spéciaux n'existeront pas et tant qu'on n'aura pas trouvé des directeurs expérimentés et permanents.

Dès lors, au lieu de vouloir un local par paroisse, pourquoi ne pas se procurer un local pour deux ou trois paroisses, comme la chose existe si bien à Toulouse? Les frais d'installation pour trois paroisses et quatre ou cinq cents jeunes gens ne seraient pas plus considérables que pour une paroisse avec quatre-vingts ou cent enfants. Mais, en revanche, quelle vie, quelle ardeur, quel entrain !

Le nombre attire le nombre. Pour les patronages d'enfants,

et de jeunes gens, comme pour toute association, l'idéal c'est qu'il y ait dans l'œuvre le plus grand nombre de membres aussi disciplinés que possible.

CHAPITRE III

PROJET D'ORGANISATION DES ŒUVRES DE JEUNESSE A NANCY. ASSOCIATION AMICALE DES ANCIENS ÉLÈVES DES FRÈRES DES ÉCOLES CHRÉTIENNES

Rôle du prêtre dans les ŒUvres de jeunesse. — Les ŒUvres générales. Avantage des ŒUvres générales. — Le Conseil. — Patronages d'enfants le jeudi. — Enfants de douze ans. — Cercles de jeunes gens. — Ressources. — Bon esprit, charité, piété. — Nouvelle impulsion donnée aux ŒUvres de Nancy. — Les employés de commerce et d'administration. — Société amicale des anciens élèves des Frères. — Règlement.

Dans le patronage comme dans toute œuvre catholique, le prêtre doit être l'âme, le centre vers lequel tout converge.

« L'aumônier de nos œuvres, écrit un des membres du Conseil des patronages de Paris, est la base de l'édifice, non seulement la base mais aussi la clef de voûte, et cela est tellement vrai, que l'œuvre, si bien charpentée qu'elle soit, ne sera rien, absolument rien, s'il n'y a pas un bon aumônier. Si l'aumônier est bon, l'œuvre sera bonne ; si l'aumônier est très bon, l'œuvre sera très bonne ; si l'aumônier est parfait, l'œuvre sera parfaite ; et si par hasard vous aviez un aumônier sans les qualités voulues, courez vite à l'évêché et dites à votre évêque : *Monseigneur, donnez-nous un prêtre qui ait l'intelligence et le goût de notre œuvre, ou nous périssons....* »

« Dans nos patronages, ajoute le même conseiller, l'aumônier est souverain maître en tout ce qui concerne les choses religieuses ; il ne rencontre aucune entrave, ne trouve aucun obstacle à son action spirituelle. Il prend toutes les mesures qui lui conviennent. Il organise et doit organiser seul toutes les associations de piété, réunions, conférences religieuses, etc. Son action est libre, d'une liberté complète. Son initiative est sans limite et tous les concours qu'il réclame lui sont donnés par avance et sans examen.

« Ce n'est qu'à cette condition qu'une œuvre peut atteindre son but, qui est le salut des âmes (1). »

Oui, c'est au prêtre, en effet, que les enfants et les jeunes gens doivent aller ou être conduits, parce qu'en définitive c'est pour les tenir auprès de Jésus-Christ ou les y ramener que nos œuvres sont faites. Or, c'est le prêtre et le prêtre seul qui peut et doit remplacer Jésus-Christ et, comme lui, être la pierre angulaire de l'édifice. Mais ceci ne veut pas dire que le prêtre doit tout faire dans une œuvre et s'occuper, par exemple, du matériel, du local, des jeux, du contrôle, des présences, en même temps que du spirituel. Au contraire, une œuvre marchera d'autant mieux que le prêtre sera plus habilement secondé pour les choses secondaires et qu'il aura plus de liberté pour être tout à tous comme prêtre.

Le prêtre qui se renferme dans ses augustes fonctions et qui n'en sort pas conquiert plus vite et plus sûrement la confiance des jeunes gens ; et tout ce que perd son ministère en étendue, il le gagne en profondeur (2).

Au prêtre le domaine sacré, aux surveillants les soins généraux qu'exige le bon ordre, aux membres du comité la mission de l'encouragement et de l'exemple.

« L'idéal serait sans doute d'avoir un patronage dans chaque paroisse, dit M. de Pichard de Latour, conseiller à la Cour de Bordeaux ; mais l'expérience nous enseigne que, dans une grande ville, la concentration des jeunes gens sur certains points donnés est une des conditions de la vie des patronages, que l'on a justement comparés à des pépinières.

(1) M. Christian de Coulonge.
(2) De Pichard de Latour. *Rapport au Congrès de Bordeaux de 1876.*

« Les jeunes plants demandent à vivre de la vie commune, en rangs serrés, sur un terrain privilégié, avant d'occuper la place où ils sont appelés à prendre leur développement définitif. Disperser trop tôt les jeunes gens au grand air du monde, c'est les exposer à perdre dans l'isolement les forces morales qu'ils avaient recueillies sur les bancs du catéchisme. »

Il est souvent indispensable de les grouper à part et de les remettre à des prêtres et à des directeurs pépiniéristes, qui ont des talents spéciaux pour la culture et la taille des jeunes arbustes.

La crainte qu'une telle œuvre générale ne nuise aux paroisses est chimérique, puisqu'elle n'accepterait que les jeunes gens fidèles à la paroisse, amenés par le clergé paroissial, qui serait là chez lui.

Une autre crainte chimérique, serait de s'imaginer qu'une œuvre surveillée par les Frères n'attirerait pas, ou même éloignerait les enfants et les jeunes gens qui n'ont pas été élevés ou instruits par eux. L'expérience prouve le contraire. Il y a des associations tenues par les Frères où tous les jeunes gens viennent indistinctement. D'ailleurs, l'œuvre étant générale, elle dépendrait des curés, qui sont curés de tous. MM. les curés et surtout leurs vicaires se rendraient le plus souvent dans les patronages et y tiendraient le rang et la place que tiennent actuellement M. le curé de Saint-Pierre de Nancy et ses vicaires dans le patronage de leur paroisse.

« On doit évidemment suivre une bonne méthode, disait dernièrement un directeur expérimenté à un de ses jeunes confrères, et pour cela profiter des expériences faites par d'autres, et ne pas perdre un temps précieux, ne pas dépenser des forces encore plus précieuses à chercher pendant de longues années son chemin et sa voie, quand d'autres les ont trouvés pour nous et peuvent invoquer en faveur de leur existence la double consécration du temps et du succès (1). »

(1) M. Harmel, directeur de l'œuvre du Val-des-Bois. *Rapport au Congrès d'Angers de 1879.*

« Or, dit M. de Pichard de Latour, il est reconnu aujourd'hui que les œuvres de jeunes gens les mieux constituées sont celles qui s'appuient sur un triple élément, les prêtres, les Frères et les membres des Conférences de Saint-Vincent-de-Paul. Il en est qui prospèrent avec deux ou même avec un seul de ces éléments. Mais ce sont là des exceptions qui tiennent presque toujours au mérite personnel du fondateur de l'œuvre (1). »

Voici, résumés en quelques mots, les avantages des œuvres générales : 1ᵉ Elles simplifient la dépense au point de vue du local, du matériel et du personnel dirigeant et dirigé, choses plus faciles à trouver et à établir pour une seule association ;

2° Dans les œuvres générales, il est plus facile, à cause de leur importance, d'y fixer un prêtre qui, par des études spéciales, un exercice prolongé du même ministère, acquiert une expérience toujours croissante et inspire aux membres de l'œuvre une confiance justifiée ;

3° Enfin, dans les œuvres générales, une chapelle spacieuse peut recevoir de nombreux jeunes gens éloignés de l'église paroissiale par le respect humain et qu'il est plus facile d'instruire et d'exhorter, puis de renvoyer chrétiens robustes dans leurs paroisses.

Ceci suppose que les œuvres de jeunesse ne doivent pas seulement s'adresser aux jeunes gens qui sont restés bons, mais aussi et surtout attirer à elles ceux qui ont déjà abandonné toute pratique religieuse et travailler à leur conversion.

Le patronage, dit M. l'abbé Timon-David, le zélé directeur de l'Œuvre admirable de Marseille, *doit accueillir tous les enfants et les jeunes gens qui se présentent : souvent les plus mauvais deviennent les meilleurs. Il ne faut écarter que ceux qui corrompraient les autres.*

Toutefois, il faut bien se garder de croire qu'il y a une

---

(1) M. de Pichard de Latour. *Rapport au Congrès de Bordeaux de 1876.*

méthode unique universelle, parfaite et idéale, en dehors de
laquelle il n'y a pas de salut, comme cela est arrivé peut-être
pour les Cercles catholiques d'ouvriers, qu'on a voulu im-
prudemment organiser partout en province comme ils le sont
à Paris. Toutes les méthodes qui font du bien sont bonnes.
Les systèmes doivent se modifier suivant les temps, les lieux
et les circonstances. Or, cette diversité est infinie, car il n'y
a pas deux œuvres qui soient dans le même milieu, qui aient
le même personnel, les mêmes ressources, les mêmes intelligences pour la direction, les mêmes forces pour l'exécution.

Cependant il y a certaines grandes lignes qu'il est utile de
connaître et que les associations de jeunes gens de Paris peuvent nous révéler, puisqu'elles ont fait leurs preuves depuis
cinquante ans d'existence.

Dans les patronages si florissants de Paris, le prêtre est
aidé par un *Conseil* qui administre l'œuvre. Ce Conseil,
formé par des membres des Conférences de Saint-Vincent-de-
Paul, se compose d'un président, de deux vice-présidents,
d'un secrétaire, d'un trésorier et de cinq ou six confrères. Le
Conseil se réunit chaque semaine. Son principal soin est d'a-
limenter et d'administrer la caisse de l'œuvre et d'aider le directeur dans la surveillance.

« Ce Conseil hebdomadaire, dit M. Christian de Coulonges,
« est indispensable pour l'administration de l'œuvre. C'est le
« vrai moyen d'avoir des collaborateurs actifs et zélés. »

N'est-ce pas, d'ailleurs, un grand acte de charité envers
les chrétiens, à qui leur situation donne une certaine supériorité, que de leur fournir le moyen de s'intéresser activement à des enfants et à des jeunes gens dociles, afin de
les éclairer de leurs conseils et de les édifier par leurs exemples? Conduire les jeunes gens au prêtre, écarter de leurs
pas les pierres où ils se heurteraient, fortifier leurs cœurs par
de bonnes paroles et une conduite exemplaire, voilà le rôle
des membres de la Société de Saint-Vincent-de-Paul. Toute-

fois, pour que ce Conseil, réunissant toutes les bonnes volontés dans un but commun, soit un puissant moyen d'action,
il faut en bannir avec le plus grand soin l'esprit de contention
et de discussion.

Un autre point fondamental de la méthode parisienne, c'est
de prendre l'enfant le plus tôt possible et de ne l'abandonner
plus jamais, jamais. Ecolier, apprenti ou employé, ouvrier,
soldat, père de famille et patron, pendant sa vie entière il appartient à l'œuvre et l'œuvre lui appartient. Cette méthode est
bonne, puisqu'elle a résisté au temps et produit d'excellents
résultats.

Non, on ne peut pas trop tôt prendre l'enfant dans les villes
où il est exposé à être corrompu avant d'avoir atteint l'âge de
raison ; il ne suffit pas de le prendre au moment de sa première communion ; il faut au plus tôt essayer de l'arracher
aux périls de la rue. Il faut le recueillir, afin qu'il n'y soit pas
abandonné pendant la dangereuse après-midi du jeudi.

C'est d'ailleurs le meilleur moment pour commencer à conquérir son affection, qu'il n'a encore donnée qu'à son père et à
sa mère. Mais pour cela il ne faut pas le traiter comme il est
traité par l'instituteur, obligé de maintenir une discipline sévère dans une classe nombreuse.

Il faut faire entendre à l'enfant qu'il vient librement au patronage, que personne ne l'y force, que jamais il ne sera puni,
mais que ceux qui ne sont pas raisonnables et causent du
désordre sont renvoyés. Ce premier appel à la raison produit
toujours un bon résultat, il grandit l'enfant et l'émeut profondément. C'est la première fois qu'il se voit autant considéré.
Il en est fier et fait des efforts pour répondre à cette confiance.

Au patronage de Notre-Dame de Nazareth, dirigé par les
Frères de Saint-Vincent-de-Paul, à Paris, on reçoit le jeudi les
écoliers, à partir de onze ans ; on fait cependant de nombreuses exceptions en faveur de petits frères ou d'autres

enfants dignes d'intérêt. Les écoliers arrivent à midi et restent jusqu'à cinq heures. L'après-midi est distribuée méthodiquement. Elle commence par les jeux de cours. A deux heures a lieu la leçon de gymnastique, qui est facultative pour respecter la peur des parents qui tremblent que leurs fils ne se brisent les os à cet exercice.

A trois heures, on se rend à la chapelle. Les enfants chantent un cantique et entendent une petite instruction mêlée de traits intéressants.

A quatre heures, récréation générale suivie de la prière dans la grande salle, après lesquelles chacun rentre chez soi.

« Ces réunions du jeudi nous procurent de grands avantages, écrit M. l'abbé Championnière, un des directeurs. Elles nous permettent d'étudier l'enfant et de l'attacher à l'Œuvre en l'aidant à se préparer à sa première communion dans sa paroisse....

« Elles nous fournissent une excellente occasion d'entrer en relations avec les familles.

« Enfin, le patronage du jeudi nous a permis de former nos meilleurs jeunes gens et nos plus zélés collaborateurs. »

Ainsi, dans un seul et même local, les écoliers doivent constituer le patronage du jeudi; devenus apprentis ou employés, ils forment le patronage, puis le cercle du dimanche.

Il faut des salles distinctes, mais pas d'œuvres séparées. Le jeune homme ne doit pas quitter l'œuvre qui l'a élevé, qu'il connaît et qu'il aime. Il lui plaît d'y retrouver ses amis d'enfance, précieux pour sa persévérance, et aussi le directeur ou les messieurs qui l'ont accueilli à ses débuts, protégé et peut-être défendu pendant son apprentissage.

Il faut dans la même œuvre, dit M. l'abbé de Cabanoux, plusieurs sections. Celle des petits qui se préparent à la première communion serait la pépinière du patronage. Comme ces enfants sont écoliers, on ne les recevrait que le jeudi.

La deuxième division comprendrait les enfants de douze à

seize ans. Enfin, la troisième division ou section serait exclusivement réservée aux jeunes gens de dix-sept à vingt-deux ans ; c'est uniquement parmi eux que l'on choisirait les membres du conseil qui fournirait les dignitaires : présidents, secrétaires, contrôleurs, surveillants. Cette organisation a l'avantage, non seulement d'aider les directeurs, mais d'intéresser les plus grands et de les rattacher à l'œuvre plus fortement au moment où le soufle des passions les pousserait à en sortir (1).

Le jeune homme a besoin, en effet, d'un autre régime que l'enfant; il a besoin d'être plus libre dans ses allures, et d'avoir des jeux différents. Il doit pouvoir, s'il le veut, aller dans les cours et se mêler aux jeux des enfants ; il y rendra même d'immenses services comme dignitaire et comme surveillant ; mais il faut aussi qu'il puisse se soustraire aux gamineries d'enfants de onze à quatorze ans.

« On doit, dit M. le Vicaire général Sabathier dans son *Traité pratique de l'administration temporelle et spirituelle des paroisses*, on doit donner aux jeunes gens quelques amusements ; vouloir les en priver d'une manière absolue, ce serait les exposer à tout abandonner, et à se jeter à corps perdu dans tous les lieux dangereux et mauvais. Nous voudrions donc que dans les grandes paroisses, en particulier dans les villes, il y eût pour les jeunes gens un lieu de réunion où ils auraient l'avantage de se récréer honnêtement, dans les intervalles des offices du dimanche et dans les soirées d'hiver.

« Ce lieu de réunion serait appelé le *Cercle de la Jeunesse* ou d'un autre nom. Il faudrait là une vaste cour pour les exercices corporels, et une ou plusieurs salles pour les jeux tranquilles. Une petite salle pourrait être réservée pour les lectures.

« Dans ce lieu de réunion, nous ne voudrions pas une buvette

_____

(1) *Rapport au Congrès de Poitiers de 1873.*

permanente, ce qui favoriserait trop la tendance naturelle des jeunes gens à des consommations dispendieuses; tout au plus, tolérerait-on quelques rafraîchissements.

« Dans les villes, il y aura utilité à disposer une petite chapelle à l'extrémité de la grande salle, de manière à faire quelques offices exceptionnels, par exemple une retraite préparatoire à la communion pascale; cependant, cette communion et même celles des fêtes solennelles seront faites à l'église paroissiale où les patronnés et les patrons se trouveront ensemble à la table sainte (1). »

Quand le moment du départ pour le régiment sera venu, un directeur d'une œuvre ainsi organisée pourra donner en toute confiance à ses conscrits une lettre précise et nette pour l'aumônier du cercle militaire, auquel il dira : « Monsieur l'abbé, « je vous envoie un chrétien, non pas seulement par son baptême, mais par la pratique de sa religion. C'est à vous qu'il « est confié, maintenant; pendant trois ans, continuez-lui, au « nom de Dieu, la protection qu'il recevait ici. »

Trois ans après, un beau soir, au patronage, on annoncera la visite d'un étranger qui ne sera pas reconnu d'abord, parce qu'il aura de longues moustaches, les cheveux coupés ras, le teint brun : c'est le soldat qui revient à son patronage ; ouvrons-lui nos bras bien grands, et quoiqu'il n'ait pas été l'enfant prodigue, tuons le veau gras pour célébrer son retour.

Le mariage suit ordinairement d'assez près le retour du service militaire; c'est l'occasion d'une manifestation de sympathie et d'estime pour l'ancien membre du patronage.

« Si vous pouviez être témoins du mariage d'un des nôtres, écrit M. Camille Rémont, ancien membre du *Cercle de la Jeunesse*, voir la foule d'amis qui l'entourent, l'éclat que leur présence donne à cette cérémonie presque semblable à un triomphe, vous verriez si le Cercle a réussi ; vous verriez s'il a pé-

(1) M. l'abbé Sabathier, vicaire général de Rodez.

nétré tous ces jeunes hommes de la sainteté de la famille et de la beauté du devoir ! Oui, en montrant ces jeunes foyers qui se sont fondés à son ombre, le Cercle peut dire, comme la mère des Gracques : Voilà mes joyaux et ma couronne ; ce sont mes enfants ! Vraiment, Messieurs, si Dieu peut permettre à des fondateurs et à des directeurs d'Œuvres d'espérer icibas quelque récompense de leurs labeurs, je ne crois pas qu'il puisse leur en ménager de plus grande et de plus douce que celle-là ! »

On ne demande pas à l'ancien membre du patronage, devenu chef de famille, de venir chaque dimanche : sa place est au foyer domestique ; mais on conserve avec lui des relations suivies et constantes. Il devient membre de la Conférence de Saint-Vincent de Paul ; il assiste à toutes les fêtes de l'Œuvre et peut toujours y demander un bon conseil et un appui.

Pour créer et entretenir ces œuvres, il y a deux sortes de ressources : les ressources fixes et les ressources aléatoires.

Les premières comprennent les cotisations des membres et les souscriptions des bienfaiteurs. Les cotisations ne sont guère possibles dans les œuvres d'enfants, mais l'on doit les établir dans les Cercles de jeunes gens et d'hommes, autant comme moyen de les attacher à leur œuvre, que moyen d'atténuer les frais généraux.

Les souscriptions annuelles de bienfaiteurs ou membres honoraires sont un des modes de recettes les plus sûrs et les meilleurs, s'il s'opère avec zèle, dévouement et persévérance. Pour cela, il doit être confié à un comité d'hommes dévoués qui s'en chargent volontiers. A défaut d'un comité d'hommes et même concurremment avec ce comité, quelques dames patronnesses ou zélatrices, réunies ou non en comité, seront d'un concours efficace.

Les ressources aléatoires proviennent des quêtes aux séances récréatives ou aux fêtes religieuses ; des *loteries*, quand on peut obtenir l'autorisation administrative, et des ventes de charité.

Saint Vincent de Paul, avant de commencer ses grandes entreprises, se demandait au pied de l'autel, dans la méditation et la prière, si Dieu les voulait et s'il les voulait par lui; jamais où il pourrait en prendre les ressources. Sans être des saint Vincent de Paul, nous pouvons imiter sa foi et dire : *Les Œuvres de jeunes gens sont actuellement dans l'ordre de la Providence ; donc Dieu nous fournira les moyens de les accomplir*.

D'ailleurs, le secret d'un directeur habile, c'est de faire beaucoup avec peu. *Vivons de peu*, doit être la devise de tous les patronages, riches ou pauvres. C'est le plus sûr moyen d'établir l'œuvre dans sa vraie situation spirituelle.

L'organisation spirituelle d'une association de jeunes gens se résume en ces trois mots : *Bon esprit, charité, piété*. Le bon esprit comprend l'attachement au patronage et la soumission absolue aux directeurs. L'honneur du patronage doit être gravé si avant dans tous les cœurs, que jamais non seulement on n'y soit mécontent de ce qui s'y dit ni de ce qui s'y fait, mais que chacun ait l'esprit de corps et soit prêt à défendre son œuvre et à la faire aimer.

La charité garantit le bon esprit ou le développe dans le cœur du jeune homme de deux manières : à l'intérieur de la maison, en confiant aux anciens le soin des nouveaux ; au dehors, en formant, si cela est possible, une petite conférence de Saint-Vincent-de-Paul.

Enfin, la piété fortifie le bon esprit et couronne la charité. Il y a deux écueils à éviter : ne pas faire assez, ou faire trop et fatiguer. Avant tout il faut proclamer hautement le caractère chrétien de l'œuvre que l'on met sous la protection d'un saint et dans laquelle on établit la prière publique. On exige comme condition d'admission l'assiduité aux offices de la paroisse, la confession et la communion, comme le veut l'Eglise.

Un bon moyen de développer la dévotion des jeunes gens, c'est de la rendre attrayante et de la soutenir par des récréations bien choisies. Une des plus avantageuses, ce sont les représentations dramatiques, très aimées du public et très utiles aux acteurs eux-mêmes, si on a le soin de ne choisir que des pièces correctes, élevées et parfaitement écrites. « Quand les jeux vont bien, écrit un directeur expérimenté, « tout prospère ; enfants, jeunes gens, hommes faits, se plai- « sent dans l'œuvre, y viennent avec bonheur, aiment leurs « directeurs, et se laissent façonner sans peine à la foi et à « la vertu. Nous devons donc beaucoup veiller à soutenir l'en- « train de tous les jeux (1). »

Après avoir sérieusement étudié cette question si importante de l'organisation des œuvres de jeunes gens, Mgr Turinaz a voulu en donner à celles de Nancy une plus complète, une direction plus assurée et une impulsion nouvelle. Sa Grandeur a réuni à l'Evêché, en décembre 1889, Messieurs les curés de Nancy et leurs vicaires chargés des patronages avec quelques laïques dévoués à cette œuvre.

Il a obtenu le concours des Frères des écoles chrétiennes, qui agiront avec les vicaires sous la direction de Messieurs les curés. Des Comités de laïques zélés soutiendront les patronages par leur influence et par les ressources matérielles, afin de procurer des salles et des cours plus spacieuses.

Mgr l'Evêque sait ce qu'il peut attendre de ces vaillants et généreux chrétiens, dont l'action s'exerce dans toutes les œuvres de charité de Nancy.

Un projet de règlement général sera préparé et examiné dans une prochaine réunion. Il donnera à tous les patronages une marche uniforme et rappellera sans cesse les règles à suivre, la méthode dont l'expérience a démontré la valeur, et les moyens qui doivent être employés pour obtenir les succès désirés.

(1) M. l'abbé Peigné, directeur de l'œuvre de Nantes.

Une des œuvres les plus nécessaires à Nancy serait une association des employés de commerce et de l'industrie, qui constituent un groupe très nombreux, placés entre le patron et l'ouvrier. Il y a sans doute des ouvriers qui sont supérieurs à des employés de commerce, comme il y a des employés dont la position est préférable à celle de certains patrons. Mais ces individualités ne sont que des exceptions et servent à relier plus intimement entre eux les différents groupes sociaux.

L'employé reste rarement employé. La presque totalité des fils de patrons vont faire leur apprentissage en dehors de la maison paternelle, pour pouvoir devenir chefs à leur tour.

Les autres employés sont des fils d'employés ou de petits commerçants, de cultivateurs ou même d'ouvriers qui cherchent par leur instruction et leur travail les moyens de se faire une position dans le commerce.

Quoi qu'il en soit, tout employé, si humble que soit sa condition, fait nécessairement partie de l'autorité dirigeante, il en est l'auxiliaire ; c'est là sa dignité, et il aura une part d'autant plus grande à l'exercice de l'autorité que son instruction et son éducation lui auront valu la confiance du patron.

Les uns sont chargés de la vérification ou de la mise en ordre des marchandises, d'autres sont préposés à la vente ; cette vente elle-même, les uns la font au comptoir, d'autres la recherchent dans des voyages plus ou moins étendus.

Il en est qui sont chargés, soit de la comptabilité, soit de la caisse, soit de la correspondance ; il en est d'autres qui sont les dépositaires directs de la confiance du chef, soit dans l'ordre technique, soit dans l'ordre disciplinaire.

Cette diversité de fonctions montre la facilité avec laquelle l'employé est à même d'acquérir les qualités qui doivent caractériser le chef de maison.

A côté des employés très nombreux qui vivent surtout de

la vie extérieure, nous en voyons un autre groupe dont la vie plus tranquille et plus sédentaire se passe dans les bureaux et dans l'atelier ; là s'établissent entre le patron et ses employés des relations qui demandent et produisent la confiance ; là, dans les établissements industriels surtout, l'employé peut trouver à chaque instant l'occasion de pratiquer l'obéissance envers le patron, l'aménité envers les égaux, la bienveillance et la bonté envers les subordonnés, une sollicitude chrétienne pour les intérêts qu'il tient de la confiance de son patron, la résignation dans les épreuves, en un mot toutes les vertus qui lui feront supporter et même aimer la position modeste où Dieu l'a placé, jusqu'à ce qu'il lui plaise de l'en faire sortir.

L'employé ainsi doué, il faut bien le reconnaître, est aujourd'hui l'exception. Entraînés par leurs passions et par les mauvais conseils, un grand nombre ont été renforcer les rangs des envieux de la société ; voilà pourquoi, dans certaines grandes villes, se rencontrent parmi eux tant de partisans du radicalisme et de la Commune.

Il importe que l'employé revienne à son véritable rôle social ; il est nécessairement l'auxiliaire du patron : il doit mettre sa dignité, sa valeur morale à exercer les fonctions qu'il tient de sa confiance. En dehors de cette voie il se dégrade. Pour l'en arracher, il faut que tous les hommes de dévouement, et surtout les patrons chrétiens, unissent leurs efforts.

De toutes les œuvres sociales, nous rangeons donc, parmi les plus nécessaires, celle des employés de commerce. Dans la grande famille du Patronage chrétien, la première place leur revient de droit ; ils sont, en quelque sorte, ses fils aînés ; ce sont eux qui contribueront à élever le reste de la famille. Trait d'union entre les patrons et les ouvriers, ils doivent aider la classe dirigeante dans sa mission et former la classe dirigée à la vertu.

« Les Œuvres ouvrières sont certes éminemment utiles et d'une importance capitale, dit M. Camille Rémont, mais il n'est pas moins nécessaire de s'occuper de la classe moyenne des employés, dont on a dit tant de mal, qui, à certaines heures, a été bien coupable, et dont le retour aux pratiques religieuses est la condition essentielle de notre régénération sociale. C'est elle, en effet, qui fournit les commerçants, les industriels, les financiers et les auxiliaires les plus importants de la finance, de l'industrie et du commerce. Elle remplit nos administrations publiques ; elle donne à la science et aux arts un contingent considérable. Intelligente et active, elle détient la fortune et pèse d'un poids énorme sur les destinées du pays. Son influence est donc immense ; celle de ses exemples surtout est prépondérante. Or, si cette classe reste en dehors de l'action des Œuvres, les efforts que vous faites si généreusement pour ramener l'ouvrier à Jésus-Christ sont condamnés à l'impuissance. On l'a, du reste, bien compris, car, de tous côtés, on s'efforce d'intéresser les patrons aux Œuvres ouvrières et on entreprend même, pour les y amener, des Œuvres spéciales.

« Mais pour être sûr du résultat, il faut commencer par agir sur le jeune homme appelé à devenir patron. Cela est nécessaire dans l'intérêt général des Œuvres, cela est nécessaire dans l'intérêt particulier de cette catégorie de jeunes gens. Ils ont, en effet, des besoins religieux et moraux que les hommes d'œuvres ne peuvent laisser sans satisfaction. Enfermés du matin au soir, et trop souvent les dimanches et les fêtes, dans leurs magasins et leurs bureaux, plus sensibles que les ouvriers peut-être au respect humain, il leur faut des facilités spéciales pour accomplir leurs devoirs religieux. Il leur faut des distractions capables de l'emporter sur celles que le café, le théâtre et autres mauvais lieux leur offrent trop aisément.

« Séparés ordinairement de leur famille, il faut qu'ils puissent rencontrer des cœurs capables de remplacer, à certains moments, le cœur de leur père et de leur mère ; perdus dans un milieu qu'empeste la plus incroyable immoralité, ils ont besoin de respirer, au moins de temps en temps, un air plus pur et de trouver des amis sûrs et respectables. Il faut, pour combattre les doctrines infâmes qu'ils entendent prôner sans cesse, leur apprendre la beauté ravissante et la dignité du mariage chrétien et du foyer fondé par un jeune homme dont le corps et le cœur sont restés purs. Il faut les préparer à leurs devoirs de chefs de maison, de pères de famille, c'est-à-dire en faire des chrétiens énergiques et des citoyens utiles. » (1)

Beaucoup de villes sont dotées d'Œuvres pour les jeunes employés de commerce et de bureau. Signalons, à Paris, le *Cercle de la Jeunesse*, fondé en 1853 et dirigé par les Frères des écoles chrétiennes, 212, rue Saint-Antoine, comme un des plus florissants et qui mérite d'être étudié avec profit. Il compte trois cent quatre-vingt-dix membres. Le président est un ancien membre du Cercle, devenu grand manufacturier et notable commerçant. Il ne se passe pas d'année que le Cercle n'envoie quelqu'un des siens au séminaire ou au noviciat. Il compte une quarantaine de prêtres et une dizaine de frères parmi ses anciens membres.

Depuis 1883, les Frères des Ecoles chrétiennes de Nancy ont établi une association composée de leurs anciens élèves. Cette association n'a pu se développer beaucoup, parce que le local où elle se tient, rue Callot, est très petit, et ensuite parce que, jusqu'à présent, elle n'a pas eu de directeur spirituel spécial.

Néanmoins, telle qu'elle est, cette association pourrait servir de base pour une œuvre plus étendue et générale; les trente membres qui en font partie aujourd'hui formeraient les cadres où de nouveaux jeunes gens viendraient prendre place. Le rè-

---

(1) *Rapport au Congrès de Reims de 1875.*

glement suivant, qui est en vigueur depuis six ans, pourrait être, avec de légères modifications, conservé et appliqué dans la nouvelle association, qui prendrait le titre de : *Société amicale des jeunes gens de Nancy* :

I. — *But de l'Association.* — Le but de l'Association peut se résumer ainsi :

Préparer par une jeunesse digne et pure une vie de famille forte et dévouée, en offrant aux jeunes gens les moyens de persévérer dans les habitudes religieuses de leur éducation.

L'Association est aussi un asile, un refuge, où peuvent revenir, après un moment d'erreur, ceux qui veulent guérir leur âme blessée et se préparer sérieusement aux devoirs difficiles de leur avenir.

Qui ne comprendrait, aujourd'hui surtout, l'utilité d'une telle entreprise ?

II. — *Les Avantages.* — Ses avantages sont :

1° Les moyens de former des amitiés solides, utiles, sûres et d'éviter ainsi les effets désastreux des sociétés mauvaises ;

2° La libre participation à des cours particuliers, tels que dessin, musique, littérature, déclamation, etc.;

3° La jouissance d'une bibliothèque d'ouvrages choisis ;

4° L'agrément de quelques jeux que l'on s'efforce de diversifier.

III. — *Exercices religieux.* — 1° Une courte prière, suivie d'une courte lecture à la fin de chaque réunion.

2° Le dimanche, à la messe de neuf heures et demie, des places sont réservées dans chaque paroisse pour les membres de l'Association.

L'Association se place sous le patronage de la Sainte Famille et célèbre sa fête le jour de la Purification.

IV. — *Organisation.* — L'Association est spécialement destinée aux jeunes gens du commerce, de l'industrie et des administrations diverses, etc. Elle comprend :

      1° Les membres aspirants;

      2° Les membres actifs.

Les personnes qui voudront témoigner leur sympathie à l'Association, en lui donnant le patronage de leur nom ou en prenant un ou plusieurs titres de souscription, seront considérées comme membres honoraires.

Le minimum de la souscription est fixé à dix francs.

V. — *Administration.* — La Société est administrée par :

1° La direction, composée du cher Frère directeur ou de ses délégués ;

de l'*Aumônier, directeur spirituel*, et du Président de l'Association ou à son défaut du Vice-président ;

2° Le Conseil, comprenant huit membres titulaires élus par les membres actifs, et deux Conseillers honoraires choisis, par le Conseil, parmi les personnes dont la sympathie pour l'Association est fortement affirmée.

Il choisit dans son sein le bureau ainsi constitué :

Le Président, le Vice-Président, le Secrétaire et le Trésorier. Le Conseil est soumis chaque année à une nouvelle élection ; les dignitaires sortants restent de droit membres du nouveau Conseil, les membres sortants sont rééligibles.

Le Conseil s'adjoindra de plus, quand le besoin s'en fera sentir, des commissaires chargés spécialement de la direction des jeux ; ils seront nommés par le Conseil.

Toutes les élections sont faites vers l'époque de la fête patronale, sur une liste dressée par la direction.

VI. — *Introduction et admission.* — Pour être introduit dans les Salles de réunion, il suffit d'être présenté à l'un des membres de la direction, par une personne connue, ou être porteur d'une lettre émanant d'une personne respectable.

Peut être présenté à l'Association et prendre part aux Réunions, sans payer aucune cotisation, quiconque ne lui est pas nuisible par sa conduite extérieure et par sa réputation.

Pour être membre aspirant, il faut :

1° Avoir fréquenté les réunions pendant un mois ;

2° Faire une demande d'inscription ;

3° Verser la cotisation de vingt-cinq centimes par mois.

Pour être membre admis, il faut :

1° Avoir au moins trois mois d'inscription, pendant lesquels les cotisations ont été régulièrement payées ;

2° Etre présenté au Conseil par deux conseillers ;

3° Payer la cotisation entière, c'est-à-dire cinquante centimes par mois ;

4° Remplir les devoirs obligatoires de la religion.

A moins de raisons particulières jugées telles par la Direction, on ne pourra fréquenter les salles pendant plus d'un mois, sans se faire inscrire comme membre aspirant.

On peut rester membre aspirant aussi longtemps qu'on le désire, tant, bien entendu, que la conduite extérieure ne s'y oppose pas.

VII. — *Les obligations.* — Les obligations contractées par les membres de la Société sont :

1° Accomplir ses devoirs religieux;

2º Concourir au succès moral de l'Association et à sa bonne réputation, par une conduite extérieure à l'abri de blâmes fondés ;

3º Acquitter régulièrement ses cotisations mensuelles, dans la première huitaine du mois ;

4º Assister le plus régulièrement possible aux réunions.

VIII. — *Règlement journalier des Réunions.* — Les salles sont ouvertes le mercredi et le samedi, de huit heures à neuf heures un quart du soir, et le dimanche, de deux heures à sept heures de l'après-midi.

La surveillance est exercée par Messieurs les Conseillers en tour de service ; ils sont chargés :

1º De recevoir les visiteurs ;

2º D'accueillir les nouveaux venus et de les mettre en rapport avec les autres membres de l'Association ;

3º De la distribution et de la surveillance des jeux.

L'usage à l'Association est de préférer le plaisir du plus grand nombre au plaisir individuel. Par exemple : céder un jeu à la fin d'une partie, lorsque plusieurs jeunes gens demandent à jouer.

Les discussions politiques et religieuses sont absolument interdites.

Il n'est pas permis de fumer dans les Salles de réunions.

On ne doit fréquenter les réunions que dans une tenue suffisamment convenable.

CHAPITRE IV

MAISON DES APPRENTIS DE NANCY

La Maison des Apprentis comble une lacune. — M. l'abbé Harmand en est le fondateur. — MM. J. Wehrle, Elie Baille, Besval, fondateurs et bienfaiteurs de la Maison. — Dépenses pour la fondation et l'entretien. — Budget de 1889. — Suppression de la Loterie. — Les Préfets de Nancy. — Souscription annuelle. — Autorisation légale refusée. — La charité seule ressource de la Maison. — Conseil actuel. — Le Prêtre et les Religieuses à la Maison des Apprentis.

M. G. de Dumast, inspiré par son enthousiasme de Lorrain, a écrit sur Nancy cette phrase pompeuse : « Hors de Paris, « si l'on excepte Lyon, la cité des martyrs, le siège primatial

« des Gaules, et le foyer des Missions étrangères, il ne reste
« pas peut-être d'autre ville, où puisse commencer quelque
« chose, que celle où trônaient les bons et brillants princes de
« Lorraine, que ce Nancy autrefois si majestueux, si pro-
« gressif, si croyant..... dont les souverains portaient honori-
« fiquement quatre couronnes royales (1). »

Quoi qu'il en soit de la vérité de cette affirmation du célèbre
Nancéien, nous nous en emparons pour l'appliquer à la Maison des Apprentis de Nancy.

Les fondateurs de cet établissement ont été, en effet, des
initiateurs. Ils ont comblé une véritable lacune ; avant eux,
aucune maison de ce genre n'existait en France, ils n'ont
donc pu recevoir ou prendre ailleurs l'idée charitable qu'ils
ont si bien réalisée, dans une institution devenue nancéienne
par son origine et par les libéralités qui lui ont permis de
naître et de prospérer ; — nancéienne aussi par son organisation ingénieuse, admirablement adaptée au caractère
lorrain ; — nancéienne enfin par les résultats merveilleux
qu'elle obtient chez nos jeunes gens et par la faveur constante dont elle jouit auprès des hommes bienfaisants de notre
pays.

« La Maison des Apprentis, disait M. Elie Baille à la distribution des prix de 1854, répondit à un besoin social bien
connu ; il y avait une lacune dans la protection que nos lois
accordent à l'orphelin ; lacune dans les œuvres d'apprentis si
généreusement patronnées par le Bureau de Bienfaisance et la
Société de Saint-Vincent de Paul. Tout le monde sentait qu'il
fallait un autre appui pour l'orphelin de douze ans, que la loi
ne protège plus ; pour l'enfant de ces familles qui, victimes
d'accidents ou de maladie, n'ont de refuge que l'hôpital ; pour
l'enfant malheureux de ces familles qui peuplent les maisons
de détention ; pour l'enfant, plus malheureux peut-être encore,

---

(1) *Nancy, histoire et tableau.*

qui ne recevrait de sa famille que des conseils pervers ou des exemples de désordre et de vagabondage (1). »

L'idée de la Maison des Apprentis est sortie du cœur d'un prêtre, grand ami des pauvres et de la pauvreté, connaissant « l'inépuisable bienfaisance des habitants de Nancy ».

M. l'abbé Harmand, vicaire à la cathédrale pendant vingt-cinq ans et curé de la paroisse Saint-Laurent de Pont-à-Mousson pendant treize ans, dépensa la bonté de son cœur et son intelligence, qui n'était pas ordinaire, à soulager les pauvres, ses meilleurs amis. Qui ne se rappelle la troupe de mendiants qui l'attendait chaque jour à son entrée et à sa sortie de l'église Saint-Laurent et l'escortait pour ainsi dire partout? Ses aumônes publiques étaient les moins considérables. Que d'ouvriers, de commerçants et même de familles, qui n'avaient de la richesse que les apparences, ont été secourus discrètement mais généreusement par lui!

Sa mort fut un deuil public pour la ville de Pont-à-Mousson. Des ouvriers voulurent porter eux-mêmes son cercueil. On érigea une croix monumentale sur sa tombe avec le produit d'une souscription publique organisée spontanément par les témoins non seulement de l'amour pour les pauvres du vénérable prêtre, mais aussi de sa pauvreté. En mourant il ne laissait pas de dettes, mais c'est à peine si on trouva chez lui quelques pièces de monnaie, qui furent distribuées le jour de ses funérailles.

Son mobilier était chétif et misérable ; il ne consentit à se servir d'un fauteuil d'emprunt que deux jours avant sa mort.

Cette charité de M. l'abbé Harmand lui inspira la pensée de s'occuper des jeunes gens et des jeunes filles de la campagne envoyés en ville pour apprendre un métier.

Ce que M. Berman faisait pour les jeunes Allemands, M. Harmand voulait le faire pour les Français.

(1) Discours du président de la Commission de la Maison des Apprentis.

« L'ignorance et la misère, a dit Fénelon, sont les sources
d'où découlent presque toujours les crimes et les vices du
peuple. » Or, l'ignorance et la misère, ajoute quelqu'un, ont
leur cause la plus habituelle dans l'absence de l'éducation, qui
donne de bonne heure toutes les habitudes d'ordre, de travail,
de propreté, d'économie et de discipline.

Ces paroles contiennent tout le projet et toute la pensée de
M. Harmand.

L'article premier des statuts de la Maison des Apprentis
dit, en effet, que cet établissement charitable est destiné :

1° A recueillir de jeunes garçons, âgés de douze ans au
moins, que des conditions malheureuses de famille ou de
fortune mettent dans l'impossibilité d'apprendre un métier ;

2° A leur donner une éducation religieuse, morale et professionnelle, pour en faire des ouvriers habiles et de bons
citoyens.

Pour réaliser ce projet, il fallait des aides et des secours.
Après avoir amené lui-même dans sa maison quelques pauvres
enfants, M. Harmand se fit mendiant afin de pouvoir les nourrir et les vêtir.

Nommé à la cure de Saint-Laurent de Pont-à-Mousson, il
continua son concours précieux à sa chère Maison des
Apprentis. Chaque semaine, le mercredi, il venait de Pont-à-
Mousson à Nancy, descendait chez les *Sœurs de la Foi* dont il
était le fondateur ; de là il se rendait à la Maison des Apprentis, voyait le directeur qui s'empressait de le tenir au courant de la situation morale et financière de l'établissement.
C'était l'occasion pour le zélé curé d'exposer son but et ses
moyens d'action. Nous nous rappelons sa joie quand il obtint
la nomination définitive de M. l'abbé Vulmont comme directeur. *Je crois*, nous disait-il, *que j'ai enfin trouvé l'homme
qui va soutenir et faire prospérer ma maison*. Il ne se trompait
pas. Dans quelques mois il y aura vingt ans que M. l'abbé
Vulmont dirige la Maison des Apprentis à la grande satisfac-

tion des administrateurs et au grand profit des jeunes gens.

Pour commencer sa maison, M. l'abbé Harmand avait eu la bonne fortune de trouver un homme intelligent et charitable, qui devint avec lui l'âme de son œuvre. M. Joseph Wehrle, négociant habile et chrétien fervent, se voua tout entier, pendant plus d'un quart de siècle, à la Maison des Apprentis.

C'est en 1845 que furent recueillis les premiers pupilles. On réunit quatre pauvres enfants de Nancy dans une maison du faubourg Saint-Pierre, dont le premier loyer fut payé par une personne charitable. Le mobilier se composait d'ustensiles apportés de tous côtés par les fondateurs de l'œuvre, constitués en conseil le 31 décembre 1846. Dix-huit mois après ce début, les enfants étaient au nombre de dix-huit. Ils se trouvaient à l'étroit dans la maison du faubourg ; de plus, ils étaient trop éloignés des ateliers du centre de la ville. On songea à se procurer un autre local plus vaste et plus central. Une grande maison, ancien couvent des Tiercelins dans la rue de ce nom, était disponible, mais l'argent pour l'acheter ou même la louer ne l'était pas. On était en déficit de six mois de loyer.

M. l'abbé Harmand, qui pouvait dès lors espérer voir son projet se réaliser, convoqua quelques personnes dévouées, leur exposa le but de son œuvre et ses premiers résultats ; il conclut en disant : *Il y a là du bien à faire, beaucoup de bien ; nous ne pouvons le faire seuls, aidez-nous de votre sympathie et de vos aumônes.* Son appel fut si bien écouté et ses coopérateurs conçurent une confiance si ferme, qu'ils n'hésitèrent pas à acheter, le 15 juillet 1847, pour quarante mille francs, le local de la rue des Tiercelins, où se trouve encore maintenant la Maison des Apprentis de Nancy. Avec Messieurs *Harmand* et *Joseph Wehrle*, les fondateurs de cette Maison sont : Messieurs *Elie Baille, de Saint-Beaussant, de Meixmoron de Dombasle* et *Claude Elie.*

M. Harmand avait demandé deux choses, une aumône et

de la sympathie ; il reçut l'une et l'autre avec abondance et
empressement. Il n'est peut-être pas une œuvre charitable à
Nancy qui se soit vue et qui se voie encore aujourd'hui entou-
rée de tant d'estime et de générosité. Non seulement les particuliers et les familles, mais l'Etat lui-même, le département
et la municipalité de Nancy, au moins jusqu'en ces derniers
temps, lui ont témoigné le plus vif intérêt.

Il convient que nous citions ici les principaux bienfaiteurs
de cette institution. La Maison des Apprentis compte deux
sortes de bienfaiteurs, ceux qui l'ont aidée à acheter et à agrandir ses bâtiments, et ceux qui ont fondé des bourses ou pensions pour les apprentis.

Parmi les premiers bienfaiteurs, nous distinguons : en 1849,
Mⁿᵉ Cécile Simon, ouvrière en broderies, qui donna 17,500 fr. ;
M. de Saint-Beaussant, en 1850, 3.500 fr. ; M. l'abbé Cupers,
chanoine de la Cathédrale, en 1850, 3,000 fr. ; Mᵐᵉ veuve Du-
prey, en 1853, 1,000 fr. ; Mⁿᵉ Leseure, en 1864, 4,000 fr. ;
M. Margo, 2,000 fr. ; M. André Thiriet, en 1868, 2,000 fr. ;
M. Bergnier, en 1870, 5,000 fr. ; en 1873, M. Nanquette,
3,000 fr. ; M. Binger, la même année, 5,000 fr. ; en 1876, M. Fer-
dinand Quintard, 1,500 fr. ; en 1878, M. de Gisancourt, 1,000 fr. ;
en 1879, le capitaine Richard, 36,000 fr. ; en 1880, Mⁿᵉ Goutt,
7,600 fr. ; en 1880, Mⁿᵉ Silvain, 15,400 fr. ; en 1881, Mᵐᵉ Huin,
6,000 fr. ; en 1881, Mᵐᵉ Viriot de Laneuveville, 2,000 fr. ;
Mᵐᵉ Pêcheur, 2,550 fr. ; en 1882, Mgr Trouillet, curé de
Saint-Epvre, 12,000 fr. ; en 1883, M. Thouvenot, 5,000 fr., etc.

Les bienfaiteurs qui ont fondé des bourses sont : MM. Adol-
phe Fabvier, une bourse ; Thiébert, architecte, deux bourses
pour les enfants de Villacourt ; (M. Thiébert manquait rarement
d'apporter le dimanche, aux apprentis, sa discrète aumône et
ses sages conseils ; « son souvenir, dit le compte-rendu de
1868, restera longtemps parmi nous et nos prières ne lui
feront pas défaut » ;) M. de Bénaville, une demi-bourse ;

M. Besval, une demi-bourse; M. Margo, une demi-bourse; un ancien apprenti gratuit, une bourse.

Parmi les bienfaiteurs dont les noms sont inscrits sur un Tableau d'Honneur, placé dans la salle du Conseil avec celui des Fondateurs et qui ont versé au moins 400 francs en une seule fois, nous distinguons les noms de presque toutes les familles charitables de Nancy : Adrien Burtin, Escalier, Clément, Claude Elie, Cottel, la marquise d'Eyragues, Gérard, de Gisancourt, de l'Héraule; la baronne du Prel, Charles Mathieu, Mgr Foulon, de Vienne, Wehrle, Rolland de Maleloy, etc.

L'installation dans la maison de la rue des Tiercelins, vers la fin de 1846, se fit dans des circonstances difficiles. La cherté des vivres, en 1847, les bouleversements politiques de 1848 et le choléra jetèrent beaucoup de familles ouvrières dans une misère profonde. La Maison des Apprentis compta, à cette époque, jusqu'à 96 jeunes gens. C'était presque une imprudence, car les ressources étaient loin d'être suffisantes pour l'entretien de ce petit peuple. Or, ce fut précisément cette imprudence dans la charité qui provoqua les premières aumônes et toucha les cœurs. Trente-deux mille francs furent prêtés à la Maison moyennant une rente de 5 0/0.

Vers ce même temps, le Conseil général fonda cinq bourses, une pour chaque arrondissement du département de la Meurthe. Cet acte du Conseil général réjouit grandement les amis, fondateurs et directeurs de la Maison des Apprentis. *C'est une sorte de reconnaissance de notre Etablissement*, s'écria M. Wehrle, *et une marque de sympathie qui nous touche profondément.*

Les travaux d'amélioration exécutés dans les bâtiments dépassèrent le prix d'acquisition. Il arriva un moment où il fallut payer chaque année 4,400 francs d'intérêts, pendant que les dépenses dépassaient annuellement les recettes de 18,000 francs. On dut s'arrêter de peur d'un effondrement, on diminua les gratuits, et en 1864 le trésorier pouvait dire avec joie : *Aujourd'hui nous sommes presque dans un état normal; nos dépenses ordinaires sont couvertes par nos recettes courantes.*

Voici comment s'est formé, en 1889, le budget des recettes : sur quatre-vingt-cinq apprentis, quarante-sept paient la pension réglementaire de 400 francs, soit personnellement, soit à l'aide de fondations charitables et de quatre bourses que veut bien allouer, chaque année, le Conseil général de Meurthe-et-Moselle. Vingt-et-un obtiennent des remises plus ou moins considérables et dix-sept ont été admis à titre purement gratuit. En résumé, les charges que supporte la maison équivalent à la gratuité de vingt-sept apprentis.

Le budget ordinaire des dépenses est d'environ 30,000 francs, soit un peu plus de un franc par jour et par élève. L'effectif des recettes régulières provenant de pensions payées est de 22,500 francs ; la différence causée par l'entretien des vingt-sept gratuits a été jusqu'ici soldée avec le produit de la quête à la fête de saint Michel, avec les dons et legs des bienfaiteurs et surtout avec une loterie autorisée pendant plus de quarante ans par les préfets de Nancy, qui jusqu'à ces dernières années ont protégé la maison.

En 1865, M. Geny, membre du Conseil, disait aux apprentis, après avoir exprimé le regret de ne pas voir le préfet assister à la distribution des prix : « M. le Préfet n'est pas un étranger pour vous ; dès les premiers temps de son arrivée dans notre ville, dans sa sollicitude pour les bonnes œuvres et particulièrement pour celles qui intéressent la jeunesse, il a bien voulu venir assister à une de nos séances ordinaires du dimanche, et là, avec une bonté toute paternelle, il a applaudi à ceux qui avaient mérité de bonnes notes et relevé le courage de ceux qui avaient encouru des punitions. »

Mais les préfets de Nancy, comme les jours de l'année, se

suivent et ne se ressemblent pas. Il y a quatre ans, un de ces hauts fonctionnaires n'a pas cru devoir autoriser la loterie en faveur de la Maison des Apprentis, et cela sans faire connaître et sans qu'on pût deviner les motifs de cette mesure. Le Conseil d'administration a dû recourir, sous une autre forme, à la charité des Nancéiens, qui ont répondu à son appel avec empressement.

Grâce à leur générosité, non seulement le Conseil a pu équilibrer son budget ordinaire, mais a pensé pouvoir entreprendre des travaux d'amélioration reconnus depuis longtemps indispensables et toujours reculés à cause de l'insuffisance de ses ressources.

Par suite de ces dernières constructions, la maison est meublée et appropriée pour recevoir cent élèves. Tout n'est pas payé : on doit et il faudra rembourser 12,000 francs. On doit aussi, à fonds perdu, 30,000 francs, dont on payera l'intérêt jusqu'à ce qu'il plaise à Dieu d'en ordonner autrement.

En dehors de la souscription annuelle, quelques personnes donnent à l'occasion d'événements heureux ou malheureux arrivés dans leur famille. A diverses époques, le gouvernement a alloué, en trois fois, la somme de 1,500 francs. Les sociétés charitables de Saint-Vincent-de-Paul et du Bureau de Bienfaisance contribuaient aussi, soit en argent, soit en denrées, à l'entretien de quelques enfants.

Le Conseil d'administration, encouragé par les autorités de Nancy et du département, demanda vers 1850 pour sa maison l'autorisation légale. Il ne l'obtint pas, parce qu'il ne put justifier de ressources fixes et assurées pour l'entretien des enfants. On désirait cette autorisation parce qu'on pensait qu'elle attirerait des dons et des legs, que les personnes charitables ne savaient comment laisser à une maison privée. Il fallut que la bienfaisance continuât à couvrir toutes les dépenses d'achat, d'appropriation et d'entretien de la Maison des Apprentis, qui est restée ainsi une des fleurs les plus brillantes et les plus précieuses de la charité à Nancy.

Il n'y a dans cet établissement aucun revenu fixe ; les rares pensions suffisent à peine pour entretenir les élèves qui les paient. Tous les autres vivent de la charité, qui chaque année, depuis bientôt cinquante ans, leur fournit le nécessaire. Car remarquons que les bourses ou demi-bourses ne sont pas données comme dans les autres établissements, où les élèves jouissent de la même faveur jusqu'à la fin de leur séjour. Ici, chaque année, tout est épuisé et rien n'est réservé. Quand la souscription permet qu'on accepte vingt-cinq enfants, aussitôt ils sont admis. Si l'année d'après la souscription est moindre, on acceptera moins d'enfants ; mais ceux qui ont été reçus auparavant seront au compte de la maison. C'est donc la charité, dans tout ce qu'elle a de plus exquis, de plus providentiel... On ne vit pas ici tout à fait au jour le jour, mais année par année.

La Maison des Apprentis est administrée par un Conseil de neuf membres au moins, comprenant des fondateurs et bienfaiteurs ou des personnes dévouées à la classe ouvrière. Le Conseil se recrute lui-même. La durée des fonctions est de trois ans. Chaque année le Conseil se renouvelle par tiers. Après chaque renouvellement, le Conseil choisit dans son sein un président, un vice-président, un secrétaire et un trésorier.

Le premier président de cette Commission fut M. Elie Baille, dont le dévouement inaltérable, l'intelligence et la haute position commerciale à Nancy furent un précieux secours pour la maison. Pendant quarante ans, jusqu'à sa mort, il dirigea avec sagesse et habileté l'œuvre à laquelle il portait le plus vif intérêt. Président du tribunal et de la chambre de commerce, il contribua plus que personne à attirer aux Apprentis la considération, l'estime et la faveur des patrons et des diverses administrations. Il prêta généreusement, et presque sans intérêts, des sommes considérables à la Maison. A sa mort, il laissa une rente de cent francs pour être distribuée, chaque année, aux jeunes gens les plus méritants.

M. Elie Baille fut aidé dans ses fonctions de président par M. Joseph Wehrle, l'associé de M. Harmand pour la fondation de la Maison. M. Wehrle était l'homme des détails et des petits soins, si essentiels dans la vie. C'est lui qui procura et apporta les premiers meubles et les objets indispensables au début de l'Œuvre. Toute sa vie, il conserva les habitudes d'un négociant dont les affaires sont toujours dans un ordre parfait. Chaque année, son budget était établi. Il réservait, comme le prescrit l'Evangile, non seulement le superflu, mais le dixième de ses revenus pour les pauvres ; il s'efforçait encore d'économiser, autant qu'il le pouvait, sur les dépenses de son ménage, afin de grossir leur part.

Chaque jour, pendant quarante ans, il se rendit à la Maison des Apprentis et, avec une douceur et une fermeté toutes paternelles, il conversait avec les jeunes gens à qui il donna souvent les conseils les plus précieux. C'est lui surtout qui contribua à introduire et à maintenir dans la Maison l'esprit de discipline et de fraternité que l'on y remarque.

Sur son lit de mort il eut une joie et prononça une parole qui révèlent toute son âme. Ayant appris que Mgr Foulon, pour témoigner son estime et son dévouement à la Maison des Apprentis, venait de nommer chanoine honoraire M. l'abbé Vulmont, il dit joyeusement et avec un doux et malicieux sourire : *Eh bien ! puisque nous ne faisons qu'une famille, je suis donc un peu chanoine, moi aussi !*

Après avoir tant donné pendant sa vie à cette Maison, M. Wehrle voulut encore qu'on lui versât, après sa mort, une somme de mille francs.

La succession de M. Wehrle et de M. Elie Baille était un lourd héritage ; tant d'intelligence, de dévouement et de générosité à continuer était une tâche difficile. M. Besval, ancien notaire, la reçut vaillamment et la soutint avec succès. Malheureusement la mort l'empêcha de la supporter longtemps. Sentant qu'il aurait peu de temps pour réaliser ses projets sur la Maison des Apprentis, M. Besval se hâta. Il travailla activement à son progrès moral et à son agrandissement. Pour mieux réussir, il envoya à ses frais le directeur demander au Souverain-Pontife sa bénédiction pour son œuvre.

A l'occasion des deuils répétés et cruels qui affligèrent sa famille, il fit d'abondantes aumônes, et lorsqu'il sentit la mort s'approcher de lui-même il fonda une demi-bourse. Sa plus grande préoccupation pendant sa présidence fut d'acquérir le vaste local qui avoisine la Maison, afin d'y établir une œuvre d'apprentis ou d'employés externes, œuvre si nécessaire et si désirée à Nancy. Il avait offert pour cette acquisition une très grosse somme, mais le prix de vente dépassa si fort les prévisions et la somme disponible, qu'il fallut renoncer au projet d'achat.

La générosité et le dévouement de M. Besval pour la Maison des Apprentis se continuent dans sa famille où la charité est devenue l'incessante occupation.

D'ailleurs, tous ceux qui s'occupent de cette Maison se sentent vite animés par un zèle plein d'ardeur et d'activité. Tous les membres de la Commission ont toujours secondé les présidents et les directeurs avec le plus louable empressement. Aujourd'hui, le président, M. H. de Vienne, dont l'entrain charitable et la vive intelligence soutiennent plusieurs grandes œuvres de charité à Nancy, aidé par le directeur et la Commission composée de MM. : Aug. Claude, vice-président, Lucien Roussel, secrétaire, C. Weydt, trésorier, Ed. Elie, Adrien, Margo, Elie Lestre, et de l'Héraule, continue avec succès les traditions de ses prédécesseurs en maintenant, et en améliorant l'organisation si intéressante de la Maison.

L'enfant, en arrivant aux Apprentis, est reçu par le prêtre qui représente la Commission, dont il est le mandataire absolu.

« Un directeur, dit l'article 8 des statuts, nommé par le
« Conseil, est chargé des détails de la gestion administrative
« et de la surveillance de l'enseignement. Il prend part aux
« séances du Conseil avec voix délibérative dans toutes les
« questions qui intéressent sa gestion, et voix consultative
« seulement, quand il s'agit d'autoriser des dépenses en dehors
« de celles qu'exige l'équilibre du budget. »

C'est avec le prêtre que l'apprenti entre en relations
constantes ; le prêtre est son maître, le chef de sa nouvelle
famille. Il lui dispense incessamment les secours et la lumière
de la religion ; il surveille son instruction primaire, les classes
de dessin, de musique, de gymnastique et toutes les récréations. Excepté le temps passé à l'atelier et pendant la sortie
qu'on leur accorde pour aller voir leurs parents et amis, les
jeunes gens sont continuellement sous l'œil vigilant du prêtre.

C'est une heureuse pensée d'avoir confié au prêtre la direction d'une réunion de jeunes gens et d'enfants ; non seulement
parce que c'est mettre la religion à la base et au sommet de
l'institution, mais aussi parce que nul n'est plus capable que
le prêtre d'exercer l'autorité et d'imposer la discipline avec
persuasion et ménagements. « Multiplier les relations du prêtre avec le peuple, c'est mettre la morale en action sous ses
yeux, l'obliger à répondre : *Non !* à ceux qui, plus tard, viendront devant lui, accuser le clergé d'ignorance ou de fainéan-
tise, et l'obliger à cela, non point seulement par la voix de la
raison, que l'entraînement peut étouffer, mais par celle de la
reconnaissance personnelle qui survit à toutes les autres ;
c'est travailler à un immense résultat moral (1). »

L'action du prêtre à la Maison des Apprentis doit être toute
de douceur et de persuasion ; ainsi l'a voulu le fondateur, ainsi
le demande formellement le règlement. Il paraît que cette
sage modération a rencontré un jour des mécontents ; car, dans

---

(1) *Journal de la Meurthe*, compte-rendu de la distribution des prix.

le compte-rendu de 1858, nous trouvons une objection ainsi formulée : « On nous a dit que nos enfants laissent beaucoup à désirer du côté des principes et des devoirs religieux. « A cela, dit le président, je réponds par des faits : La prière se fait en commun matin et soir, et, en général, nos apprentis la disent bien. Deux leçons d'instruction religieuse se donnent chez nous chaque semaine. Nos offices sont ceux de la paroisse. L'article 33 du règlement dit, en effet : « La Maison des « Apprentis étant située sur la paroisse de la Cathédrale, « c'est dans cette église que sont conduits aux offices les « apprentis les dimanches et les fêtes, la chapelle de la Mai- « son ne devant être utilisée que comme oratoire ou pour « quelques cérémonies particulières... Si, parmi les élèves, il « en est qui appartiennent à un culte non catholique, les pa- « rents s'entendent avec le directeur pour leur faire suivre « l'enseignement et la pratique de leur religion. » La confession est mensuelle pour tous ceux qui n'ont pas seize ans. Ceux de nos jeunes gens qui ont passé cet âge s'approchent régulièrement des sacrements à toutes les grandes fêtes, et cela sans jamais faire une objection et avec toute liberté dans le choix du confesseur ; qu'il nous soit permis d'ajouter que ces résultats ont été obtenus par la persuasion et sans aucun moyen de pression. »

Le prêtre est aidé dans sa direction par des religieuses chargées de la cuisine, de la lingerie et de l'infirmerie.

« Des religieuses d'une Congrégation choisie par le Con- « seil, dit l'article 9 des statuts, desservent, sous l'autorité « du directeur et la surveillance du trésorier, les services « économiques de la maison. Elles doivent leurs soins aux « élèves malades, en se conformant aux prescriptions du mé- « decin. »

« Les bonnes Sœurs de Saint-Charles, écrit le Conseil d'administration dans un rapport lu à la distribution des prix de 1852, nous donnent leur charitable et intelligent concours et elles nous le donnent gratuitement. Cette nouvelle preuve de leur charité ne nous a point surpris, et nous a profondément touchés ; dévouement et désintéressement, voilà leur devise. »

« Rien ne manque à leur ressemblance avec nos mères, disait en 1865 M. Geny aux apprentis, pas même les petites gâteries. Je suis loin de leur en faire un reproche, ajoutait-il ; d'ailleurs chez nous, comme dans la famille bien organisée, le correctif est à côté. Si je vous parle des sœurs, c'est pour vous faire mieux sentir tout ce que vous leur devez, et jusqu'à quel point la maison qui vous a recueillis peut combler le vide que des pertes douloureuses ont laissé dans l'existence de beaucoup d'entre vous.

« Aimez donc ces bonnes sœurs, entourez-lez d'égards et craignez que les torts dont vous pourriez vous rendre coupables envers elles ne deviennent un jour pour vous, lorsque vous aurez acquis la conscience de vous-mêmes, une source d'amers regrets. »

Il y a double profit, pour une maison comme celle des Apprentis, d'avoir choisi des religieuses pour les fonctions de ménagères. Elle y trouve une économie et un zèle dévoué qu'on demanderait en vain à des mercenaires chèrement payés.

Que font les enfants confiés ainsi aux prêtres et aux religieuses ? C'est ici que se révèle le caractère spécial et distinctif de la Maison des Apprentis de Nancy.

CHAPITRE V

MAISON DES APPRENTIS DE NANCY (*Suite*).

Trois méthodes d'Apprentissage. — Méthode mixte appliquée à Nancy. — Règlement. — Choix de la profession. — L'horticulture. — Les patrons. — Repos du dimanche. — Travail du lundi. — Conditions d'admission. — Sanction du règlement. — Le tribunal. — Les réparations. — Les sergents. — Les ouvriers. — Témoignages en faveur de la Maison. — Ses résultats excellents.

Il y a trois méthodes pour apprendre à un enfant un métier ou le commerce. La première serait de le conserver toujours à la maison, de faire de lui un interne, comme les élèves des établissements d'instruction, et de lui apprendre là, tout en lui fournissant la nourriture et le logement, le métier ou le genre de commerce qu'il a choisi. Cette méthode a l'inconvénient très grave d'être très dispendieuse, puisqu'il faudrait établir dans une seule maison presque autant de métiers qu'il y en a dans toute une ville ; ce serait de plus créer une concurrence pénible pour les ouvriers établis à leur compte ; enfin et surtout, ce ne serait pas habituer l'enfant aux difficultés et aux périls de la vie qu'il doit mener en sortant de la maison. C'est pour ces motifs qu'on a renoncé à faire de la Maison des Apprentis de Nancy un internat.

La seconde méthode, c'est l'externat qui consiste à placer l'enfant dans un atelier où il passe plusieurs années loin de sa famille et de tout protecteur, livré à lui-même et aux entraînements de ses compagnons et parfois aux caprices désordonnés de ses patrons. Cette méthode est la moins bonne, puisqu'elle expose l'enfant à tous les périls de la vie d'atelier sans lui assurer le moindre secours pour les éviter.

La Maison des Apprentis a choisi la méthode mixte, qui n'est ni l'internat ni l'externat, mais qui tient des deux. Les jeunes gens logés et nourris à la maison vont en ville apprendre le commerce ou un métier.

« Les apprentis, dit l'article 2 du règlement général, pen-
« sionnaires ou boursiers sont logés, nourris à la Maison ; ils
« font l'apprentissage de la profession qu'ils ont choisie dans
« les ateliers ou les maisons de commerce de la ville, pré-
« sentés par le Directeur et agréés par le Conseil. »

L'apprenti, ainsi maintenu dans les habitudes et les devoirs de la Maison par une surveillance continuelle, peut plus facile- ment conserver sa vie honnête et contracter l'amour de l'ordre, de la sobriété, du travail. Il n'en n'est pas moins en rapport, dans les heures qu'il passe à l'atelier ou au magasin, avec la vie ordinaire dont il peut comprendre les exigences et les dangers. Il voit que son avenir dépend de lui ; que pour deve- nir un ouvrier habile, capable de gagner honorablement sa vie, il doit obtenir par son exactitude, son intelligence, ses bonnes manières, la bienveillance de son patron ou des clients.

Le système mixte n'en a pas moins ses difficultés. Dans les maisons d'éducation on s'efforce d'éloigner les enfants des distractions ou fréquentations de la vie ordinaire ; on les soustrait autant qu'on le peut à l'influence des mauvais conseils, des mauvais exemples ; par ce moyen les maîtres s'épargnent bien des peines, ils obtiennent plus facilement la soumission et l'ordre.

A la Maison des Apprentis, au contraire, les enfants sont toujours en contact avec le monde, qui peut facilement et de mille manières leur inculquer ses erreurs et leur révéler ses scandales. On laisse les apprentis libres dans leurs paroles, dans leurs démarches, il faut qu'ils s'habituent à faire usage de leur liberté.

Aussi est-ce un prodige qu'une centaine d'enfants, dont

quelques-uns ont des instincts de vagabondage, se répandent quatre fois par jour, sur tous les points de la ville, pour se rendre dans leurs ateliers ou magasins à heure fixe, sans que, dans l'espace d'une année, on ait à leur reprocher plus de deux ou trois infractions publiques.

Les jeunes gens couchent, prennent leurs repas, leurs récréations et complètent leur instruction à la Maison.

Le lever a lieu à cinq heures ou cinq heures et demie suivant la saison. Le directeur ou le sous-directeur assistent toujours au lever et au coucher, ils surveillent les soins de propreté et imposent la modestie.

Après s'être appropriés, les apprentis récitent la prière en commun, reçoivent le pain du déjeuner et se rendent dans leurs ateliers ou magasins respectifs.

A midi un quart, ils rentrent pour le dîner. A une heure, ils retournent à leurs travaux en emportant le pain du goûter.

A sept heures un quart, ils reviennent à la Maison pour le souper.

A huit heures, des professeurs choisis par le Conseil font des cours de lecture, d'écriture, d'histoire et de géographie, de calcul et de dessin auxquels tous les apprentis sont obligés d'assister.

Deux fois par semaine, il y a leçon publique de musique vocale ou instrumentale; le dimanche, leçon de gymnastique.

Le coucher a lieu à neuf heures.

Le reste du temps, les apprentis le passent dans les ateliers ou magasins dont les patrons recommandables sont plutôt leurs protecteurs ou leurs amis que des chefs ordinaires.

Une des professions les plus estimées et le plus souvent conseillée par le directeur est celle d'horticulteur. Dès 1848, une « école d'horticulture » fut établie à la Maison. L'année suivante, douze apprentis choisissaient cette carrière. Quatre étaient placés chez les meilleurs jardiniers de la ville pour compléter leur instruction. « Nous nous efforcerons, dit le compte-rendu de 1849, de propager autant que nous le pourrons ce moyen de travail. L'état de jardinier est de tous les temps et de tous les lieux ; il est essentiellement moral et nous offre cet avantage précieux de reporter dans les petites villes ou les campagnes une partie des jeunes gens que des motifs divers attirent toujours vers les grandes villes.

Ces efforts du Conseil d'administration ont été couronnés de succès, car un tableau dressé en 1865 pour indiquer les professions choisies depuis la fondation de la Maison, le nombre des apprentis et le mérite de chacun, nous montre sur trente-deux professions celle d'horticulteur choisie de préférence et ayant donné le plus d'ouvriers.

Les enfants ont le choix libre de la profession qu'ils veulent apprendre, mais le Conseil se réserve celui de l'atelier où ils sont placés. Le directeur intervient pour diriger vers des professions plus lucratives des esprits prévenus ou des aptitudes mal conseillées.

L'apprentissage à Nancy est de trois années, pendant lesquelles le maître et l'apprenti ne touchent rien ; c'est une condition fort onéreuse pour les jeunes gens. Aussi les administrateurs conseillent-ils aux patrons de donner à leurs apprentis une gratification hebdomadaire ou mensuelle, si faible soit-elle. « Si j'étais chargé de défendre les intérêts matériels de la Maison et des enfants, disait un ancien directeur, M. l'abbé A. Villemet, en 1864, je dirais qu'il est à désirer que le bon apprenti reçoive de son patron un petit salaire, si modique qu'il soit. Ainsi les efforts de l'enfant seraient stimulés, le patron prendrait plus d'intérêt à le former et les familles seraient un peu allégées. »

Intimement associés à l'œuvre, les patrons sont considérés par les administrateurs de la Maison comme des coopérateurs nécessaires sans lesquels les directeurs « s'efforceraient vainement de déposer dans le cœur de leurs jeunes gens le germe de toutes les vertus, si dans l'atelier ces enseignements ne sont pas respectés, cultivés, protégés. » Aussi ces patrons sont-ils choisis avec soin et sans cesse rappelés à leurs engagements et à leurs devoirs envers les apprentis par les administrateurs.

« Qu'est-ce que l'apprentissage? disait M. Besval à la distribution des prix de 1868 ; est-ce seulement l'engagement par lequel un fabricant, un chef d'atelier, ou un ouvrier s'oblige à enseigner à un apprenti la pratique de sa profession ? Non. Le titre de patron comporte des obligations plus étendues. Il confère et il impose, à celui qui l'accepte, temporairement, les droits et les devoirs du véritable père de famille. Il suit de là qu'aussitôt qu'un enfant est entré dans l'atelier, le patron assume volontairement, et en connaissance de cause, la responsabilité du père véritable.

« A partir de cet instant, il est obligé par les lois civiles et par celles de l'honneur et de la conscience, à surveiller la conduite et les mœurs de son apprenti, à lui enseigner sa profession et à le protéger contre tous les dangers auxquels l'enfant peut être exposé — non seulement des dangers physiques, mais encore et surtout, de ceux qui peuvent l'atteindre dans sa croyance et dans sa moralité.

« Ainsi, le patron exigera de l'apprenti un travail régulier, de manière à ce qu'il possède, à l'expiration du temps convenu, une suffisante connaissance de son état. Il ne lui imposera pas un labeur au-dessus de ses forces, ou qui ne se rattacherait pas à l'exercice de sa profession ; il sera doux, et patient envers lui, ferme et sévère quand la circonstance le demandera. Il veillera surtout à ce que les ouvriers et contre-maîtres, en contact avec l'apprenti, ne se permettent aucun mauvais traitement sur sa personne, encore moins des paroles grossières ou obscènes, qui viendraient détruire les bons enseignements qu'il a pu recevoir dans sa famille et dans cette Maison. Il n'oubliera jamais cette maxime célèbre, que l'ancienne Rome, à son honneur, a formulée en quelques mots concis et expressifs et que je traduis bien imparfaitement par ceux-ci : « *L'enfant a droit au plus grand respect.*» D'ailleurs, si contre toute attente, le patron hésitait, incertain de l'étendue de ses obligations, il lui suffira pour résoudre ses doutes et pour lui tracer son devoir, de supposer un instant que son propre enfant est placé dans un atelier, sous la surveillance d'un maître étranger. En se demandant alors, comment il voudrait que son enfant fût traité, il trouvera sans peine, dans son cœur, la meilleure règle à suivre (1). »

« Nous n'avons qu'à nous louer, disait à son tour M. Elie Baille en 1850, du zèle et de l'affection avec lesquels le plus grand nombre des patrons nous secondent, du dévouement qu'ils prouvent à nos enfants. Cependant il en est quelques-uns auxquels nous avons des reproches graves à adresser. Par le soin qu'ils mettent à dissimuler les penchants des apprentis, à nous cacher leurs fautes, ils ne voient pas qu'ils deviennent les plus grands ennemis de ces pauvres enfants. Nous ne pouvons blâmer trop hautement une pareille conduite, une faiblesse aussi coupable ; qu'ils sachent que c'est par la tolérance du vice qu'on l'encourage, et que de l'abus au crime il n'y a qu'un pas ; qu'en nous cachant les fautes de nos apprentis, ils nous ôtent les moyens de les corriger, et que nous leur laissons la responsabilité d'une conduite aussi déplorable.

« Si nous avons été forcés parfois de renvoyer de la Maison des apprentis dont nous avons constaté l'incorrigibilité, c'est à ces patrons, le plus souvent, que le mal doit être imputé ; car c'est par leur tolérance coupable qu'ils ont habitué ces enfants à une conduite qui ne pouvait être supportée parmi nous (2). »

(1) Discours de M. Besval à la distribution des prix de l'année 1868.
(2) Discours de M. Elie Baille.

On dit aux patrons de traiter leurs apprentis comme leurs propres enfants ; mais on rappelle aux apprentis qu'ils doivent se montrer envers leurs patrons ce qu'ils sont pour leurs propres parents.

« Quant à vous, jeunes apprentis, ajoute un autre administrateur, vous aurez chaque jour présents à la pensée vos devoirs envers les patrons chez lesquels vous êtes placés. Vous vous montrerez constamment appliqués, soumis et fidèles. Vous accomplirez votre travail avec zèle et célérité ; vous veillerez aux intérêts de celui qui a la charge de vous diriger. Vous aurez de la déférence pour les chefs d'atelier, de la politesse pour tous. Vous agirez toujours comme vous le feriez, s'il vous avait été donné de travailler dans l'atelier et sous les yeux de vos parents. Vous vous montrerez dignes de la bienveillance des personnes qui, en vous faisant ouvrir les portes de cette Maison, vous ont mis à l'abri du désœuvrement et de l'abandon (1). »

Une des conditions essentielles du contrat d'apprentissage, c'est que les apprentis n'iront jamais à l'atelier le dimanche, mais s'y rendront toujours le lundi. Le dimanche, dit l'article 45, les apprentis ne vont point à l'atelier. Une partie de la matinée est consacrée à des soins de propreté plus minutieux et à l'assistance à la messe. Après la messe, a lieu la leçon de gymnastique ou de musique. A midi, le dîner ; après dîner, examen des notes, puis promenade ou sortie particulière.

« Nous avons bien fait, dit M. Elie Baille à ses collègues de l'administration, dans le discours de la distribution des prix de 1847, nous avons bien fait d'imposer dans nos contrats d'apprentissages l'obligation du repos du dimanche et celle du travail le lundi. Une fois entrés dans cette voie, les maîtres en sentiront bien vite les avantages ; le dimanche consacré au repos, aux devoirs religieux, sera aussi le jour donné à la

(1) M. Besval.

famille ; il suffira pour remettre des fatigues de la semaine,
et, convenablement distraits et reposés, les maîtres et les
ouvriers n'hésiteront plus à reprendre le travail du lundi, dont
le chômage a toujours été une cause de désordres et de regrets. Obligé par nos contrats de recevoir le lundi nos apprentis,
le maître se trouvera dans la nécessité de rester dans son
atelier pour les surveiller, de peur de voir ses apprentis compromettre ses intérêts. » Cette obligation du repos du dimanche
et du travail du lundi fut bientôt acceptée sans opposition.
Aujourd'hui, maîtres et apprentis s'en félicitent.

Pour arriver à obtenir l'observance exacte de ces deux conditions, le repos du dimanche et le travail du lundi, le Conseil
a toujours compris qu'il devait y avoir entre le maître et l'apprenti échange continuel de concessions et de dévouement.
C'est pourquoi il accorde facilement des heures supplémentaires de travail toutes les fois que les intérêts du maître
l'exigent ; mais il a posé en principe que cette faveur ne serait
accordée que pour les ateliers où la journée du lundi aurait
été complètement remplie.

La Maison des Apprentis avait à peine quelques mois d'existence, que les patrons se faisaient inscrire en grand nombre
pour obtenir ses jeunes gens. Dès 1847, le Président du Conseil disait à ses collègues : *Je suis heureux de pouvoir vous
dire que nos apprentis, appréciés pour leur bonne conduite et
leur exactitude, sont recherchés.* En 1848, il y avait plus de
80 demandes qu'il n'était pas possible de satisfaire, faute de
personnel. En 1849, deux apprentis, Kohler et Eugène Colin,
s'étaient montrés si dociles et si laborieux, que leur patron ré-
duisit spontanément de trois ans à deux ans et demi le temps
convenu de leur apprentissage. *Ma conscience, disait-il, me
fait un devoir de tenir compte à ces jeunes gens de leur aptitude, de leurs efforts incessants et aussi des services qu'ils me
rendent.* Cet acte honore à la fois le patron et les apprentis.

Toute demande d'admission doit être présentée au Directeur, avec les renseignements suivants : Nom, prénoms, profession, lieu de naissance, d'habitation, âge de l'enfant et situation des parents. Cette demande, ainsi que les motifs qui l'appuient, sont soumis par le Directeur à la Commission qui accepte ou refuse les sujets présentés.

On n'admet à la Maison que les enfants ayant déjà fait leur première communion et âgés d'au moins douze ans et demi.

Tout enfant admis doit, à son entrée dans la Maison, présenter un certificat du Curé de sa paroisse ou du chef de l'établissement d'où il sort.

Par le fait de son admission, l'enfant s'engage à observer fidèlement le règlement de la Maison. Il ne peut, sous aucun prétexte, conserver près de lui et à sa disposition aucune somme d'argent, et doit verser entre les mains du Directeur la totalité de ce qu'il a reçu, à quelque titre que ce soit.

Les sommes déposées sont portées à son avoir sur un livret en son nom. C'est sur cet avoir que sont prélevées les sommes qu'il demande au Directeur, et dont l'emploi est approuvé auparavant.

Dans le prix de la pension, qui est de 400 francs, sont compris la literie complète, le blanchissage et le raccommodage du linge.

Les frais de l'entretien et du renouvellement du trousseau sont à la charge des parents, tuteurs ou bienfaiteurs des enfants.

La pension se paie par trimestre et d'*avance*, aux époques suivantes : 1er janvier — 1er avril — 1er juillet — 1er octobre.

Pour l'exécution du règlement, le Directeur choisit et nomme, parmi les élèves, des surveillants, commandants et sergents.

Toute violation du règlement, toute désobéissance sont marquées et transcrites sur un registre au compte du délinquant.

Le samedi à midi, il est remis à chaque apprenti un bulletin contenant diverses questions adressées au maître de l'apprentissage, qui y répond et signe sa réponse que l'apprenti rapporte et remet au Directeur.

L'article 12 du règlement intérieur dit : « Le patron est prié de répondre chaque samedi aux questions d'exactitude, de conduite, de politesse, de bonne volonté, de progrès faits pendant la semaine. Il doit aussi marquer le chiffre de gratifications qui a pu être remis à l'apprenti. »

Pour donner vie et autorité au règlement, tous les dimanches à une heure un quart de l'après-midi, les membres de la Commission se réunissent dans une salle et se constituent en tribunal. Le Directeur remplit l'office de rapporteur; le siège de greffier est occupé par un commandant.

Tous les élèves, divisés en trois catégories, savoir : les ouvriers, les sergents, les apprentis, prennent rang dans cette même salle pour l'examen. La catégorie des apprentis est la première examinée ; après le jugement prononcé et lu à haute voix par le greffier, elle sort de la salle pour ne point assister au jugement des sergents et ne point affaiblir ainsi l'autorité dont ils sont revêtus. Il en sera de même pour les sergents, qui n'assisteront pas au jugement des ouvriers.

L'examen porte sur tous les points de discipline, sur la valeur des bulletins, sur la tenue et le résultat des classes.

Quand la semaine a été irréprochable, le tribunal propose d'accorder une bonne note; elle est mise aux voix et la Communauté approuve en levant la main, ou refuse en s'abstenant. Le tribunal donne les encouragements, les conseils, les avertissements ou fait les reproches et les blâmes, selon le délit ou l'acte de vertu.

Douze bonnes notes obtenues de suite font passer l'élève au rang de sergent et vingt-cinq donnent droit à une médaille et à un livret de quinze francs sur la Caisse d'Epargne. C'est parmi les sergents que le Directeur choisit les commandants auxquels il délègue quelques détails de la surveillance.

« Parmi les apprentis ou ouvriers, dit l'article 41 du règlement, qui, par une conduite exemplaire, se sont acquis la
confiance du Conseil et ont mérité le titre de sergent ou une
médaille, le Directeur choisit et nomme : 1° un commandant
en chef chargé de la surveillance générale ; 2° deux commandants surveillants ; 3° le nombre de sergents nécessaires pour
surveiller la propreté, la bonne tenue des élèves, l'ordre du
réfectoire, des salles, le silence et l'exactitude et l'exécution
des punitions ou réparations infligées par le Conseil. »

Cette institution des sergents a amené dans l'observation
du règlement beaucoup plus d'exactitude et de régularité ; elle
a détruit l'esprit d'insubordination qui se révélait parfois. Les
sergents, de leur côté, tiennent leur grade à honneur, ils
s'observent dans leur conduite et leurs fonctions ; ils donnent le
bon exemple. « Nous nous félicitons beaucoup de ce résultat,
disait le président de la Commission en 1849, mais nous nous
en félicitons surtout parce que cette observance plus exacte du
règlement, cette surveillance fraternelle ne faussent point le
naturel de nos enfants ; elles n'ont apporté chez eux ni l'esprit de dissimulation ni celui de la servilité ; c'est l'influence
morale seule qui a joué le rôle principal. »

Pour toutes les fautes commises par les Apprentis, le règlement n'impose jamais que des réparations et ces réparations
ne sont autre chose que des actes de la vertu opposée au
vice ou au défaut d'où provient le délit, corvées dans la
maison, privation de la sortie du mois, etc.

Si un enfant convaincu d'une faute et condamné le dimanche
à une réparation ne veut pas la faire pendant la semaine, le
dimanche suivant il est déclaré *mauvais apprenti*. Dès lors
il ne prend plus ses repas à la table commune qu'il désho-
norerait. Personne ne doit plus lui parler ni jouer avec lui ; il
reste au milieu de ses frères comme un étranger ; il ne reçoit
plus que les avis des directeurs qui l'engagent à la soumission
et à l'obéissance et il ne peut rentrer dans l'ordre commun

que quand il a demandé et accompli sa réparation ; mais avant d'être ·condamné, le délinquant est toujours appelé devant le tribunal pour donner ses justifications.

Les maîtres, sauf de très rares exceptions, n'infligent jamais les réparations. Ils exposent devant le tribunal leurs plaintes et les motifs de répression. Le tribunal seul impose et détermine la réparation.

Toute faute grave contre la religion, les mœurs ou la tempérance, l'introduction dans la Maison de mauvais livres, de mauvais journaux, de chansons déshonnêtes, l'indiscipline opiniâtre, le mauvais esprit constaté soit à la maison, soit à l'atelier, etc., entraînent l'exclusion. Toute punition corporelle est interdite.

Ces principes de discipline témoignent d'une connaissance approfondie du cœur humain. L'Evangile nous apprend que celui qui veut être le premier doit être le serviteur des autres ; ainsi, dans la famille des Apprentis, celui qui est le plus intelligent, le plus laborieux, le plus poli, le plus complaisant, le plus charitable est le premier de tous, mais pour surveiller et servir ses camarades.

La sanction du règlement de la Maison des Apprentis est étonnante de sagesse et d'habileté. Voici comment un témoin émerveillé de ce système en rendait compte en 1847 :

« Permettez-moi, dit-il, de vous citer quelques exemples des réparations exigées dans la Maison des Apprentis. Un enfant s'est-il brouillé avec un de ses camarades ? pour réparation il devra passer avec lui seul ses récréations pendant plusieurs jours. A-t-il rompu le silence prescrit ? il lui faudra l'observer quand les autres auront la permission de parler. A-t-il négligé de se laver ? Il se lavera deux fois par jour au moins pendant trois jours. A-t-il été malpropre dans ses vêtements ? il appropriera les siens et ceux d'un de ses frères plus jeunes que lui.

« Ce n'est pas tout : la faute que commet un apprenti dans la

Maison, il faut qu'il la marque lui-même sur un tableau, à côté
de son nom, et le dimanche suivant, il faut qu'il l'explique ainsi
que toutes les autres qu'il aurait pu commettre à l'atelier :
il faut qu'il en fasse l'aveu en présence de ses frères. Si son
nom est inscrit au tableau d'honneur, son nom sera rayé ;
mais pour réparation il faudra qu'il aille l'effacer lui-même ;
il ira en tremblant, en versant d'abondantes larmes, mais il
ira, nous en avons été témoins.

« Peut-être croirait-on que des enfants abandonnés jusqu'alors à eux-mêmes ne peuvent se soumettre à une telle
discipline ? Qu'on se détrompe ; il est très rare de rencontrer des
enfants constamment indociles : non seulement ils acceptent
cette discipline, mais bientôt ils l'estiment et l'affectionnent ;
ils comprennent que, s'il est honteux de faire une faute, il
l'est plus encore de n'oser l'avouer. Ils comprennent qu'il
est beau, qu'il est grand, qu'il est noble de reconnaître qu'on
a oublié ou méprisé l'ordre et que cet aveu fait avec fran-
chise et sincérité, loin de dégrader l'homme, le relève au
contraire et le réhabilite aux yeux de Dieu et des honnêtes
gens. »

Il en coûte assurément beaucoup de s'abaisser ainsi, mais
n'est-ce pas un beau spectacle que celui d'un jeune enfant qui
apprend à lutter ainsi contre lui-même et finit toujours par
remporter de glorieuses victoires ? Nous avons vu de vieux
soldats, blanchis sous les armes, ne pouvoir résister aux
émotions profondes qu'ils en éprouvaient.

Parfois les délits sont si étranges qu'il faut aux administrateurs ou directeurs beaucoup d'habileté pour trouver la réparation convenable. En 1851, un apprenti chargé, comme tous
ses compagnons, de remettre un certain nombre de comptes-
rendus aux bienfaiteurs de la maison, trouva le moyen de se
faire un bénéfice de 1 fr. 80. Il avait cru que, faisant le service de la poste, il pouvait en percevoir les droits. Un ami
de la maison, curieux de savoir quelle espèce de réparation

on allait inventer pour ce nouveau genre de délit, avertit les directeurs. Le petit piéton, dûment convaincu, fut conduit par un maître dans chaque famille frappée de cette contribution nouvelle et obligé de remettre lui-même les sommes qu'il avait perçues. Dire ce qu'il éprouva de mortifications, ce qu'il versa de larmes est impossible. Il n'eut pas d'autre punition et fut à jamais guéri de ce défaut-là.

D'autres fois il faut, pour faire accepter la réparation, une fermeté et une ténacité inouïes. Vers 1850, la mort avait fait orphelins cinq garçons dont les deux aînés avaient dix-huit et vingt ans. Ils conservèrent avec eux le troisième qui n'avait plus qu'un an d'apprentissage à faire. Les deux autres furent placés à la Maison des Apprentis. Le plus jeune, par une suite de circonstances malheureuses, n'avait presque jamais fréquenté les écoles et n'avait jamais subi l'influence d'une autorité quelconque; courir la ville était sa vie.

L'internat brisant cette vie vagabonde et paresseuse, il ne l'aimait pas et désertait chaque jour. Condamné par le tribunal à deux jours d'isolement dans une chambre non fermée, le prisonnier sur parole eut bientôt disparu.

L'ascendant de l'autorité ne suffisant pas pour le faire entrer dans la bonne voie, on dut recourir à son frère aîné, qui eut l'intelligence et le bon sens de comprendre le service qu'on lui demandait. Il convint qu'il fallait briser cette volonté rebelle et signifia à son frère qu'il serait impitoyablement chassé s'il se présentait chez lui avant de s'être soumis à la réparation.

Le condamné fut donc réinstallé dans la chambre d'isolement. A peine se vit-il seul, qu'il s'évada de nouveau, rôda jusqu'à la chute du jour et essaya de rentrer chez son frère. Celui-ci tint bon et ramena le petit mutin à la Maison des Apprentis. Interrogé s'il acceptait sa réparation, il répondit qu'il n'acceptait rien et se mit à pousser des cris aigus.

On essaya de lui faire comprendre ce que sa position avait

de dangereux pour lui ; il était huit heures du soir, il n'avait point d'asile pour passer la nuit, la police le ramasserait infailliblement dans la rue et le conduirait au violon. *Eh bien!* répondit-il, *je veux aller au violon.* Son frère le prend au mot et l'entraîne avec vivacité. Le petit entêté se laisse faire, il marche jusqu'à la place de la Cathédrale, puis s'arrêtant tout court, il demande à revenir à la Maison. Il cédait à la crainte, mais sa soumission n'était pas sincère.

On lui demande s'il accepte enfin sa réparation : *Non!* répond-il avec colère ; puis pressé, plus vigoureusement, il se met de nouveau à pousser des cris de rage, réduisant ainsi à l'impuissance trois hommes, qui ne peuvent triompher de la volonté d'un gamin de douze ans.

Il fallait pourtant en finir. On fait apporter un vase rempli d'eau et un verre. Un des vénérables administrateurs somme par trois fois le jeune récalcitrant de se taire : *Mon ami, tu vas te taire, je te le dirai trois fois, une, deux, trois!* et le verre d'eau, lancé vivement, inonde la figure du petit furieux. Il fallut répéter la même opération trois fois pour obtenir le calme et le silence. Une brèche était faite, il s'agissait d'avancer prudemment. *Maintenant, mon garçon, tu vas boire, je te le répéterai trois fois encore.* Il fallut cinq ou six aspersions pour le décider à avaler sa colère avec quelques gorgées d'eau fraîche. *Eh bien, maintenant, acceptes-tu la réparation?* Il garda le silence et résistait toujours. On changea de tactique et l'on demanda au temps ce que la violence n'avait pu donner. L'enfant fut placé sur une chaise entre deux sergents chargés de le tenir en respect. *Mon enfant, tu ne bougeras pas de là, tu ne mangeras pas, tu ne te coucheras pas, tant que tu n'auras pas accepté la réparation.* Il resta deux heures dans le plus profond silence. Quand il s'aperçut qu'on se disposait à relever les deux sergents, il comprit que l'attaque était sérieuse et sa résistance inutile, il desserra les dents et dit à mi-voix : *Je ferai ma réparation!*

On n'en demandait pas davantage, il alla se coucher. Le lendemain il, vint de lui-même se constituer prisonnier : *Mon ami*, lui dit le Directeur, *c'est aujourd'hui dimanche, amuse-toi avec les camarades, tu reviendras demain.* Il joua toute la journée et revint le lendemain, gai et content, pour réparer sa faute. L'obéissance était entrée dans son cœur. Depuis ce moment on n'eut que des encouragements à lui donner, des bonnes notes à enregistrer. Il mérita plusieurs fois la récompense de quinze francs et finit par devenir un ouvrier aussi respectueux qu'intelligent.

En général, il y a chez les apprentis une grande bonne volonté pour se soumettre au règlement si raisonnable et si salutaire de la Maison.

En 1849, il se forma parmi eux une association dont les membres s'engageaient d'honneur à exécuter tous les devoirs du règlement, non par crainte des reproches ni des punitions, mais par conscience, par affection et reconnaissance. Tous comprenaient si bien la gravité de leurs engagements, que l'un d'eux, bon enfant, passablement docile, mais léger, interpellé par un administrateur sur le motif qui l'empêchait d'entrer dans cette association, répondit : *C'est parce que je ne suis pas assez sûr de ne pas causer dans les moments où le silence est prescrit; je ne veux pas donner ma parole pour ne pas la tenir. J'y arriverai plus tard.*

L'Œuvre des Apprentis achève sa quarante-quatrième année d'existence. Fondée sous les plus humbles auspices, soutenue par quelques hommes de bonne volonté autour desquels sont venus se grouper de chaudes et nombreuses sympathies, la petite maison du faubourg Saint-Pierre est devenue le bel établissement de la rue des Tiercelins, que nous envient bien des villes importantes.

Depuis la fondation de la Maison jusqu'au 1er mai 1889, quinze cent quarante-deux apprentis de toutes professions y ont été admis. Neuf cent quatre-vingt-quinze sont sortis

ouvriers, dix-sept sont prêts à en sortir ; soixante-huit sont
en cours d'apprentissage ; quatre cent soixante-deux ont
quitté la maison sans avoir pu ou voulu le terminer. Ceux
dont le séjour a été le plus court à la Maison étaient précisément ceux pour lesquels il eût été le plus nécessaire.

Les directeurs s'efforcent de suivre et de protéger leurs
enfants après la sortie de la Maison. S'ils n'ont pu être fixés
sur le sort de tous, ils le sont du moins sur l'immense majorité, et ils affirment que les bons apprentis sont devenus de bons,
d'excellents ouvriers. Si quelques-uns, en très petit nombre,
n'ont pas donné tout ce qu'on espérait, d'autres, au contraire,
sur l'avenir desquels on avait des craintes, se sont affermis
dans le bien et montrés dignes des soins qu'ils avaient reçus.

C'est une véritable satisfaction de voir fréquemment ceux
qui habitent Nancy ou qui ne font qu'y passer, venir visiter la
Maison et remercier cordialement les maîtres de leurs bonnes
leçons et de leur dévouement.

Il y a quelques années, un ancien apprenti, établi honorablement à Vassy, amenait à Nancy sa femme, et dans une
visite qu'il faisait à la Maison, lui disait avec bonheur : *Tu
vois ce magnifique établissement, regarde-le bien, car c'est à
lui que je dois d'être entré dans ta famille ; si j'avais imité la
plupart de mes camarades d'atelier, je serais perdu comme
eux. C'est la Maison des Apprentis qui m'a sauvé !*

En 1858, un Parisien élégant vint trouver le Directeur et lui
dit : « Monsieur, vous ne me connaissez pas, mais ces mes-
« sieurs de la Commission me connaissent bien. Je suis un
« ancien apprenti de la Maison ; je vais me marier, et mon
« futur beau-père, content de la conduite que j'ai tenue chez
« lui pendant mon séjour à Paris, m'a demandé qui a fait mon
« éducation ? Je lui ai parlé de votre œuvre, et avant de
« m'unir à sa fille, il veut que je lui apporte un certificat
« constatant que je me suis toujours bien conduit au milieu
« de vous. »

Comme les registres prouvaient qu'en effet la conduite de ce jeune homme avait toujours été exemplaire, on lui donna un excellent certificat.

Dans leurs lettres, la plupart des apprentis établis dans le monde témoignent de leur reconnaissance et quelques-uns de leurs regrets de n'avoir pas mieux profité des conseils qui leur ont été donnés.

« Que je regrette, Monsieur, écrivait naguère un apprenti qui n'avait pas été un modèle, que je regrette de vous avoir causé tant de peines ! Je vois aujourd'hui la justesse de vos observations, et je vais tâcher de remettre en pratique ce que trop longtemps j'ai laissé de côté. »

Un autre, qui a été plus régulier, écrit : « J'ose, messieurs, solliciter l'admission de mon frère à la Maison des Apprentis. Je serais très heureux s'il pouvait, comme moi, recevoir de vous le bienfait d'une éducation chrétienne et morale. »

La Maison des Apprentis est fière de compter à Nancy et dans beaucoup d'autres villes, même à Paris, bon nombre de ses anciens, de les voir occuper des positions lucratives et honorables dans le commerce et l'industrie. Elle a des lauréats à l'école des Beaux-Arts de Paris et de Nancy; des officiers, des religieux et des prêtres, qui sont l'honneur et la joie des zélés directeurs.

La Maison des Apprentis renfermait au 1ᵉʳ janvier 1889 quatre-vingt-cinq pensionnaires, dont dix-sept jeunes ouvriers qui viennent de terminer leur apprentissage, et soixante-huit apprentis de divers métiers, parmi lesquels trente-cinq ont obtenu par leur bonne conduite, pendant quinze semaines consécutives, le grade de sergent. Ceux qui ont persévéré pendant vingt-cinq semaines ont reçu, en outre, la médaille d'honneur et des récompenses pécuniaires, sous forme de livrets de Caisse d'épargne, dont le total s'est élevé à sept cents francs. Ces chiffres prouvent le bon esprit de la Maison et l'attachement des jeunes gens pour son régime. La plupart des élèves sortis d'apprentissage et devenus ouvriers ne cherchent pas à la quitter. « Le plus grand nombre, au contraire, sollicite la faveur d'y rester, jusqu'au jour où, devenus plus habiles dans leur profession et plus expérimentés, ils pourront affronter avec succès les hasards et les difficultés de la vie. Maîtres de leurs personnes, libres de leurs actions, ils pourraient s'affranchir de tout contrôle ; loin de là, ils sentent que leur jeunesse a besoin, pendant quelques années encore, de la tutelle qui leur est offerte. Ils se soumettent avec joie à ce stage volontaire, qui garantit plus sûrement leur avenir (1). »

La prolongation du séjour des apprentis à la Maison, après leur apprentissage, se fait en vertu de l'article 15 du règlement intérieur, ainsi conçu :

« A la fin de son apprentissage, l'apprenti devenu ouvrier
« et qui par sa bonne conduite se sera rendu digne de cette
« faveur, pourra obtenir de continuer son séjour à la Maison
« moyennant un prix de journée convenu avec lui, mais sous la
« condition expresse qu'il continuera à se conduire comme
« un bon apprenti à la Maison et comme un excellent ouvrier
« à l'atelier.

« Ce séjour doit lui fournir le moyen de réaliser quelques
« économies qui sont déposées en son nom à la caisse
« d'épargne.

« Son refus de se conformer à cette dernière condition
« suffirait pour motiver son renvoi. »

Cet article a été dicté par une grande expérience et une profonde sagesse, car il est très avantageux pour les ouvriers. A la sortie de l'apprentissage, le sort de l'apprenti n'est pas suffisamment assuré. Arrivé à l'âge où les passions se développent, où les idées d'indépendance s'accroissent par la présomption, les jeunes ouvriers ont besoin

_____

(1) Discours de M. Besval à la distribution des prix de l'année 1868.

d'être retenus dans la soumission. La faveur, que le Conseil d'administration s'est réservé d'accorder à ceux qui s'en rendraient dignes, de rester à la Maison, est une précieuse récompense de leur bonne conduite. La rétribution minime qu'on leur demande permet au plus faible de faire des économies sur son salaire, et l'obligation imposée de placer chaque semaine cette économie à la caisse d'épargne consolide les habitudes d'ordre.

La possibilité d'acquérir un pécule soit pour créer un établissement, soit pour d'autres nécessités, est un des meilleurs et des plus puissants motifs pour mériter cette faveur. D'ailleurs quels avantages encore plus précieux le jeune ouvrier ne doit-il pas à cette disposition? Au lieu d'entraînements mauvais, incessants, au lieu d'exemples de paresse, de jeu, de querelle, de désordre, qu'il aurait sans cesse sous les yeux par la fréquentation nécessaire des lieux mêmes où il vivrait, il peut conserver dans la Maison des Apprentis sa vie pure, ses mœurs douces, de bonnes et fraternelles relations avec d'excellents camarades.

Les succès de la Maison des Apprentis sont encore affirmés par les témoignages d'estime qu'elle a reçus de la part des hommes les plus compétents. Les Evêques de Nancy l'ont toujours considérée comme une de leurs œuvres les plus recommandables et les plus utiles. Mgr Lavigerie a présidé souvent les examens et distributions de prix ; Mgr Foulon aimait à connaître tous les détails et les évènements qui l'intéressaient ; Mgr Turinaz a plaidé plusieurs fois sa cause avec une éloquence qui lui a attiré des aumônes inespérées. M. Jules Simon, après avoir visité l'établissement dans tous ses détails, écrivait dans son livre si remarquable, intitulé l'*Ouvrière* :

« C'est une bonne œuvre, une œuvre salutaire que de remplacer pour ces abandonnés la famille absente ou indigne. Nancy possède un de ces patronages, qu'on peut considérer comme un modèle, et qui est calqué fidèlement sur la maison paternelle.

« C'est vraiment une belle et fière institution que cette maison de Nancy, qui a tout fait par elle-même, et qui a dédaigné de demander des secours, même à l'Etat.

« Là, l'enfant trouve une nourriture grossière, mais saine ; un bon dortoir, des vêtements suffisants, une surveillance attentive, sans dureté et sans minutie, et, ce qui vaut mieux que tout le reste, des maîtres qui savent l'aimer et qu'il peut aimer.

« Quand il retourne le soir de l'atelier à l'école, il a presque le droit de se dire qu'il rentre chez lui. »

« Mes amis, s'écria M. Faye, recteur de l'Académie de « Nancy, à la fin de la séance de la distribution des prix qu'il « présidait en 1854, je viens de lire sur les médailles que vous « portez cette légende : *La Providence veille sur eux*. N'ou- « bliez jamais que les agents visibles de la Providence sont « ici les nobles fondateurs de cette institution, la plus belle, « la plus utile peut-être de toutes celles qu'il m'a été donné « de voir en France et à l'étranger.

« Quand vous serez devenus des hommes, des ouvriers « utiles au pays et à votre famille, souvenez-vous que la ville « de Nancy a généreusement patronné votre jeunesse. »

Le *Journal de la Meurthe* terminait, il y a quelques années, un de ses articles sur la Maison des Apprentis, par les lignes suivantes :

« Nous croyons être l'interprète de tous ceux qui portent à la classe ouvrière un réel intérêt en affirmant que nulle part œuvre n'a été conçue dans un esprit de bienfaisance plus large, plus moral, plus intelligent, et qu'une telle fondation suffit pour honorer la vie d'un homme aux yeux de ses concitoyens. »

S'il est en effet quelque part une œuvre qui puisse servir de modèle à toutes celles qui ont pour but l'amélioration, l'instruction et l'éducation de la classe ouvrière, cette œuvre est sans contredit l'œuvre des Jeunes Apprentis de Nancy.

Dans la séance tenue à Paris, le 27 octobre 1867, par la Société de Protection des Apprentis et des enfants employés dans les manufactures, présidée par l'Impératrice, des récompenses ont été distribuées aux œuvres de patronage. La Maison des Apprentis de Nancy, citée parmi les plus méritantes, s'est vu décerner une médaille et un diplôme d'honneur.

La même année, Mᵐᵉ Tonnellé fondait à Tours un internat d'apprentis, en exprimant le désir que le règlement de son institution fût autant que possible modelé sur celui de la Maison des Apprentis de Nancy. M. l'abbé Archambault, directeur du nouvel établissement, fut envoyé à Nancy par Mgr l'archevêque de Tours. Après avoir examiné la Maison des Apprentis et vu fonctionner son règlement, il l'approuva avec éloge et l'appliqua chez lui.

D'Auxerre est venu également un prêtre, en 1850, étudier l'organisation de la Maison des Apprentis de Nancy, afin d'en fonder une semblable dans le département de l'Yonne.

Contribuer par ses aumônes ou par ses conseils à la prospérité de la Maison des Apprentis de Nancy, c'est une œuvre de charité qui suppose une grande intelligence de la pauvreté et un dévouement admirable. C'est en effet aider des jeunes gens du peuple à devenir des ouvriers ou employés laborieux, obéissants, sobres, sincères, économes, instruits, charitables et chrétiens ; c'est travailler au salut de la société, de la patrie et de la famille ; c'est réaliser les vœux les plus chers des administrateurs et des directeurs si bienfaisants et si dévoués de cette institution charitable.

A la Maison des Apprentis, chaque jour on fait comprendre aux jeunes gens « que nul n'est ici-bas pour ne rien faire ; que le travail est la condition essentielle de tout développement physique, intellectuel et moral ; que le travail seul fait

les grands hommes, les grands saints, les héros et les hommes
de génie ; qu'on ne peut être quelque chose que par ce qu'on
fait ; que celui qui ne fait rien n'est rien et ne sera jamais
rien ; que l'homme paresseux par cela même fait le mal selon le sens profond de cette maxime : *L'oisiveté est la mère de
tous les vices* ; et que le travail au contraire est le principe de
tous les succès et de toutes les vertus. On leur montre autour
d'eux des hommes honorables sortis des rangs du peuple,
ayant conquis par la conduite et le travail les plus belles
positions dans les carrières civiles, militaires et commer-
ciales. »

Ces excellentes recommandations sont écoutées et mises en
pratique ; car, du 1er janvier 1845 au 1er septembre 1867,
sur 423 apprentis sortis de la Maison, 89 ont été des ouvriers
d'élite sous le rapport de la conduite et de l'habileté ; 177 de
très bons ouvriers sous les mêmes rapports, 98 de bons ouvriers, 52 des ouvriers médiocres comme conduite et comme
habileté ou ayant moins de bonne volonté et d'intelligence, et
7 seulement ont eu des démêlés avec la justice.

Pour devenir d'excellents ouvriers, il faut être des apprentis obéissants. Aussi la principale vertu, le premier effort
que les directeurs demandent aux enfants qui entrent dans leur
Maison, c'est l'obéissance. Ils doivent laisser prendre « le gouvernement de leur esprit pour lui inculquer des idées saines
qui servent de boussole à tout homme raisonnable, le gouvernement de leur cœur pour lui faire aimer ce qui est beau,
juste, raisonnable, le gouvernement de leur volonté pour la
plier au joug du devoir et du règlement... »

Avec le travail et l'obéissance on forme l'apprenti à l'économie et à la sobriété.

Il faut bien le dire, ce n'est pas chez les pauvres qu'on peut
chercher les habitudes de modération et d'épargne. Les enfants qui se présentent à la Maison des Apprentis en sont
presque tous des preuves évidentes. La plupart cèdent à

leurs mauvais désirs dès qu'ils ont la moindre possibilité de les satisfaire.

On en cite un qui, à son arrivée, ayant apporté quelques vêtements reçus de son bienfaiteur, ne put résister à la tentation de les vendre pièce à pièce pour se procurer du café. On l'observa pour voir jusqu'où son penchant pouvait le conduire. Il serait certainement allé jusqu'au vol si on ne l'eût arrêté.

Bon nombre d'apprentis reçoivent chaque semaine de leurs patrons ou des personnes chez lesquelles ils portent quelques commissions, diverses gratifications. Dans les premières années, les administrateurs connaissaient les gratifications et malgré leurs efforts ne pouvaient en constater la quotité. Le règlement oblige chaque enfant à faire toutes les semaines la déclaration de ses recettes, à les déposer entre les mains du trésorier qui, laissant à chacun ce qu'il juge convenable, place le reste à la Caisse d'épargne. Cet article n'était pas observé. A peine si les déclarations faites par les jeunes gens les plus consciencieux s'élevaient chaque samedi à deux ou trois francs. On appela sur cet abus l'attention des sergents, qui le réprimèrent bien vite.

Un registre coté et paraphé fut remis à un surveillant chargé de recevoir les dépôts, qui s'élevèrent aussitôt chaque semaine à quinze francs, puis dépassèrent ce chiffre. Aujourd'hui presque tous les apprentis ont un livret de Caisse d'épargne sur lequel un certain nombre ont fait inscrire plusieurs centaines de francs. Cet argent sert à leur procurer quelques outils, des vêtements à leur sortie d'apprentissage et à payer les amendes qu'ils encourent quand ils enfreignent le règlement.

La conviction des directeurs est que l'épargne est pour l'ouvrier un des meilleurs moyens de moralisation, une question de la plus haute importance, une question d'avenir, de probité, de vie ou de mort pour l'apprenti. Ils n'ont jamais à lutter que pour les premiers dépôts. Une fois que la somme déposée atteint vingt-cinq ou trente francs, il n'est plus besoin de s'occuper du déposant, le désir d'augmenter son pécule agitd'une manière suffisante. C'est un homme gagné au parti de l'ordre.

« *L'amour de l'économie*, disait le Président du Conseil en 1851, *nous travaillons à l'inspirer à nos apprentis, et nous pouvons dire que nous avons réussi sur un grand nombre au-delà de nos espérances. Un de nos ouvriers*, ajoutait-il, *qui l'an dernier avait trois cents francs, a trouvé le moyen de grossir ses économies, quoiqu'il soit obligé de payer à la Maison une pension mensuelle de six francs pour son plus jeune frère !* »

Les directeurs de la Maison des Apprentis sont arrivés à ce précieux résultat en combattant deux défauts très communs chez les enfants, le mensonge et la dissimulation. Pour cacher des dépenses de gourmandise et certains actes de vagabondage, ils rencontrèrent d'impudents menteurs que les preuves les plus accablantes pouvaient seules ramener à la vérité. C'est en vain qu'ils leur faisaient comprendre que le menteur est pire que le voleur ; que le faux qui conduit au bagne un malheureux n'est autre qu'un mensonge écrit ; que celui qui a l'habitude de dire le mensonge est bien près de l'écrire ; ils n'obtenaient rien. Ils ont dû agir avec énergie contre ce déplorable vice ; ils ont inscrit dans le règlement que le menteur porterait à la Maison et dans l'atelier un écriteau de Menteur et que, s'il le fallait, il le porterait dans la rue ; ils n'ont jamais eu besoin de recourir à cette extrémité. Chez beaucoup l'habitude a cédé, et s'ils rencontrent encore des menteurs, du moins il n'y a plus d'obstinés. Il est facile de deviner que le moyen le plus efficace employé par les directeurs de la Maison des Apprentis, pour rendre leurs élèves obéissants, sincères et assez courageux pour résister aux caprices et aux fantaisies de leur nature, c'est la religion ; les devoirs essentiels du chrétien sont exigés de tous. Ceux qui le désirent peuvent s'exercer à la piété et à la charité.

C'est ainsi que plusieurs font partie d'une petite conférence de Saint-Vincent de Paul organisée comme celles de la ville, auxquelles elle est annexée. Les membres de cette conférence se réunissent chaque dimanche, s'excitent à bien servir Dieu et s'occupent de quelques familles pauvres qu'ils secourent. La Maison permet à chaque apprenti de prendre tous les dimanches un sou dans sa caisse de gratifications pour ajouter une douceur au pain du déjeuner ou pour acheter un jeu quelconque. Les membres de la Conférence de Saint-Vincent de Paul dépensent ce sou pour soulager leurs pauvres. Deux ans de suite, le jour d'une grande fête chrétienne, ils ont invité à un banquet peu somptueux il est vrai, mais confortable, douze pauvres vieillards qu'ils ont servis eux-mêmes. Il y a quelques années, pour améliorer et grossir la caisse des pauvres, la petite Conférence a frappé d'une amende d'un centime ceux de ses membres qui laisseraient échapper un mot grossier et obscène, ou un de ces hideux et sauvages termes d'argot si répandus dans les ateliers. Le succès a couronné ces efforts; on a constaté que la pensée de ces jeunes gens s'est élevée, que leur langage s'est épuré et ennobli. Tant il est vrai que, pour eux comme pour tous les hommes, la charité est le plus puissant moyen d'éducation, et qu'elle est plus utile encore à celui qui la fait qu'à celui qui la reçoit.

Avec l'éducation, la Maison des Apprentis donne l'instruction; elle veut que ses jeunes gens, tout en se montrant chrétiens, soient instruits, disciplinés et robustes. Dans les premières années, elle les envoyait aux écoles municipales, et nous trouvons à chaque page des comptes-rendus les témoignages les plus élogieux donnés à ces jeunes gens par les inspecteurs ou les instituteurs de la ville. *Vos apprentis,* disait au Conseil d'administration l'agent général des Ecoles de Nancy, en 1847, *sont les plus dociles et les meilleurs de nos élèves ; formant à peine le cinquième de l'école, ils ont obtenu le tiers des nominations.*

Plus tard, le même agent général disait (1) : « Le témoignage des professeurs est unanime pour reconnaître que les apprentis se distinguent par leur exactitude et leur bonne conduite ; il serait à désirer que l'on pût obtenir des parents le concours de soins et de surveillance que le Conseil d'administration apporte à nos instituteurs. Dans les concours et aux distributions de prix, les apprentis ont toujours tenu un rang très honorable. »

Aujourd'hui et depuis une vingtaine d'années, les cours se donnent à la Maison le soir après souper. Des hommes de dévouement veulent bien prélever sur les loisirs que laissent leurs occupations, le temps de venir apporter aux apprentis les connaissances dont ils ont besoin pour exercer avec succès leur profession et tenir dignement un jour leur place dans le monde.

Un gymnase établi par les soins de généreux donateurs, tout en faisant la joie des apprentis, développe leurs forces et entretient leur santé. Des leçons de musique vocale et instrumentale les rendent capables de donner des séances récréatives fort attrayantes et très appréciées de leurs bienfaiteurs.

Après avoir un jour assisté à une de ces séances, M. Lemachois, rédacteur du *Journal de la Meurthe*, écrivait, et nous nous permettons nous-même de dire après lui :

« Les personnes qui, comme nous, ont assisté aux débuts modestes de la Maison, peuvent mesurer la distance parcourue. Non seulement le nombre des pensionnaires s'est accru sans cesse, mais ces enfants ne se ressemblent plus. C'est un plaisir de voir leur excellente tenue, leurs façons aisées, l'air de satisfaction qui règne sur leurs visages. On voit tout de suite qu'élèves et maîtres ne forment qu'une famille et s'entendent à merveille.

_____

(1) Rapport de 1849.

« Le mérite de ce progrès en est un peu à tout le monde : à l'excellent Directeur, au Conseil d'administration, à tous les bienfaiteurs et amis de la Maison, aux surveillants, aux élèves eux-mêmes. Grands et petits ont puisé dans leur dévouement leur amour du devoir, et aussi dans cet encouragement superbe qui naît d'un succès laborieusement conquis, mais constant, mais brillant, la force d'aller plus loin et de faire mieux encore (1). »

CHAPITRE VI .

L'ŒUVRE MILITAIRE DE NANCY

S'occuper des soldats est une œuvre de zèle, — une œuvre patriotique, — une œuvre sociale, — de salut paroissial, — le couronnement nécessaire des associations d'enfants et de jeunes gens. — Ce qu'il est possible actuellement de faire pour le soldat. — L'œuvre militaire de Nancy. — Son recrutement — Ses attraits. — Ses résultats.

La charité prend l'enfant au berceau. Elle le protège pendant ses premières années et sa jeunesse, jusqu'à ce que les portes de la caserne s'ouvrent devant lui. Une fois entré dans cette vie nouvelle, si étrange et si mouvementée, va-t-elle le délaisser? Et s'il faut qu'elle s'occupe de lui, quel secours, quelle protection peut-elle lui procurer?

Plus le jeune homme s'avance dans la vie, plus les périls se multiplient autour de lui et plus il a besoin de direction et de soutiens qui le fixent dans la voie de l'honneur et du devoir. La charité, dès lors, est obligée de protéger le soldat dans

(1) *Journal de la Meurthe*, numéro du 29 août 1863.

l'intérêt de la religion, de la patrie, de la société, des familles et des œuvres catholiques d'enfants et de jeunes gens.

Faciliter aux soldats l'accomplissement de leurs devoirs religieux, conserver et entretenir leur foi, leur donner les moyens de la défendre et de la pratiquer est une œuvre excellente.

C'est d'abord une *œuvre de zèle* et de miséricorde comme la Propagation de la Foi, les conférences de Saint-Vincent-de-Paul, les Cercles d'ouvriers et les patronages, comme toutes nos œuvres catholiques qui ont pour but le salut des âmes.

Comme tel l'apostolat militaire mérite les récompenses promises à ceux qui font connaître, aimer et servir Jésus-Christ : grâces abondantes pendant la vie, précieuse consolation à la mort, gloire immense dans l'éternité.

L'apostolat militaire est aussi une *œuvre patriotique* et non la moins belle, ni la moins efficace. Le critérium le plus certain et le plus populaire de la bonté d'une armée c'est la victoire ; non pas cette victoire éphémère due au hasard, et suivie parfois de longs revers ; mais la victoire qui résume les efforts et la supériorité d'une armée et aboutit au succès final d'une campagne.

Nous désirons tous cette armée forte, qui impose une paix honorable et respectée ; donnons à nos soldats le courage qui vient de la foi, ils seront invincibles.

Imagine-t-on les angoisses d'un pauvre jeune homme à qui l'on ôterait toute foi en une vie future, qui se verrait privé de la liberté en temps de paix, exposé à la mort en temps de guerre et cela pour des motifs qu'il ne connaît pas ? Si ce n'est pas Dieu qui lui demande le sacrifice de sa vie, qui a le droit de l'exiger ?

D'ailleurs le soldat sincèrement religieux n'est-il pas aussi le plus discipliné ?

Un officier nous racontait dernièrement qu'il avait eu successivement sous ses ordres des réservistes provenant de deux régions différentes. Les 'uns venaient d'une contrée où la foi est en honneur et où les traditions chrétiennes se perpétuent dans les familles ; les autres venaient d'un pays où les cafés-concerts sont plus fréquentés que les églises. Au point de vue de l'obéissance, de la discipline, du respect dû à l'autorité, de la facilité à supporter les fatigues et les mille désagréments de la vie militaire, il y avait, disait cet officier, plus de soixante pour cent en faveur des premiers.

L'apostolat militaire est encore une *œuvre sociale*. Notre société serait bien vite abîmée dans l'anarchie si l'esprit révolutionnaire, qui signifie égoïsme, jouissances immédiates, plaisirs sans frein, révolte et indépendance, finissait par l'envahir dans toutes ses parties. Or, qu'y a-t-il de plus opposé à cette tendance fatale et menaçante que l'esprit militaire qui signifie hiérarchie, discipline, obéissance, résignation, sacrifice, renonciation à une récompense terrestre, travail et peine sans mobile égoïste, sans profit personnel, abdication perpétuelle de la volonté et obéissance jusqu'à la mort ?

Mais souffrir et mourir pour la patrie, obéir, se résigner, se dévouer obscurément, se sacrifier sans retour, supporter sans se plaindre les injustices du sort, comment en avoir seulement la pensée, et surtout la volonté et le courage, sans la certitude ou la foi invincible que c'est Dieu qui veut et compte tous ces sacrifices afin de les récompenser ? Cela est si vrai que même les soldats qui n'ont pas eu le bonheur de recevoir une éducation chrétienne, mais qui sont intelligents, se sentent instinctivement attirés vers la religion, comme vers la gardienne la plus sûre et la plus puissante de l'esprit militaire.

Le R. Père Boulanger, qui a prêché le carême de 1888 à la cathédrale de Nancy, voulut bien venir à l'hôpital militaire, le mercredi de chaque semaine, donner à nos soldats quelques-unes de ses instructions, si solides, si claires et si apostoliques. Un jour en rentrant à la sacristie et tout ravi de l'attention avec laquelle il avait été écouté et aussi de l'entrain avec lequel les soldats chantaient leur cantique habituel, il dit : *Si on nous laissait faire, c'est par l'armée que nous pourrions sauver la société.*

L'apostolat militaire est de plus une *œuvre de salut paroissial.* Qui ne sait le mal que peut faire, dans une paroisse de campagne surtout, un jeune homme revenu du régiment, où il aura oublié, omis ses devoirs religieux et appris toutes les insanités malsaines qui s'y débitent contre la religion, l'Eglise et ses prêtres?

Au contraire, quel bien ne ferait pas un jeune soldat qui se montrerait après son congé encore plus sérieux, plus soumis, plus religieux qu'auparavant? Comme son exemple serait irrésistible pour ses camarades et quel auxiliaire précieux il pourrait être pour son curé !

Ce qui est vrai de la paroisse est vrai à plus forte raison de la *famille.* On comprend les angoisses et les craintes pleines d'alarmes des parents qui soupçonnent ce qu'est une caserne dans une grande ville, quand ils sont forcés d'y abandonner un enfant inexpérimenté, honnête et pur. Aussi avec quelle joie et quelle reconnaissance, ces parents apprennent l'existence d'une œuvre militaire chrétienne, où leur enfant pourra se réfugier !

Enfin l'apostolat militaire est le complément et le *couronnement nécessaire* de tous les patronages, écoles chrétiennes, cercles d'ouvriers. Rappelons ce que ne cessait de répéter dans les congrès d'associations ouvrières Mgr de Ségur : « Si « le bien que vous faites dans vos cercles et dans toutes vos « œuvres de jeunes gens n'est pas continué dans l'armée, « l'armée sera le tombeau de toutes nos œuvres. A leur retour « ces jeunes gens fuiront nos cercles ; et non seulement ils « n'y rentreront pas, mais ils en seront les adversaires résolus, « attendu qu'il n'y a pas d'ennemis plus acharnés d'une cause,

« que les déserteurs de cette cause. Les fruits de vos efforts
« seront réduits à néant. »

Ainsi, l'armée française, qui est l'objet de toutes les préoccupations des hommes politiques, le sujet de toutes leurs
sollicitudes, le but de tous leurs efforts, l'armée pour laquelle
on s'impose les sacrifices les plus lourds, l'armée qui est
notre sécurité et, malgré quelques défaillances, l'honneur de
la France, l'armée française doit attirer toute l'attention des
catholiques, devenir l'objet permanent de leurs prières, de
leur charité, de leur espérance pour le salut de la société,
de la patrie, de la famille et pour la gloire de Dieu.

Mais que doit-on faire pour l'armée et que peut-on faire
pour elle ?

Que faut-il faire pour l'armée ? En justice et en bonne politique, il faudrait donner au moins à nos soldats, sous le rapport
religieux, les facilités que toutes les autres nations actuelles
de l'Europe donnent aux leurs ; un aumônier qui serait dans
un régiment ou dans une garnison le curé, le prêtre spécial
connu et aimé du soldat, une église ou chapelle particulière
avec des offices et au moins la messe le dimanche, des instructions ou conférences religieuses pour instruire, exhorter
les soldats et leur faciliter l'accomplissement de leurs devoirs
religieux ; voilà ce que réclament l'équité la plus élémentaire
et aussi, il ne faut pas craindre de le répéter, une politique
sage et intelligente ; mais hélas ! pour nous, en ce moment,
ces aspirations peuvent-elles être autre chose qu'un vœu
stérile, qu'un idéal vers lequel nous devrons, il est vrai,
tendre sans cesse, et qu'il faut réclamer toujours à cor et à
cris : *Clama ne cesses..., opportune et importune ?*

Oui, nous pouvons faire plus que gémir sur cet idéal, nous
pouvons commencer à le réaliser. La première condition pour
réussir, c'est d'être bien convaincus que nous pouvons faire
quelque chose pour le soldat, et par conséquent c'est de
cesser de nous endormir dans des lamentations banales sur

la difficulté et la dureté des temps, sur l'acharnement auda-
cieux et la haine satanique des francs-maçons et des impies ;
c'est de ne plus désoler notre conscience frémissante sous
l'aiguillon de la vérité qui est Jésus-Christ, en nous promettant d'agir quand viendront des jours meilleurs, des circonstances plus favorables et quand enfin on sera parvenu à
enchaîner et à réduire à l'impuissance les ennemis de Jésus-
Christ !

Les temps meilleurs ne viennent jamais pour les catholiques
et les espérer toujours, n'est-ce pas jouer le rôle de ce pâtre
naïf qui s'assied aux bords de la rivière, attendant que l'eau
qui se précipite avec impétuosité ait cessé de couler pour la
traverser à pied sec?

Les ennemis de Jésus-Christ ne désarment jamais ; ils l'ont
persécuté, ils nous persécutent, ils persécuteront ses amis
jusqu'à la fin du monde. D'ailleurs, pourquoi souhaiter les
faveurs de la paix ? N'est-ce pas dans les moments de lutte
et de persécution violente qu'ont pris naissance nos institutions les plus admirables, que se sont révélés nos saints et
nos martyrs? C'est la misère morale et physique du seizième
siècle qui a créé Saint-Vincent-de-Paul.

Du reste, ne sommes-nous pas à cette grande époque religieuse annoncée il y a quatre-vingts ans par le comte de
Maistre, où tout homme est tenu d'apporter une pierre pour
l'édifice religieux dont les plans sont visiblement arrêtés? La
médiocrité des talents, ajoute ce grand écrivain, ne doit
effrayer personne. L'indigent qui ne sème dans son étroit
jardin que la menthe, l'aneth et le cumin peut élever avec
confiance la première tige vers le ciel, sûr d'être agréé autant
que l'homme opulent qui du milieu de ses vastes campagnes
verse à flots, dans les parvis du temple, la puissance du fro-
ment et le sang de la vigne. *Robur panis... Sanguinem uvæ.*

Les catholiques doivent s'occuper des soldats, mais que
peuvent-ils faire pour eux?

Ce qu'il y a pour le moment de plus pratique, de plus salutaire et de *possible* à faire en France pour le soldat, c'est de créer des œuvres — qui s'appellent cercles ou maisons de famille, peu importe, — où il puisse se rendre facilement et passer avec plaisir et utilement quelques-unes de ses heures libres.

L'expérience, dit une Revue catholique, l'expérience « démontre que les prêtres qui s'occupent des soldats, obtiennent « des résultats très médiocres, sinon nuls, lorsqu'ils n'ont « pas un local ou maison de famille pour les recevoir. Sans « cette maison de famille les soldats qui viennent trouver le « prêtre sont peu nombreux et viennent rarement. Au contraire, partout où le prêtre a un local à leur disposition *il se fait un bien réel.* »

Mais permettra-t-on au soldat d'aller chez le prêtre ? Pourquoi pas ?

Aucune maison n'est interdite au soldat, pas même les plus mauvaises, à plus forte raison celle du prêtre. Jamais cette liberté n'a été contestée par aucun ministre de la guerre, ni par aucune autorité supérieure militaire.

La loi de 1880 garantit au soldat la liberté de conscience et par conséquent lui reconnaît le droit et la liberté de recourir au prêtre pour ses besoins spirituels. On sait très bien que le soldat n'a rien à perdre dans la fréquentation du prêtre, et que généralement ce sont les soldats les plus assidus chez l'aumônier qui sont les plus fidèles à leurs devoirs.

Les œuvres militaires sont donc possibles aujourd'hui, elles sont surtout *bienfaisantes*. Celle de Nancy en est une preuve. Commencée il y a quatre ans, elle a inscrit jusqu'à ce jour environ six mille soldats. La moyenne des présences chaque semaine, dans les réunions des mardis, jeudis, samedis et dimanches, est de six cent cinquante.

Les personnes qui s'étonneraient ou s'effrayeraient de ce grand nombre de soldats fréquentant l'Œuvre de Nancy, en s'imaginant peut-être que les réunions y sont désordonnées, sans tenue et sans profit, peuvent facilement se convaincre du contraire par une visite au Pavillon Drouot. Elles constateront, avec surprise peut-être mais assurément avec grand plaisir, combien ces réunions nombreuses sont calmes et dignes, tout en étant très joyeuses et animées de l'entrain le plus cordial.

On pourrait aussi peut-être critiquer le *mode de recrutement* adopté pour l'Œuvre militaire de Nancy, et dire : est-ce prudent de recevoir indistinctement, sans conditions, sans présentations et sans enquête préalable, tous les soldats qui se présentent? et puis n'est-ce pas sacrifier la quantité à la qualité ? Il est vrai que cette méthode consiste, en principe, à accueillir quiconque se présente avec l'uniforme militaire français, qu'il soit cavalier, fantassin, artilleur, soldat du génie ou chasseur à pied. Mais cette large hospitalité a pour elle son efficacité ; c'est en la pratiquant que l'on a réussi à créer à Nancy une œuvre militaire très vivement désirée depuis longtemps.

C'est aussi en suivant cette méthode depuis quinze ans, que réussit admirablement, auprès des soldats de la garnison de Lyon, dans son beau cercle rue de la Part-Dieu, M. l'abbé Clot, dont on s'est empressé, à Nancy, de demander souvent, et de suivre scrupuleusement les précieux conseils. Voici quelques lignes écrites, le 15 octobre 1888, par M. le directeur de la Part-Dieu ; elles intéresseront nos lecteurs à plus d'un titre.

« Les trois retraites ecclésiastiques du diocèse de Lyon qui viennent de se terminer, dit M. Clot dans l'*Ami du Soldat*, organe de son œuvre militaire, ont été, pour MM. les Curés, l'occasion de verser leurs souscriptions annuelles en faveur de notre œuvre, et pour Mgr Foulon, notre archevêque, le moyen de nous donner un témoignage de la plus haute bienveillance.

« A chacune des retraites, Sa Grandeur a recommandé en

termes très pressants notre Œuvre des Soldats, qu'Elle considère comme l'*une des plus importantes à l'heure actuelle.*

« Quand je vins assister aux funérailles de mon vénérable « prédécesseur, le cardinal Caverot, dit Mgr Foulon, je n'eus « le temps de faire qu'une visite, elle fut pour l'œuvre mili- « taire. Tout ce que j'ai vu à l'établissement de la Part-Dieu « m'a grandement émerveillé. J'ai trouvé cette œuvre admi- « rable... admirable... C'est donc une œuvre qui m'est chère, « et je verrai avec bonheur MM. les Curés et leurs parois- « siens s'y intéresser de plus en plus, en lui procurant des « ressources de plus en plus grandes, afin qu'elle puisse faire « plus de bien encore aux soldats. »

On le voit, le modèle choisi par l'Œuvre militaire de Nancy est bon.

Comme chez M. l'abbé Clot, on reçoit à Nancy tous les soldats qui se présentent, parce qu'on ne peut pas, on ne veut pas faire de l'œuvre un antre maçonnique, où l'on ne pénètre qu'après des épreuves rebutantes et ridicules; parce qu'aussi l'on ne craint pas d'être connu, examiné, inspecté, percé à jour. *Chez nous*, peuvent dire les directeurs de l'œuvre avec une sainte que l'on conduisait au martyre et à qui l'on repro- chait d'être chrétienne, *chez nous il ne se fait pas de mal.* Le but qu'ils cherchent à atteindre est bon, les moyens qu'ils prennent pour y arriver sont légitimes; et puis, l'idéal d'une œuvre militaire catholique, comme de toute association, n'est- ce pas de réunir le plus grand nombre possible de membres décidés à se conformer à son esprit et à se moraliser? Jésus- Christ appelle au ciel tous les hommes, même les plus misé- rables et les plus vils, et il accueille avec des transports de joie tous ceux qui sont de bonne volonté.

On pourrait dire encore que les *attraits* ou les *jeux* sont trop nombreux, trop variés, que l'on cherche trop à amuser les soldats, en sorte que l'œuvre semble être plutôt pour eux un lieu de distraction que de moralisation.

On peut répondre à ces critiques d'abord que les jeux sont des plus simples et des plus primitifs. Quoi de plus commun que le jeu de quilles, de lotos, de dominos, de dames, de cartes ?... Il est vrai que l'on a aussi le jeu d'échecs, appelé le roi des jeux et le jeu des rois, mais on n'a pas de billard et l'on n'en veut point précisément parce que ce jeu est trop distingué ; on ne rivalise pas avec les brillants cafés et les étincelantes brasseries.

Ce qu'il y a peut-être de particulier à l'Œuvre militaire de Nancy et qu'on ne trouve pas toujours dans les patronages, et même dans les cercles, et ce qui souvent est la cause principale de l'ennui et du dégoût des enfants et des jeunes gens qui les fréquentent, c'est que nos jeux, au lieu d'être malpropres, en désordre et toujours répandus dans les salles et sur les tables, sont soigneusement rangés, comptés et distribués ; ce soin les conserve toujours attrayants.

Oui, on offre des jeux et des attraits aux soldats, parce qu'on ne croit pas que le moyen le plus habile de les attirer et de les apprivoiser, que la voie la plus sûre d'entrer en relations avec eux soit de leur imposer d'emblée les pratiques les plus pénibles ou les exercices les plus mystiques de la piété dans un local maussade et plus ou moins funèbre. On croit, au contraire, qu'avant de les inviter à la prière et à l'accomplissement de leurs autres devoirs, il faut leur inspirer confiance et obtenir de se faire écouter ; il faut, par les actes les plus élémentaires et les plus simples de la charité et de la bienveillance, gagner leur cœur, c'est-à-dire leur estime et leur reconnaissance.

Prétendre agir d'autorité — auprès du soldat français surtout, vouloir s'imposer à lui et lui commander au lieu de s'insinuer et de le persuader, c'est exposer son apostolat à un insuccès certain, c'est commencer par où il faudrait finir. Cette maladresse n'expliquerait-elle pas les difficultés ou l'impossibilité, qu'ont rencontrées et que rencontrent encore à créer des œuvres semblables ceux qui suivent la méthode opposée ? Nous ne sommes plus au temps, ni dans un pays où l'autorité surnaturelle du prêtre est indiscutée. Pour l'imposer cette autorité divine, il faut absolument que le prêtre se serve de toutes les habiletés, de tous les prestiges que peuvent lui fournir ses qualités personnelles, sa science, sa vertu et tous les talents que Dieu lui a donnés.

Procurer aux soldats des amusements honnêtes, c'est une habileté et c'est aussi un résultat. C'est dans leur temps libre que les soldats viennent à l'œuvre, c'est-à-dire dans le temps qu'ils prendraient pour se reposer, se récréer, s'amuser ailleurs. Peut-on changer ce temps de récréation en exercice pénible et fatigant et n'est-ce pas plus sage, *contraria contrariis curare* ?

Mais les *consommations !* ajoute-t-on, on est bien obligé de donner aux soldats qui restent plusieurs heures dans des salles chauffées quelques consommations ? Oui, on donne à discrétion l'eau d'une fontaine qui se trouve dans le jardin. Quelques soldats peuvent aussi se procurer, avec les jetons de présence qu'ils reçoivent en entrant et qui leur servent d'enjeu, une boisson rafraîchissante, ou une chope de bière qu'ils font venir de la brasserie la veille des réunions. Voilà toutes les consommations que l'on permet. Peut-on dire qu'il y a là quelque chose d'exorbitant et de trop naturaliste ?

Sans doute, pourrait-on dire encore, mais les *dépenses* doivent être néanmoins très fortes !

La petite souscription que l'on fait en ville chaque année suffit largement pour les frais d'entretien, qui ne dépassent pas 2,500 francs.

D'ailleurs l'argent dépensé pour cette œuvre militaire, on a la prétention de le croire aussi charitablement employé que celui dépensé par les conférences de Saint-Vincent-de-Paul ou toute autre œuvre charitable. On ne distribue ni pain, ni vêtements, mais on donne quelque chose de sensible pour arriver plus facilement à l'âme, par une bonne parole ou une attention aimable.

L'Œuvre ainsi organisée a reçu l'approbation d'un des prêtres qui, de nos jours, se sont le plus occupés des soldats. M. l'abbé Perdrau, curé de Saint-Etienne-du-Mont, ancien aumônier de la garde impériale, avec M. l'abbé Maurin, a daigné y faire plusieurs visites pendant lesquelles on lui a expliqué la marche de l'œuvre ; il l'a complètement approuvée et louée.

Il reste à nous demander si cette œuvre ainsi approuvée dans sa nature, dans ses moyens, dans son but, est vraiment utile aux soldats ; si elle a obtenu quelques *résultats ;* si l'on a aidé, depuis quatre ans qu'elle existe, quelques soldats à remplir leurs devoirs religieux ? La réponse à cette dernière question, est la pierre de touche, qui vous permettra d'apprécier notre œuvre à sa juste valeur.

A-t-on obtenu des résultats religieux ou moraux, en réunissant quatre fois par semaine de nombreux soldats, dans un local qui est la demeure même de leur aumônier ? Poser ainsi la question c'est déjà y répondre ; car c'est un résultat, que plusieurs centaines de jeunes gens libres, attirés ailleurs par toute espèce de plaisirs, se rendent chez un prêtre qui assurément, ils le savent bien, ne leur procurera pas les distractions promises en d'autres maisons. L'intention de ces jeunes gens, en allant chez l'aumônier, est donc bonne, honnête et vertueuse, leur démarche est un acte religieux.

Les meilleurs chrétiens ne sont-ils pas ceux qui ont avec le prêtre les plus fréquentes et les plus sérieuses relations ? Comment un jeune homme commence-t-il à s'éloigner de Dieu ? C'est en s'éloignant du prêtre. Comment l'homme égaré commence-t-il à revenir à Dieu ? C'est en revenant au prêtre, Et on peut dire que la religion ou la piété d'un homme est toujours en proportion de sa sympathie, de son estime, de son amour pour le prêtre. Ceux qui veulent détruire la religion le savent si bien, que tous leurs efforts ont pour but d'éloigner le prêtre de l'enfant, du malade et de le reléguer au fond de sa sacristie.

Donc, la première chose à faire pour le soldat, c'est de lui donner le moyen, de conserver ses relations avec le prêtre ou de les rétablir ; c'est ce que l'on fait à Nancy. « Je ne re-« grette rien du régiment, Monsieur l'Aumônier, écrivait « dernièrement un soldat libéré, mais je me souviendrai « toute ma vie du pavillon Drouot, de nos bonnes réunions et « de vos conseils si sûrs et si dévoués. »

Et puis le temps que les soldats passent à l'œuvre, n'est-ce pas pour l'ordinaire autant de pris au crime et au désordre ?

C'est aussi un résultat, même pour ceux qui n'entrent pas dans l'œuvre, que d'offrir aux soldats de la garnison qui veulent rester chrétiens, un abri et un refuge où ils puissent renouveler leurs bonnes résolutions. Le général de Sonis, dont la mort nous a si douloureusement affligé il y a quelques années, répondit un jour à un prêtre qui lui recommandait un jeune homme pieux : *Oui, je m'occuperai très volontiers de votre jeune homme, je le surveillerai, je l'encouragerai dans sa piété, car on n'imagine pas le mal que peut empêcher et le bien que peut faire, dans une chambrée, un jeune homme solidement et franchement chrétien.*

La veille de la fête de saint Charles, le 3 novembre 1888, Mgr Turinaz disait à ses prêtres, qu'il était persuadé que le moyen le plus sûr, le secret le plus efficace aujourd'hui, pour réveiller les âmes et les élever en haut, c'est de faire simultanément appel à leur foi et à leur patriotisme.

Cette idée explique peut-être les succès des directeurs de l'œuvre militaire de Nancy auprès des soldats ; car les deux grandes pensées qui les guident et les soutiennent dans leur mission auprès d'eux, c'est la foi et le patriotisme. Souvent ils leur disent : *Mes amis, nous faisons ce que vous voyez ici pour vous, premièrement afin de vous être agréables et de vous montrer qu'il y a des hommes autour de vous qui vous aiment et savent reconnaître les sacrifices pénibles qui vous sont imposés par le service ; secondement, afin d'être utiles à vos âmes, utiles à vos familles, utiles à vos chefs, utiles enfin à la France notre chère patrie.*

Quoi qu'il en soit, le patriotisme et la foi, voilà assurément ce qui mérite à cette œuvre, de la part de la population de Nancy, cette profonde sympathie, et, de quelques personnes, des générosités intarissables, générosités qui touchent profondément et consolent ceux qui les connaissent.

Pour créer à Nancy l'œuvre militaire dont il vient d'être question, nous avons fait appel au dévouement d'un certain nombre d'anciens officiers qui veulent bien, avec un empressement admirable, nous apporter le concours précieux de leurs encouragements et de leurs offrandes.

Mgr Turinaz témoigne à notre œuvre le plus bienveillant intérêt. Sa Grandeur profite de toutes les occasions pour nous remercier tous : anciens officiers, directeur et soldats, de nos efforts et de notre bonne volonté ; le 31 décembre 1886, Elle daignait nous écrire : « ..... Le succès du Cercle militaire « me cause une joie bien vive.

« C'est une des œuvres qui me tiennent le plus au cœur.

« Vous pouvez compter, vous et tous les membres du Cercle, « sur mon absolu dévouement.

« Personne ne fait pour vous et pour eux, des souhaits « plus affectueux que votre évêque.

« Que Dieu bénisse les efforts de votre zèle et qu'il vous « donne les consolations et les succès que vous méritez !... »

CHAPITRE VII

PATRONAGES PAROISSIAUX DE JEUNES FILLES

Nécessité des patronages de jeunes filles ; — leurs avantages. — Moyen de créer ces patronages. — Paroisse Saint-Sébastien ; — paroisse Saint-Epvre ; — paroisse Saint-Léon ; — paroisse Saint-Fiacre ; paroisse Saint-Georges. — Importance de l'esprit paroissial. — Témoignage de M. le curé de la Cathédrale de Châlons.

Après les Catéchismes de Persévérance, les Œuvres les plus utiles pour la préservation des jeunes filles, sont les *Patronages paroissiaux*. Le but de ces patronages, c'est d'abord d'aider les jeunes filles de la classe moyenne et de la classe ouvrière à trouver une occupation ou un apprentissage qui les mettent à même de vivre honorablement et d'être utiles à leurs familles.

C'est ensuite de réunir ces jeunes filles pendant leur temps libre ou de repos, pour les récréer honnêtement et les soustraire à la tentation de s'amuser mal et d'une façon dangereuse; c'est enfin de les soutenir dans leur piété. Quoi de plus charitable? Ce n'est pas en effet, du moins pour l'ordinaire, dans leurs familles, ou pendant qu'elles sont occupées et qu'elles travaillent, que les jeunes filles sont exposées à se perdre. Le temps le plus dangereux pour elles, c'est le temps de leur récréation. Ce que Joseph de Maistre a dit des jeunes gens, on peut très bien le répéter aussi des jeunes filles.

« *Il faut amuser les jeunes gens, de peur que les jeunes gens ne s'amusent.* » Que de jeunes filles, surtout dans les villes, doivent leur persévérance à ces patronages si bienfaisants et si sages! Combien d'autres ne se sont perdues que pour avoir été infidèles à l'appel qui leur avait été fait!

La Révérende Mère Pauline de Faillonnet, supérieure générale si expérimentée de la Congrégation de la Doctrine chrétienne, écrivait un jour à une de ses religieuses : « Puisque « le divin distributeur des grâces vous a donné du talent et « de la bonne volonté, ne lui devez-vous pas de vous en servir « par exemple auprès de vos anciennes élèves, afin d'achever « de les gagner à la vertu et à la piété? Je vous demande « cela, ma chère fille, à mains jointes, au nom de Dieu, et « comme un service que vous me rendez... Ces pauvres en- « fants, quoique grandes, ont encore tant besoin de vous! leur « éducation est si incomplète! elles courent tant de dangers « que votre influence et vos bons soins peuvent détourner « d'elles! Ne trouverez-vous pas un ample dédommagement « à toutes vos fatigues dans la pensée que vous aurez fait « éviter ne fût-ce qu'un péché; que vous aurez fait pratiquer « ne fût-ce qu'un acte de vertu? Quel bonheur de se consu- « mer, de s'immoler pour gagner une seule âme au souverain « Maître! Pourrions-nous dépenser notre vie d'une manière « plus noble et plus méritoire? »

Voilà des paroles d'or, qui résument admirablement le but et les motifs des Associations de jeunes filles.

Un patronage de jeunes filles, pour réussir dans une paroisse, devrait être affilié à la Congrégation des demoiselles ou à toute autre association pieuse, et devenir comme la pépinière nécessaire où ces congrégations et associations se recruteraient naturellement.

Le lendemain de chaque première communion, la directrice ou la présidente de la congrégation pourrait se présenter aux petites filles et leur dire : « *Mes enfants, hier vous vous êtes* « *données à Jésus-Christ et à la sainte Vierge; aujourd'hui* « *nous vous proposons de vous aider à tenir vos promesses.*

« *Pour cela nous vous demandons seulement d'accepter notre*
« *protection.*

« *Les temps libres que vous ne passerez pas auprès de vos*
« *parents, vous viendrez les passer avec nous; nous vous four-*
« *nirons des amusements honnêtes dont vous pourrez jouir*
« *avec des compagnes sûres, que vous avez appris à connaître*
« *et à aimer au catéchisme.*

« *Après avoir bien joué nous prierons un peu toutes en-*
« *semble.* »

Que de profits spirituels retireraient d'un tel appel, non seulement les enfants mais les congrégations et les familles elles-
mêmes et par conséquent l'Eglise de Jésus-Christ !

Ne serait-ce pas le défaut d'apostolat et de zèle qui explique-
rait la décadence et la ruine de telle ou telle congrégation ou
association? Aujourd'hui, moins que jamais, on ne peut vivre
pour soi tout seul. Voulons-nous redonner la vie à nos associations? Inspirons-leur la charité et le zèle.

Depuis quelques années, à Nancy, le patronage des jeunes
filles s'est développé considérablement dans toutes les paroisses.

Patronage des jeunes filles de la paroisse Saint-Sébastien.
— Ce patronage est le plus ancien de la ville. On peut faire
remonter son origine à l'année 1774, époque de la fondation
de l'ouvroir des écoles adjointes à l'hôpital Saint-Charles.

La tourmente révolutionnaire de 1793 le fit disparaître,
comme toutes les autres œuvres de charité et de bienfaisance.
Mais, après la Révolution, M. l'abbé Charlot, curé de la cathédrale, dont on retrouve le nom dans l'histoire de toutes les
restaurations religieuses de cette époque, releva ce patronage
bienfaisant qui subsiste encore aujourd'hui, prospère et
vivace, grâce aux sœurs de Saint-Charles. En 1883, l'hôpital de ce nom ayant changé de local, le patronage fut

transporté dans un nouveau bâtiment construit par le Comité des écoles libres de Nancy, rue de l'Equitation.

La congrégation de Saint-Charles donne six sœurs pour les écoles et le patronage. Aujourd'hui ce patronage compte une centaine de jeunes filles et l'ouvroir une quarantaine.

Pour les encourager, les religieuses font célébrer chaque année en leur honneur une fête solennelle dans la maison-mère. Après une communion générale, il y a distribution de récompenses consistant en objets utiles que les jeunes filles choisissent elles-mêmes et paient en bons points obtenus pendant l'année. La première appelée est celle qui possède le plus de bons-points ; la dernière celle qui en a le moins.

Chaque dimanche les sœurs accompagnent et surveillent les jeunes filles patronnées dans leurs récréations et promenades; cette sollicitude leur permet d'exercer sur elles une influence salutaire et durable.

Patronage des jeunes filles de la paroisse Saint-Epvre. — Ce patronage fut fondé en 1855 par les sœurs de Saint-Vincent de Paul pour les jeunes élèves sorties de leur école. Il compte actuellement quatre-vingts jeunes filles de douze à vingt ans, qui se réunissent chaque dimanche de neuf heures du matin à sept heures du soir. Conduites à la grand'messe puis aux vêpres à une heure et demie, elles assistent ensuite au catéchisme de persévérance, dont une trentaine rédigent les leçons. Après le catéchisme, si le temps le permet, deux religieuses les accompagnent en promenade à la campagne. En hiver, pendant les mauvais temps, elles se récréent à la maison. Les plus grandes s'exercent au chant de cantiques pour les réunions à l'église, ou de chœurs pour les différentes fêtes; ou bien encore à la répétition de scènes morales et pieuses qu'elles donnent en représentation à leurs plus jeunes compagnes et aux personnes qui veulent bien les encourager de leur présence.

Chaque mois, toutes sont invitées à une communion générale ; quelques-unes s'approchent plus fréquemment des sacrements et témoignent d'une piété exemplaire. Elles sont unies par l'apostolat de la prière et reçoivent chaque mois un mystère à honorer par la récitation d'une dizaine de chapelet, formant le Rosaire vivant. Six zélatrices sont chargées de la distribution des billets, et se rendent compte ainsi de l'exactitude et des bonnes dispositions des membres de l'Œuvre. Ces jeunes filles, choisies parmi les plus pieuses, ont aussi pour mission de donner partout et en tout le bon exemple, de veiller à ce qu'aucune de leurs compagnes ne s'ennuie au patronage, et de rechercher celles qui s'en seraient éloignées. Elles secondent ainsi les maîtresses, et rendent plus faciles le maintien du bon ordre et la direction.

Chaque année, elles reçoivent une récompense pour leur piété, leur exactitude et leur bonne conduite. Cette récompense consiste en un objet utile.

La fête patronale du patronage se célèbre le jeudi qui suit la fête de saint Vincent. Les enfants se réunissent à la chapelle de la maison pour la messe du matin et la communion générale ; un sermon leur est donné par M. le Curé de Saint-Epvre ou l'un de ses vicaires. Toutes sont invitées au déjeuner et au dîner offerts par une bienfaitrice de l'Œuvre. Une promenade, accompagnée d'un goûter, complète la journée qui se termine par la bénédiction du Saint-Sacrement.

Deux ou trois fois pendant les vacances, on les emmène pour toute la journée en partie de campagne.

Aucune enfant dont la conduite serait équivoque ne fait partie de l'Œuvre, et dès qu'on s'aperçoit d'un écart sérieux, qui continue malgré des avis réitérés, l'exclusion est prononcée sans retour.

La plupart de ces jeunes filles persévèrent jusqu'à leur mariage. Plusieurs d'entre elles sont aujourd'hui des mères de famille exemplaires.

Patronage des jeunes filles de la paroisse Saint-Léon. —
Le patronage des jeunes filles de la paroisse Saint-Léon fut
créé en 1878, par Mlle Faivre, soutenue et encouragée par
M. Noël, premier curé de la paroisse. Les jeunes filles y
sont admises à partir de l'âge de dix ans. Les réunions ont
lieu le dimanche après les vêpres, dans une salle de l'école des
Frères.

Ces réunions commencent par la prière et l'appel nominal,
suivis d'une courte instruction religieuse et d'une heure de
classe ; elles se terminent par une récréation et le chant.

L'assiduité des jeunes filles et leur application leur donnent
droit à des bons points, qui leur servent pour l'achat d'objets
d'utilité et d'agrément.

Chaque année, deux ventes et plusieurs récréations extraordinaires sont accordées comme récompenses et encouragement.

Dix Dames patronnesses et une directrice président les
réunions du dimanche. Elles visitent aussi les jeunes filles
dans leurs familles et leurs ateliers pour surveiller leur conduite.

Trente membres honoraires donnent une cotisation de cinq
francs par an et subviennent ainsi aux frais occasionnés par
le chauffage et l'éclairage, les récompenses, les fournitures
de classes, l'entretien d'une petite bibliothèque. Cinquante
jeunes filles suivent assidûment le patronage depuis plusieurs
années et sont d'honnêtes ouvrières. Plusieurs sont devenues membres de la Société des Jeunes ouvrières de la Persévérance.

Patronages des jeunes filles de la paroisse Saint-Fiacre. —
La paroisse Saint-Fiacre possède deux patronages de jeunes
filles. L'un d'eux a été commencé au mois de janvier 1884.
Un an auparavant, Monsieur le Curé avait établi dans la paroisse l'Œuvre des Catéchistes volontaires, ayant pour mis-

sion de préparer à la première communion les enfants des écoles municipales.

Le temps trop limité, dont on pouvait disposer pour les répétitions, inspira à quelques-unes des Dames catéchistes l'idée de fonder le jeudi un ouvroir où il serait possible de compléter l'éducation religieuse des enfants, tout en leur donnant quelques notions de couture.

Mais on se heurta au début contre le mauvais vouloir des enfants habituées au vagabondage ; on en réunit à peine une douzaine. Quatre de ces dames prêtèrent dès ce moment leur concours au patronage.

En 1883, Monsieur le Curé et le Conseil de fabrique ayant bien voulu donner des places d'église aux plus grandes jeunes filles de l'ouvroir, les catéchistes se sont chargées de la surveillance aux offices de la paroisse et au catéchisme de persévérance.

Cependant, les enfants entrées en apprentissage échappaient forcément au patronage qui les réunissait le jeudi, et ne trouvaient que rarement l'occasion de revoir les dames qui s'en étaient occupées jusque-là.

Il y avait une lacune à combler. Sur la demande de Monsieur le Curé et des Dames du Conseil, une réunion eut lieu le dimanche à partir du mois d'octobre 1886. A ce moment, le patronage comptait vingt-six jeunes filles. Aujourd'hui elles sont plus de cent.

Les dames et demoiselles patronnesses partagèrent donc leur dévouement entre ces trois œuvres : 1° répétition du catéchisme ; 2° ouvroir du jeudi ; 3° réunion du dimanche, surveillance aux offices et à l'atelier.

Les répétitions du catéchisme se font le lundi et le jeudi, de onze heures à midi, dans l'école des Sœurs de Boudonville.

L'ouvroir et la réunion se tiennent rue de Metz.

L'ouvroir reçoit les enfants de neuf à treize ans; le jeudi de une heure et demie à quatre heures, pour un petit cours d'histoire sainte, une leçon de couture et une récréation.

Les petites filles qui ont fait leur première communion sont admises le dimanche de quatre heures à six heures et demie du soir.

Le temps se partage entre les exercices suivants : classe de français ou de calcul, jeux et chants, explication de l'Evangile et prière avant le départ.

Une petite bibliothèque est mise à la disposition des jeunes filles. On demande aux enfants du patronage l'assistance exacte aux offices de la paroisse où elles sont surveillées ; la fréquentation régulière des sacrements, des mœurs irréprochables et l'obéissance aux règlements.

Les apprenties reçoivent un livret de travail qu'elles doivent présenter chaque mois et qui sert à vérifier leur conduite à l'atelier où elles ont été placées par les Dames patronnesses.

Une distribution de récompenses a lieu chaque année.

Les ressources proviennent : 1° des offrandes des membres actifs ; 2° d'une quote-part dans les cotisations recueillies chaque année dans la paroisse pour l'œuvre des patronages et catéchismes, et dans la quête du jour de la fête patronale. Des dons volontaires ont jusqu'ici comblé les déficits.

La direction du patronage est confiée à un comité formé des membres actifs de l'œuvre, sous la présidence de Monsieur le Curé. Ce comité se compose d'une présidente, d'une secrétaire, d'une trésorière, de deux directrices et des conseillères. Il se réunit en séances trimestrielles et plus souvent quand les besoins de l'œuvre le demandent.

Grâce au grand nombre des membres actifs, toutes les enfants sont suivies de très près. Aussi constate-t-on chez elles plus de piété, de douceur, et une meilleure tenue qu'auparavant, et chez leurs parents plus de sympathie et plus de confiance. A l'atelier les jeunes filles du patronage sont généralement appréciées. Presque toutes jusqu'ici sont restées comme ouvrières dans les maisons où elles avaient été placées.

Un jour, on apprit au Patronage que deux enfants de quatorze à quinze ans n'avaient pas fait leur première communion. Pour quelles raisons? Celles qu'on expose, hélas! trop souvent. La famille est nombreuse; la misère guette à la porte; les enfants n'ont pas de vêtements convenables pour aller aux offices. On est fier, on ne veut rien demander. Bref, la négligence, l'indifférence aidant, les années passent, le travail prend les aînés de la famille et dès lors ne leur laisse plus le loisir de se préparer à la grande action. Une patronnesse se présenta dans la famille, non sans appréhension. Mais la victoire fut plus facile qu'on ne l'espérait. Après quelques explications, le père, que l'on croyait intraitable, dit tout à coup : « *Bah! prenez-les, faites-en tout ce que vous voudrez. Nous* « *nous dépêcherons un peu plus. Est-ce qu'on peut refuser* « *quelque chose aux demoiselles du Patronage?* »

Que de fois ce mot est répété! Que de fois aussi les mères viennent trouver *les demoiselles* pour leur raconter les défauts de leurs jeunes filles, les prier d'user de leur influence pour les corriger ou pour les décider à faire un sacrifice nécessaire! « — *Elles vous écoutent mieux que moi !* » disent-elles généralement.

Les plus âgées des jeunes filles du Patronage s'efforcent de donner le bon exemple aux plus petites. La veille d'un jour de fête, deux d'entre elles avaient dû passer la nuit pour terminer un ouvrage pressé. Elles quittèrent l'atelier à cinq heures du matin. Au lieu de rentrer chez elles pour se reposer, se rappelant que c'était jour de communion pour le Patronage, elles se dirent : *Nous devons le bon exemple, entrons à l'église, confessons-nous et communions.* Elles firent comme elles disaient, elles revinrent même à tous les offices de la journée. L'une d'elles s'endormit pendant les vêpres. Ses compagnes, pour l'excuser, racontèrent alors avec admi-

ration aux Directrices la conduite courageuse de leur compagne.

Comme tous les autres Patronages de jeunes filles de Nancy,
celui de Saint-Fiacre reçut de Mgr Turinaz, pendant l'année 1889, de précieux encouragements. Le 17 mars, Monseigneur, s'adressant aux Dames patronnesses et aux enfants,
leur montra le Patronage comme une œuvre de *charité
morale*, puisqu'il s'adresse aux âmes des enfants qu'il veut
sauver, comme une œuvre de *défense*, puisqu'il lutte contre
les périls qui menacent ces âmes. Sa Grandeur a vivement encouragé les Dames patronnesses de l'Œuvre à
persévérer dans un dévouement qui leur méritera la récompense céleste.

S'adressant ensuite aux enfants, Monseigneur leur a demandé
de témoigner leur reconnaissance à ces Dames, en devenant
des *modèles* : modèles de modestie, modèles de travail à
l'atelier, d'obéissance et de bonté dans la famille.

Le second patronage de jeunes filles de la paroisse Saint-
Fiacre n'est pas moins florissant que le premier. Il est composé des enfants qui ont fréquenté les écoles tenues par les
sœurs de Saint-Charles et dirigé par ces religieuses. Il
compte aujourd'hui cent vingt jeunes filles très assidues et
très attachées à leur patronage ; conduites aux offices de la
paroisse par les sœurs, ces jeunes filles forment le noyau du
catéchisme de persévérance et sont comme la pépinière où se
recrute la congrégation de la sainte Vierge. Rien d'intéressant comme de voir chaque dimanche les sœurs de Saint-
Charles accompagner, après les vêpres, ces nombreuses
jeunes filles dans leur promenade et leurs récréations. Les
plus indifférents sont touchés du dévouement des religieuses
et de la docilité avec laquelle leurs protégées se maintiennent
dans la vertu par une piété douce et persévérante, joyeuse
et ferme.

Patronage des jeunes filles de la paroisse Saint-Georges. — Ce patronage fut fondé en 1887, au lendemain de la retraite préparatoire à la première communion que les Jeunes Economes, catéchistes de cette paroisse, avaient surveillée. L'heure était propice. Les enfants étaient encore sous l'impression salutaire de la retraite et de la première communion. M. le Curé de Saint-Georges voulut bien donner son approbation et le directeur des frères accorder, pour la réunion du dimanche, une des salles de l'école. L'Association des Jeunes Economes a pris la direction du patronage. Déjà, depuis quelques années, une personne dévouée réunissait chaque dimanche un certain nombre de jeunes filles qui, formées par ses soins, devinrent le véritable noyau du patronage.

Celui-ci comprend :

1° Les patronnesses ou membres actifs qui s'occupent directement des jeunes filles et président aux réunions du dimanche : une présidente choisie parmi elles les réunit en conseil quand les besoins de l'œuvre le demandent ;

2° Les membres honoraires, au nombre trop modeste de cinq ou six, dont les cotisations de cinq francs, jointes à celles des patronnesses, sont employées à couvrir les menus frais de l'œuvre et à acheter des récompenses ;

3° Les jeunes filles patronnées ; les plus anciennes, celles qui ont fait leurs preuves, sous le rapport de l'exactitude, de la politesse et de la bonne conduite, ont le titre d'associées ; les autres sont aspirantes.

Des jeux, la promenade en été, de petites fêtes quatre ou cinq fois dans l'année, forment l'emploi du temps.

Une quarantaine de jeunes filles, dont plusieurs sont des modèles d'exactitude, fréquentent ce patronage.

En terminant ces notices sur les patronages paroissiaux de jeunes filles et en rappelant ce que nous avons dit plus haut des patronages paroissiaux de garçons, il convient de conclure que la meilleure organisation des œuvres de jeunesse est celle qui s'appuie sur la paroisse. La paroisse en effet ne meurt pas; les hommes changent et passent, mais une institution qui est un élément de la constitution de l'Eglise catholique est immortelle comme l'Eglise elle-même.

Donc, comme condition de durée et de stabilité, la paroisse doit servir de base aux associations de jeunesse.

Elle le doit encore, car il importe essentiellement, pour la persévérance religieuse des jeunes gens et des jeunes filles, qu'ils fréquentent le plus longtemps possible, et jusqu'à un départ ou changement forcé, l'église dans laquelle se sont passés leurs premiers et principaux actes religieux, le baptême, la première communion, l'église dans laquelle ils viendront demander au prêtre de bénir leur mariage ou de fixer leur vocation, l'église enfin dans laquelle sera exposée leur dépouille mortelle.

Qui ne sait combien est désastreuse, pour la pratique religieuse de certaines gens, une modification dans le personnel ecclésiastique auquel elles sont habituées ou même dans le temple qu'elles fréquentaient habituellement ?

Aussi le curé qui s'efforce, avec zèle, de concentrer autour de lui et d'appuyer sur son église toutes les œuvres de sa paroisse, est seul le véritable pasteur : il veut connaître ses brebis, afin que ses brebis le connaissent, comme l'indique Jésus-Christ. Quiconque l'entraverait dans cette mission, ne saurait être béni de Dieu. Le devoir des religieuses et des religieux, auxiliaires des pasteurs dans l'église, le devoir de toutes les personnes charitables qui dirigent des associations, est donc de favoriser l'esprit paroissial et de n'attirer auprès d'eux les jeunes gens ou les jeunes filles qu'afin de les ramener aux prêtres des paroisses. C'est là une condition essentielle pour que l'apostolat des enfants et des jeunes filles soit béni et fructueux.

« Ce qui me recommandera toujours davantage le patronage « de nos jeunes filles, disait, au congrès catholique de Châ-

« lons en 1888, M. le chanoine Lucot, curé de la cathédrale,
« ce sera le progrès qu'elles ne cesseront de faire dans la vie
« paroissiale, persuadé que je suis de plus en plus, que si « là
« où est le Pape, là est l'Eglise », là où est le pasteur, là doit
« être le troupeau, et que le curé doit travailler sans relâche
« à le grouper autour de lui, car personne n'a autant que lui
« grâce pour conduire à Dieu ceux qu'il lui a donnés (1). »

(1) *Rapport* sur les patronages des jeunes filles de Châlons.

CHAPITRE VIII

ASSOCIATIONS SPÉCIALES DE JEUNES FILLES

Association des Dames de la Providence ; — des Demoiselles de la Providence. — Maison Sainte-Marie des Allemandes. — Fondation et organisation de cette maison ; — Son état actuel. — Société de Saint-Joseph
sur la paroisse de la Cathédrale. — Règlement de cette Société.

Outre les patronages paroissiaux de jeunes filles qui protègent exclusivement les enfants de la paroisse, il y a, à Nancy,
des œuvres spéciales qui ont pour but d'aider certaines catégories de jeunes filles répandues dans toute la ville, comme les
orphelines, les apprenties, les ouvrières, les employées de
commerce, les jeunes Allemandes, etc.

Association des Dames de la Providence. — En 1825, parmi
les personnes qui avaient suivi la Mission, Mgr de Forbin-
Janson avait créé une Association dont les membres devaient
s'appliquer, par des exercices religieux périodiques, à renouveler les grâces de salut reçues pendant l'année sainte. Cette
Association, composée de personnes qui se recrutaient dans
toutes les classes de la société, prit le nom d'Association de
la Persévérance. Parmi ces personnes, celles qui étaient plus
favorisées des biens de la fortune furent sollicitées de concourir en même temps à un autre but : celui de fournir à
l'Ouvroir des Sœurs de la Charité les ressources dont il avait
besoin, et comme l'Ouvroir portait le nom de la Providence,
ces Dames ajoutèrent ce nom à celui qu'elles avaient déjà
reçu et s'appelèrent : Dames de la Providence et de la Persé-

vérance. C'est le 1ᵉʳ mai 1825 qu'elles furent constituées en Association religieuse.

Cet Ouvroir de la Providence existait depuis cinquante ans. En 1778, les sœurs de Saint-Vincent de Paul, établies à Nancy depuis 1701, joignirent à leurs œuvres de charité une filature où elles employaient les jeunes filles pauvres de la paroisse ; autant pour trouver occasion de les instruire chrétiennement et de surveiller ou former leur conduite que pour leur fournir des ressources matérielles. Cette filature, que l'on peut considérer comme la première forme de l'Ouvroir, fut fermée pendant la Révolution. En 1808, la supérieure, sœur Julie, réorganisa toutes ses œuvres charitables, mais la filature devint une lingerie. Vers 1830, la supérieure, jugeant que pour faire un bien durable il fallait soustraire aux influences malsaines les jeunes filles confiées aux soins des religieuses, résolut de faire de son Ouvroir un internat, tel qu'il existe encore aujourd'hui. Les jeunes filles qui y sont placées reçoivent des sœurs de Saint-Vincent de Paul, avec toutes les choses nécessaires à la vie, une éducation chrétienne et une instruction classique et professionnelle appropriées à leur condition.

Elles sont reçues à l'âge de neuf ans et ne quittent la maison qu'à vingt et un ans. Elles sont alors recommandées et placées par les religieuses, qui leur remettent aussi un trousseau convenable. L'Association est essentiellement religieuse. Ses membres s'unissent dans le but de glorifier Dieu et de se sanctifier elles-mêmes par la foi et la charité. Les réunions ordinaires, avec instruction et salut, ont lieu le deuxième lundi des mois de novembre, décembre, janvier, février, mars et avril, à trois heures, dans la chapelle des Sœurs de Saint-Vincent de Paul.

La fête patronale se célèbre le lundi qui suit le deuxième dimanche après Pâques.

L'Association est placée sous le haut patronage de Mgr l'Evêque de Nancy, qui en est le premier supérieur. Un ecclésiastique désigné par Sa Grandeur en est le directeur et préside les réunions.

L'Œuvre est administrée par un Conseil qui prononce sur l'admission des associées et des jeunes filles que l'on veut adopter. La présentation des enfants est réservée aux Membres de l'Association. Chaque jeune fille a une dame patronnesse qui doit visiter sa protégée une fois par mois et continue vis-à-vis d'elle son rôle de surveillance affectueuse même après sa sortie de l'Ouvroir.

L'Association compte des associées et des membres honoraires. Les unes et les autres ont part aux prières de l'Œuvre. Après leur mort, une messe est dite pour le repos de leur âme. Chaque année, le lendemain de la fête, le saint sacrifice est offert pour tous les membres défunts.

L'état actuel est satisfaisant. L'Œuvre, comprenant 300 membres, compte toujours sur le secours de la Providence pour continuer à faire le bien.

Son budget annuel a varié entre 1,500 et 4,000 fr.

Elle a entretenu annuellement, selon ses ressources, treize enfants au moins, et vingt-sept au plus; mais elle n'a jamais pu réaliser totalement le but qu'elle s'était proposé: celui de prendre absolument à sa charge l'Ouvroir tout entier, dans lequel on compte cinquante places. Les pensions des autres enfants sont payées par les parents, par des bienfaiteurs ou par des fondations.

Pendant les cinquante premières années de son existence, l'Association des Dames de la Providence a dépensé au service des enfants pauvres qu'elle patronne 148,178 fr. offerts par les associés.

La cotisation annuelle que versent les Membres de l'Œuvre est de 10 fr. *au minimum*. Au lieu de verser annuellement sa cotisation, il est possible de la fonder en remettant, à cette intention, le capital correspondant à la rente que l'on veut établir.

A part de très rares exceptions, les jeunes filles sont restées dignes de leur éducation et des soins charitables dont elles ont été l'objet. On est, de plus, toujours frappé de l'attachement que conservent pour la Maison et pour leurs Maîtresses celles qui en sont sorties ; c'est pour elles un besoin de revenir ; elles déclarent y trouver des forces et des consolations qu'elles ne rencontrent nulle part ailleurs.

Le Conseil est ainsi composé aujourd'hui : *Directeur*, M. l'abbé Masson, sous-directeur à l'école Saint-Léopold ; *présidente*, Mme la baronne Rolland de Malleloy ; *vice-présidente*, Mme de Landre ; *secrétaire*, Mlle de Lambertye ; *trésorière*, Mme Costé ; *conseillères*, Mmes Batremeix, de Bouvier, Jules Gouy.

Association des Demoiselles de la Providence. — Cette association, comme la précédente, a été fondée en 1825, par Mgr de Forbin-Janson, à la suite et comme conséquence des missions qu'il avait fait prêcher à Nancy et dans le diocèse.

Le but de l'Œuvre est d'assurer à des jeunes filles pauvres des secours pécuniaires et une surveillance chrétienne pendant leur apprentissage. Tandis que les Dames de la Providence confient leurs pupilles aux sœurs de Saint-Vincent de Paul, qui se chargent de tout leur entretien et les considèrent comme des élèves internes, à qui elles donnent l'instruction, la nourriture et le vêtement, les Demoiselles de la Providence se chargent des enfants qui restent dans leurs familles et se rendent chaque jour dans des ateliers ou magasins, pour apprendre un état ou le commerce. C'est tout spécialement une œuvre de jeunes filles apprenties.

« L'Association des Demoiselles de la Providence, dit l'article I des statuts, a pour objet principal de pourvoir à l'éducation et à l'entretien de jeunes filles pauvres, de leur fournir tous les frais ou une partie des frais nécessaires à l'apprentissage des états honnêtes et utiles qui les sauveront des dangers de la misère, et leur fourniront un moyen de soutenir leurs parents et de vivre honorablement. »

L'Association comprend des Demoiselles associées, des Dames affiliées et des Membres honoraires au nombre de soixante-dix. Un ecclésiastique désigné par Mgr l'Evêque est le directeur de l'Œuvre.

« Un autre but de l'Association, dit l'article II des statuts, a pour objet les membres eux-mêmes de l'Association, qui concourent par leurs prières, leurs exemples, leurs soins et leurs charités au bien-être de jeunes filles pauvres, d'autant plus malheureuses que souvent elles méritent moins de l'être. L'Association réunit dans une même pensée chrétienne et charitable des âmes pieuses et peu inquiètes des biens de la terre, et leur donne occasion de suivre et de réaliser des idées de charité, de vigilance, d'ordre et d'économie. »

Il résulte des deux fins de l'Association, une utile communication entre les jeunes protégées et leurs dignes protectrices, des sentiments de confiance, d'estime et de dévouement, qui ne devront, dans la suite, que se fortifier et se perfectionner encore.

L'Association est dirigée par un Conseil qui décide de l'adoption des jeunes apprenties et leur donne une patronnesse.

Les soins donnés aux enfants dont s'occupe l'Association, dit l'article IV, consistent en une surveillance charitable pour tout ce qui concerne leur conduite, qui doit être sage et pieuse, pour l'exactitude, le travail, l'instruction religieuse, la fréquentation des Sacrements, la propreté, etc., non pas dans l'intention de trouver dans leurs défauts un motif de les exclure, mais au contraire afin de les aider à se corriger et à devenir toujours meilleures.

Chaque apprentie reçoit 5 francs par mois. Là durée du patronage est de vingt-quatre à vingt-six mois. Quand une enfant protégée est exposée à perdre sa foi ou sa vertu, l'Association la place à ses frais dans une communauté religieuse ; mais ce n'est là qu'une exception.

« Le Conseil, dit l'article VI, fournira, selon l'occurrence, en tout ou en partie, ce qui est nécessaire aux jeunes personnes adoptées, pour leur apprentissage ; il pourra les aider encore en leur procurant des vêtements, ou en fournissant des secours en vivres aux parents chez qui elles demeurent.

« Le Conseil peut fournir des secours partiels à des familles peu aisées, quoiqu'elles ne soient pas tout à fait pauvres ; mais il faut que ces secours aient rapport à l'Œuvre des Demoiselles de la Providence, et tendent d'une manière plus ou moins directe à faciliter des apprentissages pour des jeunes filles. »

Il est en effet des familles qui, sans être absolument pauvres, sont très gênées et ne peuvent que difficilement donner un état convenable à leurs enfants. Souvent ce sont ces familles qui s'imposent le plus de privations, qui souffrent d'autant plus, qu'elles n'osent se plaindre et tendre à la charité publique une main suppliante. Souvent c'est dans ces familles que sont implantés et se conservent mieux les nobles sentiments de piété, de probité et d'honneur ; c'est là que la reconnaissance est plus vive, que la charité est plus utile et mieux appréciée. Pourrait-on refuser d'aider ces familles, par la raison qu'elles demandent moins de secours, tandis qu'en même temps elles promettent plus de fruits ?

Un bulletin hebdomadaire, lu chaque mois au Conseil, constate la conduite, la régularité et le travail des jeunes protégées.

« C'est une des plus douces consolations, disait en 1844 le directeur aux associées, un puissant motif d'encouragement pour une jeune fille, de n'être pas entièrement ignorée, abandonnée ; de rencontrer une personne honorable et bienfaisante dont elle est connue, qui lui porte intérêt, qui l'anime d'un regard bienveillant et d'une parole caressante, qui est sensible à ses peines, applaudit à ses succès et la conduit ainsi à travers les dangers de son âge et de sa condition, jusqu'au jour où, plus raisonnable et mieux affermie dans la pratique du bien, forte de votre souvenir et de vos bontés, heureuse de pouvoir se suffire et de gagner elle-même honorablement sa vie, elle ne sera plus tentée de retourner en arrière et d'abandonner la vertu.

« Alors seulement, peut-être, elle comprendra tout ce qu'elle a évité de dangers, de chutes et de malheurs, tout ce que vous lui aurez fait de bien ; elle vous bénira le reste de sa vie, et pour témoigner à Dieu sa reconnaissance, elle tendra à son tour une main secourable à une autre jeune fille qui en aura besoin, et elle deviendra son ange, comme vous l'aurez été pour elle. »

Une réunion pieuse a lieu le premier jeudi de chaque mois, dans la chapelle des Sœurs de l'Espérance ; une instruction est adressée aux enfants par le Directeur de l'Œuvre, qui donne ensuite le salut du Très Saint Sacrement.

« Les Demoiselles de la Providence, en s'unissant pour le bien des enfants pauvres, dit l'article X, seront naturellement portées à s'unir de prières, de confiance et de communications ; elles s'empresseront d'assister à la réunion de chaque mois, d'implorer les bénédictions du Ciel sur les Demoiselles de la Providence et sur les enfants adoptées. »

A cette réunion assistent cinquante enfants environ de l'Ecole professionnelle Sainte-Anne, qui est protégée par les Demoiselles de la Providence.

La fête de l'Œuvre se célèbre le 2 février, fête de la Purification de la très sainte Vierge.

D'après les comptes-rendus annuels, le nombre des jeunes apprenties patronnées par les Demoiselles de la Providence a été en moyenne de quarante chaque année, ce qui donne pour les soixante-quatre années d'existence de l'Association, un total de 2,460 jeunes filles dont elle a été la Providence. Quel bien moral et religieux s'est opéré dans ces âmes !

Et quand quelques-unes n'auraient pas dignement répondu aux soins dévoués et religieux dont elles ont été l'objet, ne croyons pas pour cela que tout soit perdu. Il y a pour ces pauvres enfants des jours de folie et d'orages, mais il y a aussi des semaines, des années de chagrin, de souffrance et de regrets, pendant lesquelles la grâce de Dieu leur rappelle tous les moyens de salut qui leur ont été donnés ; le souvenir de leur bienfaitrice leur reviendra à l'esprit, et leur inspirera de la confiance et de l'encouragement!

Les dépenses de chaque année se sont élevées à 1,900 francs environ, ce qui donne un total de 121,600 francs donnés à des enfants pauvres pour leur procurer le moyen de vivre honorablement et d'être utiles à la société. Quand on voit le nombre des associations et sociétés de bienfaisance ou de charité qui se sont multipliées à Nancy depuis cinquante ans, on se demande avec étonnement et reconnaissance comment les plus anciennes, comme les Associations des Dames et celles des Demoiselles de la Providence, ont pu continuer jusqu'aujourd'hui, modestement, silencieusement, mais efficacement, leur sainte et charitable entreprise. Malgré les changements sans cesse occasionnés par la mort ou les déplacements, les membres de ces deux Associations ont toujours été aussi nombreux et aussi zélés. N'est-ce pas une preuve évidente que ces deux Associations répondent à des besoins qui se renouvellent toujours ? N'est-ce pas aussi un signe de l'estime et de la confiance qu'elles inspirent ? N'est-ce pas enfin de leur part une persévérance digne de l'admiration des hommes et des meilleures récompenses de Dieu ?

Car les motifs qui les déterminent à accepter cette mission et à y persévérer ainsi, elles les trouvent « dans les sentiments de cœurs bien nés, qui s'attachent naturellement à des enfants d'autant plus dignes d'intérêt qu'ils sont moins fortunés. Elles

les trouvent dans la religion qui leur fait un devoir de secourir le pauvre avec une partie des biens dont leur naissance, et non leur travail ou leur mérite, les a pourvus. Elles les trouvent dans la parole de Dieu qui nous le recommande instamment et qui se charge d'être lui-même notre digne récompense. *Ero merces vestra magna nimis.* (Gen. 15, 1.)»

Le Conseil est actuellement ainsi constitué : Directeur, M. l'abbé Masson, sous-directeur à l'Ecole Saint-Léopold ; présidente, Mlle Fromenthal ; vice-présidente, Mme la comtesse de Landrian ; secrétaire, Mlle Ducret ; trésorière, Mlle de Gironcourt.

Maison Sainte - Marie des Allemandes, dirigée par les sœurs hospitalières de Saint-Charles, rue des Chanoines, 1, à Nancy. — La Maison Sainte-Marie, fondée en 1838, par le vénérable M. Berman, ancien professeur au grand Séminaire de Nancy, décédé chanoine titulaire de la Cathédrale, a un double but : 1° recevoir les bonnes qui viennent à Nancy pour se mettre en condition ou sont momentanément sans place; 2° recueillir un certain nombre de jeunes filles pauvres, la plupart orphelines abandonnées, pour leur donner une éducation chrétienne et les mettre en état de gagner honorablement leur vie.

Les jeunes filles de la Lorraine allemande, qui venaient à Nancy pour se placer, devenaient trop souvent, en raison de leur inexpérience et de leur ignorance à peu près complète de la langue française, la proie d'indignes exploiteurs qui, sous prétexte de leur fournir une place avantageuse, les entraînaient dans des maisons où leur vertu était en danger.

Frappé des périls de toutes sortes auxquels ces malheureuses jeunes filles étaient exposées, soit à leur arrivée à Nancy, soit lorsqu'elles restaient sans place, M. Berman, selon son habitude, se mit à prier la sainte Vierge, et lui dit, avec cette foi vive et simple qui le caractérisait :

« Comment est-il possible que vous, la Mère de misé-
« ricorde, vous puissiez permettre que ces âmes naïves
« et innocentes se perdent sans secours ! Ce serait à la honte
« de votre Fils et à la vôtre, comme aussi à la mienne, car
« je suis prêtre. Oh ! Vierge pure, il faut absolument que
« vous m'aidiez à y porter remède.

« Les âmes qui viennent de ma chère Lorraine allemande
« ne sont-elles pas, aussi bien que les autres, rachetées du
« sang de Jésus-Christ ? N'ont-elles pas souvent une foi vive
« et des parents très chrétiens ? Faut-il que la pauvreté les
« entraîne dans la corruption ? Non, il ne sera pas dit que
« l'abbé Berman, si chétif qu'il soit, n'aura rien fait pour
« une si belle œuvre, et aura manqué de confiance en vous.

« O Vierge Marie, si bonne et si tendre pour les pauvres
« pécheresses abandonnées, venez à mon secours ! »

Quelques jours après, M. Berman louait plusieurs chambres dans une maison sur l'emplacement de laquelle a été
bâtie depuis la Chapelle des R. P. Dominicains. Une de ses
parentes, Mlle Marie-Anne Fuchs, voulut bien se charger de cette
œuvre, dont les commencements furent pénibles et difficiles. Il
fallait fournir à ces pauvres filles les choses les plus nécessaires, non seulement un abri, mais la nourriture et les vêtements. De plus, M. Berman dut s'efforcer d'introduire dans
sa communauté la piété solide et forte qui est la meilleure
sauvegarde de l'honnêteté. Enfin, des difficultés particulières
et toutes spéciales éprouvèrent l'œuvre naissante et faillirent
la ruiner.

A plusieurs reprises, les autres locataires de la maison, et
même les habitants voisins, adressèrent au propriétaire des
doléances amères. Ils se plaignaient que les jeunes filles recueillies par la charité de M. Berman priaient et chantaient
si haut, que tout le voisinage en était troublé et incommodé.

Les amis même de M. Berman, croyant son zèle exagéré et
imprudent, et surtout craignant quelque aventure extravagante

et ridicule, lui conseillaient de renoncer à son œuvre étrange
et, croyaient-ils, impossible et inutile.

D'autres personnes mal intentionnées allèrent jusqu'à
lui adresser des filles dont la triste renommée pouvait lui
amener des désagréments et nuire à la considération de sa
maison.

Pour lui, calme et inébranlable au milieu de ces tempêtes,
il continuait à marcher courageusement, simplement et saintement dans la voie qui s'était ouverte devant lui. Cependant,
comme ses pensionnaires s'étaient multipliées, il songea à les
installer dans un local plus spacieux. Il chercha à louer un
nouveau logement. Il frappa à diverses portes, mais partout
on se montra mal disposé à recevoir sa communauté, dont on
redoutait l'encombrement et les exercices.

Un soir, dit son biographe, qu'il revenait dans sa maison
après des recherches de plus en plus infructueuses, il entra à
la cathédrale pour y faire sa visite au Saint-Sacrement. Après
une demi-heure de prière à Jésus-Christ et à la sainte Vierge,
il crut entendre une voix qui lui disait : « Je t'ai rebuté pour
te servir ; tu ne trouves pas à louer, achète. N'as-tu pas avec
toi la divine Providence? »

Sans plus tarder, il sort de la cathédrale et se présente dans
une maison qu'il savait à vendre tout près de là. C'était un
café. Mais le prix en est bien élevé : 36,000 francs ! Et de plus,
il faudra sans doute beaucoup de frais pour réparer et ap-
proprier l'immeuble. N'importe, M. Berman n'hésite pas à
faire l'acquisition.

Le lendemain, avant de signer l'acte, il va de nouveau se
prosterner devant l'autel de la sainte Vierge. On était dans
l'octave de la Conception de 1842. *Je veux bien la payer avec
vous, cette maison, bonne mère*, dit-il, *mais à la condition que
vous m'aiderez beaucoup et que vous en payerez au moins les
trois quarts ! C'est convenu !* — Chose extraordinaire ! Quelques
jours après, il reçut d'une personne inconnue une somme

assez considérable qui servit à payer les frais du contrat, les réparations les plus urgentes et la première partie de la dette.

L'œuvre sortait des difficultés de la fondation et semblait approuvée de Dieu. Dans sa joie d'être ainsi rassuré sur son projet, M. Berman s'écria au milieu de sa communauté : « Mes bonnes filles, le sein de la Providence s'est ouvert et « agrandi pour nous ; agrandissons, de notre côté, nos sen- « timents de reconnaissance et les efforts de notre dévoue- « ment ! »

Devenu chanoine titulaire, en 1853, il vint y prendre une chambre et y demeura jusqu'à sa mort, en 1855. Par son testament il légua à la Congrégation. de Saint-Charles sa maison et son œuvre. Primitivement on n'y recevait guère que des Allemandes ; maintenant les personnes de tous les pays y sont accueillies. Elles payent pour leur pension un franc par jour. Une religieuse doit les placer dans des familles honorables, une autre s'occupe d'elles dans l'intérieur de la maison.

Pendant l'année 1888, 953 bonnes ont reçu l'hospitalité à Sainte-Marie et ont été placées par les soins de la religieuse chargée de cet office ; 50 autres ont pu être placées par cette même sœur, directement, sans être descendues chez elle.

Pour y être reçue, il faut présenter un certificat du curé et du maire de la localité d'où l'on sort ; les bonnes qui ont déjà servi doivent avoir en outre un certificat de leur dernier maître.

Un certain nombre de ces bonnes en service viennent le dimanche passer à la Maison Sainte-Marie leurs heures de congé. Elles assistent à l'office de l'après-midi et vont en promenade avec la religieuse chargée des placements. Elles forment comme une sorte de patronage. Chaque réunion compte environ 60 personnes, et comme la plupart n'ont de sorties que chaque quinzaine, on peut évaluer au double, pour le moins, le nombre de celles qui passent au patronage tout leur temps libre.

Cette année 50 à 55 ont mérité des récompenses pour leur assiduité.

Le dimanche aussi, de 120 à 130 Allemandes viennent entendre un sermon prêché en leur langue, réciter le chapelet et assister au salut du Saint-Sacrement.

La Maison Sainte-Marie reçoit en outre environ 60 enfants admises après leur première communion. Toutes sont internes. La plupart sont de pauvres orphelines abandonnées qui seraient exposées à toutes sortes de dangers, si elles n'étaient ainsi recueillies dans un ouvroir qui date de l'origine de la Maison.

Celles qui y restent quatre ans payent 180 francs pour toute la durée de leur séjour ; celles qui y demeurent moins longtemps devraient payer 15 fr. par mois. En réalité, vingt-cinq seulement ont versé les 180 fr. fixés ; les autres sont admises gratuitement. Quelques-unes même n'ont ni linge ni vêtements lorsqu'elles entrent ; la Maison leur fournit tout. Pour les encourager au travail, on compte chaque jour l'ouvrage qu'elles ont fait, et, si à la fin du mois, elles ont gagné plus de 15 fr., le surplus est porté à leur avoir, quoique, régulièrement, il devrait servir à indemniser la Maison de ce qu'elles ont coûté dans les premiers temps de leur séjour.

Une congrégation d'Enfants de Marie, formée pour les jeunes filles qui se distinguent par leur piété, leur bonne conduite et leur travail, contribue puissamment à entretenir le bon esprit de l'ouvroir. Elle est aussi une pépinière de vocations religieuses : la Maison de Sainte-Marie ne compte pas moins de cent religieuses, qui ont fait profession dans vingt-quatre congrégations différentes (1).

---

(1) D'après le rapport de M. le chanoine Picard, économe du Grand Séminaire, aumônier de la Maison.

Société de Saint-Joseph. — La Société de Saint-Joseph, fondée en 1854, a pour but d'aider à la régénération des familles de la classe ouvrière, par le patronage des jeunes filles.

Quelques dames pieuses, sous la direction de M. l'abbé Gridel, curé de la cathédrale, convinrent de former une Association dont les membres iraient dans les familles adoptées par elles, y porter des leçons, des exemples propres à former de bonnes ménagères.

Très souvent les femmes pauvres cherchent au dehors un salaire prompt et facile sans doute, mais dont la conséquence déplorable est de leur faire abandonner tous les autres travaux, surtout ceux du ménage.

Les jeunes filles élevées dans ce milieu, mal dirigées, ne savent plus tricoter ni coudre, encore moins raccommoder le linge et les vêtements ; aussi, en pénétrant dans ces pauvres familles est-on frappé de la malpropreté et du désordre qui y règnent ; nul soin n'est donné aux ustensiles, aux vêtements, lesquels, sans réparations faites en temps opportun, arrivent bien vite à l'état de lambeaux.

Ce désordre extérieur, conséquence de l'ignorance et du désordre intérieur, réagit à son tour et augmente la cause qui le produit.

Ce manque de décence, de respect du corps, si l'on peut parler ainsi, se communique à l'âme et la fait tomber dans la dégradation.

C'est pour remédier à un si grand mal, et pour lutter contre cet état de choses, que les Dames de Saint-Joseph, puisant leur inspiration dans la charité chrétienne, continuent leur œuvre bénie.

La Société compte aujourd'hui trente-quatre membres actifs, cent soixante-quatre membres honoraires ; elle visite quatre-vingt-dix familles et patronne cent quarante-trois jeunes filles.

Les dépenses s'élèvent à quinze cents francs environ chaque année.

Une fois par semaine, les Dames patronnesses visitent les familles adoptées par elles ; leur sollicitude se porte tout d'abord sur les soins de l'intérieur et sur les ouvrages à l'aiguille ; elles s'assurent si les jeunes filles tricotent, cousent, raccommodent et, si cela se peut, elles leur apprennent chez elles, successivement, tous les ouvrages qui sont indispensables à la femme.

Ces soins matériels, si utiles, aident les patronnesses à maintenir leurs protégées dans des habitudes religieuses et morales, à leur inspirer le goût de la simplicité qui convient à leur position. Les plus jeunes assistent régulièrement à la classe, au catéchisme qui est toujours l'objet d'une grande vigilance de la part des Dames patronnesses.

Des bulletins, où sont inscrites les notes des classes et des ateliers, sont soumis aux patronnesses qui ajoutent leurs observations, afin de compléter l'inspection qui a lieu aux réunions générales.

Par les fréquents rapports et les visites réitérées, les patronnesses ont bientôt conquis la confiance de la mère de famille, qui est heureuse de les recevoir et de les consulter quand vient le moment si délicat d'apprendre un état. Des conseils salutaires guident la jeune fille vers un apprentissage qui assure son avenir, en donnant la préférence aux états de couturière, tailleuse, lingère. On détourne ainsi les jeunes filles des fabriques et des grandes industries qui séduisent d'abord par un prompt salaire, mais laissent à vingt ans la femme sans état, déshabituée des travaux à l'aiguille. Si elle se marie, il est rare que son ménage n'offre pas le triste tableau dont nous avons parlé. Les Dames de Saint-Joseph redoublent de surveillance à cet âge, où tous les dangers entourent la jeune fille ; elles la visitent à l'atelier, leur présence est une précieuse recommandation près des patrons.

La mission de la patronnesse n'est finie que quand la jeune protégée, pieuse, simple, modeste, habituée à l'ordre, sera devenue une bonne ouvrière, appelée à donner l'exemple et à servir d'encouragement aux jeunes filles protégées par la Société.

Des Dames dévouées à l'Œuvre réunissent tous les dimanches les jeunes filles patronnées, afin de les mieux connaître et de les attacher à la Société de Saint-Joseph. Là, elles reçoivent des leçons de morale et de bonne tenue ; les plus grandes ont un cours d'écriture, d'orthographe et de calcul, afin d'entretenir et de développer les connaissances qu'elles ont puisées dans leurs classes.

La Société ne donne aucun secours en argent, mais elle accorde comme récompense des étoffes à la demande des Dames patronnesses, qui font confectionner chez elles ou sous leurs yeux des vêtements pour les jeunes filles.

La Société des Dames se réunit chaque semaine.

Ces réunions régulières et fréquentes ont de précieux résultats : elles entretiennent le zèle et l'activité parmi les membres, elles les attachent à l'Œuvre, elles augmentent les ressources et les moyens d'action ; elles établissent une heureuse et chrétienne fraternité.

Dieu leur donne des encouragements par les bénédictions qu'il répand sur leurs efforts. Une Dame patronnesse rapporte que sa jeune protégée a, d'après son conseil, quitté courageusement sa sœur qui était son unique ressource, mais qui vivait dans le mal, se confiant pour le reste en la Providence et en la tendre sollicitude de sa protectrice. Plusieurs autres rapportent que les prières, la piété des enfants qui leur sont confiées ont ramené à l'Église des pères et mères qui n'en connaissaient plus le chemin. *Pourquoi n'as-tu pas fait les pâques, maman ?* disait l'une d'entre elles. — Une autre, cédant à la douce influence de sa protectrice, refusa, pour rester simple, de mettre sur sa tête une parure que son aveugle mère lui conseillait d'y placer.

Une Dame patronnesse a éprouvé une consolation bien plus grande : les pieux soins qu'elle prodiguait à sa protégée touchèrent, remuèrent le cœur de la mère. La misère était profonde dans ce cœur, le mal y régnait depuis treize ans ; sous la douce pression de la charité, ce cœur s'ouvrit, se repentit, reçut Dieu ; avec Dieu, revinrent la résignation et la paix ; cette pauvre mère égarée, qui oubliait le cœur de ses enfants, donne aujourd'hui à la Dame patronnesse un concours actif et précieux.

Voici textuellement la fin d'une note remise par une autre Dame patronnesse : « Pour mon propre compte, je puis affirmer « que mon caractère a gagné par suite de la fréquentation « exacte des réunions hebdomadaires et des récits édifiants « qui sont lus aux séances ; l'aveu que je fais ici a pour but « d'encourager les Associées à ne pas négliger ces réunions « qui ne peuvent produire que de bons résultats. »

RÈGLEMENT

ARTICLE PREMIER. — La Société des Dames de Saint-Joseph reçoit dans son sein, au titre de membre actif, les dames et demoiselles chrétiennes, qui veulent s'unir de prières et participer aux efforts à faire pour la régénération de la famille, en instruisant, surveillant, conseillant les jeunes filles qu'elle visite ; et au titre de membre honoraire, celles qui, sans partager les travaux de la Société, s'uniront à elles d'intention et s'engageront à verser une cotisation annuelle de cinq francs au minimum.

Les membres honoraires pourront assister aux réunions, mais n'auront pas voix délibérative.

ART. 2. — La Société s'assemble tous les huit jours, aux heures qu'elle a fixées, pour s'encourager, s'éclairer sur ses travaux, par les différents avis que peuvent donner les membres, pour recevoir dans son sein les personnes qui désirent en faire partie, pour adopter les familles pauvres à visiter, pour accorder les secours nécessaires, etc.

ART. 3. — La Société s'administre par un Bureau composé : d'un ecclésiastique-directeur, d'une présidente, d'une ou plusieurs vice-présidentes, d'une secrétaire, d'une trésorière.

ART. 4. — M. le Curé de la Cathédrale est le directeur de la Société ; il peut se faire représenter par un de ses vicaires.

ART. 5. — La présidente et les vice-présidentes sont élues par la Société pour trois années. Elles désignent les autres membres qui composent le Bureau.

ART. 6. — La présidente dirige les séances ; elle reçoit et présente les diverses propositions, surveille l'exécution du règlement et prend connaissance de l'état de la Caisse toutes les fois qu'elle le juge convenable. En cas d'absence elle est remplacée par une vice-présidente.

ART. 7. — La secrétaire dresse le procès-verbal sommaire de la séance et en donne lecture à la séance suivante ; elle tient registre des noms et demeures des membres ; elle tient note des familles visitées, de leurs demeures, etc.

ART. 8. — La trésorière tient la Caisse, reçoit le produit de la quête faite à chaque séance, enregistre les recettes et ne fait aucune dépense sans l'assentiment du Bureau.

ART. 9. — A l'ouverture de chaque séance, le directeur ou en son absence la présidente récite la prière à l'Esprit-Saint, suivie d'une invocation à saint Joseph. Après la lecture du procès-verbal, sur lequel chacun est admis à faire ses observations, le directeur adresse quelques paroles d'édification ; en son absence la présidente fait faire une lecture pieuse, car le but de la Société n'est pas moins d'entretenir la piété de ses membres que de travailler à la régénération de la famille.

ART. 10. — S'il y a lieu, la présidente propose à l'adoption les candidats nouveaux, et met aux voix l'adoption de ceux qui ont été présentés dans la séance précédente. Toute observation sur les candidatures proposées devra être faite par écrit ou de vive voix à la présidente, dans l'intervalle d'une séance à l'autre.

ART. 11. — Les demandes de récompenses doivent être motivées et accompagnées de détails qui rendent compte du succès des travaux de la patronnesse. On termine la séance par la prière et par une quête.

Les membres du bureau de la Société de Saint-Joseph, en 1889, sont :

Directeur, M. le curé de la Cathédrale ; présidente, Mlle Wanham (Sidonie) ; vice-présidentes, Mlle Hilbert, Mme Lachasse ; trésorière, Mlle Ducret (Hélène).

CHAPITRE IX

ASSOCIATIONS SPÉCIALES DE JEUNES FILLES (*Suite*)

La Persévérance des jeunes ouvrières. — Sa fondation et son but. — Son organisation. — Ses statuts. — Importance de cette œuvre. — Association des jeunes filles d'Alsace-Lorraine. — Association des Enfants de Marie du commerce. — Jeunes ouvrières de la Manufacture des tabacs. — Moyens de faire prospérer cette œuvre. — L'ensemble des associations de jeunes filles à Nancy.

La Persévérance, Société de Secours mutuels des jeunes Ouvrières de Nancy, sous le patronage de *Notre-Dame de Sion*. — La Société a été fondée en 1875, par Mlle Tranchant.

Les statuts, faits sur le modèle de ceux de la Société si florissante des jeunes ouvrières de Metz, ont été approuvés par Mgr Foulon, évêque de Nancy.

Le P. Jeanmaire, supérieur des Oblats, nommé directeur spirituel de l'Œuvre, avait mis la chapelle du Montet à la disposition de la Société pour ses réunions mensuelles.

Au début, la Société comptait douze jeunes ouvrières et six Dames patronnesses. Elle a pour but :

1° De contribuer au bien moral et religieux des ouvrières de Nancy, en les protégeant contre les dangers qui les entourent, en les aidant à persévérer dans les devoirs de la vie chrétienne;

2° De leur venir en aide lorsqu'elles sont malades, en leur procurant gratuitement les soins d'un médecin, les médicaments, et, en outre, une indemnité pour chaque jour de maladie.

La Société de Persévérance comprend : 1° les membres

actifs ; 2° les membres honoraires ; 3° les sociétaires ou membres participants ; 4° les membres affiliés.

Les membres actifs dirigent l'Œuvre et l'administrent.

Les membres honoraires la soutiennent par leur concours sympathique, par leurs dons et une cotisation annuelle qui est de cinq francs au moins.

Les sociétaires jouissent des bienfaits de l'Œuvre moyennant le versement régulier de leur cotisation mensuelle et l'accomplissement exact du règlement.

Les membres affiliés comprennent les sociétaires qui se sont mariées. Elles profitent, à certaines conditions, des bienfaits de l'Œuvre.

La Société est administrée par un Conseil composé de : un directeur, une présidente, une vice-présidente, une trésorière, une secrétaire, deux dames patronnesses et six conseillères choisies parmi les sociétaires et élues par elles au scrutin secret, à la majorité des suffrages.

La présidente dirige l'Œuvre, convoque les assemblées, les préside, fournit la matière des comptes-rendus, désigne les récompenses, prend, avec son Conseil, les mesures administratives convenables et signe les diplômes et livrets.

La vice-présidente partage les fonctions de la présidente et la supplée.

La trésorière règle les recettes, les dépenses et tout ce qui a rapport à la comptabilité de l'Œuvre. Elle reçoit et inscrit les dons et offrandes ; elle poursuit le recouvrement des cotisations et des amendes, paye les indemnités aux associées malades et fait toutes les dépenses prévues par le règlement ou approuvées par le Conseil. Elle dresse les comptes annuels que le Conseil arrête ensuite.

La secrétaire est chargée de la correspondance ; elle rédige les procès-verbaux des séances du conseil et envoie les lettres de convocation.

Les dames patronnesses surveillent spécialement les jeunes

filles du patronage préparatoire à la Société. Chacune d'elles reçoit une liste d'un certain nombre d'ouvrières qu'elle visite quand elle le juge utile et qu'elle aide de ses bons conseils. A chaque dame patronnesse est adjointe une visiteuse prise parmi les conseillères. Les visiteuses sont chargées de voir les malades, de leur porter les consolations de leur amitié et les soins de la charité chrétienne dans les limites de leur pouvoir.

Le Conseil se réunit chaque fois que les besoins de la Société le demandent. Les réunions sont présidées par le directeur. En cas d'absence, la présidente le remplace.

Les statuts donnent en détail le mode de fonctionnement de l'Œuvre ; ils indiquent les conditions d'admission ; ils établissent les devoirs des sociétaires et des patronnesses, et font connaître enfin les avantages spirituels et matériels offerts aux associées.

Voici les principaux articles de ces statuts concernant l'admission et les devoirs des associées, le patronage des jeunes filles, et les avantages de tous les sociétaires :

Admission et radiation.

Art. 17. — Sont seules appelées à faire partie de la Société de Persévérance, les ouvrières non mariées domiciliées dans la ville de Nancy.

Art. 18. — Elles ne pourront se présenter pour y être admises avant seize ans révolus ni après trente-cinq ans.

Art. 19. — L'ouvrière qui veut faire partie de la Société doit en outre remplir les conditions suivantes :

1° Avoir une conduite régulière ;

2° Etre présentée par un membre du Conseil ou par une dame patronnesse, ou par la sœur de charité attachée à l'Œuvre ;

3° N'être atteinte d'aucune maladie ni infirmité chronique qui puisse l'empêcher de travailler.

Art. 20. — Chaque aspirante est présentée par la dame patronnesse surveillante à l'un des médecins de la Société qui lui délivre, après examen, s'il y a lieu, un certificat d'admissibilité.

Art. 21. — En faisant sa demande d'admission, chaque ouvrière doit donner, par écrit, la date de sa naissance et l'indication de sa demeure ; si elle change de domicile avant ou après son admission, elle doit en informer au plus tôt la Secrétaire.

Art. 22. — L'ouvrière qui réunit toutes les conditions pour être admise, ne peut être reçue associée que trois mois après sa demande.

Art. 23. — Toute associée s'engage à observer fidèlement le Règlement de la Société.

Art. 24. — L'associée qui se marie cesse, le jour même de son mariage, de faire partie de la Société.

Elle peut cependant continuer à y être attachée, à la condition de verser soixante-quinze centimes par mois ; ce qui lui donnera droit, non aux indemnités de journées, mais seulement aux secours médicaux nécessités par les maladies ordinaires. Elle ne pourra rien réclamer pour les indispositions auxquelles elle pourrait être exposée. ,

Art. 25. — La radiation est appliquée aux sociétaires qui ne remplissent pas leurs obligations, qui ont négligé de payer leurs cotisations, etc. Elles cessent de jouir de tous les avantages de la Société jusqu'à ce qu'elles se soient mises en règle avec qui de droit.

Patronage.

Art. 32. — La Société de Persévérance admet, à titre de patronnées, les jeunes filles de la ville, depuis la première communion jusqu'à l'âge de seize ans.

Elles sont placées sous la surveillance directe et immédiate des Dames patronnesses qui en prennent soin, les placent en apprentissage avec l'assentiment des parents et établissent avec les patrons les conditions de leur admission.

Art. 33. — Chaque patronnée reçoit un livret sur lequel sont mentionnées, à la fin de la semaine, les notes bonnes et mauvaises méritées par l'apprentie. Ce livret est remis le dimanche à la Dame patronnesse qui le signe et fait ses observations.

Art. 36. — Elles sont soumises à une cotisation mensuelle de vingt-cinq centimes et reçoivent, en cas de maladie, les soins du médecin et les médicaments nécessaires.

Art. 37. — A l'âge de seize ans, les patronnées, dont la conduite aura été régulière, les notes satisfaisantes, seront admises comme sociétaires

sans passer par le postulat, à moins que le Conseil d'administration ne juge
nécessaire de prolonger l'épreuve

Art. 38. — Chaque année, les enfants du patronage, dont la vie régulière, le travail et les succès auront été constatés par les dames patronnesses, recevront pour récompense, en assemblée générale, des livrets,
dont le montant sera placé à la caisse d'épargne par les soins du Conseil
d'administration.

Avantages spirituels et matériels.

Art. 40. — Le Saint Sacrifice de la Messe sera offert une fois par mois
par les soins du Prêtre-Directeur de l'Œuvre pour toutes les sociétaires.

Art. 41. — Pendant la maladie, les associées recevront les visites de
leurs compagnes et des dames patronnesses. Par leurs soins elles seront
préparées aux consolations ineffables que donnent les sacrements au milieu des souffrances d'ici-bas.

Art. 42. — A la mort, il sera pourvu d'une manière convenable à leurs
funérailles auxquelles la Société tout entière sera convoquée. La Sainte
Messe sera dite pour le repos de l'âme, et on désire que les associées fas-
sent une communion à l'intention des membres défunts de l'Œuvre.

Art. 43. — Chaque mois, dans la salle désignée pour la réunion des
associées et patronnées, se fait le paiement des cotisations.

Art. 44. — Tous les ans, les sociétaires suivront les exercices d'une
retraite qui précède la célébration de la fête patronale de l'association.

. . . .

Art. 48. — L'associée malade reçoit gratuitement les visites du médecin,
l'assistance de la sœur, les médicaments et les bains.

Art. 49. — Si la maladie se prolonge au delà de trois jours, les associées
ont droit en outre à des indemnités réglées de la manière suivante :

Un franc vingt-cinq centimes par jour, pendant le premier mois de la
maladie ;

Soixante-quinze centimes par jour pendant le deuxième mois ;

Cinquante centimes pendant le troisième mois ;

Et vingt-cinq centimes par jour pendant le quatrième mois. Passé ce
temps, si la maladie continue, le Conseil d'administration décidera s'il y
a nécessité de prolonger la subvention, et la votera d'une manière tem-
poraire.

. . . .

Art. 56. — La Société pourvoit d'une manière convenable à l'inhuma-
tion des sociétaires ; les frais sont réglés par le Conseil d'administration.

Les dames patronnesses et les associées seront convoquées au convoi funèbre des sociétaires décédées ; elles porteront l'insigne de la Société.

Finances et dispositions générales.

ART. 57. — La caisse de la Société s'alimente :

1° Par les cotisations mensuelles des sociétaires ;

2° Par les dons et les offrandes des personnes charitables de la ville et du dehors. Celles qui donnent au moins cinq francs sont inscrites comme membres honoraires.

Chaque associée paie une cotisation fixée à un franc vingt-cinq centimes par mois.

ART. 62. — La Société de Persévérance célèbre sa fête patronale le dimanche le plus rapproché du 16 juillet, jour de la fête de Notre-Dame du Mont-Carmel.

ART. 63. — Par les soins du Conseil d'administration, un service funèbre sera chanté pour le repos de l'âme des bienfaiteurs défunts. Une messe solennelle, à laquelle assisteront toutes les sociétaires, sera célébrée aussi chaque année pour les bienfaiteurs vivants.

ART. 64. — Tous les ans, les sociétaires de la Persévérance se réuniront en assemblée générale, à une époque qui sera fixée par le Conseil. On y rendra compte des travaux de l'année, de l'état du personnel, des finances et de la situation morale et religieuse de l'association. C'est à cette réunion que seront distribués les diplômes d'honneur aux sociétaires qui auront rempli les conditions prescrites, et des récompenses aux enfants du patronage qui les auront méritées.

Depuis quinze ans, la Société s'est soutenue. Les jeunes ouvrières, animées d'un bon esprit, se conforment au règlement de l'Association.

Plusieurs d'entre elles ont reçu le prix de vertu de l'Académie Stanislas, trois autres, le prix Boucher de Perthes, destiné aux jeunes filles qui ont fait preuve d'un dévouement exceptionnel dans la famille.

Les résultats prouvent que le but de la Société est atteint. Dans le compte-rendu de 1889, Mgr Turinaz, s'inspirant du rapport de M. Parisot, directeur de l'Œuvre, le constatait avec joie :

« Votre Œuvre, disait en substance Monseigneur, m'appa-
« raît avec trois caractères qui m'émouvent : elle a pour
« base la piété, pour appui la charité, pour objet la classe
« ouvrière.

« M. le Rapporteur a signalé les progrès consolants de
« votre Œuvre, et en vérité les moyens de persévérance et
« d'extension sont admirables...

« La Messe et l'Instruction de chaque mois, la réunion du
« Patronage, la retraite annuelle, le dévouement de vos Dames
« patronnesses, tout contribue à rendre de plus en plus floris-
« sante votre Association. Elle a sa place distinguée parmi
« tant d'œuvres qui font la joie de votre Evêque et l'honneur
« des catholiques de Nancy.

Tout fait espérer que la Société de Persévérance est appelée
à se développer encore. Il lui manque, pour être complète,
un local qui serait le centre de ses réunions et permettrait
le placement facile et régulier des associées dans des maisons
offrant les garanties de moralité désirables. Le Comité s'y
tiendrait à jour fixe pour recevoir les offres et les demandes
des commerçants et celles des associées. Ce local renferme-
rait la bibliothèque, où l'on pourrait faire les répétitions de
chant. Jusqu'à ce qu'elle soit dans une maison qui lui appar-
tienne, la Persévérance tient ses réunions dans deux endroits
différents. La première, réservée au Patronage, a lieu le troisième dimanche de chaque mois, dans une salle que la maison-mère de la Doctrine chrétienne met charitablement à la
disposition de l'Œuvre. La seconde, qui réunit toute l'Association, se tient le dernier dimanche du mois dans la chapelle
Saint-Julien, à sept heures et demie. Les associées y assistent
à la messe et y entendent une instruction appropriée à leur
situation.

Notre Saint Père le Pape vient d'enrichir l'Association de
précieuses indulgences, qui seront un nouveau stimulant pour
la piété de ses membres.

En 1889, elle comptait cent soixante associées, seize dames patronnesses, cent trente-deux membres honoraires.

Ses recettes, provenant des cotisations des sociétaires, des patronnesses et des membres honoraires, ainsi que des dons et legs divers, se sont élevées à 1,702 fr. 60.

Ses dépenses pour honoraires de médecins, médicaments, frais d'enterrement, livres pour la bibliothèque, cadeaux aux mariées, frais divers, ont été de 1,448 fr. 15.

En comparant le nombre actuel des associées de la Persévérance avec celui de la même Société établie à Metz et dont les statuts ont servi de modèle à l'Association de Nancy, n'y a-t-il pas lieu de s'étonner de l'énorme différence qui existe entre les deux chiffres? A Metz, les membres de la *Société du patronage et de secours mutuels des ouvrières* sont aujourd'hui au nombre de plus de quatre cents. A Nancy, la Persévérance n'en compte pas la moitié. Comment expliquer cette différence, puisque les avantages spirituels et temporels sont les mêmes dans les deux sociétés? Serait-ce parce qu'à Nancy il y aurait plus d'œuvres charitables en faveur des jeunes filles? Ou plutôt ne serait-ce pas parce que les avantages précieux de la Persévérance ne sont pas assez connus de nos jeunes ouvrières? Quelle jeune fille sérieuse, obligée de travailler pour gagner sa vie, ne serait heureuse d'apprendre qu'elle peut, moyennant une faible cotisation qui ne saurait la gêner ni l'appauvrir, se procurer gratuitement, en cas de maladie, visites et consultations du médecin, remèdes du pharmacien, sans compter les attentions amicales des associées visiteuses et des Dames patronnesses; que ses journées même ne seront point perdues et qu'une indemnité compensera en partie le déficit de son gain; que si elle ne guérit pas et que Dieu l'appelle à lui, l'Association, venant encore au secours de sa famille, pourvoira aux dépenses de ses funérailles, rendues aussi honorables que possible?

Comment une jeune fille ne serait-elle pas heureuse d'apprendre que la Persévérance de Nancy n'est pas seulement une Société de secours mutuels pour le corps, mais aussi un appui pour l'âme au temps de l'épreuve et du danger ?

D'ailleurs à la Persévérance de Nancy, comme dans toutes les associations sagement organisées de jeunes ouvrières chrétiennes, si on recommande aux associées le *travail* et la *religion*, on leur recommande aussi là *gaîté*.

Le *travail*, parce qu'il est l'honneur et le bonheur de la vie, qu'il élève l'esprit, moralise le cœur, et forme les honnêtes gens.

La *religion*, parce que la morale n'existe pas indépendamment de l'idée religieuse et que l'on ne peut être honnête dans toute la force du terme, sans croire en Dieu et sans le servir.

La *gaîté* enfin, car la religion chrétienne n'est pas une religion sombre et triste, c'est la religion de celui qui défend la tristesse en disant : *Nolite sicut hypocritæ tristes.* C'est la religion de charité et de liberté, de consolation et d'espérance. La joie intérieure dont les premiers chrétiens, au témoignage de saint Paul, étaient sans cesse animés ; cette douce gaîté que sainte Thérèse recommandait à ses carmélites n'est que le reflet de la conscience tranquille et l'écho de l'âme chrétienne. C'est elle qui donne aux femmes pieuses ce charme pénétrant, qui attire à la religion et la fait aimer.

Association des jeunes filles d'Alsace-Lorraine. — Etablie en 1874 par Mgr Trouillet, curé de Saint-Epvre, l'Œuvre des Alsaciens-Lorrains fut confiée d'abord à des Pères Rédemptoristes ; à partir de 1877, un vicaire de la paroisse Saint-Epvre en eut la direction. Depuis l'année 1880, les réunions ont lieu à l'église des Cordeliers.

Le but de cette œuvre est :

1° De faire persévérer dans leurs habitudes chrétiennes les jeunes Allemandes venues, à la suite de la guerre de

1870, à Nancy pour entrer en condition ; 2° de conserver la foi dans les familles alsaciennes-lorraines.

Pour atteindre ce but on a formé, pour les jeunes filles, une congrégation de la sainte Vierge.

La congrégation est affiliée à celle de Saint-Epvre. Les jeunes filles qui en font partie se réunissent tous les dimanches et fêtes à l'église des Cordeliers. Là, la parole de Dieu leur est prêchée dans leur langue maternelle. Lors de leur admission, les postulantes promettent d'observer fidèlement les règles de la congrégation, d'assister aussi régulièrement que possible aux réunions et de s'approcher au moins une fois par mois des sacrements de Pénitence et d'Eucharistie.

Ces réunions à l'église des Cordeliers ont lieu tous les dimanches et jours de fête à deux heures et demie. Au mois de décembre, une retraite préparatoire à la fête de l'Immaculée Conception et pendant la semaine sainte une mission sont prêchées aux congréganistes. Comme celles-ci sont disséminées dans toutes les parties de Nancy, la ville a été divisée en neuf sections. A la tête de chaque section se trouve une directrice. A cette dernière incombe le devoir de veiller sur les congréganistes qui habitent son quartier. Six fois par an elle doit rendre compte de leur conduite et de leur régularité. La congrégation compte actuellement 307 membres, presque toutes domestiques. Elles ont formé en commun une association de charité qui comprend actuellement 193 membres.

Le but de cette association est de s'entr'aider en cas de maladie. Moyennant une modique cotisation annuelle, toute domestique congréganiste a le droit, lorsqu'elle tombe malade, d'être admise chez les sœurs du Très-Saint-Sauveur qui ont trois lits à la disposition de l'Association, rue de Thionville, 15. Ces religieuses gardent les malades et les soignent gratuitement aussi longtemps que cela est nécessaire. Un médecin donne des consultations gratuites.

Association des Enfants de Marie du commerce. — Il y a
mille manières de faire le bien et toutes les œuvres qui sauvent
les âmes sont excellentes. L'Eglise peut être comparée à un
magnifique parterre, où la variété des fleurs fait ressortir la
puissance industrieuse du divin Jardinier.

Dans les associations pour la protection des jeunes filles
que nous venons d'étudier, nous avons vu qu'à côté du but
moral et spirituel il y avait aussi un but matériel. Les Dames
patronnesses font une aumône temporelle, afin d'avoir le moyen
et comme le droit d'offrir et de faire accepter l'aumône surnaturelle. Elles s'adressent au corps afin d'arriver plus sûrement à l'âme. Elles se servent d'une faveur sensible pour
atteindre l'âme invisible et spirituelle. Cette méthode est la
plus sûre et la plus facile. Proposée par l'Evangile, saint Vincent de Paul en fut le grand'organisateur.

Dans l'Association des Enfants de Marie du commerce, nous
ne trouvons pas de faveur ou d'attrait sensible ni corporel,
tout y est spirituel et religieux ; mais la charité ne s'y exerce
pas avec moins de succès, et les résultats de cette Association n'en sont pas moins précieux.

Etablie en 1864 chez les Pères Jésuites, par le R. P. Has-
senforder, cette Association a été transférée l'année suivante
chez les religieuses du Cénacle, où elle se trouve encore.
Mgr Lavigerie a puissamment encouragé cette Œuvre, et Sa
Grandeur a voulu présider les premières réunions. Son but
est la persévérance chrétienne et pieuse des jeunes filles employées dans le commerce.

Pour atteindre ce but, les jeunes filles se réunissent une
fois par mois, le dimanche ; elles assistent à la messe de sept
heures et demie et entendent une instruction spéciale.

« L'Association a pour fête principale l'Immaculée Conception ; pour fête secondaire, la fête de saint Joseph. Elle y joint
les deux fêtes du Sacré-Cœur et de l'Assomption. Ces jours-
là, il y a promotion d'aspirantes au titre d'associées, et l'on

engage tous les membres de l'Association à s'approcher de la Table sainte (1). »

Chaque année, une retraite est donnée aux membres de l'Association. Cette retraite a lieu vers l'Assomption. La première retraite fut donnée en 1865 par le fondateur. En 1889, une quarantaine d'associées ont été entretenues pendant toute la retraite dans la magnifique propriété des religieuses du Cénacle, au Sauvoy.

Chaque dimanche, ces jeunes personnes sont encore invitées à s'y rendre dans la soirée, après les offices de leur paroisse, pour y passer leur temps de repos et assister à une instruction religieuse ou recevoir les conseils dont elles peuvent avoir besoin.

L'Association admet toutes les jeunes filles employées de commerce, dont la réputation est bonne et qui désirent vivre chrétiennement. Elle comprend trois classes de membres : les *aspirantes*, les *associées* et les *membres honoraires*.

La jeune fille qui désire se faire recevoir doit se présenter, avec la recommandation d'une personne connue, chez les Religieuses du Cénacle au Sauvoy, route de Metz. Les conditions d'admission sont : une conduite véritablement édifiante ; la fuite des occasions du péché, telles que le bal, le spectacle, les fréquentations scandaleuses ; la confession tous les mois, l'exactitude aux réunions.

Les membres honoraires sont choisis principalement dans la classe du commerce. Il n'y a point pour eux de limite d'âge. Ils ne sont astreints à prononcer aucune formule de consécration. Ils doivent néanmoins satisfaire aux mêmes conditions religieuses d'admission que les associées. En perdant par le mariage le simple titre d'associée, loin de ne plus faire partie de l'Association, on devient de droit membre honoraire et l'on est instamment prié de continuer de venir aux réunions.

(1) Article 11 des Statuts.

Lorsqu'une associée tombe gravement malade, le Père Directeur est prévenu. Il la recommande aux prières de l'Association. Au décès d'un membre, il y a réunion générale, messe de morts et communion pour l'associée défunte. De plus, deux autres messes sont dites chaque année pour toutes les associées défuntes.

L'Association s'administre elle-même par un conseil composé d'une présidente, d'une secrétaire et de cinq conseillères.

Jeunes ouvrières de la manufacture de tabacs. — Les Religieuses du Cénacle abritent encore une autre association de jeunes filles, composée des ouvrières de la manufacture de tabacs. S'il était possible d'organiser en associations charitables ou pieuses, ou même seulement bienfaisantes, chaque catégorie de chrétiennes, toute la société serait bien vite transformée. C'est pourquoi la pensée d'avoir proposé aux cigarières de former une association pieuse, est une pensée vraiment apostolique. L'expérience démontre que les associations sont absolument nécessaires pour arriver à une régénération sérieuse; si elles ne sont pas l'unique voie, elles sont assurément la voie la plus sûre, la plus courte, la plus infaillible pour christianiser une usine aussi bien qu'une paroisse.

Il faut bien le reconnaître, l'ouvrière de l'usine en général est plutôt opprimée que corrompue. Dans ses vices il y a plus de faiblesse et d'ignorance que de malice. L'ignorance et la faiblesse, voilà les deux grandes plaies sociales. Or Dieu étant le seul principe du bonheur temporel aussi bien que du bonheur spirituel, il faut d'abord que les jeunes ouvrières apprennent leurs devoirs envers Lui. Il faut ensuite qu'elles s'associent afin de trouver, dans l'association, la force de s'affranchir de la tyrannie du mal.

Associer les jeunes ouvrières pour les instruire, les associer pour les rendre fortes, tel est le moyen de résoudre le problème de leur préservation.

C'est de la femme que dépend la société tout entière. Si l'homme en est la tête, la femme en est le cœur, et le jour où il n'y aura plus de mères chrétiennes, il n'y aura plus d'adorateurs du vrai Dieu. Au contraire, quand il paraitrait que tous les hommes sont subjugués par l'impiété, nous pouvons être assurés de voir revivre la foi, si elle a encore pour asile le cœur de la femme. Ce sont les femmes chrétiennes qui ont empêché la France de s'abimer dans l'irréligion ou le schisme. C'est pourquoi l'ennemi du genre humain s'acharne tout spécialement, aujourd'hui comme au Paradis terrestre, à chasser Dieu du cœur de la femme ; nulle part son action n'est plus visible et plus désastreuse que dans les ateliers, car si les maux de l'usine ou de la fabrique sont funestes à l'homme, ils le sont cent fois plus à la femme, et si les œuvres de femmes ont toujours été les plus nécessaires dans le monde, on peut dire qu'aujourd'hui elles sont les plus importantes et les plus indispensables.

C'est le R. P. Vauthier, de la Compagnie de Jésus, qui a organisé à Nancy, en 1875, avec l'approbation de Mgr Foulon, l'Association des cigarières. Pour les aider à résister aux périls qui les menacent et leur fournir la facilité de vivre chrétiennement, ces jeunes filles se réunissent chaque second dimanche du mois, pour assister à la messe et entendre une instruction. Une retraite annuelle leur est offerte chaque année après Noël. Leur exactitude à assister aux réunions est encouragée par des jetons de présence, qui leur donnent droit à des objets utiles et de ménage, réunis dans deux loteries qui se tirent chaque année, l'une en hiver, l'autre vers le mois de juillet.

Un comité de Dames patronnesses procure à ces jeunes filles un appui moral par leurs conseils et leurs encouragements, et les ressources nécessaires à la marche de l'Œuvre.

Aujourd'hui, les cigarières faisant partie de cette association ne sont plus qu'une quarantaine, au lieu de quatre-vingts ou cent qu'elles étaient il y a quelques années.

D'où vient cette diminution? Serait-ce le défaut de simplicité qui empêcherait les jeunes ouvrières de s'enrôler ou de rester dans cette association? La simplicité est le plus sûr chemin pour aller à Dieu ou se maintenir auprès de lui. On a remarqué, dans toutes les associations chrétiennes, que les jeunes filles qui les quittaient, s'affranchissaient en même temps de la simplicité pour se laisser aller à la légèreté et à la coquetterie.

Serait-ce le défaut d'attraits qui produirait l'insouciance et l'ennui dans les réunions? Il faut, en effet, que les ouvrières qui fuient l'Association ou la quittent pour reprendre une liberté dangereuse, sachent qu'elles ont moins d'avantages matériels et même de joies réelles que celles qui en font partie. Des exemples éclatants se chargent, parfois d'une façon terrible, de prouver cette assertion. Une pauvre fille que la faiblesse maintenait dans le vice, fut jetée dernièrement, par ses fautes répétées, dans de si grandes épreuves que, désespérée et oubliant la miséricorde de Dieu, elle se donna la mort dans des circonstances épouvantables. Une autre, qui mourait, il y a quelques mois, après une vie désordonnée, disait à ses anciennes compagnes de l'Association, dont elle avait été elle-même assez longtemps un membre édifiant : *Que vous êtes heureuses, et moi que je suis malheureuse! Que me reste-t-il de tous mes plaisirs? Si j'avais écouté les sœurs, je n'en serais pas là; que mon expérience vous serve, restez toujours enfants de Marie et priez pour moi après ma mort!*

Enfin serait-ce l'indifférence qui empêcherait l'Association de se développer et de prospérer? Plus il y a, en effet, de dévouement dans une œuvre, plus il y a de vie véritable. Les associées, si elles estiment et aiment leur œuvre, doivent s'efforcer d'y attirer le plus grand nombre possible de leurs compagnes et veiller à leur exactitude et à leur bonne conduite ; de même les dames patronnesses ont pour devoir non seulement d'assister aux réunions de leurs protégées, mais surtout de les visiter dans leur famille qui, tout entière, doit se ressentir de cet apostolat béni et s'en réjouir.

Oh ! mon cher ami, disait naguère une dame patronnesse à un vieux pécheur revenant de se confesser, *que le bon Dieu est content de vous ! — Ah ! madame, je ne sais si le bon Dieu est content de moi, mais je sais que ma femme et ma fille ne se tiennent pas de bonheur !*

Et puis, pourquoi l'Association des cigarières est-elle restée fermée aux ouvrières mariées ? Sur huit cents ou mille femmes qui travaillent à la manufacture de tabac, les deux tiers au moins sont mariées, et le plus grand nombre de celles-ci ne demanderaient pas mieux d'être aidées par quelque secours matériel et spirituel. Est-ce une habileté de diviser les ouvrières d'une même fabrique et de ne pas accueillir celles qui pourraient peut-être en mieux profiter ?

Avec les femmes mariées, l'Association aurait l'avantage de posséder toujours des membres fidèles qui formeraient un cadre solide et conserveraient à l'Œuvre son caractère et son esprit. Si on objecte que les femmes mariées ne sont pas aussi libres et seraient gênées par les exercices de l'Association, on peut répondre d'abord qu'il existe bien d'autres associations prospères d'ouvrières mariées et que celle-ci ne serait ni la première, ni la seule ; ensuite que les exercices de l'Associations peuvent être placés aux heures qui gênent le moins et qui conviennent le mieux aux associées. Enfin le nombre n'attire-t-il pas le nombre, et dans une grande association les membres les plus fervents ne donnent-ils pas l'exemple en devenant des apôtres zélés ?...

L'ensemble des associations pour la protection des jeunes filles à Nancy est vraiment admirable. Les petites filles des catéchismes sont protégées par les Economes de l'Enfant

Jésus qui les engagent, dès le lendemain de leur première communion, dans les patronages paroissiaux et les catéchismes de persévérance.

Celles de ces jeunes filles qui veulent apprendre un état, sont alors aidées par les Associations des dames et des demoiselles de la Providence ou par la Société de Saint-Joseph. Après leur apprentissage, les unes sont ouvrières, les autres employées de commerce. Alors la Société de secours mutuels de la Persévérance ou l'Association des Demoiselles du commerce leur offrent leurs précieux avantages.

En sorte, qu'une jeune fille, à Nancy, n'a, pour ainsi dire, qu'à se laisser diriger pour rester chrétienne et vertueuse. Et cependant, ne peut-on pas dire qu'un trop grand nombre encore ne profitent pas des secours qui leur sont si charitablement offerts et vivent d'une vie qui est loin d'être la vie honnête et sérieuse qui réjouirait leurs bienfaiteurs et honorerait leurs familles? A qui la faute?...

Peut-être les présidentes et directrices des diverses associations devraient-elles se réunir de temps en temps pour s'entendre afin de se partager charitablement les différentes catégories de jeunes filles et s'entr'aider mutuellement dans leur apostolat. De la sorte du moins, chaque association deviendrait plus spéciale, et cela serait pour elle une grande force et un principe énergique de vitalité. Dans les sphères de la charité, comme dans celles du commerce, le perfectionnement et les succès sont surtout aux spécialités. Les jeunes filles d'autre part ne seraient-elles pas moins exposées à être laissées dans l'isolement et l'ignorance? Rappelons-nous que la vraie charité est patiente, douce, bienfaisante, qu'elle n'est ni envieuse, ni vaine, ni orgueilleuse, qu'elle n'a point d'ambition, qu'elle n'est point intéressée; que rien ne saurait la piquer, ni l'aigrir; qu'elle aime la vérité, excuse tout, croit tout, espère tout et supporte tout (1)...

(1) Saint Paul, I Cor., XIII.

LIVRE IV

MISÈRES EXCEPTIONNELLES

Les écoles publiques ou libres reçoivent les enfants ; les patronages paroissiaux ou les associations spéciales accueillent les jeunes gens et les jeunes filles ; mais parmi les enfants, parmi les jeunes gens et les jeunes filles il y en a qui ne peuvent être reçus dans les écoles ou les patronages ordinaires, à cause de leurs infirmités morales ou physiques. Il y a des enfants et des jeunes gens aveugles, sourds-muets, orphelins, aliénés et criminels. La charité peut-elle les délaisser ? Ne doit-elle pas, au contraire, s'en occuper avec d'autant plus d'empressement, qu'ils sont plus misérables ? C'est ce qu'a compris la Société de Patronage de Nancy.

CHAPITRE I

LA SOCIÉTÉ DE PATRONAGE ET LES ALIÉNÉS.

Origine de la Société de Patronage. — Première commission composée de membres de la Société *Foi et Lumières*. — Rapport de M. Gridel. — But de la Société de Patronage. — Son règlement. — Difficultés du commencement. — Réflexions de M. Vagner et de M. Gridel. — Ce que la Société fait pour les aliénés.

« La Société de Patronage, dit le compte-rendu de 1889, continue ses bienfaits à quatre séries de malheureux : les aliénés, les aveugles, les sourds-muets et les orphelins. C'est pour eux qu'elle a été fondée il y a quarante-un ans. Durant ce long espace de temps, la Providence l'a bénie, en lui accordant toujours les ressources nécessaires pour remplir sa mission. »

Dans la séance générale de la Société *Foi et Lumières*, de Nancy, du 12 juin 1849, M. le docteur Morel, médecin en chef de l'hospice de Maréville, donna lecture d'un intéressant mémoire, sur le dénuement et l'abandon auxquels se trouvent exposés les aliénés guéris qui sortent de cet asile. Privés de toute ressource, ils sont poursuivis par un préjugé absurde, mais malheureusement trop général, qui vient encore aggraver leur situation. N'y aurait-il pas, disait-on, quelque chose à faire en faveur de ces pauvres gens, pour les sauver de la misère et parfois d'une rechute?

M. Morel proposa la formation d'une Société de patronage, « destinée à leur porter secours lorsqu'ils sortent de l'hospice après la guérison de leurs maladies mentales, et à veiller sur leur sort, en les aidant à trouver des moyens d'existence; comme aussi, à protéger tous les autres malheureux atteints d'aliénation et à les préserver des traitements barbares, encore trop en usage, avec lesquels on les traîne à l'hospice qui doit les renfermer, tandis qu'on épargne de tels procédés même aux plus grands criminels ».

Après cette lecture, écoutée avec attention, l'académie *Foi et Lumières*, sur la proposition de son président, consentit à prêter son concours pour l'organisation d'une Société privée, destinée à réaliser cette œuvre charitable.

A cet effet, on nomma une commission chargée d'élaborer le projet d'association. Cette commission fut composée de MM. Piroux, l'abbé Delalle, J. Gouy, Régnier fils, de Lambel, Alex. de Metz-Noblat, Marcien de l'Espée, auxquels s'adjoignirent plus tard MM. l'abbé Gridel, Alph. de Saint-

Beaussant, E. de Vienne, Edouard de Riocour, et Vagner. M. Gridel fut nommé rapporteur.

Le 27 décembre suivant, la commission rendit compte de son travail; M. Gridel lut son rapport qui faisait connaître l'importance, le but de la Société et son organisation.

« Il vous appartenait, Messieurs, dit-il, en s'adressant aux membres de l'académie *Foi et Lumières,* de prendre en considération un projet qui doit tourner tout entier au profit de la religion, de la morale et de la .société. Depuis longtemps vous avez compris qu'il ne suffit pas de réconcilier la *foi* avec la *science,* mais qu'il faut encore que celui qui a la foi, la manifeste dans toute sa conduite. En inscrivant le mot *Foi* sur votre bannière, vous ne vous êtes pas proposé seulement de vous instruire et d'instruire les autres : vous avez voulu les édifier et faire le bien.

« Une foi purement spéculative ne peut en effet sauver l'homme ni la société ; il faut une foi pratique. Pour reconstituer l'ancien monde qui s'écroulait de toutes parts, les apôtres ont moins raisonné qu'ils n'ont agi. Ils n'avaient pas oublié ce que leur Maître leur avait dit : *Vous êtes la lumière du monde ; que votre lumière luise devant les hommes, afin qu'ils voient vos bonnes œuvres et qu'ils glorifient votre Père qui est dans les cieux.* Vous aussi, Messieurs, vous voulez éclairer le monde par vos actions. »

Après cet hommage rendu à la religion de la noble Académie, qui a été pour Nancy un foyer ardent de charité et de piété, M. Gridel annonce que la commission ne s'est pas contentée d'examiner la question qui lui était soumise, mais qu'elle a cru devoir étendre le domaine de la Société de Patronage et élargir le cercle de ses opérations, en les appliquant, non seulement aux aliénés, comme le demandait M. Morel, mais aussi aux sourds-muets, aux aveugles et aux orphelins. « Si la Société de Patronage, dit-il, ne devait s'occuper que des aliénés, il serait à craindre qu'elle ne pérît par défaut de travail ; mais en adoptant aussi les sourds-muets, les jeunes aveugles et les orphelins, elle se fortifiera en multipliant ses soins et ses bienfaits (1). »

Tels sont le but et l'origine de la Société de Patronage de Nancy. Un homme bienfaisant, touché des maux auxquels sont exposés les malheureux à qui il donne ses soins, communique sa pensée à quelques chrétiens intelligents et charitables ; aussitôt l'idée est acceptée et mise en pratique en s'élargissant. Aujourd'hui, nous pouvons dire que la Société de Patronage a été une gloire pour Nancy, par son organisation et ses résultats merveilleux.

Un Manuel publié par la Société fait connaître l'esprit qui l'anime et la dirige dans toutes ses opérations ; il explique en détail les obligations de chacun de ses membres.

Ce Manuel se divise en quatre chapitres. Dans le premier, on dit ce que le patron doit faire à l'égard de l'aliéné, soit pour lui faciliter l'entrée de l'asile, soit pour le protéger, lui et les siens, pendant qu'il y est en traitement, soit pour le protéger encore lorsqu'il en sera sorti. Les mêmes questions à peu près se reproduisent dans le second, le troisième et le quatrième chapitre, où sont développés les devoirs de chaque membre de la Société à l'égard des sourds-muets, des jeunes aveugles et des orphelins.

Voici, résumés dans le règlement de la Société, les renseignements exposés dans ce précieux manuel :

ARTICLE 1er. — Il est établi à Nancy, pour la Meurthe et les départements voisins (Vosges, Meuse, Moselle et Haute-Marne), une Société de patronage, en faveur des aliénés, des sourds-muets, des aveugles et des orphelins.

ART. 2. — Le but de la Société est de venir en aide à tous ces infirmes, sous le rapport moral et physique. La sollicitude s'étend même à leur famille, s'il y a lieu.

ART. 3. — Ce patronage consiste à leur donner tous les soins que réclament

_____

(1) Rapport à la Société *Foi et Lumières*.

leur position et leurs diverses infirmités ; à éclairer les personnes qui les entourent, sur la conduite à tenir à leur égard ; à leur faciliter l'entrée d'un asile ou d'une école ; mais surtout à leur inspirer des habitudes de vertu, ou à les y maintenir, par de sages conseils et une protection morale toute paternelle.

ART. 4. — La Société, loin d'affaiblir les liens de famille, se propose au contraire de les fortifier ; et, loin de contrarier de quelque manière l'administration des établissements où ces infirmes peuvent être reçus, elle lui prête son concours.

ART. 5. — Les membres de la Société sont membres *actifs* ou *associés*. Sont membres associés ceux qui se contentent de concourir à son action par des secours matériels ; et sont membres actifs, ceux qui, en outre, consacrent à l'Œuvre leurs soins, leur temps, leur dévouement, et se chargent de protéger activement les patronnés, ou quelques-uns d'entre eux qui leur seront confiés plus particulièrement.

ART. 6. — Le minimum de la cotisation annuelle de chaque membre, actif ou associé, est de *cinq francs*.

Mais afin d'augmenter les ressources de la Société, et de la mettre en état de faire plus de bien, tous les membres sont priés, quand leurs facultés le leur permettront, d'élever le chiffre de leur cotisation, et de solliciter dans l'occasion la générosité des âmes charitables en faveur de l'œuvre des patrons.

ART. 7. — La Société est administrée par un Conseil composé d'un président, d'un vice-président, d'un secrétaire général, de plusieurs secrétaires-adjoints, d'un trésorier, et de plusieurs conseillers ou administrateurs.

ART. 8. — Le Conseil est nommé la première fois à la majorité des suffrages de tous les membres présents.

ART. 9. — Le Conseil a la faculté de s'adjoindre les membres dont les lumières et l'expérience pourraient lui être utiles en nombre indéterminé.

ART. 10. — Il adresse à tous les membres de la Société, une fois chaque année, un rapport pour rendre compte de ses opérations, de l'état de ses ressources, des améliorations à introduire, et de tout ce qui peut intéresser la Société.

ART. 11. — Tous les ans, le jour de l'Epiphanie, la Société célèbre, par une cérémonie religieuse, l'anniversaire de sa fondation.

A peine la Société de patronage fut-elle connue qu'elle provoqua des adhésions dans tous les rangs de la société, et fut accueillie par les administrations elles-mêmes non comme une

ennemie ou une rivale, mais comme une amie et une sœur.
Dans sa séance du 8 novembre 1850, la Commission
des hospices disait : « Bien pénétrée des intentions généreu-
« ses de l'Association de patronage des orphelins et enfants
« trouvés, la Commission des hospices ne peut qu'encourager
« l'œuvre entreprise ; elle donne donc son entier assentiment
« aux visites, aux soins et aux secours donnés à ces enfants.
« Elle saura gré à la Société de patronage de vouloir bien lui
« signaler les abus qui pourraient exister, promettant son
« concours administratif, toutes les fois que la Société le ré-
« clamera et que la Commission le jugera utile. »

La plupart des membres des autres administrations, animés
des mêmes sentiments de bienveillance, s'empressèrent de
grossir les rangs, et de prendre même une part active aux
travaux de la Société, persuadés qu'en dehors des opérations
administratives se trouvait un vaste domaine où pouvait et
devait s'exercer la charité libre, puisque, dans un hospice
même dirigé légalement, il y a place pour le dévouement qui
se consacre au soulagement des infirmes. Ils pensèrent avec
raison que la Société de patronage, sans s'immiscer en rien
dans les fonctions des commissions administratives, serait leur
auxiliaire nécessaire et obligé.

Néanmoins, quelque noble que fût le but de la Société de
Patronage, ou plutôt peut-être parce que ce but était élevé
et utile, l'Œuvre a rencontré de l'opposition. On a contesté
ses avantages, dénaturé sa fin et interprété malicieusement
les intentions de ses fondateurs, qui ont dû, pendant plusieurs
années, s'appliquer à réfuter ces objections et à faire de plus
en plus connaître la nature, l'importance et l'organisation de
leur association. A toute œuvre importante ne faut-il pas le
baptême des contradictions ?

« Quoique divisés en quatre classes, dirent-ils, nos protégés
ne formeront néanmoins qu'une seule famille, parce que tous
sont atteints d'une infirmité intellectuelle et morale, pour

ainsi dire la même, bien qu'elle provienne de différentes causes. Pour guérir cette infirmité, il faut que les malades soient mis en communication fréquente avec un foyer de vie intellectuelle et morale. C'est là une loi universelle de la création.

« L'homme, n'ayant en lui-même aucun principe de vie, ne peut la puiser qu'à sa source, ou au réservoir dans lequel Dieu l'a répandue. Est-ce la vie physique qui lui fait défaut? Il doit la chercher dans la nature physique, où Dieu l'a placée. Est-ce la vie surnaturelle et divine qu'il a perdue? Il ne la recouvrera qu'en communiquant avec Dieu, par les moyens que Dieu a établis. Mais si c'est la vie intellectuelle et morale qui lui manque plus ou moins, cette vie ne lui sera donnée ou ne se fortifiera chez lui, qu'autant qu'il communiquera avec ceux qui la possèdent surabondamment (1). »

« Oui! c'est un devoir de charité, s'écriait M. Gridel, dans un sermon le jour de la fête patronale de la Société, que nous vous engageons à remplir. C'est aussi un devoir de justice. Parmi ces malheureuses victimes pour lesquelles nous sollicitons votre concours, n'y en a-t-il pas qui soient en droit de vous accuser? Voyez-vous cette jeune femme renfermée dans un asile depuis deux ou trois ans, ou depuis deux ou trois mois; elle était aimée dans sa famille et estimée dans le monde, parce qu'elle était vertueuse. Qu'est-ce donc qui l'a fait tomber dans ce malheureux état? Elle a été la victime d'une banqueroute frauduleuse qui l'a précipitée de l'opulence dans une extrême pauvreté, ou bien le libertinage et l'inconduite de son mari lui ont causé un chagrin amer qui a miné insensiblement ses facultés mentales.

« Et ce père de famille, qui partage le même sort? Il a rêvé des projets d'ambition, et voulu arriver vite, comme tant d'autres, à la fortune, aux dignités et à la gloire, et son intel-

_____
(1) Rapport de M. Vaguer.

ligence a succombé. Et parmi les enfants trouvés, n'y en a-t-il pas qui pourraient vous dire : C'est vous la cause que les auteurs de mes jours m'ont abandonné? Vous avez répandu les ouvrages immondes, et ceux qui les ont lus ont pensé qu'ils pouvaient imiter un trop fameux écrivain et abandonner, comme lui, tous leurs enfants.

« Ah! mes Frères, ne vous trompez pas; tous les membres d'une société sont solidaires, et quand des désordres graves se manifestent dans son sein, tous ceux qui y ont concouru, directement ou indirectement, en sont responsables devant Dieu et devant les hommes. Or, avez-vous toujours édifié votre prochain par vos discours et par vos exemples? N'avez-vous jamais applaudi à l'orgueil, à l'ambition, à la cupidité, à l'égoïsme, à toutes les passions qui sont les sources les plus fécondes des misères que nous voulons soulager? Une grande et solennelle réparation vous est donc imposée.....

« Mais, dit-on, n'y a-t-il pas dans cette institution quelque pensée cachée, quelque but politique ? — Non seulement il n'y en a pas, mais il ne peut y en avoir. A qui fera-t-on jamais croire qu'en faisant un peu de bien à des aliénés, à des sourds-muets, à des aveugles et à des enfants abandonnés, c'est s'assurer des chances certaines de faire triompher un parti ? Autant vaudrait dire que l'établissement des crèches et des salles d'asile compromet le salut de la République. Pourquoi donc cette Société, au moment où elle s'est établie, a-t-elle inspiré d'aussi vifs et d'aussi unanimes sentiments de sympathie dans tous les rangs, dans toutes les conditions et dans tous les partis ? C'est parce que tous ont compris que, sur le terrain de la charité, toutes les haines doivent s'éteindre et tous les partis s'embrasser; c'est parce que tous ont compris qu'en prêchant la charité, nous annonçons à tous la paix, paix à ceux qui sont loin de Dieu, et paix à ceux qui sont proche ; paix aux riches qui tendent une main compatissante aux pauvres, et paix aux pauvres qui sont secourus dans leurs

misères. Mais, il faut bien le dire, nous pardonnons difficilement aux autres le tort d'avoir mis au jour une idée généreuse
et de nous avoir devancés dans la route de la bienfaisance.

« Mais en recommandant à votre charité les aliénés guéris,
les sourds-muets, les aveugles, les enfants trouvés et les
orphelins, j'entends quelques-uns de mes auditeurs me répondre : Les œuvres de bienfaisance se multiplient à tel point
qu'il nous est impossible de les soutenir toutes ; malgré notre
bonne volonté, nous sommes forcés de vous répondre par un
refus. Représentez-vous, mes Frères, une ville commerçante
dont les habitants industrieux font valoir leurs économies qui
leur rapportent dix, quinze et vingt pour cent. Mais il arrive
que par suite d'un progrès merveilleux, l'on établit dans cette
ville une banque qui fait produire aux capitaux qui lui sont
confiés cent et même mille pour un.

« Et pour faciliter à chaque citoyen le placement de ses
fonds, l'on a réparti dans tous les quartiers de la ville différents agents chargés d'en faire le recouvrement à domicile et
de les porter à la caisse commune, et cela sans frais et sans
déplacement pour les personnes. Or, le croiriez-vous ? les
habitants de cette ville se plaignent amèrement de ces avantages qui leur sont offerts ; ils prétendent qu'en les engageant
à placer sur cette banque le plus qu'ils pourront, on les importune, on les contrarie, on les persécute. Or, cette banque,
c'est la charité chrétienne qui fait produire aux capitaux cent,
mille, et même un million pour un. Les membres de toutes les
sociétés de bienfaisance sont des commis ou agents chargés
de recueillir les fonds et de les faire valoir. En les multipliant, nous ne faisons que faciliter aux chrétiens le placement de leurs économies, et nous leur donnons mille moyens
de s'enrichir pour le ciel...

« Et l'on se plaint, et l'on murmure de nos importunités ! Quoi
donc ! Jésus-Christ vient frapper à votre porte et vous supplier de lui remettre une légère portion de vos revenus et de

vos économies, vous promettant de vous donner en échange plus que des milliards, des trésors infinis, et vous vous plaignez. Où est donc votre foi ?

« N'oubliez pas, je vous en conjure, que les pauvres et les malheureux sont les amis de Dieu, et que c'est par leur médiation que vous entrerez un jour dans les tabernacles éternels. Protégez l'aliéné, et il vous apprendra le chemin qui conduit à la vraie sagesse ; secourez le sourd-muet, et il vous fera entendre et parler le langage de l'Évangile ; ayez pitié du pauvre aveugle, et il sera votre guide pour vous conduire à la vraie et éternelle lumière ; soyez les nourriciers des enfants trouvés et des orphelins, et un jour ils seront vos patrons et vous introduiront dans le séjour du bonheur et de la gloire. »

En 1889, les secours aux aliénés se sont élevés à 163 fr. ; aux aveugles, 100 fr. ; aux orphelins et enfants abandonnés, 1,409 fr. ; aux sourds-muets, 1,330 fr. Les recettes proviennent des souscriptions, d'une loterie autorisée chaque année par le Préfet, de la quête à la cathédrale le jour de l'Épiphanie. Cette quête était faite autrefois par une petite fille aveugle, conduite par une sourde-muette. En 1889, les recettes se sont élevées à 5,461 fr. 90. Le président de la Société est M. le comte de Lambel ; le vice-président, M. René Vagner, et le secrétaire-trésorier, M. le chanoine Vagner.

Que peut la Société de Patronage en faveur des *aliénés*, disent certaines personnes? Ceux qui sont à l'asile de Maréville n'ont besoin de rien; quant à ceux qui n'y sont pas, la Société de Patronage n'est pas assez riche pour les y faire admettre en payant leur pension. — Il est très vrai que la Société est loin de pouvoir disposer de ressources suffisantes pour payer les pensions de tous les aliénés et idiots qui ne sont point admis à Maréville. Qui a jamais pu penser sérieusement que la Société pourrait payer, à raison de 400 francs par personne, l'admission de trois à quatre cents idiots et aliénés qui peuvent exister dans le département?

Le Patronage n'a jamais eu la prétention de se substituer soit aux familles lorsqu'elles peuvent payer la pension de leurs aliénés, soit aux communes et au département, dans les cas où la loi met à leur charge l'entretien de ces malheureux. Le Patronage cherche à combler des lacunes, à faire ce que la loi ne fait pas et ne peut pas faire. Bien plus, il n'entend pas s'imposer aux familles qui croiraient, pour un motif ou pour un autre, devoir refuser son secours, ni obliger les communes à envoyer leurs malades dans un asile, lorsque les maires n'en reconnaissent pas l'urgence. Mais, en dehors de ces cas d'admission à l'asile de Maréville, le Patronage ne peut-il pas rendre bien des services aux aliénés? N'a-t-il pas bien d'autres occasions de leur donner des secours?

Un malade sort guéri de l'asile de Maréville; mais il faut bien le reconnaître, il sort avec une raison plus ou moins affaiblie; et, si tout à coup il se retrouve en présence des mêmes causes qui l'ont fait tomber malade une première fois, telles que les angoisses du besoin et de la misère, les excès de boissons, l'inconduite, il est presque indubitable qu'il retombera. Quels services un patronage intelligent et dévoué n'est-il pas appelé à rendre? Quelques secours en argent, les visites bienveillantes d'une personne qui témoigne de l'intérêt au malade, qui calme ses inquiétudes, qui soutienne son courage, qui recueille et fasse exécuter les conseils du médecin, au sortir de l'hospice; qui, luttant contre les préjugés malheureusement trop répandus contre les aliénés, lui procure de l'ouvrage, de l'emploi, et par là occupe son imagination, lui donne les moyens de vivre, et prévienne un suicide où le pousse si souvent le désespoir.

Le nommé D..., sorti de Maréville en 1852, en est un exemple. Sa manie furieuse ne reconnaissait d'autre cause que ses

excès d'eau-de-vie ; mais on ne l'a laissé sortir qu'après des
promesses solennelles de s'amender. Le curé de sa paroisse
a eu l'ingénieuse idée de lui faire faire une promesse écrite,
et malgré le proverbe qui existe à propos des ivrognes, nous
avons eu la consolation de voir qu'il s'est relevé au point de
vue de la moralité ; il est devenu un bon ouvrier, un excellent
père de famille qui bénit l'asile où il a trouvé sa guérison
physique et morale.

Le nommé M... était un pauvre bûcheron ; il avait plusieurs
enfants, sa femme était aveugle et sa vieille mère infirme. Il
est aussi sorti guéri de l'asile. Sa folie n'avait pas eu d'autres
causes que l'abus des boissons alcooliques, abus si fu-
neste et si fréquent dans les montagnes des Vosges et dans
quelques localités de la Meurthe. Mais une circonstance
l'excuse. Ce n'était pas un homme vicieux ; il avait cédé à un
entraînement. Depuis longtemps il manquait d'ouvrage, quand
il acquit l'exploitation d'une coupe qui lui rapporta quelque argent. Il eut tant de joie de sa bonne fortune, qu'il la
célébra avec quelques amis ; et les libations trop copieuses,
ainsi que l'excitation le firent tomber malade. A son arrivée
à l'asile, il possédait des millions, n'avait plus besoin de travailler et parlait de faire la fortune de tous. Il est revenu à
des idées plus raisonnables, il est guéri et travaille. Un fait
particulier vint en aide à sa guérison.

Il reçut pendant son séjour la visite de sa mère, venue du
fond des montagnes des Vosges. Cette pauvre femme infirme
avait fait le voyage à pied et en sabots, n'ayant pour se nourrir, pendant sa route, qu'un morceau de pain de seigle. Elle
reçut de la Société de Patronage un secours de cinq francs
pour s'en retourner. Dire sa joie est chose impossible ; il y
avait longtemps qu'elle n'avait pas été aussi riche.

La Société attache une grande importance à ce genre de
secours. Combien de malheureux sont privés de voir leurs
pères, leurs mères, leurs enfants, à cause de la distance qui

les sépare ! Cependant le traitement puisé dans l'exercice des sentiments de la famille a une force incommensurable et produit les plus heureux effets.

L'intervention protectrice d'un patron n'est-elle pas bien utile aussi à ces malheureux idiots ou imbéciles que poursuit souvent, dans les villes et les campagnes, la méchanceté irréfléchie de la jeunesse, et qui, entourés de plus de soins et d'égards, seraient susceptibles d'une certaine amélioration ?

Outre les secours en argent que la Société de Patronage peut être appelée à donner à certains aliénés, il est bien souvent utile de venir en aide à une famille malheureuse privée du travail de son chef, pendant son séjour à l'asile. Elle le fait toujours avec empressement, dans la mesure de ses ressources.

CHAPITRE II

LES SOURDS-MUETS ET LES AVEUGLES.

Ce que la Société de Patronage a fait en faveur des sourds-muets. — M. Piroux, fondateur de l'Institution des sourds-muets. — *L'Ami des sourds-muets.* — Encouragements et récompenses données à M. Piroux. — Le Père Lacordaire chez les sourds-muets de Nancy. — L'Institution des sourds-muets à la Malgrange. — L'enseignement oral et les espérances qu'il fait concevoir. — Établissement des aveugles. — M. Gridel, fondateur et directeur de la Maison Saint-Paul. — Protection accordée à cette maison par le gouvernement. — Résultats merveilleux. — M. Gridel, premier instituteur des aveugles. — Situation actuelle.

La Société de Patronage n'a pas seulement donné des secours d'argent aux sourds-muets, elle a fait bien plus. C'est elle qui a fait connaître l'institution de M. Piroux, et a été cause de sa prospérité. Les imprimés qu'elle a répandus de tous côtés ont éveillé le zèle de Messieurs les curés, de Mes-

sieurs les maires, des pères de famille et des personnes charitables. Une nombreuse correspondance s'est établie entre
M. le Directeur de l'Institut des sourds-muets et les patrons ;
de sages conseils ont été donnés et suivis ponctuellement ;
beaucoup d'enfants, qui ne pouvaient être admis dans l'établissement, furent préparés dans leur famille ; ils fréquen-
tèrent les écoles avec les autres enfants et apprirent à écrire,
et l'écriture les initia aux connaissances qu'ils devaient acquérir plus tard. Il leur fallut moins de temps pour s'instruire, et
les libéralités du Conseil général du département purent s'é-
tendre à un plus grand nombre de malheureux.

A la fin de son compte-rendu de 1851, la Société publia cet
avis :

« M. Piroux, directeur de l'Institution des sourds-muets de
« Nancy, désirant répandre de plus en plus les bienfaits de
« son établissement, fait savoir qu'il donnera gratuitement
« ses conseils à tous les pères de famille qui lui présente-
« ront des enfants atteints de plus ou moins de surdité et de
« mutisme, de faiblesse de volonté et d'entendement. »

Cet avis, reproduit dans la brochure annuelle de M. le Directeur, dans presque tous les journaux et les bulletins pré-
fectoraux de huit départements, a produit pendant longtemps
le plus heureux effet. Il ne se passait pas une semaine, sans
qu'un père de famille et quelquefois plusieurs ne vinssent consulter M. Piroux. Après avoir remarqué que les familles se
faisaient souvent une fausse idée de l'infirmité de leurs enfants, aux unes il indiquait les moyens de remédier par elles-
mêmes au mal, aux autres il traçait la marche à suivre pour
en empêcher l'aggravation, et préparer les enfants à recevoir
avec plus de fruit le bienfait de l'instruction classique et de
l'éducation professionnelle. Ces consultations ont encore eu
l'avantage de ranimer le courage, la confiance des parents et
des instituteurs en leur montrant qu'ils sont plus capables
qu'ils ne se l'imaginaient de secourir les sourds-muets.

La Société de Patronage de Nancy revendique donc à bon droit l'honneur d'avoir été la première en France à protéger les sourds-muets.

M. Piroux, né à Hadigny (Vosges), en 1800, était fils d'un lieutenant de police de Lunéville. Il avait « respiré au berceau, selon la parole de M. Guerrier de Dumast, quelque reste du souffle de l'atmosphère lorraine, si féconde en grandes idées morales et civilisatrices. » De bonne heure, il s'était livré à l'étude des sciences philanthropiques; il se contenta ensuite de combattre le surdomutisme en fondant une école de premier ordre, qu'il dirigea pendant cinquante-six ans.

Ses humanités faites à Epinal, il hésita d'abord entre l'architecture et la médecine et entra à la direction de l'enregistrement et des domaines, en qualité d'aspirant au surnumérariat. Pendant les deux années qu'il passa dans cette administration, ses études personnelles l'entraînèrent vers la grammaire et la philologie; en même temps, il fut frappé de la profonde infortune de ces malheureux, privés à la fois de l'ouïe et de la parole, qui, dans notre pays, restaient, à cette époque, dénués de tous moyens d'instruction. Il résolut de se dévouer au soulagement matériel et moral de ces pauvres infirmes, d'autant plus intéressants, qu'il suffit pour éveiller leur intelligence, d'entrer en rapport avec les intelligences des autres hommes. Immédiatement, stimulé par une sœur chérie, il se mit à l'œuvre en employant ses loisirs à instruire trois jeunes sourds-muets ; le résultat fut des plus encourageants. Résistant aux avances qui lui étaient faites par l'autorité départementale, M. Piroux voulut se perfectionner en passant deux ans à l'Ecole royale des Sourds-Muets de Paris, où bientôt il devint maître à son tour.

La première pensée de M. Piroux avait donc été d'établir dans les Vosges une institution de sourds-muets, avec l'appui du préfet et du Conseil général, ainsi que le constatent plusieurs circulaires préfectorales de 1827, mais « la position topographique peu avantageuse du département et la population peu nombreuse du chef-lieu », le déterminèrent à se transporter à Nancy.

Le 20 décembre 1827, il soumit un mémoire au Conseil municipal de cette ville qui lui offrait, un mois après, une subvention pour lui permettre d'ouvrir et de soutenir son établissement. Une des salles de l'Hôtel-de-Ville devint sa première classe. Avec quelques ressources personnelles, et grâce à une sage économie, à une probité intacte, à une prudence de tous les instants, ainsi qu'à un système d'enseignement excellent, M. Piroux a réussi à faire face à toutes les exigences de sa position. Nul autre établissement de sourds-muets ne peut se prévaloir d'avoir été créé avec plus de sagesse que celui de Nancy. Sur la demande de M. Piroux, une commission de surveillance s'organisa après un décret ministériel en date du 27 mars 1832. A peine M. Piroux eut-il triomphé des premières difficultés, qu'il voulut populariser son enseignement en créant un recueil périodique sous le titre d'*Ami des sourds-muets*. Il composa dans le même but la bibliothèque des sourds-muets. Dès lors, chaque année fut marquée par un progrès nouveau, si bien qu'en peu de temps le nombre de ses élèves dépassa la centaine, presque tous boursiers du ministère de l'intérieur ou des départements de l'Est et des communes. En récompense de ses travaux, M. Piroux fut successivement nommé officier d'académie, chevalier de la Légion d'honneur et membre de l'ordre de Pie IX.

D'autres précieux encouragements lui furent donnés pendant sa longue carrière. Le 14 juin 1831, le roi Louis-Philippe, visitant son institut, lui disait : *Je porte beaucoup d'intérêt à l'établissement que vous dirigez; mon désir est de pouvoir en favoriser la prospérité* (1).

En 1839, les vicaires généraux de Nancy, MM. Dieulin et Poi-

_____
(1) *Ami des sourds-muets*, février 1838.

rot, lui écrivaient : « Vous n'avez fait que rendre justice à nos
« intentions, en croyant à l'intérêt et au dévouement que nous
« vous portons, à vous personnellement, ainsi qu'à l'œuvre
« de bienfaisance et d'humanité que vous avez su accomplir
« avec tant de succès et de bonheur pour les infortunées créa-
« tures confiées à vos soins.

« Vous ne vous êtes pas borné à rendre ces malheureux à la
« vie sociale, car vous n'auriez par là rempli qu'à moitié la
« tâche importante que vous vous êtes imposée ; vous avez
« par dessus tout désiré de les donner au ciel. Pour cela,
« vous avez senti toute l'importance d'appeler Dieu à votre
« aide et de fonder leur éducation sur les principes de la re-
« ligion, source de toute morale et de toute vertu. »

En 1841, l'*Univers* parlait en ces termes de M. Piroux :
« Nous aimons à parler avec éloge de l'Institution des sourds-
« muets de Nancy, sachant qu'une pensée essentiellement
« catholique a présidé à la formation de cet établissement, et
« que M. Piroux, qui le dirige, remplit dignement sa mission. »

Le R. P. Lacordaire, pendant son séjour à Nancy, aimait à
visiter la maison des sourds-muets. Il demanda un jour à
une sourde-muette si elle avait l'idée de Dieu avant son instruction. L'enfant lui fit cette réponse touchante : « Hélas !
« non, je n'en avais point. Je ne vivais que pour jouer et pour
« rire comme les autres enfants. Quelquefois j'ai demandé à
« mon père ce qu'était le crucifix attaché près de son lit. Il m'a
« répondu en versant des larmes douloureuses : *Je ne puis te*
« *l'expliquer*. Il ne savait pas faire les signes. Je l'ai souvent
« vu pleurer sur ma position. Soyez sûr que je n'oublierai
« jamais son affection. S'il n'était pas mort, mon plus grand
« bonheur serait de causer avec lui. Il aurait pu témoigner à
« mon maître sa reconnaissance pour l'instruction religieuse
« qu'il a bien voulu me donner. »

Le P. Lacordaire, vivement ému de ces paroles, s'écria :
« Je n'ai jamais rien vu de plus remarquable ! »

Toute sa vie, M. Piroux sollicita pour son établissement la reconnaissance d'utilité publique. Mais comme il ne pouvait justifier de revenus fixes et suffisants, il ne put obtenir cette faveur administrative. Il mourut en 1884, laissant sa succession à sa famille, qui céda l'Institution des Sourds-Muets, en 1885, à une société civile organisée et présidée par M. de Bouvier. Celle-ci a confié la direction de l'Institut à la Congrégation des Sœurs de Saint-Charles, qui se chargent non seulement de l'entretien matériel des élèves, mais aussi de leur instruction.

Transportés à la Malgrange, dans une vaste propriété, les sourds-muets reçoivent non plus l'enseignement mimique ou dactylologique, mais, selon les programmes nouveaux, l'enseignement oral. Cet enseignement, qui est traité d'empirique par les vieux professeurs, produit cependant des résultats merveilleux. Les sourds-muets, en lisant sur les lèvres les mots et les phrases, peuvent entrer en relation avec tous les parlants.

Le 7 septembre 1886, on lisait dans les journaux de Nancy un récit de la cérémonie de la première communion, faite le jeudi précédent, à l'institution des sourds-muets. Voici un passage très touchant de ce compte-rendu où l'on voit bien ce que l'on peut espérer de l'enseignement oral pour l'instruction et l'éducation de ces infortunés :

« Au moment de la communion, lisons-nous dans *l'Espérance,* une surprise était réservée aux assistants. Après la communion du prêtre, tout à coup les chants cessent, un silence profond s'établit ; puis, une sœur se tournant vers les communiants, dit à demi-voix : *Acte de foi* ! Aussitôt, un des enfants, d'une voix claire, franche, et qui fut entendue non seulement de toutes les personnes qui se trouvaient dans la chapelle, mais même de celles qui n'avaient pu y trouver place, prononça l'acte de foi. Quatre autres, chacun à son tour, prononcèrent de même l'acte d'espérance, l'acte d'amour, l'acte d'humilité et l'acte de désir.

« Après la communion les actes furent dits de la même

façon par les petites filles. Quelle joie pour les parents ! quel étonnement pour les étrangers ! quelle consolation, pour tous ceux qui s'intéressent à ces chers enfants, de les entendre ainsi pour la première fois prouver que, s'ils sont encore sourds, ils ne sont plus muets ! Que de larmes ont coulé et quelles ferventes prières sont montées au ciel pour remercier ceux qui procurent à ces enfants un si grand bienfait !

« Du reste, dès la veille et le matin, les scènes les plus émouvantes s'étaient renouvelées. Un de ces pauvres petits, qui n'avait pas vu sa mère depuis un an, et qui ne l'attendait pas, l'aperçoit tout à coup dans le parc ; il se précipite dans ses bras en s'écriant pour la première fois de sa vie : *Maman ! maman ! je vous aime beaucoup !* La pauvre mère faillit s'évanouir de bonheur.

« Un autre, sachant que sa mère viendrait pour sa première communion, avait voulu la surprendre : après l'avoir embrassée en silence, il se jette tout à coup à genoux et lui tendant les bras, s'écrie : *Ma bonne maman, je vous prie de me pardonner la peine que je vous ai faite, et de me bénir, s'il vous plaît.*

Le jeune *aveugle* n'est pas moins à plaindre que le sourd-muet, surtout s'il appartient à une famille pauvre ; il n'a d'autre avenir que l'état de mendicité ou de vagabondage. Il grandira dans le désœuvrement, et les passions grandiront avec lui. « N'y aurait-il pas moyen, dit un jour M. Gridel à la Société *Foi et Lumières*, de l'instruire des vérités fondamentales du christianisme et de l'occuper utilement à certains travaux, qui le missent en état de gagner honnêtement sa vie ? D'après l'avis de votre Commission, la Société de Patronage peut résoudre ce problème, à la grande satisfaction du pauvre aveugle et au grand avantage de la société. »

Voilà l'idée première de l'Institut des Jeunes aveugles de Nancy, aujourd'hui si florissant et si avantageusement connu sous le nom de *Maison Saint-Paul.*

Nous lisons, en effet, dans le compte-rendu de l'année suivante :

« Vous comprenez pourquoi, écrivait M. Gridel, nous avons fait si peu pour les jeunes aveugles, cette partie de notre famille adoptive, si intéressante et si digne de compassion, tandis que nous avons distribué des secours assez abondants aux trois autres classes d'infortunés. En voici la raison : nous avons un hospice pour les enfants trouvés, un institut pour les sourds-muets, et un asile pour les aliénés : mais nous n'avons rien pour les jeunes aveugles. Il serait de la dernière importance qu'on pût fonder aussi un institut pour eux, ou établir deux écoles, l'une pour les garçons et l'autre pour les filles. Là on leur apprendrait les connaissances au moins indispensables, la lecture, l'écriture, le calcul et une profession qui les mît à même de gagner honorablement leur vie. Ces écoles fondées à Nancy pourraient recevoir, à l'instar de l'Institut des sourds-muets, les enfants de sept ou huit départements. Le prix de la pension serait moins élevé que celui des établissements de la Capitale, et les Conseils généraux pourraient voter un plus grand nombre de bourses, en étendant ainsi leurs bienfaits à beaucoup plus de malheureux.

« N'oublions pas, Messieurs, que le nombre des aveugles est à peu près égal à celui des sourds-muets, qu'on en compte environ quarante mille en France ; et cependant il y a, tout au plus, trois ou quatre écoles où ils reçoivent l'instruction. C'est donc une classe presque abandonnée et à laquelle on a peu songé jusqu'aujourd'hui. Nous la recommandons vivement à votre charité, et nous vous engageons à tourner de ce côté les vues bienfaisantes des cœurs généreux que vous connaissez. La fondation des deux écoles dont je parle n'est pas aussi difficile qu'on pourrait le croire. Qu'on nous fournisse les premiers frais d'établissement, nous nous chargerons du reste. »

En 1852, M. Gridel disait encore : « Votre Comité s'est

occupé sérieusement des moyens à prendre pour fonder un Institut de Jeunes aveugles dans notre département; et, à peine ce projet a-t-il été rendu public, que M. Thiébaut, d'Insming, ancien membre du Conseil général, s'est empressé de lui offrir, à titre de location gratuite, avec promesse de lui en donner la propriété après sa mort, les vastes bâtiments avec leurs dépendances qu'il vient de faire construire à Sainte-Anne, près d'Albestroff; mais votre Comité n'a pu, à son grand regret, accepter des offres aussi généreuses : les Directeurs de l'Institut national de Paris, qui ont l'extrême obligeance de nous servir de guides et de conseillers, nous ont déclaré que nous mourrions avant de naître, si l'établissement projeté n'était pas fondé dans une grande ville, sous les yeux d'un public intelligent et éclairé, capable d'apprécier l'importance de l'Œuvre et de la soutenir par leur concours moral et matériel.

« Pour un établissement du genre de celui dont il est question, il faut des bâtiments spacieux et bien aérés, une vaste cour et un grand jardin; il faut au moins un air sain et pur à ceux qui sont privés de la vue. C'est pourquoi votre Comité n'a rien trouvé de plus propre à l'exécution de son projet qu'une campagne appartenant à M. Elie père, située à l'extrémité du faubourg Stanislas, au pied de la côte de Toul, à un kilomètre à peu près de la gare du Chemin de fer et de la porte Stan. las. Cette propriété contient près de trois hectares de terrain, en vignes et en jardins potagers. Elle se trouve donc dans les conditions les plus favorables à la santé des élèves, à l'agrandissement et à la prospérité de l'établissement ; car, pour tout dire en un mot, elle réunit tous les avantages de la ville et de la campagne. »

La campagne de M. Elie fut achetée pour 26,000 francs. Bientôt après on fut obligé d'acheter encore une petite maison et un jardin y attenant pour 8,000 francs. Les frais de contrat, d'enregistrement, d'achat du mobilier, d'appropriation et d'installation s'élevèrent à 30,000 francs; le total constituait un passif de 68,000 francs.

La direction de la Maison des Aveugles fut d'abord confiée à des ecclésiastiques, délégués de M. Gridel. Mais, en 1859, il crut devoir lui-même s'en occuper plus directement ; il prit le bâton de quêteur et alla frapper à toutes les portes, afin de payer 57,000 francs de dettes faites depuis la fondation de la Maison.

Dans cette tournée, à Rethel, le vénérable chanoine fut arrêté par deux gendarmes et conduit devant le procureur impérial, comme quêteur illicite. Le magistrat, qui était de Nancy, en apercevant M. Gridel, se jeta à son cou, et, l'embrassant affectueusement, s'écria : *Oh ! Monsieur le curé de la cathédrale, c'est vous ? Vous quêtez sans doute pour vos aveugles ?.....* Les malheureux gendarmes, ahuris en voyant leur prisonnier accueilli avec tant de respect et d'empressement, s'en retournèrent, non sans avoir été vertement tancés par le procureur pour l'intempérance de leur zèle.

Un autre jour, à Reims, M. Gridel se présentait chez un riche industriel. A peine se fut-il annoncé comme quêteur, que le chef de la maison, ouvrant son coffre-fort, lui remit 500 fr. M. Gridel, tout surpris de tant d'empressement, ne put s'empêcher de dire à son nouveau bienfaiteur : *Mais, monsieur, attendez au moins que je vous dise qui je suis; car vous ne savez à qui vous remettez votre aumône. — Monsieur le curé,* lui répondit l'industriel, *vous êtes prêtre, vous me demandez au nom de Dieu, cela me suffit. C'est au nom de Dieu que je vous donne, faites de mon offrande ce qu'il vous plaira, vous en avez la responsabilité.....*

L'Institution des Aveugles fut complètement libérée en 1864 et reconnue sur les requêtes de M. Gridel établissement d'utilité publique le 14 juillet 1865.

Les deux années suivantes, le conseil fit construire des bâtiments assez spacieux pour contenir cent élèves, garçons et filles, dans des quartiers séparés; un peu plus tard, une basse-cour avec ses accessoires. Toutes ces constructions sont assurées contre l'incendie pour la somme de 417,000 francs. L'établissement possède cinq hectares cinquante ares de terrain en vignes, vergers, jardins potagers, tous clos de murs, et attenant à la maison. Tel est l'actif de l'Institution, auquel il faut ajouter la fondation de quatre lits au capital de 32,000 francs.

Chaque année, les dépenses s'élèvent à 70,000 francs environ, couvertes par les pensions au taux de 600 francs, presque toutes payées par les administrations communales ou départementales, par les souscriptions, les quêtes, les offrandes et des legs, par le produit des terrains et par « le désintéressement des maîtres ». Le traitement des deux directeurs, de six professeurs et de cinq sœurs hospitalières, ne s'élève qu'à la somme de 4,466 francs.

Les frais de médecin, de pharmacien, de blanchissage et de raccommodage sont forcément à la charge de la Maison, la plupart des familles étant dans l'indigence ou la gêne. Plus des deux tiers des élèves arrivent à l'établissement sans trousseau.

La Maison est également obligée de fournir aux élèves les objets de classe, les livres, le papier, les instruments de musique, dix pianos et quatre harmoniums. De plus, un grand nombre de domestiques est nécessaire, les aveugles ne pouvant rendre aucun service. L'établissement paye 1,185 francs de contributions et 180 francs de primes d'assurances contre l'incendie. Une des dépenses les plus considérables est nécessitée par la confection des livres en points saillants à l'usage des aveugles.

L'Institut se partage en trois parties : l'*école* pour les jeunes aveugles ; l'*asile* pour les aveugles adultes, car l'Œuvre poursuit de ses bienfaits et s'efforce d'arracher à la misère les aveugles sans famille et sans ressources ; l'*infirmerie* pour les opérations. Rien n'est plus commun que les maladies des yeux, surtout dans la classe ouvrière et parmi les habitants de la campagne, exposés à une foule d'accidents. M. le docteur André, médecin de l'établissement, s'est acquis depuis vingt-quatre ans, par des succès éclatants, une réputation étendue et justement méritée. Il traite et opère gratuitement les malades munis d'un certificat d'indigence délivré par le conseil municipal de leur commune; la maison leur donne gratuitement l'hospitalité. Les autres personnes sont reçues moyennant une pension.

On enseigne aux élèves la lecture, l'écriture, la grammaire, la géographie, l'arithmétique et l'histoire ; on apprend aux hommes un métier, comme la fabrication des chaussons avec de la lisière et de la tresse, l'empaillage des chaises, le tour et la vannerie ; aux filles, le tricot de toute espèce, le filet, le crochet; aux mieux doués, la musique de piano et d'orgue.

M. l'abbé Blondot, successeur de M. Gridel, a présenté avec succès plusieurs élèves au brevet de capacité. On cite une jeune fille complètement aveugle qui, rentrée dans sa famille en sortant de la Maison Saint-Paul, fait le ménage, débite la marchandise dans un magasin d'épicerie, la pèse et reçoit l'argent. Il faudrait être bien habile, dit-on, pour la tromper. Le dimanche, elle touche l'harmonium aux offices de sa paroisse.

Comme l'œil de l'aveugle est dans son oreille et à l'extrémité de ses doigts, l'ouïe et le toucher remplaçant pour lui le sens de la vue, on lui fait connaître les objets physiques en le mettant à même de les palper dans tous les sens et de les mesurer. Un élève est parvenu ainsi à se rendre compte de l'état où se trouvaient les différents légumes du jardin, choux, carottes, navets, artichauts ; on lui dit un jour qu'il y avait une grande quantité de rats dans la bûcherie ; il alla se blottir dans un coin où il présuma que devaient passer les rongeurs. Dans l'espace de quinze jours, il en prit onze à la main sans être mordu. Il leur mettait la main sur le dos à leur passage.

« Revenant un jour à l'établissement, à dix heures du soir, raconte M. Gridel, conduisant un aveugle à chaque bras, et craignant de me heurter contre les arbres de la route, un d'eux me dit : *Allez toujours, je vous les montrerai;* ce qu'il fit en effet. Je lui demandai comment il pouvait les reconnaître; il me répondit : *En m'approchant d'un arbre, j'éprouve une sensation sur le front.* » Un des professeurs aveugles dit un jour en parlant d'un élève : *Toutes les fois qu'on lui fait une observation, il répond par un sourire dédaigneux.* C'était vrai, mais comment pouvait-il le savoir? A cette question, il répondit : *Je le sens bien.*

Mais la connaissance que l'on regarde comme la plus importante, est sans contredit la connaissance de la religion. Pour les directeurs de la Maison Saint-Paul, comme pour les hommes sérieux de tous les temps et de tous les pays, c'est dans la religion que l'éducation trouve sa véritable force pour redresser notre nature rebelle, pour combattre des penchants ingrats et pour commander les devoirs difficiles, ainsi que pour inspirer les vertus solides.

Cette connaissance de la religion est encore plus indispensable aux aveugles qu'aux voyants. Le monde physique étant si restreint pour eux, il est nécessaire d'agrandir leur horizon dans le monde de la pensée, afin de fournir un aliment à l'activité de leur esprit.

Il y a trois vices auxquels les jeunes aveugles paraissent plus enclins que les voyants : la mollesse, la gourmandise et la paresse. Les motifs humains, comme l'estime ou la considération publique, la gloire, un certain bien-être matériel, ne sont pas un frein assez puissant pour réprimer ces passions violentes. Il ne faut rien moins que l'espoir d'une gloire immortelle et d'un bonheur infini, ou la crainte des châtiments dont parle l'Evangile, pour leur inspirer la force de les dompter. Encore doit-on les exhorter souvent à aller puiser cette force dans la prière et la réception fréquente des sacrements. Chaque dimanche on leur fait deux courtes instructions et une leçon de catéchisme. Ceux qui ont fait leur première communion assistent à un cours d'instruction religieuse les lundi, mercredi et vendredi. Tous les jours, après la prière du soir, on leur propose un sujet de méditation tiré de l'Evangile, afin d'occuper leur esprit pendant la nuit.

En 1887, M. l'abbé Blondot, dans une remarquable allocution pour la distribution des prix, insistait sur la nécessité de l'éducation religieuse et disait à ses élèves : « C'est dans la religion seule, selon votre regretté Père, que l'éducation trouve sa véritable force, et j'ajoute que si pour tous il n'y a pas d'éducation vraie sans la religion, pour vous sans religion il n'y a pas d'éducation possible. » Après avoir prouvé cette proposition par le titre même de la Maison Saint-Paul, par le caractère du fondateur et des maîtres, prêtres et religieuses, et enfin par le sens même du mot éducation, il concluait : « Vous comprenez pourquoi l'éducation donnée dans cette institution doit être et sera toujours essentiellement religieuse ; vous y serez donc plus que jamais fidèles et dévoués. »

Mgr Turinaz, qui aime à témoigner en toute occasion à cette importante maison sa vive sympathie, reprit la thèse de M. Blondot et, la faisant resplendir d'un éclat nouveau, invoqua le souvenir impérissable du vénérable fondateur de l'établissement, M. Gridel, dont il proclama la haute intelligence, le caractère énergique et le parfait dévouement pour ses chers aveugles.

Dès que l'Institution des Aveugles fut établie, les témoignages d'encouragement et de reconnaissance vinrent de tous côtés à M. Gridel.

En 1854, le ministre de l'intérieur écrivait : « Vous m'avez adressé, le 27 juillet dernier, une demande à l'effet d'obtenir, sur les fonds de l'Etat, la création d'un certain nombre de bourses dans l'Institution que vous avez fondée à Nancy.

« Je reconnais l'utilité de cet Etablissement et j'ai vu avec satisfaction que le nombre de vos élèves s'est élevé, depuis un an, de six à quinze. »

La même année, le préfet de Nancy disait dans son rapport au Conseil général : « ..... Doter notre pays d'une Institution si utile, c'est accomplir une œuvre philanthropique à laquelle vos sympathies ne feront certainement pas défaut. »

Le Conseil général répondit au préfet : « Le Conseil général voit avec une vive satisfaction l'Institution des jeunes aveugles, fondée à Nancy..... se développer d'une manière soutenue, sous l'habile direction qui lui est imprimée, et il s'associe avec empressement aux vues bienveillantes de M. le Préfet. »

En 1853, le préfet de la Haute-Marne écrivait : « Une Institution vient d'être créée à Nancy, par les soins de la Société de patronage de cette ville, pour l'éducation et l'instruction des *jeunes aveugles*.

« Cette Institution, dont le besoin se faisait vivement sentir, vient combler une lacune qui existait depuis trop longtemps parmi nos établissements de charité.

« Il était regrettable que le jeune aveugle ne trouvât pas un établissement où il pût apprendre une profession qui lui permît de gagner sa vie. Il ne sera plus désormais à charge à sa famille et à la société.

« L'établissement de Nancy, en comblant cette lacune, a rendu un véritable service à l'humanité. »

Enfin, au Congrès universel pour l'amélioration du sort des aveugles et des sourds-muets, tenu à Paris en 1879, M. Gridel, ayant lu un rapport sur son institution, dans lequel il exposait sa théorie sur l'instruction et l'éducation des aveugles, et dans lequel nous avons puisé les détails qu'on vient de lire, fut proclamé le *premier instituteur* des aveugles. Un Anglais, prenant la parole en séance publique et s'adressant à M. Gridel, s'écria : « *Monsieur le chanoine, sans vous, la*

France n'aurait pas eu le premier rang au Congrès, mais vous nous dépassez tous!... » A l'unanimité, les congressistes français, parmi lesquels plusieurs sénateurs et députés, heureux et fiers de ce succès, proposèrent au ministre de l'intérieur, présent à la séance, de faire nommer immédiatement M. Gridel chevalier de la Légion d'honneur.

CHAPITRE III

LES ORPHELINS. — HOSPICE SAINT-STANISLAS. — MAISON DES ORPHELINES.

Malheur de l'orphelin. — Nécessité de le protéger. — L'Hospice Saint-Stanislas. — Son état actuel. — La Société de Patronage et les orphelins ou enfants abandonnés. — Maison des Orphelines. — Sa fondation. — Comment et pourquoi elle a été confiée aux sœurs de la Doctrine chrétienne. — Sa situation actuelle.

Que dire des orphelins? Le pauvre enfant à qui la mort a enlevé impitoyablement le père et la mère, c'est l'orphelin proprement dit.

L'enfant abandonné par des parents accablés de misère ou de malheurs et ne pouvant plus lui donner le morceau de pain qu'il réclame, c'est aussi l'orphelin.

L'enfant délaissé par une mère coupable, qui n'ose le mettre à mort, mais qui n'a pas le courage de travailler pour l'élever, c'est encore l'orphelin.

Enfin le petit enfant déposé sur le pavé des rues ou à la porte des hospices, c'est surtout l'orphelin.

Oh! que la misère de l'orphelin est profonde et qu'il est digne de compassion! Un saint n'a pas craint d'écrire que « la Religion pure et sans tache, aux yeux de Dieu notre père, consiste à visiter les orphelins dans leur affliction ». Toute la religion se réduit, en effet, à la charité qui est son principe, sa fin et son objet. Or, quiconque assiste les orphelins et les protège a nécessairement dans le cœur l'amour du prochain, le plus surnaturel et le plus pur. C'est pourquoi la personne qui s'affectionne à ces malheureux et s'empresse de les soulager, a dans l'âme non seulement un principe de religion, mais le fond même de la religion, mais l'abrégé de toute la religion, c'est-à-dire qu'elle est prête et déterminée à remplir sans réserve tous les autres devoirs de la religion.

De tous temps, l'orphelin a été recueilli et protégé par la charité catholique, qui a pour lui créé des hospices et des Ordres religieux. A Nancy, la charité et la bienfaisance s'unissent pour le secourir et le sauver.

L'*Hospice Saint-Stanislas*, rue Saint-Dizier, renferme les orphelins de la ville, les enfants assistés du département, les enfants trouvés et les enfants abandonnés. Les orphelins de père et de mère, dont la famille habite Nancy depuis dix ans au moins, ont droit d'être admis gratuitement, dès l'âge de deux à dix ans, à l'hospice Saint-Stanislas, dans les lits de fondation. Ils y restent jusqu'à dix-huit ans, s'ils ne sont pas réclamés par leurs parents. Ils fréquentent jusqu'à treize ans les classes primaires établies dans la maison; puis ils entrent en apprentissage. Les garçons peuvent être jardiniers, menuisiers, cordonniers ou tailleurs d'habits, suivant leur choix et leurs aptitudes. Les filles apprennent la couture et le repassage. A dix-huit ans, on les remet à leur famille ou on les place comme bonnes.

En ce moment, l'Orphelinat compte cent vingt-six lits fondés, occupés par cinquante-huit garçons et soixante-huit filles. Il y a aussi quelques pensionnaires. Huit cent trente-sept enfants assistés sont placés au dehors.

Fondé par Charles IV, duc de Lorraine, en 1626, l'hôpital des Enfants-Trouvés fut reconnu et réorganisé, en 1774, par les lettres patentes de Louis XV, et confié aux sœurs de Saint-Charles, qui le dirigent toujours.

La Société de Patronage s'est intéressée, dès son origine, aux orphelins de l'hospice Saint-Stanislas ; afin d'exciter la confiance de ses enfants dans leurs protecteurs, et aussi, afin d'encourager ceux-ci, elle a établi des récompenses et des secours, qu'elle distribue chaque année.

Tous les six mois, les patrons correspondants adressent au secrétaire de la Société les notes hebdomadaires qu'ils ont recueillies sur la conduite des enfants trouvés et abandonnés de leur commune, âgés de dix à vingt ans. Ces notes répondent aux questions dont un formulaire leur a été envoyé. Les correspondants y ajoutent, par observation, les efforts que les enfants auraient faits, les actes ou les motifs particuliers qui pourraient leur mériter une récompense.

La commission, ayant ainsi sous les yeux la liste des enfants qui se sont distingués par leur bonne conduite, choisit un certain nombre des plus méritants et détermine le chiffre des récompenses, selon les ressources pécuniaires qui se trouvent à sa disposition.

Ces récompenses sont, jusqu'à ce qu'elles aient attéint la somme de 10 francs, inscrites sur un compte individuel qui est ouvert aux enfants par l'associé chargé de la caisse de la Société. Chaque somme de 10 francs, ainsi obtenue successivement, est portée sur un livret nominal de la caisse d'épargne.

Les récompenses ainsi cumulées ne sont remises définitivement à l'enfant qu'à sa majorité, sur un certificat de bonne conduite du curé de sa paroisse. Toutefois, en cas de nécessité urgente, ces sommes pourraient être remises aux enfants par la commission de patronage, sur la proposition des associés correspondants. Les sommes portées aux livrets sont, dans tous les cas, touchées par le caissier de la Société ; il est fait mention de cette condition lors du dépôt.

Le compte-rendu de 1852 constate les excellents résultats de cette dernière mesure.

« En accordant chaque année, dit le rapporteur, une récompense à ceux qui la méritent, sous la condition expresse
qu'ils ne pourront toucher les sommes qui leur sont ainsi
allouées successivement depuis l'âge de dix ans que lorsqu'ils
seront parvenus à l'âge de leur majorité, sur la présentation
d'un certificat de bonne conduite délivré par le curé de la paroisse, vous avez investi celui-ci d'une autorité vraiment paternelle. L'orphelin comprend qu'il est de son intérêt de se
montrer docile aux remontrances et aux avis sages qui lui sont
donnés, et les nourriciers témoignent plus de sollicitude et de
vigilance à son égard. Nous voyons avec satisfaction, et sans
étonnement, que presque tous les enfants qui ont mérité une
récompense ont fait de nouveaux efforts pour l'obtenir encore,
et que plusieurs autres sont venus augmenter le nombre des
premiers lauréats. »

En cas de décès des enfants, sans laisser d'héritiers en
ligne directe ou de conjoint survivant, les récompenses portées au livret, qui n'auraient point été touchées, feraient retour à la Société de Patronage. Cette disposition ne s'applique
point, bien entendu, aux épargnes particulières que les enfants auraient pu faire porter sur leur livret, mais dans un
compte à part.

Sur la proposition des patrons correspondants, il est alloué
par la commission des secours extraordinaires en argent,
quel que soit l'âge des enfants trouvés ou abandonnés, mais
seulement dans des cas exceptionnels, par exemple : si ces
enfants se trouvaient malades, ou sans emploi et sans ressources, en attendant qu'ils fussent replacés ; enfin, dans
tous les cas d'urgence où la charité bien entendue en ferait
un devoir. Il est inutile de dire qu'il n'est rien alloué pour
toutes les dépenses qui sont à la charge des nourriciers ou
maîtres, ni aux enfants indignes d'intérêt par une conduite
notoirement irrégulière.

Outre l'hospice Saint-Stanislas, la charité de Nancy offre aux orphelins un autre établissement très important, la *Maison des Orphelines*, rue Jeannot.

En 1713, Jean Cabout, seigneur de Villiers-sur-Seine, et Marie d'Ivry, son épouse, commencèrent à Nancy la Maison des Orphelines. Catherine Croiset, dame D'Heillecourt, et Mme de Sombreuil fournirent, en 1715, les fonds qui servirent à la construction de la maison et d'une petite chapelle. Léopold accorda les lettres de confirmation le 20 janvier 1715. On ajouta à cette maison un ancien hôpital, où l'on recevait auparavant les pauvres étrangers.

On ne s'adressa, pour la faire desservir, à aucune Congrégation religieuse existante. Des personnes pieuses et dévouées s'étant présentées, on les agréa, et elles s'établirent en Communauté régulière, se suffisant à elle-même et ne relevant que de l'Ordinaire pour le spirituel et son gouvernement intérieur. Quant à leur administration temporelle, ces Religieuses furent soumises à une commission composée de séculiers charitables, d'après les règlements donnés par les fondateurs, et approuvés en 1721 par Mgr Blouet de Camilly, évêque et comte de Toul.

L'église, achevée en 1730, fut dédiée à la Sainte Famille, sous l'invocation de sainte Elisabeth, reine de Hongrie.

En 1733, on augmenta les bâtiments, et bientôt les lits fondés furent au nombre de cinquante-deux. On y recevait les « filles légitimes de l'âge de six à sept ans jusqu'à onze, pauvres et orphelines de pères et de mères ». Elles sortaient à dix-huit ans.

La Maison des Orphelines n'a pas été supprimée par la Révolution, parce qu'elle n'était pas considérée comme une maison religieuse, mais simplement comme un hospice ou une maison de charité. « Tous les Annuaires républicains que nous avons consultés, dit M. Courbes, constatent jusqu'à l'an XIV l'existence de l'Hospice des Orphelines. Sa population ne varia guère; elle était de cinquante-quatre ou cin-

quante-cinq enfants. Jusqu'à l'an XIV, cet établissement a
continué à occuper la Maison dite des Orphelines. On le
réunit alors, par mesure économique, aux Enfants-Trouvés,
dans l'ancien Collège, aujourd'hui Hospice Saint-Stanislas. »

La population du nouvel Hospice augmenta du double pendant les malheureuses années de 1816 et 1817.

Louis XVIII, pour « alléger la population très dense » de
l'Hospice général des Orphelines, sépara la Maison des Orphelines de l'Hospice des Enfants-Trouvés, lui rendit sa vie
propre et lui assura une existence légale.

La Maison des Orphelines, tout en étant considérée comme
un des hospices civils de Nancy, ne peut, aux termes des
lettres-patentes confirmant sa fondation, être unie à aucune
autre maison ou communauté.

La Maison des Orphelines n'avait pas été aliénée, mais
servait à d'autres services. On ne fit donc, en 1818, que réins-
taller les Orphelines dans leur établissement primitif, mais il
fallut de grandes réparations et former une administration nouvelle. Les anciennes sœurs, trop peu nombreuses, ne pouvaient suffire au travail. Elles demandèrent des aides, et l'on
crut bien faire de leur associer quelques anciennes religieuses
de différents Ordres, apportant chacune, au dévouement
commun, des vues et des habitudes différentes. Tout restait
donc en souffrance dans cette Maison. C'est alors, en 1819,
que les membres de la Commission, avec l'agrément de Mgr
d'Osmond, s'adressèrent au Conseil de la Doctrine chrétienne,
afin d'en obtenir une sœur qui, avec l'autorité de supérieure,
essayât « d'unir tous les esprits particuliers en un seul et
bon esprit ». Sœur Pauline de Faillonnet fut désignée pour
cette difficile mission. Mais ni son intelligence, ni sa délicate
charité, ne purent vaincre les obstacles ; elle tomba malade et
fut rappelée à la maison-mère. La Commission, constatant
qu'elle poursuivait une fusion impossible, se décida à passer,
le 17 février 1820, avec la congrégation de la Doctrine chré-

tienne, un traité qui remettait la direction complète de la Maison des Orphelines aux Sœurs de la Doctrine chrétienne.

Sœur Pauline, guérie, fut nommée supérieure de la communauté nouvelle, composée de quatre sœurs de son Ordre, désignées pour remplir les charges principales de la Maison. Les anciennes Religieuses y conservèrent le logement et la nourriture, mais n'y eurent plus d'office. Elles durent obéir en tout à la nouvelle Supérieure.

Grâce à la sage et intelligente direction de sœur Pauline, la bonne harmonie, la régularité, les classes, l'ouvrage manuel, la propreté et l'économie, en un mot tout ce qui dépendait d'elle s'organisa dès les premiers mois, de manière à faire l'admiration de ceux qui en avaient connu le triste état précédent. Elle offrit à la Commission 3,000 francs pris sur son patrimoine, afin de l'aider à commencer les réparations considérables et urgentes. Quelques mois plus tard, en février 1821, sœur Pauline quitta la Maison des Orphelines et prit la direction de la Congrégation de la Doctrine chrétienne, comme Supérieure générale.

Depuis cette époque, sous l'action intelligente et paternelle des membres de la Commission, aidée par le pieux dévouement des sœurs, l'établissement des Orphelines est devenu un des plus beaux de Nancy. En 1862, M. Collinet de la Salle lui ayant légué une somme considérable, on en profita pour agrandir les bâtiments et fonder des lits, de manière à pouvoir recueillir environ cent orphelines.

Les recettes annuelles s'élèvent à 46,000 francs et les dépenses à 45,000 environ. Comme autrefois et selon l'intention des fondateurs, les admissions sont gratuites pour les orphelines légitimes, exposées ou sans ressources. Elles sont reçues de six à douze ans et jusqu'à dix-huit. A leur sortie, ces orphelines sont placées par la supérieure comme femmes de chambre ou domestiques, quand elles ne retournent pas chez leurs parents.

Elles sont formées aux travaux d'aiguille, aux soins du ménage et à la confection des vêtements. Elles sont divisées en quatre classes, suivant le programme adopté pour les écoles primaires. Les parents visitent leurs enfants le premier dimanche de chaque mois. S'ils les retirent avant l'époque fixée pour la sortie définitive, les parents s'engagent à payer une indemnité. Mais ces retraits anticipés sont rares.

Outre les orphelines, la Maison renferme un pensionnat, un externat et plusieurs classes gratuites. Le 23 mai 1819, le *Journal de la Meurthe* publiait l'avis suivant : « Les Dames hospitalières de la Maison des Orphelines, désirant seconder de tous leurs moyens les vues bienfaisantes dans lesquelles a été autorisé le rétablissement de cette institution, viennent d'ouvrir un pensionnat où seront admises les demoiselles, depuis six ans jusqu'à dix-huit. »

Depuis cette époque, le pensionnat n'a fait que prospérer. Chaque année, il présente, avec des succès très remarqués, de nombreuses élèves aux examens de capacité élémentaire et supérieure. Le prix de la pension de l'année scolaire n'est que de 470 francs. Au pensionnat est annexée une petite pension pour les familles moins fortunées.

A l'externat, soixante enfants de la ville reçoivent la même éducation qu'au pensionnat. Enfin, deux classes absolument gratuites reçoivent quatre-vingts enfants des quartiers environnants. Vingt-quatre religieuses, sous la douce et sage direction de Mère Colombe Marchal, soutiennent aujourd'hui vaillamment toutes ces œuvres. Un aumônier attaché à la maison est chargé de l'enseignement religieux et des offices du culte.

Il y a une quinzaine d'années, des religieuses d'Allemagne, expulsées de leur pays à la suite du Culturkampf, demandèrent asile en France. Mgr Trouillet, curé de Saint-Epvre, accueillit les exilées de plusieurs communautés, entre autres les *Religieuses du Pauvre-Enfant-Jésus*. Il les installa au Petit-

Arbois, dans le voisinage de la Maison Saint-Paul des Aveugles. La mission de ces religieuses nouvellement fondées consiste à recueillir les enfants des plus pauvres ouvriers et à les élever chrétiennement jusqu'à dix-huit ans. Au Petit-Arbois, les orphelines sont au nombre d'environ quatre-vingts. Pour subvenir à leur entretien, les Religieuses travaillent à la confection des ornements et linges d'église. Leurs travaux sont des chefs-d'œuvre recherchés au loin et admirés des artistes.

A côté de l'Orphelinat, les Religieuses du Pauvre-Enfant-Jésus ont établi depuis quelques années un petit pensionnat, tenu avec le plus grand soin et une simplicité charmante.

D'autres communautés religieuses de Nancy ont créé des orphelinats moins considérables. C'est ainsi que les *Religieuses du Sacré-Cœur* et les *Dominicaines*, à côté de leurs magnifiques pensionnats, entretiennent un certain nombre d'orphelines, qu'elles gardent jusqu'à ce qu'elles soient capables, par leur instruction et leur savoir-faire dans le ménage, de rendre service à leurs parents ou de gagner leur vie. Ces orphelinats sont la bénédiction des communautés et des pensionnats.

L'Orphelinat de Saint-Dominique a été créé en 1859, par Mère Sainte-Rose, fondatrice du monastère. L'idée lui en vint au couvent des Dominicaines de Neuilly, où l'on recueillait les petites filles abandonnées pour les préparer à la première communion.

L'Orphelinat des Dominicaines à Nancy est totalement gratuit. Pour aider à sa création, Mlle Roland de Malleloy donna aux Religieuses une maison voisine de la leur et où se trouve aujourd'hui l'orphelinat. Il y a habituellement de vingt-cinq à trente orphelines aux Dominicaines, acceptées dès l'âge de huit ans, et quelquefois plus tôt. Il y a quelques années, on a reçu, le même jour, toute une famille composée de huit orphelines. On leur donne une bonne instruction primaire, mais on a soin surtout d'en faire d'excellentes femmes de chambre, très recherchées des familles chrétiennes. Elles demeurent à l'orphelinat jusqu'à l'âge de vingt et un ans. Les bons soins qu'elles y reçoivent leur inspirent un très grand attachement pour la maison, où elles aiment à revenir souvent ; les Religieuses restent toujours leurs plus aimées conseillères et leurs plus zélées protectrices.

La charité à Saint-Dominique ne s'exerce pas seulement envers les orphelines. On peut dire qu'elle forme la base même de l'éducation des élèves. Chaque semaine elles doivent donner une aumône ou s'imposer un sacrifice pour les pauvres. Pendant un mois avant Noël, elles se privent de leur dessert et se mettent à confectionner de petits vêtements ou des jouets qu'elles distribuent à leurs orphelines après en avoir orné un magnifique arbre de Noël, solennellement dépouillé en présence de toute la Communauté, au milieu de chants joyeux et après la représentation d'un mystère sacré. On dit que la charité empressée et toute aimable des pensionnaires pour les orphelines offre chaque année un spectacle ravissant. Mlle Rolland de Malleloy a laissé, en mourant, une rente de deux cents francs pour assurer des étrennes à ces pauvres enfants.

Tous les ans aussi, en été, les élèves du pensionnat des Dominicaines invitent à un banquet les cent trente vieillards, hommes et femmes, des Petites-Sœurs leurs voisines. De longues tables sont dressées dans les cours de l'établissement, et chaque élève est chargée de diriger et de servir un vieillard. Elle l'accueille d'abord à son arrivée, elle le conduit doucement à sa place et se tient constamment près de lui pour lui verser à boire ou lui présenter les différents mets. Si le dessert est trop copieux, ce qui arrive chaque fois, un joli cornet, préparé d'avance, reçoit une bonne portion de douceurs qui sont reportées soigneusement à l'asile.

Après le repas, chaque élève donne le bras à son vieillard et l'on se dirige, bras dessus, bras dessous, en cortège imposant et un peu étrange, puisqu'on y voit une vieillesse momentanément réjouie et déridée, appuyée sur une jeunesse gaie et souriante, vers une salle de spectacle où une pièce dramatique, toujours réjouissante, est représentée par les pensionnaires en l'honneur de leurs hôtes. La fête se termine par des adieux touchants ; on se dit et on se répète : *Au revoir ! à l'année prochaine !* comme si chacun était plein de vigueur et d'espérance.

Les anciennes élèves choisissent volontiers ce jour-là pour revenir à la maison et jouir de nouveau du ravissement des vieillards et de l'allégresse pétulante de leurs petites servantes d'un jour.

Outre cette charité un peu bruyante, les élèves des Dominicaines fournissent dans le courant de l'année, à deux cents pauvres de la ville, des vêtements qu'elles confectionnent elles-mêmes. Sœur Saint-Antoine est chargée de dépister et de découvrir, — ce qui ne doit pas être bien difficile, — des pauvres privés de vêtements. Elle les fait venir à la maison et prend les mesures nécessaires pour la confection.

La charité à Saint-Dominique s'étend même aux élèves du pensionnat. Chaque année, à quatorze d'entre elles, on fait remise, discrètement et sans que nul s'en doute, de la moitié de leur pension. Pendant la guerre de 1870, les Dominicaines ont pratiqué la charité envers nos soldats, en lavant tout le linge des varioleux soignés à l'ambulance du Grand Séminaire.

Enfin, chaque semaine, le samedi, une distribution de pain est faite à la porte du couvent, à des mendiants qui s'y rendent en foule de tous les coins de la ville.

Nous ne pouvons achever ces lignes sur la charité à Saint-Dominique, sans faire remarquer que la Congrégation est tout à fait *nancéienne*. En 1851, une religieuse du couvent de Neufchâteau, sœur Sainte-Rose, eut l'inspiration de réunir en congrégation les communautés enseignantes du Tiers-Ordre de Saint-Dominique et de fonder à Nancy un couvent qui en serait la Maison-Mère.

Mue par une impulsion intérieure et puissante, sœur Sainte-Rose fit part de son projet à la Mère prieure de Neufchâteau, et celle-ci s'en ouvrit à son évêque, Mgr Caverot, qui rejeta d'abord le dessein dont on l'entretenait. Eclairé ensuite comme par une lumière soudaine, un jour qu'il célébrait la messe au couvent, il se déclara ouvertement le protecteur de l'Œuvre, et écrivit lui-même aux Evêques de Langres et de Nancy pour obtenir leur appui.

A partir de ce jour, sœur Sainte-Rose vit tous les obstacles s'aplanir. Elle entra en relations avec le P. Hue, prieur des Dominicains de Nancy, et, par lui, avec le P. Lacordaire, alors provincial, puis avec le R. P. Jandel, vicaire général de l'Ordre. Tous l'encouragèrent. En 1853, le P. Lacordaire traça les bases générales du gouvernement des Sœurs du Tiers-Ordre enseignant de Saint-Dominique. Il les déposa sur le tombeau du B. P. Fourier, quand il alla à Mattaincourt pour prêcher le panégyrique du saint et illustre fondateur de la Congrégation de Notre-Dame. Mère Sainte-Rose vint à Nancy pour mettre à exécution son projet. Elle y rencontra, dit-on, de grands obstacles et dut surmonter de cruelles épreuves ; mais la Providence pourvut à tous les besoins de sa Congrégation naissante qui, bientôt, prit une extension considérable.

Elle a fondé à Paris, en 1859, un couvent transféré plus tard à Neuilly-sur-Seine, où se trouve un magnifique pensionnat ; un autre, en 1868, à Epernay. Lorsque les décrets d'expulsion de mars 1880 firent appréhender l'avenir, la Supérieure générale prépara en Espagne un asile pour le cas où ses Filles seraient chassées de France. C'est maintenant la communauté de Notre-Dame du Saint-Rosaire de Valladolid.

Aujourd'hui, la Congrégation des Religieuses Dominicaines de Nancy compte ses sœurs au nombre de cent quatre-vingts. Tous ses pensionnats sont florissants, spécialement celui de notre ville, qui compte habituellement cent trente élèves ; il continue avec plein succès le pensionnat si chrétien et si bienfaisant pour notre contrée, par le nombre des femmes solidement pieuses qui en sont sorties, — le pensionnat des dames Maggiolo, qu'il a remplacé.

L'orphelinat du *Sacré-Cœur* a été fondé le 24 mai 1860, et placé sous la protection de Notre-Dame de Bon Secours. On y élève gratuitement vingt-six jeunes filles que l'on conserve jusqu'à vingt et un ans. Formées à la couture, au repassage et aux divers travaux du ménage, en même temps qu'à une vie sérieusement chrétienne, elles sont, à leur sortie, pourvues d'un trousseau et placées comme femmes de chambre dans des familles offrant les meilleures garanties pour leur persévérance. Après leur sortie de l'orphelinat, elles continuent à être suivies avec le même intérêt, et trouvent toujours au Sacré-Cœur, où elles reviennent avec bonheur, accueil, secours, conseils et affection.

Placées ou mariées, elles donnent généralement à leurs religieuses protectrices la consolation de les voir conserver les principes qu'elles ont reçus et les habitudes chrétiennes contractées pendant leur éducation.

Une autre association composée des plus pauvres femmes de la classe ouvrière, et qui a pris naissance en 1882, a son siège au Sacré-Cœur.

En ce moment le nombre de ses membres atteint presque la centaine.

Donner à des cœurs qui souffrent la consolation de trouver une affection compatissante et vraie et, par le cœur, arriver aux âmes pour les ramener à Dieu, si elles en étaient éloignées ; les instruire des vérités de la religion oubliées ou ignorées ; les amener à reprendre le chemin, parfois trop longtemps abandonné, de l'église paroissiale et à vivre d'une vie vraiment chrétienne ; les y soutenir enfin, au milieu de leurs épreuves et de leurs difficultés, en les aimant et en les consolant, tel est le but de l'Œuvre.

Les principaux moyens employés pour l'atteindre, sont :

deux fois par mois, le dimanche, une réunion où la doctrine chrétienne leur est expliquée sous une forme très simple dans une instruction familière ; tous les ans, une retraite de huit jours et des retraites particulières adaptées à la portée des personnes, comme au temps dont le travail leur permet de disposer ; enfin la dévotion au Sacré-Cœur et à la sainte Vierge.

Le cœur de Jésus a daigné accorder à cette œuvre sa protection la plus précieuse: on admire bon nombre de retours à lui après de longues années d'indifférence ou d'égarement, la persévérance après la conversion et d'autres fruits consolants, comme la première communion presque dans la vieillesse, la confirmation, les baptêmes, etc.; les associées se font souvent apôtres et amènent au Sacré-Cœur leurs connaissances, et même leurs maris ou leurs pères, pour les faire rentrer dans le droit chemin.

On réunit aussi le dimanche quelques *jeunes filles des fabriques* ; ce n'est point ici une œuvre proprement dite, mais la possibilité de passer agréablement et pieusement l'après-midi du dimanche, offerte à des enfants très exposées dans le milieu où elles se trouvent. Le catéchisme, la prière, le chant, la classe et divers jeux remplissent ces quelques heures, trop souvent données par d'autres à des plaisirs mauvais ou dangereux. De joyeux congés les réunissent encore au Sacré-Cœur, lorsque les fabriques chôment à l'occasion de certaines fêtes.

La bonne conduite et l'exactitude de ces chères enfants sont encouragées par des récompenses. Toutes doivent appartenir à la paroisse de Bon-Secours, M. le Curé encourageant beaucoup leur exactitude, et voulant bien considérer comme sienne une petite œuvre qui ne tend qu'à conserver le plus longtemps possible ses enfants sous son influence.

Une des meilleures joies de vacances pour les Religieuses du Sacré-Cœur, c'est une *petite classe* faite à des jeunes filles que leurs pauvres mères, absorbées par le travail et souvent hors de chez elles du matin au soir, se voient dans la nécessité d'abandonner à elles-mêmes, au grand détriment de leurs âmes. Ces enfants n'étaient qu'une dizaine en 1888 ; l'an dernier, les demandes les plus pressantes arrivèrent de toutes parts, et c'est bien à regret que l'on n'a pu en accueillir qu'une quarantaine.

Rien n'égale le bonheur et l'exactitude avec lesquels ces petites filles, de cinq à. douze ans, arrivent chaque jour, excepté le dimanche où elles restent chez elles pour aller aux offices de leurs paroisses avec les Sœurs des écoles. Les autres jours, de deux heures à six, le catéchisme, l'ouvrage manuel, la classe et les récréations se succèdent, et le départ est toujours précédé de la prière du soir faite à la chapelle.

Ces enfants ont donné à leurs maîtresses de vraies consolations, et, à la rentrée des classes, elles ne les ont quittées qu'en s'inscrivant d'avance pour l'an prochain.

Ainsi que dans toutes les communautés religieuses, il y a au Sacré-Cœur des *distributions de pain* régulières à la porte, que l'on est toujours heureux de pouvoir ouvrir aux pauvres de Jésus-Christ ; aussi, parmi les plus délaissés, le Divin Cœur fait sentir sa miséricordieuse influence et donne la joie de faire parfois un peu de bien aux âmes.

La *charité au Sacré-Cœur*, on le voit, est non moins vivace et admirable que dans les plus ferventes communautés. L'amour des pauvres y est un stimulant pour la sagesse et le travail. Outre les œuvres générales et diocésaines auxquelles les élèves aiment à apporter leur concours, chaque classe adopte une famille pauvre, et la meilleure joie des pensionnaires, leur plus grande récompense, est de donner généreusement le fruit des sacrifices qu'elles s'imposent ou des industries de leur charité : loterie, vente, etc., car elles s'intéressent très ardemment à tout ce qui touche leurs chers protégés.

Quand le Père Varin, directeur de Mme Barat, la fondatrice du Sacré-Cœur, visita pour la première fois, en 1841, la Maison de Nancy, enchanté du site étalé sous ses yeux, il s'écria : *Quel paradis ! puisse-t-il être toujours aussi un paradis de vertus !*

Ce vœu du vénérable religieux s'est, jusqu'à présent, merveilleusement réalisé, grâce à la pratique fervente de la plus belle des vertus, la charité.

CHAPITRE IV

ORPHELINAT AGRICOLE DE HAROUÉ

Les Sœurs de la Foi. — M. l'abbé Harmand, leur fondateur. — Elles créent un orphelinat agricole à Haroué. — Leur second supérieur, M. l'abbé Léon Harmand. — Organisation de l'orphelinat. — Les travaux agricoles. — Résultats réalisés et probables.

A propos des orphelins, il nous reste à parler d'une institution qui n'est pas à Nancy, mais qui est de Nancy, parce qu'elle y est née, et aussi parce que le Comité de Dames qui la patronne a son siège et son centre dans notre ville où il recueille ses aumônes et sa vitalité. L'orphelinat agricole de Haroué est dirigé par les *Sœurs de la Foi*, fondées par M. l'abbé Harmand, le créateur de la Maison des Apprentis.

M. Harmand, chargé vers 1840, comme vicaire de la Cathédrale, de l'instruction des enfants dont les familles étaient visitées par les membres de la conférence de Saint-Vincent de Paul, faisait ses catéchismes dans la sacristie des chanoines. Il s'aperçut bientôt que quelques-uns de ces pauvres enfants n'avaient ni famille régulière, ni même d'asile. Touché de leur malheureux sort, il résolut d'y remédier. Il commença par les petites filles, et, dès 1842, il s'appliqua à protéger les jeunes filles de la campagne, venues en ville pour entrer en service. Aidé par les demoiselles Gentilhomme et une demoiselle Sophie Bodignès, il ouvrit un asile où on commença à travailler aux ornements d'église et à la couture. Dès le principe, plusieurs orphelines furent admises. M. Berman, ayant eu la même pensée pour les Allemandes, les deux œuvres se réunirent dans la Maison Sainte-Marie, et y vécurent ensemble jusqu'en 1846. En ce moment elles se séparèrent ; la partie française s'installa rue des Chanoines, dans une petite maison achetée par M. Harmand.

A la même époque naissait la Congrégation du Saint-Cœur de Marie, puissamment protégée par Mgr Menjaud, qui eut l'idée de fondre en une seule les trois associations. Mais M. Berman ayant remis la sienne aux sœurs de Saint-Charles, les deux autres s'installèrent ensemble au n° 12 de la rue des Chanoines. L'accord verbal était fait pour l'achat d'un hôtel, place d'Alliance, avec le désir d'y transporter les deux associations, quand éclata la Révolution de 1848, qui suspendit le projet. On attendit les événements chacun chez soi.

Les demoiselles Gentilhomme, fatiguées de toutes ces incertitudes, se retirèrent. C'est alors que prit naissance la Congrégation connue sous le nom de *Sœurs de la Foi*. On était en 1850. A ce moment, l'Œuvre des Apprentis prenait son essor, et les deux Œuvres marchèrent un instant de concert. Un comité de Messieurs assistait les apprentis, et un comité de Dames les petites filles. L'organisation était la même ; les enfants de chaque maison allaient travailler en ville. On ne tarda pas à constater que rien n'était plus dangereux que ce régime de demi-liberté pour les jeunes filles sur lesquelles l'autorité des maîtresses était trop faible. Dans la suite, Mᵐᵉ Saint-Germain, puis les Sœurs de Saint-Charles, dans la Maison Saint-Michel, reprirent cette idée sans plus de succès.

Cependant on désirait la vie religieuse à la Maison des

chanoines. Mgr Menjaud en accorda l'autorisation. La première profession se fit le 8 décembre 1855, jour où, pour la
première fois, on célébra l'Immaculée-Conception dans le
monde catholique.

Deux ans auparavant, en 1853, M. l'abbé Harmand avait
ouvert un orphelinat à Haroué, son pays natal, encouragé et
aidé par le prince de Beauvau.

On vivait dans les deux maisons du travail des mains, de la
broderie surtout, avec toutes les difficultés et les épreuves
des Œuvres qui commencent ; mais on était rempli de courage
et d'espérance. Le fondateur surtout était animé d'une grande
confiance dans la Providence. Il sentait toutefois que son
œuvre n'était pas encore en possession d'elle-même et de
son but définitif ; mais il attendait l'heure de Dieu en se bor-
nant pour le moment à faire vivre les cent enfants qu'il avait
adoptées et qui toutes étaient sans ressources. Sa vie était
dure et le fatiguait visiblement. Il en était là, quand il fut
nommé à la cure de Saint-Laurent à Pont-à-Mousson, en 1860.

L'Œuvre s'en ressentit. Les ressources diminuèrent et avec
elles le nombre des enfants. On vécut modestement pendant
les treize années que M. Harmand se donna tout entier à sa
paroisse et à ses devoirs de pasteur.

La Congrégation chercha plusieurs fois à se créer une
voie nouvelle, soit en organisant de nouveaux travaux, soit
en créant de petits pensionnats à Nancy et à Haroué. Mais ce
n'était pas là encore la lumière ni le but définitif. Une idée
cependant souriait toujours au fondateur, c'était la transformation de l'Orphelinat de Haroué en Orphelinat agricole. Les
fonds qui lui manquaient, puis la mort, l'empêchèrent de réaliser son désir. A ses derniers moments, il recommanda à ses
religieuses de ne pas craindre l'avenir et de tout attendre de
Dieu, parce qu'elles étaient plus fortes qu'elles ne le croyaient.

Elles se hâtèrent, en effet, de se remettre entre les mains
de Mgr Foulon, à qui elles confièrent leur projet de quitter

Nancy, suivant le désir de leur fondateur, afin de se consacrer exclusivement, à Haroué, à l'orphelinat agricole. Monseigneur l'évêque avait pu se rendre compte, quelque temps auparavant, des ressources qu'il y avait dans cette congrégation, à la
suite d'une visite canonique qu'il y avait faite et où il avait été
frappé de « la vie intense et des vertus qui la soutenaient
dans l'épreuve » (1).

Le prélat témoigna aux religieuses sa bienveillance en
leur donnant comme supérieur le neveu de leur fondateur,
M. l'abbé Léon Harmand, alors professeur à la Maison des
Etudiants. Sa Grandeur lui recommanda de ne pas craindre
de bâtir et surtout de faire de vastes constructions pour assurer l'avenir ; Elle ajouta : *Je vous donne carte blanche.* On
quitta le berceau de la congrégation en mai 1874, non sans
quelque douleur. Les débuts furent durs et pénibles, mais
remplis d'une grande consolation provenant de la bonne volonté et du courage.

« Quand je ferai l'histoire de la congrégation, écrit M. l'abbé
Harmand, je raconterai les épreuves cruelles des cinq années
qui s'écoulèrent entre l'établissement de la Maison-Mère à
Haroué et le moment où, en 1879, on me permit de venir m'y
établir, l'heureuse chance que j'eus, dans l'intervalle, d'être
admis dans la Société d'horticulture de Nancy, comme membre du bureau et rédacteur du *Bulletin*, et de profiter, à ce
titre, des meilleures relations que ces fonctions comportent ;
c'est ainsi que j'appris le métier de pépiniériste, de maraîcher,
et que je m'initiai aux connaissances indispensables de la culture. »

C'est alors qu'il organisa son orphelinat avec toutes les
spécialités horticoles qui sont à la fois un moyen d'existence
et surtout un moyen d'éducation pour les enfants ; ensemble
admirable, plein de vie et d'entrain, qui, dit-on, est unique en
France et dans le monde religieux.

(1) Rapport officiel de M. Lemblin à Mgr Foulon.

« Quoi de plus favorable, en effet, écrit M. le Président du Comice agricole de Lunéville, au développement physique et moral de l'enfance et de la jeunesse, que la vie au grand air, que l'exercice corporel nécessité par le travail des champs ? L'orphelinat agricole de Haroué est fondé sur ces deux points. Mais il en est un troisième plus important encore, c'est l'éducation par la religion, pierre angulaire, seule assise certaine de la paix sociale. Les mères adoptives de vos orphelines, les humbles Sœurs de la Foi, sous la direction de leurs supérieurs, ont édifié sur ces fondements un établissement tout à fait remarquable.

« On ne sait ce qu'on doit le plus admirer, ou bien des aptitudes diverses des Sœurs, qui, par amour pour les pauvres orphelines, ont su se faire à toute espèce de travaux, en y acquérant des talents et un savoir-faire qu'on croyait jusqu'alors le partage exclusif des horticulteurs et des spécialistes les plus expérimentés, ou bien de l'action de cette éducation sur les orphelines, qui trouvent dans ces travaux variés et intelligents, se succédant sans relâche chez vous, de quoi former leur raison et en même temps développer leurs forces physiques et l'énergie de leur caractère. En leur faisant aimer leur travail, auquel elles prennent une part si considérable, vous leur apprenez à aimer le travail, et en occupant leur imagination à des choses saines et attrayantes, vous les formez plus facilement à la vertu ; évitant tout surmenage, vous arrivez au *mens sana in corpore sano :* c'est le trait caractéristique de votre œuvre, et, sur la porte de vos maisons, vous pouvez à bon droit inscrire cette devise, qui résume tous vos moyens d'action : *Cruce et aratro* (1). »

Aujourd'hui, la congrégation, autorisée par le gouvernement le 13 mars 1878, possède deux établissements : celui de Haroué et celui de Villegusien (Haute-Marne), avec cin-

---

(1) *M. Paul Genay*, président du Comice agricole de Lunéville.

quante-sept religieuses, cent quatorze enfants à Haroué, et cinquante-huit à Villegusien.

Villegusien appartient à la congrégation depuis 1879. L'orphelinat agricole y avait été fondé par le curé de la paroisse, M. l'abbé Molard, avec le concours de beaucoup de bienfaiteurs et l'appui empressé de Mgr Guérin. L'établissement est prospère.

L'orphelinat de Haroué est un internat de filles, orphelines pour la plupart; elles entrent à cinq ans et peuvent rester jusqu'à vingt et un ans. Quelques religieuses, munies du brevet simple ou supérieur, donnent l'instruction aux enfants ; les autres les dirigent dans les travaux des champs ou dans ceux du ménage et de la couture (1).

La pension est de 200 francs par an. Bien peu la paient entière. Quelques-unes versent en entrant une somme une fois payée pour y rester jusqu'à leur majorité ; d'autres sont entretenues, — dix-huit actuellement, — par le Comité des Dames patronnesses de l'Œuvre, au moyen d'une pension annuelle de 250 francs par enfant; dix sont des filles de petits cultivateurs du pays ; quarante-deux sont admises gratuitement ; les autres paient une modique pension.

Il y a environ cent élèves à l'établissement, avec quarante religieuses. Tous les services de la maison sont dirigés par une sœur qui fait travailler avec elle un certain nombre de jeunes filles de treize à vingt et un ans, — montrant ainsi « que la femme peut devenir une auxiliaire précieuse dans la direction des travaux, quelquefois difficiles et minutieux, d'une exploitation agricole perfectionnée » (2).

Les enfants au-dessous de treize ans sont gardées, suivant leur âge, ou dans un asile dirigé comme nos asiles communaux, ou dans une grande école, d'où les plus intelligentes

(1) Rapport de la Société d'Horticulture de Nancy.

(2) Nous avons pris ces détails dans un Rapport de M. Suisse, vice-président du Comice agricole de Lunéville.

sortent avec le certificat d'études ; dans les deux années qui viennent de s'écouler, sur onze enfants présentées au certificat, dix ont été reçues.

Une vaste salle de repassage et un atelier de machines à coudre servent à initier les jeunes filles aux derniers perfectionnements des travaux intérieurs.

« Le public, écrit à ce propos M. Harmand dans son charmant rapport de 1886, commet de graves erreurs touchant le travail des maisons religieuses, les accusant de faire une concurrence désastreuse aux ouvrières ; cela n'est pas. Presque tout ce genre de couture est centralisé par de grandes maisons, qui profitent de son bas prix pour exporter à l'étranger la lingerie française, et y maintenir notre commerce et nos intérêts : le point solide, régulier et élégant de nos petites Lorraines va en Amérique défendre le prestige de la France. »

Après treize ans, les jeunes filles passent de la classe à l'éducation professionnelle proprement dite : le temps y est partagé entre la culture, les soins du ménage et les travaux à l'aiguille. Cet apprentissage complet permet aux enfants de se placer à vingt et un ans comme filles de culture ou dans des maisons bourgeoises, selon leur goût, leurs aptitudes et leurs forces.

La vacherie est établie avec une entente parfaite des exigences du régime de la stabulation permanente, et peut être citée comme modèle tant pour son aménagement intérieur que pour le bon choix des animaux qu'elle renferme. Un tableau indique le rendement en lait de chacune des six vaches, afin de faire comprendre aux jeunes filles l'utilité de tenir une comptabilité rigoureuse et d'établir une balance exacte entre la dépense et le produit.

Cinq vigoureux chevaux servent à effectuer les transports et la culture ; ils sont secondés dans leur tâche par un poney et un âne, dont la spécialité est d'amener au potager le supplément des eaux du Madon.

Le poulailler communique à l'étable pour lui emprunter sa chaleur sans toutefois lui faire payer trop cher sa générosité, grâce à la propreté minutieuse qui y règne.

La porcherie, placée sur deux côtés de la basse-cour et en plein air, contient de nombreux pensionnaires et complète ce petit domaine qui est, dans une exploitation, l'apanage spécial de la fermière, et qui offre à Haroué l'exemple du progrès sagement réalisé.

L'exploitation tout entière se compose de cinquante hectares, répartis en vignes, houblonnières, pépinières, champs de pommes de terre, de betteraves, de tabac; prairies naturelles et artificielles, jardins potagers.

Sur ce total, cinq hectares dix-huit ares appartiennent à l'établissement ; le reste est loué.

Sur les terres en culture, cinq hectares cinq ares sont cultivés à la charrue par des cultivateurs voisins à raison de 40 francs l'hectare ; deux hectares trente ares sont cultivés à la bêche : ce sont les jardins et le tabac ; le reste se fait au croc : pépinière, houblonnière, vigne. Tous les travaux à la main sont faits par les enfants et les religieuses.

Depuis un an, l'établissement possède une charrue que les Religieuses elles-mêmes conduisent et tiennent.

Le jardin est divisé en deux parties : le premier de cinquante ares, touchant à la maison, est clos de murs depuis deux ou trois ans, et ces murs sont garnis de jeunes espaliers fort beaux qui commencent à donner des fruits. C'est dans ce jardin que l'on voit en automne des couches immenses couvertes en partie de melons et de légumes de toutes sortes.

Il y a là aussi un rucher renfermant douze ruches en parfaite production (système Colin). On cultive aussi les plantes d'ornement qui se vendent bien.

L'autre jardin, d'un hectare, est situé à deux cents mètres environ sur le bord de la route ; il est créé nouvellement, dans une terre difficile qu'il a fallu drainer avec les pierres ramassées par les petites filles dans le jardin même et dans les champs avoisinants ; il est entouré d'une palissade formée de rames de sapin reliées par du fil de fer, cette clôture est garnie à l'intérieur de palmettes de poiriers en formation. Cette plantation, de quatre cent vingt-sept mètres de développement, sera dans quelques années une source importante de produits. Des pommiers en cordons sont aussi plantés au bord de la plate-bande entourant le jardin.

L'année dernière, il en a été vendu pour 1,500 francs, après l'approvisionnement de la maison.

De l'autre côté de la route, on trouve la houblonnière très bien soignée ; il y a entre les lignes une plantation d'asperges.

Les pommes de terre et les betteraves sont ordinairement très belles et très propres.

La pépinière est traversée dans toute sa longueur par une large allée bordée de chaque côté d'une plate-bande plantée de pommiers en cordons.

Dans l'intérieur et de distance en distance, des poiriers sont disposés en forme de vases.

Cette pépinière renferme toutes les espèces d'arbres fruitiers les plus demandées.

On commence dans le pays à la connaître et à l'apprécier. Les demandes de jeunes plants augmentent tous les ans.

En été, on peut y voir les jeunes filles de l'établissement greffer, sous la surveillance d'une sœur.

En résumé, à l'Orphelinat agricole de Haroué, la culture est bien comprise dans les jardins et dans les champs.

La Maison a d'ailleurs fait ses preuves sous ce rapport ; dans différentes expositions elle a reçu trois médailles d'or, trois de vermeil et sept d'argent pour ses produits agricoles et horticoles.

Indépendamment des soins donnés aux terres de l'exploitation par les sœurs et les élèves, l'Orphelinat fournit à des tiers la main-d'œuvre de son personnel pour différents travaux, tels que le fanage des foins, le faucillage, la cueillette du houblon, la vendange, etc. Tous ces travaux, joints au produit de la couture en hiver, ont rapporté à l'établissement, en 1886, la somme de 3,672 francs.

Les recettes sont ordinairement de 21,500 francs, et les dépenses de 22,500 francs, soit un déficit de 1,000 francs, couvert par les offrandes des Dames patronnesses, qui ont porté à 250 francs le chiffre de la pension des enfants qu'elles confient à l'Orphelinat.

Le chapitre des dépenses de nourriture n'est que de 9,756 fr.; cela tient à ce que les produits de la culture entrent dans la consommation de la maison pour une somme de 7,000 francs environ, ce qui, joint aux 3,527 francs portés en recettes, fait un total de production de 10,500 francs. En déduisant de ce chiffre une somme de 3,500 francs en chiffres ronds, pour les frais de culture payés en argent, tels que locations, achat de paille, frais de labour à la charrue, etc., il reste, comme bénéfice net de l'exploitation, environ 7,000 francs.

Comme tout est inscrit avec soin à l'Orphelinat, on constate qu'il a été employé, pour obtenir ce résultat, cinq mille cent douze journées de huit heures, tant des religieuses que des élèves; ce chiffre porte le salaire moyen de chaque journée à 1 fr. 30.

N'est-il pas surprenant qu'avec 22,000 francs et les produits de quatorze hectares en culture, en 1886, l'administration de l'Orphelinat soit arrivée à subvenir à tous les besoins d'une communauté de cent trente-cinq personnes? On pourrait supposer qu'on lésine sur la nourriture et que les économies sont poussées trop loin. Il n'en est rien. Nous avons vu, dit le secrétaire du Comice de Lunéville, toutes les élèves réunies pendant une récréation, et nous pouvons vous assurer qu'elles sont parfaitement tenues et ont fort bonne mine.

Il n'y a réellement que les maisons religieuses qui puissent arriver à des résultats pareils, parce que là il n'y a pas de traitements affectés à une foule d'employés ou surveillants plus ou moins inutiles.

Voici quelques renseignements sur les bénéfices moraux de l'établissement. Depuis 1874, deux cent vingt et une enfants ont passé par la maison ; cent quarante-deux étaient orphelines, soixante-dix-neuf enfants de fermiers ou petits propriétaires du pays, venues pour étudier, apprendre à coudre, tenir un ménage, repasser, etc.; celles-ci sont retournées chez leurs parents et se sont établies peu à peu, selon leur rang. Elles ont conservé un très bon souvenir de la maison et y reviennent souvent avec leurs maris et leurs enfants.

« Nous ouvrons notre maison, dit M. Harmand, aux enfants qui n'ont plus de famille, et nous les élevons de manière à les rendre à la société, sages, courageuses, fortes, ayant du savoir-faire, aimant les champs et leurs travaux, parce qu'elles ont fait l'expérience qu'on peut en retirer beaucoup d'agrément en même temps que de solides moyens d'existence. Si j'insiste un peu, dans le compte-rendu, sur les efforts que nous faisons pour donner à nos travaux quelque chose d'agréable, pour y intéresser l'esprit par les bonnes méthodes et le goût par de beaux et bons produits, c'est qu'avec la vertu, la piété et de bons bras, tout est là à la campagne, et que c'est perdre son temps que d'y élever les enfants si on ne parvient pas à la leur faire aimer : n'est-ce pas cette absence de charme qui est une des causes principales du dégoût que la vie des champs inspire aujourd'hui ? »

Quant aux cent quarante-deux orphelines proprement dites, soixante-quatre ont quitté la maison à l'âge de vingt et un ans ; les autres achèvent en ce moment leur éducation. Sur ces soixante-quatre, dix-sept sont mariées au village ; les autres placées à la campagne, dans des maisons bourgeoises et dans de petits trains de culture.

Ces résultats ne sont-ils pas le gage de succès à venir ?

L'activité et les connaissances spéciales du directeur, le concours de ses inappréciables auxiliaires, les Sœurs de la Foi, en sont une sûre garantie.

Tous les ans, il se fait une distribution de prix donnés à la bonne conduite, à l'esprit de travail et à tous les progrès accomplis, en proportion du nombre de bons points obtenus dans l'année : ils consistent en livrets de caisse d'épargne et en objets supplémentaires de trousseau. La Société de Patronage et la Société d'Encouragement pour les campagnes votent chaque année quelques livrets avec des diplômes ; en 1887, le Comité des Dames Patronnesses a décidé que la somme de 60 francs serait attribuée aux enfants les plus méritantes : on en a fait quatre livrets de 10 francs pour les grandes ouvrières, et quatre de 5 francs pour celles des enfants adoptées par le Comité.

L'orphelinat agricole de Haroué recevait, depuis 1879, une subvention de l'Etat qui, d'abord, était annuellement de 800 francs, puis de 1,000 francs ; en 1885, elle a été portée à 1,400 francs. A cette époque, à la suite d'une visite de l'établissement par l'Inspecteur général de l'Agriculture, M. Vassilière, celui-ci proposa à l'administration supérieure de porter la subvention de l'Etat à 1,800 francs pour l'année 1886. Il en a été tout autrement ; car, non seulement l'augmentation n'a pas été accordée, mais la subvention de 1,400 francs a été purement et simplement supprimée.

Mais en 1887, dans sa session d'août, le Conseil général approuva à l'unanimité le rapport suivant, présenté par une de ses commissions :

« Vous savez, Messieurs, le grand bien accompli par l'orphelinat de Haroué, l'une des rares associations de bienfaisance qui, dans notre département, s'occupent des campagnes et des enfants pauvres. Cet orphelinat, admirablement dirigé, a obtenu un grand nombre de récompenses, en particulier deux médailles d'or, et est considéré par les

« Inspecteurs généraux de l'Agriculture comme l'un des éta-
« blissements les plus complets de ce genre en France.

« Votre commission, s'associant au vœu qui vous est sou-
« mis, espère que vous n'hésiterez pas à l'adopter et à deman-
« der à l'Etat le rétablissement de l'allocation qui avait été
« jusqu'ici accordée à l'orphelinat de Haroué. »

L'administration supérieure fit droit à ce vœu dans une
certaine mesure, — celle probablement des ressources budgé-
taires, — car elle fit remettre, quelque temps après, 500 francs
à l'orphelinat de Haroué. Chaque année le Comice agricole de
Lunéville lui vote une subvention de 200 francs.

En 1883, un *Comité de Dames patronnesses*, au nombre de
trente environ, s'est fondé dans le but de recueillir les orphelines de la campagne et de les faire élever à cet Orphelinat
agricole.

Est-il rien de plus utile que de venir en aide à une classe
d'enfants absolument laissée en dehors de toute assistance,
au détriment des vrais intérêts sociaux?

Le Comité a déjà pu réunir un nombre assez considérable
de souscripteurs, il espère l'accroître de jour en jour; mais
chaque jour aussi laisse voir l'étendue des besoins et le nombre réellement étonnant des enfants à adopter.

La première assemblée générale s'est tenue le 25 juillet 1885,
à l'Evêché, sous la présidence de Mgr Turinaz.

Chaque Dame titulaire d'un carnet représentant dix souscriptions prend le nom de Patronnesse et se charge du recouvrement de ces souscriptions dans les mois de mars et d'a-
vril. Chaque année elle renvoie son carnet, avec le montant,
à Madame la Trésorière qui lui en remet un nouveau pour l'année suivante.

Un grand-livre, portant à chaque page le numéro des carnets
et le nom de la Dame patronnesse titulaire de chaque carnet,
enregistre les noms des souscripteurs. Si un des souscripteurs
venait à disparaître soit par décès, soit par refus de payer sa

cotisation annuelle, la patronnesse est chargée de trouver un nouveau souscripteur pour remplacer l'absent et laisser toujours, autant que possible, le carnet au complet. Le nom du souscripteur ancien est biffé sur le livre et remplacé par le nouveau, sur avis donné par la Dame patronnesse à la Secrétaire.

La cotisation ordinaire est de dix francs ; cependant on reçoit avec reconnaissance tout don inférieur à cette somme.

Le Bureau est composé d'une présidente, Mme la comtesse de Ludres ; de deux vice-présidentes, Mmes Saulnier de Fabert et de Bouvier ; et d'une trésorière, Mme Victor de Metz, avec M. Delaval pour secrétaire et M. Henri de Vienne pour secrétaire-adjoint. Il se réunit deux fois par an pour délibérer sur les besoins de l'Œuvre et l'admission des enfants. Chaque année à Nancy, dans le courant du mois de juin, une assemblée générale réunit le Bureau, les Dames patronnesses et les souscripteurs. Les recettes annuelles s'élèvent à quatre mille francs environ.

L'instrument dont la divine Providence s'est servie pour soutenir, encourager et honorer l'Orphelinat de Haroué, c'est le Comité des Dames. « Oui c'est vous, Mesdames, écrit M. l'abbé Harmand, c'est le courage et l'abnégation avec lesquels vous savez intéresser à notre cause tant de bienfaiteurs qui restent fidèles et dont le nombre augmente encore, c'est la générosité qui vous a fait adopter notre Œuvre et nos enfants. »

CHAPITRE V

MAISON DE SECOURS ET COUVENT DU BON-PASTEUR.

La charité cherche à détruire le péché. — Origine de la Maison de Secours.
— Madame de Ramfaing. — Les premières pénitentes. — La Maison
du Refuge confiée aux Sœurs de Saint-Charles. — Grandes misères que
l'on y soulage. — Motifs de la charité des Sœurs. — Mort édifiante d'une
jeune fille. — Maison du Bon-Pasteur à Nancy. — Caractère de la
charité au Bon-Pasteur. — Influence des Sœurs sur les pénitentes.

Ce n'est pas l'ignorance ni le dénuement, ni la souffrance,
ni la pauvreté qui rendent l'homme le plus malheureux, c'est
le crime et la passion désordonnée ; *qui facit miseros pec-
catum*. Le péché rend l'homme malheureux pour ce monde
et pour l'autre. C'est pourquoi la charité a toujours cherché
à arracher au péché et aux occasions de péché les infortunés qui en sont les esclaves et peuvent en devenir les victimes.

Depuis le jour où Jésus-Christ a laissé Madeleine répandre
des larmes et des parfums sur ses pieds, les pécheurs sont
devenus l'objet d'une tendre sollicitude pour ses amis. Les
chrétiens ne se contentent pas d'être vertueux, ils veulent
apprendre à leurs frères à le devenir. Les femmes les plus
dignes de respect traitent avec indulgence celles que le
monde condamne ; elles les aident à se relever et leur en-
seignent la vertu.

L'œuvre accomplie à la Maison de Secours et au Monastère
du Bon-Pasteur de Nancy est un beau témoignage de cet
esprit de charité que Jésus-Christ a transmis à ses apôtres.

La *Maison de Secours*, aujourd'hui hospice départemental,
dirigé depuis 1804 par les Sœurs de Saint-Charles, a remplacé la Maison du Refuge établie au xviie siècle par Mme de

Ramfaing, en religion sœur Elisabeth de la Croix de Jésus, fondatrice de l'Ordre du Refuge, décédée le 14 janvier 1649.

Mme de Ramfaing était née à Remiremont le 30 novembre 1592. Dès son enfance elle montra un grand courage à supporter chrétiennement de fortes douleurs et de cruelles épreuves. Ses parents, n'ayant pu lui persuader de se marier, la forcèrent, à l'âge de quinze ans, d'épouser le capitaine et prévôt d'Arches, François Dubois, âgé de cinquante-sept ans, homme dur et grossier, qui fut pour sa femme un abominable bourreau. Cependant, loin de se plaindre, Elisabeth se montra si assidue à lui tenir compagnie et à lui rendre service, qu'elle finit, à force de douceur et de patience, par le ramener à Dieu et lui procurer une sainte mort.

Elisabeth eut six enfants, cinq filles et un fils qui mourut à l'âge de deux ans ; deux des filles ne vécurent que quelques mois ; les trois suivantes devinrent l'objet spécial de ses soins et de sa tendresse. Après les avoir élevées saintement, elle eut la joie de les voir devenir, comme elle, religieuses du Refuge.

« Faisons remarquer que les créateurs d'institutions bienfaisantes, de maisons de refuge pour les malheureux, les enfants estropiés, les vieillards délaissés, les femmes dégradées, pour tous les incurables en un mot, sont des gens qui ont souffert et que la vie a broyés (1). »

Après la mort de son mari, Elisabeth de Ramfaing se retira à Nancy, auprès d'une sainte religieuse sa compatriote à laquelle elle était unie par les liens d'une intime amitié, la Mère Alix Le Clerc, fondatrice de la Congrégation de Notre-Dame.

Celle-ci s'efforça d'attirer Elisabeth dans sa Congrégation. Elle espérait d'autant plus facilement réussir dans ce dessein, que deux des filles de son amie avaient reçu dans la Communauté leur première éducation. Mais Dieu avait d'autres vues

---

(1) Maxime du Camp, *La Charité privée.*

sur la veuve héroïque qu'il avait soutenue visiblement dans ses luttes. Aux exhortations pressantes de Mère Alix Le Clerc et de ses religieuses, Elisabeth répondit par ces paroles prophétiques :

« Ah ! mes sœurs, que faisons-nous ? nous n'admettons parmi nous que des filles vertueuses et bien faites..... Nous les voulons spirituelles ; nous les choisissons avantagées du côté de la nature et de la grâce..... et nous réputons notre œuvre à grand mérite ! Mais étant ce qu'elles sont, ne se sauveraient-elles pas dans le monde ?..... Un temps viendra, et ce temps n'est pas loin, qu'il s'établira un Ordre dont la fin sera toute différente. Pour imiter le père de famille, qui prépare son banquet en faveur de toutes sortes de personnes, on y fera une profession spéciale d'y recevoir celles dont le nom est un objet de mépris et d'horreur. On ira chercher les filles perdues jusque sur les remparts pour les introduire à la table des anges. »

Cette prophétie de la charitable veuve ne tarda pas à se réaliser. Un jour de l'Octave du Saint-Sacrement, en 1624, Elisabeth reçut la visite d'une de ses meilleures amies, Mlle de Montigny, qui, toute préoccupée de ce qu'elle venait de voir, s'écria, après quelques considérations sur la piété, et comme divinement inspirée : « Mais quelle responsabilité ne pèsera pas sur nous ? car la divine Providence nous demandera un compte d'autant plus rigoureux que nous aurons reçu d'elle des faveurs plus signalées. Tenez, poursuit-elle..... il n'y a. qu'un instant, à deux pas d'ici..... j'ai été témoin d'un spectacle qui m'a tout bouleversée et remplie de tristesse..... J'ai vu, sur les remparts, des filles, jeunes encore, privées de leurs parents et qui n'ont d'autre asile que celui de la débauche.....'Je les exhortai à quitter leur vie honteuse et désordonnée : elles me répondirent qu'étant le rebut du monde, elles n'avaient pas d'autres moyens d'existence ; que, du reste, elles étaient prêtes à y renoncer, si elles trouvaient un endroit pour se retirer et gagner honorablement leur vie. »

A ce récit, la noble veuve a le cœur brisé, son âme généreuse ne peut y tenir : « Il faut, s'écrie-t-elle, leur venir en aide, le plus tôt possible et dans la mesure de nos forces, de peur que Dieu ne nous demande un compte sévère du salut de ces âmes qui lui ont tant coûté... Allez donc, chère amie... allez sans différer une minute... recherchez-les et amenez-les ici. Quand nous n'empêcherions qu'un seul péché mortel, il me semble que nous devrions être trop heureuses. » Animée par le zèle, par la parole enflammée d'Elisabeth de Ramfaing, la bonne demoiselle de Montigny revient sur ses pas, et elle trouve, à la même place, dans les mêmes dispositions, les infortunées qu'elle avait quittées un peu auparavant. Elle les aborde donc avec bonté : « Je viens, leur dit-elle, d'avoir le bonheur de rencontrer une âme charitable prête à vous recevoir et à vous nourrir, mais à la condition formelle que vous suivrez le chemin de l'honneur et de la vertu. » Touchées de ces bonnes paroles, charmées de l'offre qu'on leur fait, elles promettent un changement complet de vie, accompagnent sur-le-champ leur bienfaitrice, et se rendent chez celle qu'on appellera bientôt *la Mère Elisabeth de la Croix de Jésus* (1).

La sainte veuve accueillit avec une affection toute chrétienne les malheureuses filles. Loin de leur reprocher leur vie passée, elle leur parla de la miséricorde et de la bonté de Dieu, ainsi que des récompenses merveilleuses qu'il promet aux âmes de bonne volonté. Bientôt Mgr de Porcelets, évêque de Toul, informé des projets de Mme de Ramfaing, l'encourage publiquement et lui déclare que « rien ne peut être plus agréable au bon Pasteur, qui est venu pour sauver avant tout les brebis perdues ».

Il recommanda l'Œuvre nouvelle à un prêtre d'une grande

---

(1) Cette belle page est tirée de l'intéressante Notice biographique de Madame de Ramfaing par M. l'abbé Grandemange, aumônier de la Maison de Secours.

science et d'une éminente sainteté, M. Viardin, docteur de
l'Université de Pont-à-Mousson. Le Saint-Siège, sur la prière
de Mgr de Litié, administrateur de Toul, approuva la Communauté naissante, à laquelle on donna une constitution. Elle
resta rue Saint-Nicolas, à Nancy, jusqu'en 1695, époque où
commença la construction, rue des Quatre-Eglises, du nouveau Monastère devenu la Maison de Secours.

Les Religieuses, au nombre de treize, dont Elisabeth et ses
trois filles, reçurent le saint habit le premier jour de l'année 1631. La première profession se fit le 1er mai 1634. Mère
Elisabeth fut nommée supérieure, et sa seconde fille, Mère
Dorothée, assistante.

Cette cérémonie donna à l'Institut sa force et sa vitalité.
Aussi ne tarda-t-il pas à se développer, à grandir ; sa réputation s'étendit au loin. On en parla non seulement à Nancy,
non seulement en Lorraine, mais jusqu'aux extrémités de la
France. On savait le bien qu'il faisait à Nancy et qu'il ne man-
querait pas de produire ailleurs. Beaucoup de villes réclamèrent le concours de ses. Religieuses ; Avignon, la première, présenta sa requête ; comme elle était faite en termes
vifs et pressants, elle fut aussi la première réalisée ; plusieurs
de nos religieuses allèrent s'établir dans cette cité des papes.

La maison d'Avignon devint, comme celle de Nancy, non
seulement florissante, mais féconde : Tarascon, Arles, Aix
réclamèrent et obtinrent des Sœurs du Refuge. Non seulement
la Provence, mais le Nord, mais le centre de la France, s'a-
dressèrent à la Mère Elisabeth pour avoir de ses religieuses.
Voici du reste, par ordre chronologique, quelques-unes des
villes où elles furent successivement installées : Toulouse,
Nîmes, Bagnères en Languedoc, Le Puy, Saint-Jean-de-Luz,
Rouen, Catane, Dijon, Syracuse en Sicile, Besançon et Nantes.
A eux seuls ces noms en disent plus que toutes les paroles ; ils
montrent à merveille ce que l'ordre nouveau renfermait de
vigueur et de charité. Malgré sa force, malgré sa vie, il ne

put résister au torrent de la Révolution ; il disparut devant le
flot dévastateur, mais pour revenir bientôt. Actuellement, on
trouve encore des religieuses du Refuge dans l'Est, dans le
Midi de la France. Le costume a pu changer ; mais le dévouement, qui a fait sa gloire, lui reste (1).

La Révérende Mère Elisabeth mourut saintement, le 14 janvier 1649, âgée de cinquante-sept ans. Ses funérailles attirè-
rent toute la ville. On déposa son corps sous l'autel de la
chapelle du Monastère, où il se trouve toujours ; son cœur fut
envoyé à Avignon, où les Dames du Refuge le gardent encore
avec un religieux respect.

« A la Révolution, dit M. Courbes, la Maison du Refuge
fut convertie, comme tant d'autres, en lieu de détention et de
dépôt de mendicité, sous le non de *Maison de répression et de
secours.* »

Les Annuaires républicains portent la population de cet
établissement à 170 individus. Dans celui de l'an XIII on
trouve cette mention : « Les Dames hospitalières de la Congrégation de Saint-Charles ont bien voulu, sur l'initiative de
M. le Préfet et de M. l'Evêque, se charger de l'administration
de cette maison et elles ont acquis, par là, de nouveaux
droits à la reconnaissance publique. »

On ne sait pas au juste à quelle époque cette maison a pris
le nom qu'on lit encore aujourd'hui sur une plaque de marbre
noir, au-dessus de la porte d'entrée : *Hospice,* ni quand on l'a
appelée pour la première fois *Maison de secours.*

Il y a actuellement dans ce vaste établissement deux cent
soixante-douze malades de toutes catégories, dont quarante-
neuf hommes, cent cinquante-trois femmes, trente-cinq petits
garçons et autant de petites filles. Dieu seul connaît, et nul
ne peut dire, les abîmes de misères, de dégradation, les
mystères de honte et de déshonneur, abrités depuis plus d'un

---

(1) Notice biographique.

siècle dans cette Maison. Dieu seul aussi connaît les trésors de charité et d'ineffable dévouement, les miracles de patience et de mansuétude prodigués par les Religieuses aux malheureux et surtout aux malheureuses confiées à leurs soins.

Pour mesurer la largeur et la profondeur de cette charité, il faudrait pouvoir sonder les insondables plaies qu'elles sont appelées sinon à guérir, puisque ces plaies sont inguérissables, du moins à laver, à nettoyer, à panser et à soulager.

M. Maxime du Camp, qui a visité les salles de cancérées à l'hospice des Dames du Calvaire, à Paris, en rapporte des récits effroyables. Nous allons indiquer rapidement quelques-unes des horreurs qu'il a constatées et qu'il expose avec des détails inouïs; elles nous donneront une faible idée de ce que souffrent les incurables à notre Maison de Secours et montreront comment les Sœurs de Saint-Charles exercent, à Nancy, la charité des Dames du Calvaire, en guettant le mal, le poursuivant sans relâche, l'atteignant et l'affaiblissant, mais sans presque jamais oser concevoir la douce espérance de le vaincre.

On ne peut apprécier comme il convient le dévouement, si l'on n'a pas le courage de regarder en face les maladies hideuses que ce dévouement soulage.

« L'odeur d'acide phénique, qui plane dans le dortoir et baigne les lits d'une atmosphère purifiante, dit l'illustre académicien, indique de suite que l'on vient d'entrer dans le domaine des plaies vives. Quelques malades sont assises et s'occupent de faciles besognes. Un bandeau bossué de charpie leur coupe le visage en deux; la paupière est rouge, l'œil est anxieux, les lèvres sont blafardes, des boursouflures violacées marbrent la peau des joues; si on enlève le bandeau, on voit le mal dans toute son horreur: c'est le *lupus vorax*, le loup dévorant qui, de préférence, se jette au visage et le ronge... Il a mangé le nez, qui n'est plus qu'un nez de tête de mort, mais tête de mort vivante, humide, saignante... Ce mal qui lacère le visage, qu'il rend à la fois ridicule et horrible, est très douloureux; sa persévérance n'est jamais stationnaire, mais la progression est si lente qu'elle paraît insensible; il n'a nulle pitié du malade, qu'il tue en détail, seconde par seconde, et pendant des années...

« Une de ces malheureuses, attaquée par ce genre de cancer, avait le visage couvert d'une plaie qui ne laissait voir que ses dents et ses yeux ; le lupus avait fait sa proie des lèvres, des joues, des paupières, du nez ; cette malade entrée à la Salpêtrière en 1853, déjà hideuse et à demi rongée, elle n'est morte qu'en 1871, âgée de soixante-douze ans, d'une fluxion de poitrine ; une demi-heure avant sa mort, les maxillaires inférieurs se détachèrent et l'on vit les fosses de l'arrière-gorge...

« Voici une fillette d'environ treize ans, étendue, immobile, diminuée, presque aplatie, n'ayant plus que l'usage de la main gauche qui s'agite au bout d'un bras maigre dont la chair est flasque et la peau jaunâtre. Les os sont réduits à l'état gélatineux ; avec un peu d'efforts, on nouerait les jambes comme un câble ; le bras droit a tellement dévié aux articulations que les doigts de la main sont retournés sur eux-mêmes. La vie semble réfugiée dans la tête...

« Un matin, une Dame du Calvaire demanda à cette malade si elle voulait une nonnette pour son dessert ; en souriant, elle répondit : *J'en voudrais deux.* Tout à coup elle cria : *Voilà quelque chose qui part* ! On se précipite vers elle, le sang ruisselait ; pour arrêter plus promptement l'hémorragie, on coupa les bandes du pansement ; la pauvrette inclinait la tête comme un oiseau blessé ; les lèvres décolorées ne parlaient plus, le regard flottait vers le ciel pour y chercher la réalité des espérances, puis le corps sembla s'amollir et s'affaissa... Le cancer avait mordu l'artère fémorale et en moins de deux minutes l'âme avait ouvert ses ailes...

« A côté d'elle, une femme, déjà âgée, dort assise parce que le poids de son cancer l'étouffe. Sa poitrine ressemble à la carte en relief d'un massif de montagnes, tant les glandes cancéreuses sont épaisses et multipliées. Celle-là se décourage de durer, comme dit Chateaubriand. Elle appelle la mort qui ne vient pas...

« A l'autre extrémité du dortoir, une malade est fixée dans son lit, comme l'image même de la souffrance. Est-elle pâle, est-elle blafarde, est-elle livide ? Je ne sais ; la couleur de sa peau n'a pas de nom dans le langage des peintres. Un cancer lui ronge le nerf optique. Sa torture est de toutes les secondes, elle tue son sommeil, disperse sa pensée, anéantit ses souvenirs et ne lui permet pas de prier. L'oraison commencée s'achève dans un cri de douleur.

« Je suis resté seul, pendant un instant, près de cette infortunée. Je lui ai dit : *Puis-je quelque chose pour vous ?* — D'une voix forte et sans modulation, elle a répondu : *Oui, tuez-moi !*..... Mais la mort ne vint que longtemps après.....

« Voilà le mal non outré, mais atténué, ajoute M. Maxime du Camp. J'ai reculé devant certaines descriptions ; il y a des plaies dont j'ai volontairement détourné les yeux. Ce que souffrent ces malheureuses, ne se peut imaginer.

« Oui, voilà le mal, mais où est le remède ? Le remède n'existe pas. Aussi est-ce moins la maladie que l'on considère que les malades pour leur prodiguer consolation, tendresse, encouragement... Les infirmières ne l'ignorent pas ; elles calment leurs suppliciées et les endorment par des paroles fortifiantes qui sont comme les litanies de la commisération ; elles apaisent celles qui se révoltent de tant souffrir, s'agenouillent près de leur lit, prient et font descendre l'espérance dans les cœurs les plus exaspérés.....

« Chaque matin, à sept heures, les cloisons du dortoir glissent sur des galets de cuivre et découvrent la chapelle, d'où s'échappe un air frais qui s'approche des lits comme une caresse..... Le prêtre est à l'autel, la clochette résonne et la

messe basse commence. Les malades se tournent dans leur lit,
tendant les mains vers Celui que l'on invoque quand on élève
l'Hostie. Tout le cœur s'élance lorsque le prêtre termine la
récitation de l'Oraison Dominicale et répète avec ferveur : *Et
libera nos a malo*, Et délivrez-nous du mal! »

Les Religieuses de Saint-Charles, comme les Dames du Calvaire, ne se contentent pas de consoler pieusement leurs
malades, elles les soignent et les pansent vaillamment. Les
prêtres et les soldats qui accompagnaient saint Louis, portant
sur ses épaules les pestiférés, épouvantés par la crainte de la
contagion et suffoqués par la puanteur des cadavres, tenaient
des mouchoirs tamponnés sur leur visage. « Mais, dit Join-
ville, oncques ne fut vu le bon roy Louis estouper son nez,
tant le faisoit fermement et dévotement. » Les Religieuses
non plus ne « s'estoupent pas le nez », et, près de certains
lits, il y a du mérite.

Seraient-elles parvenues à dompter ainsi leurs instincts, se
demande M. Maxime du Camp, parlant des Dames du Calvaire, à modifier leur nature, à triompher de leur répu-
gnance, si elles n'avaient pas la foi? — *Non*, répond-il
hardiment. C'est ce qu'il faut dire aussi de nos religieuses.

« Lorsque je cherchai dans le cimetière de Damas, écrit ailleurs le même écrivain, au milieu des tombes, la masure où
vivaient les lépreux juifs et musulmans parqués loin de la
ville, jetés hors de l'humanité qui s'en écartait avec épou-
vante, je les trouvai psalmodiant une plainte sans parole, car
le voile de leur palais était effondré, tendant une main sans
doigts, car leurs phalanges étaient tombées. Gonflés, recou-
verts d'écailles, ils achevaient de pourrir ensemble dans une
puanteur telle que les chiens hurlaient et se sauvaient à leur
approche. Un seul homme venait chaque jour les consoler et
les secourir : c'était le Supérieur de nos Lazaristes. La pa-

rôle de Mahomet : *Fuis le lépreux comme tu fuirais le lion,* n'avait pas été prononcée pour lui! (1) »

En terminant cette étude sur la Maison de Secours de Nancy, nous ne pouvons résister au désir de raconter brièvement la mort d'une infortunée jeune fille, décédée dans cet hospice il y a plus de vingt-cinq ans, et dont une de ses amies nous a donné les détails authentiques. Cela sera une preuve de plus que la religion seule peut soulager et faire supporter certaines misères inguérissables qui, tout en torturant et en rongeant le corps, jettent l'âme dans des ignominies insondables.

Une jeune fille, qui paraissait plus misérable que les autres, avait le visage défiguré par le vice et la maladie, mais l'intelligence y rayonnait encore. Un mystère d'iniquité entourait cette enfant de quinze ans. Son dossier était si abject que la police avait refusé de le faire connaître.

La Religieuse qui en fut chargée sentit pour cette misérable enfant une compassion profonde, elle crut comprendre que Dieu lui réservait la faveur de toucher cette âme. Bientôt sa présence réjouit la jeune fille, qui se montra reconnaissante de ses soins et de ses attentions. Sans perdre de temps, la Sœur lui parla de Jésus-Christ. Elle fut écoutée. Peu après, elle prit sa main et lui fit faire le signe de la croix; enfin elle lui apprit le chemin de sa conscience ; l'enfant eût horreur d'elle-même. Mais la Sœur, pour l'encourager, lui parla de repentir et de pardon. Alors la malade promit d'être sage. *Je veux bien,* disait-elle, *je veux bien être sage pour vous faire plaisir.* Dieu se cache ainsi souvent dans les créatures pour ménager la faiblesse des âmes qu'il veut sauver.

Un changement notable se fit dans la jeune fille; son zèle à s'instruire des choses de Dieu, sa soumission, sa piété faisait l'édification de ses compagnes. Elle devint surveillante

(1) *La Charité privée.*

des plus indociles et apprit même aux plus jeunes le catéchisme et la Passion. Pendant plusieurs mois, elle persévéra
dans cette voie sanctifiante. Sa conversion était sérieuse.
Mais si son âme était guérie, son corps ne l'était pas. Bientôt
on la vit s'alanguir. Il semblait que son âme, purifiée par le
repentir, ne pouvait plus supporter le contact d'un corps
souillé par le péché. Elle souffrait d'horribles tortures et
ressemblait à un squelette.

Voyez, ı a *sœur*, disait-elle en montrant ses bras dé-
charnés, *il ne restera bientôt plus rien de cette chair qui a tant
péché. Que je suis heureuse qu'elle me quitte avant que je pa-
raisse devant Dieu!.....*

Elle parlait de sa mort prochaine avec une admirable
sérénité. Son seul regret était de ne pas vivre plus longtemps
pour se purifier davantage. La maladie fit des progrès effrayants;
on compta les jours, puis les heures. Quelques instants avant
de mourir, elle disait à la religieuse qui l'assistait : *Allez à
l'Office, ne manquez pas à la Règle à cause de moi..... Je vous
attendrai pour mourir dans vos bras.....*

D'autres religieuses et l'aumônier vinrent s'édifier au lit de
cette pécheresse mourante. Tous déclarèrent n'avoir jamais
été témoins d'un pareil spectacle.

Cependant une vive préoccupation tourmentait la jeune victime ; c'était l'avenir d'une petite sœur déjà initiée au mal. On
la consola en lui faisant espérer qu'on s'occuperait de celle-ci.
Promettez-moi, dit-elle alors avec une énergie étonnante, en
s'adressant à la supérieure, *que vous aurez pitié de son âme.
Ah! quels exemples et quels conseils j'ai donnés à cette pauvre
enfant! Ma sœur, sauvez-la! Par pitié, sauvez-la!.....* Les
efforts qu'elle fit pour prononcer ces paroles l'épuisèrent tellement, qu'elle expira peu après, le sourire aux lèvres et le
regard perdu dans les régions lumineuses qu'on lui avait fait
entrevoir au-delà du tombeau.

Sa mort fut un événement considérable dans la maison;

ses compagnes virent de leurs yeux que la réconciliation du
pécheur avec Dieu, toujours possible avec la prière et la
bonne volonté, est parfois d'une douceur ineffable et comme
une jouissance par anticipation des joies célestes.

Le 30 novembre 1835, une *Communauté du Bon-Pasteur*,
dont le but est à peu près semblable à celui de la Maison de
Secours, s'établit à Nancy. Fondé à Angers en 1829, par la Révérende Mère Sainte-Euphrasie Pelletier, aidée par M. le comte de
Neuville et par Mᵐᵉ la comtesse d'Andigné, l'Ordre des Sœurs
de Notre-Dame de Charité du Bon-Pasteur est une des
nombreuses Congrégations nées au xixᵉ siècle, qui a été
le plus visiblement bénie de Dieu. A la mort de la fondatrice,
le 24 avril 1868, elle comprenait cent dix monastères, avec un
personnel de dix-huit mille quatre cent soixante-dix-sept religieuses et patronnées. Aujourd'hui, le Bon-Pasteur comprend
vingt-sept mille deux cent vingt-cinq personnes, dont quatre
mille deux cents religieuses, répandues dans cent soixante-
deux monastères établis en Europe et surtout en Amérique,
et jusque dans les Indes-Orientales.

Le Bon-Pasteur poursuit un triple but : 1° Recueillir dans
des orphelinats ou classes de préservation les jeunes filles
orphelines ou délaissées par leurs parents et qui n'ont pas
donné de scandale, mais qui, faute d'appui et de soins, et en
raison de mauvaises influences, seraient exposées soit à se perdre, soit à mourir de faim;

2° Offrir un asile aux jeunes filles que le repentir a visitées
après la chute, et leur faciliter le retour au devoir;

3° Enfin, rendre possible l'accès de la vie religieuse aux
Madeleines repenties qui désirent se réhabiliter devant Dieu et
réparer les scandales de leur vie passée par la pratique des
trois vœux de religion.

« La fin propre et particulière, disent les Constitutions, des
Filles de Notre-Dame de Charité du Bon-Pasteur et qui les distingue des autres, c'est de s'employer de tout leur cœur, par

l'exemple d'une vie sainte, par la ferveur de leurs prières et par l'efficace de leurs instructions, à la conversion des filles et femmes qui sont tombées dans le désordre d'une vie licencieuse, et qui, étant touchées de Dieu, veulent sortir de l'état de péché pour faire pénitence sous leur conduite et se sauver.....

« Dans l'Eglise de Dieu, il y a des religieuses hospitalières qui sont destinées à avoir soin des corps malades, de même il est bien nécessaire qu'il y ait des religieuses dont les monastères soient comme des hôpitaux pour y recevoir les âmes malades et pour travailler à leur faire recouvrer la santé spirituelle.....

« Se figure-t-on, s'écrie une femme chrétienne, une religieuse discutant avec une femme pécheresse dans un coin du monastère! Que de sublimes entretiens, que d'actes de foi, de charité et d'amour pendant les jours de lutte! Le cloître en garde le secret, mais Dieu les inscrit au livre de vie. »

« On recevra, ajoutent les Constitutions, toutes les femmes et filles qui se présenteront, pourvu qu'on reconnaisse en elles : 1° qu'elles paraissent touchées de Dieu et veuillent se convertir; 2° qu'elles entrent volontairement; 3° qu'on n'ait aucun doute qu'elles soient infectées de quelque maladie qui puisse causer du mal aux autres.....

« Si quelque repentie veut être Religieuse, on l'enverra aux monastères destinés à recevoir les pénitentes; car jamais elles ne seront reçues Religieuses dans celui-ci, ni en aucun autre du même Ordre, quelques qualités et talents qu'elles puissent avoir. Mais elles pourront être admises parmi les Madeleines lorsqu'elles auront été suffisamment éprouvées. Quelles que soient les fautes dont ces filles se rendent coupables, elles ne sont jamais punies corporellement; on se contente de renvoyer celles qui refusent obstinément d'obéir au règlement. Ces renvois sont très rares.

« La Communauté des Religieuses de Notre-Dame de Charité du Bon-Pasteur ne doit être composée que de filles ou de femmes libres, de mœurs honnêtes, de vie irréprochable et hors de tout soupçon. L'observance de cette règle est très importante et nécessaire pour conserver la bonne odeur de la Congrégation et afin que les Sœurs travaillent plus efficacement au salut des âmes égarées. Il y a, comme dans toutes les autres Communautés de filles, deux sortes de Religieuses : les unes sont sœurs de chœur, les autres converses ou domestiques, destinées au ménage, et traitées toutes de la même façon (1). »

La retraite et le silence, le travail et la prière, sont les moyens employés pour réaliser la conversion des pénitentes. On s'attache, au Bon-Pasteur, à donner aux enfants et aux jeunes filles une instruction professionnelle qui les rende capables de gagner leur vie. On forme des couturières, des servantes, des filles de ferme, familières avec tous les travaux manuels qui conviennent à leur situation. Le Bon-Pasteur accueille aussi les filles sourdes-muettes, aveugles, idiotes et autres disgraciées de la nature, incapables de se suffire.

Les diverses catégories de protégées vivent séparées les unes des autres. Chacune d'elles occupe des bâtiments distincts ; des cours, des jardins spéciaux leur sont assignés pour les récréations et les promenades.

C'est à leur travail personnel et à celui de leurs orphelines et de leurs pénitentes, que les Sœurs du Bon-Pasteur demandent à peu près exclusivement les ressources nécessaires pour suffire à tant de bonnes œuvres ; elles comptent aussi sur la charité pour combler les déficits de leur budget. Nulle part les Sœurs du Bon-Pasteur ne sont rétribuées ; l'Etat leur alloue seulement 0 fr. 60 c. par jour pour chacune des enfants qu'il leur confie. Les autres enfants amenées par les familles, et qu'elles gardent jusqu'à vingt et un ans, sont acceptées

---

(1) Tiré des Constitutions.

moyennant une somme qui ne dépasse guère 150 francs donnés par des personnes charitables ou par les parents. Quelques enfants sont même reçues gratuitement.

Aux trois vœux ordinaires de religion, les sœurs du Bon-Pasteur en ajoutent un quatrième, par lequel elles promettent à Dieu de consacrer leur vie à la conversion des filles et des femmes tombées qui leur demandent asile. En retour de tant de bienfaits, les protégées du Bon-Pasteur témoignent à leurs religieuses beaucoup d'attachement et de reconnaissance. C'est ainsi qu'en 1855, le choléra ayant éclaté à Nancy, et le médecin ayant ordonné l'évacuation du refuge, on résolut de confier momentanément les pauvres pensionnaires aux personnes charitables qui voudraient bien s'en charger. Sur cent quatre-vingts jeunes filles, trente refusèrent de se séparer des sœurs, et six semaines plus tard toutes revinrent joyeusement reprendre leur place à la maison, à l'exception d'une seule, qui fut retenue par sa famille.

Ce fait prouve bien la douceur angélique qui enveloppe toute la vie des pénitentes et les fascine de manière à léur faire prendre en horreur leur vie passée et à consacrer leur vie à venir au repentir et à la prière. Il prouve aussi la puissance que donne aux religieuses du Bon-Pasteur, sur leurs protégées, leur vie sainte et immaculée, puissance que ne pourra jamais remplacer aucune habileté humaine ou administrative. Il prouve enfin la force que leur donne leur vocation sainte.

On trouve au Bon-Pasteur des orphelines et des pénitentes qui y habitent depuis vingt, trente et trente-cinq ans. Ainsi, la maison de Nancy a reçu, depuis son établissement, dix-sept cents pénitentes et sept cents préservées. En ce moment, il y a cent quinze pénitentes, cinquante-huit préservées et vingt-deux madeleines. « Que leurs protégées soient infirmes ou bien portantes, que les ressources manquent ou qu'elles abondent, les sœurs ne renvoient personne et se dévouent à soigner jusqu'à leur dernier jour celles qui veulent bien rester avec elles. »

CHAPITRE VI

LES PRISONNIERS ET LES COMDAMNÉS LIBÉRÉS

Les prisons à Nancy autrefois. — Les Sœurs de Saint-Charles au service des prisonniers. — La charité catholique et les prisonniers. — Origine de la Société de Patronage. — Son règlement. — Sa mission. — Le R. P. de Ravignan sauveur d'un condamné libéré. — Situation actuelle de la Société de Patronage de Nancy

Les prisons de Nancy sont établies actuellement dans une ancienne manufacture de tabacs, convertie en maison de correction en 1822. Alors les prisonniers étaient divisés en trois groupes : la maison d'arrêt à la Monnaie, la maison de justice à la Conciergerie, et la maison de correction aux Tabacs.

« M. de Villeneuve, préfet de la Meurthe en 1820, frappé de l'état déplorable dans lequel se trouvaient les prisonniers, tant à Nancy que dans les chefs-lieux d'arrondissement, comprit qu'il fallait absolument séparer les condamnés des prévenus, si l'on voulait éviter sur ces derniers la fatale influence des premiers. A cette époque, les prisonniers n'étaient pas soumis au travail obligatoire et passaient la journée à jouer et à se quereller.

« Plusieurs fois on agita la question de réunir les trois maisons d'arrêt, de justice et de correction ; elle ne fut résolue que vers 1854. On choisit comme l'endroit le plus favorable l'ancienne manufacture de tabacs où se trouvait déjà la maison de correction.

« On commença les travaux dans les premiers jours de 1855, et en 1857 s'opéra la translation des trois maisons d'arrêt, de justice et de correction dans le nouvel établissement (1). »

En 1854, les Sœurs de Saint-Charles de la Maison de Secours étaient chargées d'une partie du service des prisons.

En 1857, la Communauté fut installée dans la prison même. Les Sœurs sont chargées de l'infirmerie des hommes malades, de la cuisine, de la lingerie et s'occupent exclusivement des prisonnières qu'elles font travailler selon leurs aptitudes et leurs forces.

Il y a en moyenne, dans la maison, trois cents hommes et de quarante à cinquante femmes.

Les sœurs de charité sont chez elles au milieu des prisonniers, et c'est répondre à leur vocation sainte, aussi bien que contribuer au soulagement des malheureux condamnés que de demander à ces religieuses de vouloir bien couvrir de leur charité ces misérables.

La charité envers les prisonniers est imposée aux chrétiens par l'exemple et par les préceptes de Jésus-Christ. Par son incarnation il est venu sur la terre pour sauver des esclaves ; par sa prédication il nous a annoncé notre liberté ; dans sa passion il a versé son sang pour nous racheter ; dans sa résurrection il est allé visiter des captifs qui l'attendaient et soupiraient après son avènement ; enfin, dans son ascension il a emmené avec lui une troupe d'élus qu'il avait tirés des limbes et les a mis en possession de sa gloire.

De plus, Jésus-Christ fait à tous les chrétiens une obligation et un devoir rigoureux d'exercer la charité envers les prisonniers, un devoir indispensable, puisqu'il en fait dépendre la prédestination ou la réprobation. Il dira aux élus : *Venez, vous qui êtes bénis de mon père, parce que j'étais en prison et que vous m'avez visité.* Et s'élevant contre les impies, il leur adressera ces paroles : *Retirez-vous, maudits, allez au feu*

----

(1) Courbes, *Rues de Nancy.*

éternel parce que je souffrais dans la captivité et que vous m'y avez laissé sans secours et sans consolation. D'ailleurs, le précepte de la charité ou de l'aumône envers les misérables est fondé sur leurs besoins et sur leur infortune; en conséquence, plus il y a de besoins, plus la misère est grande, plus la charité est obligatoire. Or y a-t-il une misère pareille à celle des prisonniers qui ont perdu ce précieux bien, la liberté? Plus ils sont coupables, plus ils sont dignes de compassion. C'est pourquoi l'Eglise catholique a toujours considéré la charité envers les prisonniers comme une de ses premières obligations, car elle n'aime rien tant que la liberté et le bonheur même temporel de ses enfants.

> Il n'est dans cette vie
> Qu'un bien digne d'envie :
> La liberté (1).

La charité envers le prisonnier pour adoucir ses douleurs et, si cela est possible, le moraliser, le convertir et le réhabiliter, n'est-ce pas le but qui a inspiré cette œuvre admirable de patronage des condamnés libérés, dont il nous faut dire l'organisation et les résultats à Nancy?

Le 10 mars 1877, un certain nombre de magistrats, d'avocats, de prêtres et de négociants adressèrent la circulaire suivante aux personnes qui paraissaient pouvoir donner leur concours au *Patronage pour les condamnés libérés* :

« Le Patronage des Libérés est un complément reconnu indispensable de nos institutions pénitentiaires. C'est répondre au vœu de tous, donner satisfaction aux cœurs généreux et aux esprits prévoyants que de tendre une main secourable aux Libérés, au moment de leur sortie de prison, pour les empêcher de retourner au vice qui les a perdus et de continuer à

---

(1) Hector de Saint-Maur, *l'Hirondelle et le Prisonnier.*

être pour la société, faute de soutien moral et de moyens honnêtes d'existence, une cause de perturbation et de sérieux périls. Les statistiques signalent en France plus de cent mille libérés par année.

« Le Gouvernement, les Conseils généraux réclament avec instance la création de sociétés de cette nature étendant leur action bienfaisante sur tous les points du territoire. Le dévoué concours de l'Administration est assuré, dans ce but, à la charité privée.

« Une Société générale, reconnue établissement d'utilité publique, fonctionne depuis plusieurs années à Paris ; elle a pressé, dès son origine, la fondation de sociétés similaires dans les départements.

« La plupart des grandes villes : Lyon, Rouen, Bordeaux, Versailles, Orléans, Dijon, Nantes, Tours, Poitiers, etc., ont déjà répondu à son appel. Nancy ne saurait rester en arrière. Ses généreux habitants, soutiens empressés de toute institution utile, tiendront à honneur de favoriser le rapide développement de celle qui s'offre à eux, aujourd'hui, sous le double patronage de la charité et de l'intérêt social.

« Les populations des autres parties des deux départements compris dans la circonscription de la Société contribueront de leur côté, on n'en saurait douter, à une Œuvre dont elles apprécieront l'importance.

« Sans se dissimuler les difficultés de cette Œuvre, on doit dire que, sur les différents points où elle s'est jusqu'à présent établie, elle a déjà produit — les comptes-rendus en font foi — de très sérieux résultats. Il en sera de même ici, grâce au concours que l'Association trouvera dans tous ceux qu'intéresse la régénération qui en est le but. »

Voici quelques-uns des articles les plus importants des statuts dont il est question dans cette circulaire :

ARTICLE 1ᵉʳ. — Une Société charitable, pour le Patronage des libérés, est formée à Nancy.

Elle s'étend à la 11e circonscription pénitentiaire, comprenant les départements de Meurthe-et-Moselle et des Vosges ; elle s'occupera de former, avec le concours des Commissions de surveillance, un Comité auprès de chaque prison de cette circonscription.

Elle dirigera le fonctionnement de ces Comités afin qu'il s'effectue, autant que possible, d'après les règles uniformes et avec une répartition aussi égale que possible des secours dont elle pourra disposer.

Art. 2. — Cette Association a pour objet de venir en aide aux libérés qui montrent un désir sincère de se procurer, par le travail, des moyens honnêtes d'existence.

Art. 3. — Les libérés qui désireront être admis au Patronage devront en faire la demande un mois, au moins, avant leur sortie de prison et déclarer consentir à ce que leur masse de réserve soit versée dans la caisse de l'Association, laquelle en fera, d'accord avec eux, l'emploi qu'elle jugera le plus convenable à leurs intérêts.

Art. 4. — La bonne conduite en prison sera prise en grande considération pour l'admission au Patronage. Toutefois, cette admission sera toujours facultative et l'Association n'aura jamais à rendre compte des motifs pour lesquels elle refuserait ses soins ou cesserait de les donner.

Art. 5. — Le Patronage cesse dès que le patronné est en état de se passer des soins et des secours de l'Association ; toutefois, à la fin de chaque année, un extrait du casier judiciaire, en ce qui le concerne, sera demandé à l'autorité judiciaire pour connaître s'il a subi de nouvelles condamnations.

Art. 6. — Le patronné recevra, à sa sortie de prison, un certificat attestant sa bonne conduite pendant sa détention et son admission au Patronage. Après cinq années de Patronage, il pourra lui être délivré un diplôme donnant un témoignage honorable de sa conduite.

Art. 7. — L'Association provoque la réhabilitation de ceux qui s'en seront montrés dignes et prendra à sa charge les frais de l'instance judiciaire.

Art. 8. — L'Association se compose de membres actifs et de membres honoraires ou bienfaiteurs.

Art. 13. — Les membres actifs, au nombre desquels sont les membres du Bureau, visitent, avec l'agrément du Préfet, les prisonniers, pour connaître ceux qui demandent et méritent les soins de l'Association.

Art. 14. — Les membres honoraires ou bienfaiteurs concourent à l'Œuvre du Patronage, soit par des dons en argent, dont le minimum est fixé à 5 francs chaque année, soit en s'occupant de trouver des placements pour les patronnés.

Art. 10. — Les membres de la Société sont admis par le Bureau.

Art. 21. — Les ressources de la Société consisteront, outre les souscriptions des membres honoraires, et les dons et legs qui pourraient lui être faits, en subventions à demander à l'Etat, aux départements et aux communes.

Art. 22. — Des récompenses ou des primes d'encouragement pourront être accordées par la Société aux libérés qui se seront signalés par leur bonne conduite.

Les motifs et les avantages du Patronage des condamnés libérés sont faciles à deviner. De tout temps, on a reconnu que l'éducation et l'instruction, même les meilleures, ne suffisent pas pour tenir toutes les consciences loin du crime ; on a reconnu également l'insuffisance des moyens naturels de répression, même les plus énergiques, pour inspirer aux méchants, à défaut de la conscience, une crainte salutaire du châtiment assurant le respect des lois, l'ordre social et la sécurité publique. On a compris, enfin, qu'après les défaillances et les chutes, il fallait chercher à relever ceux qui étaient tombés, en leur offrant une protection et les secours religieux et moraux.

Les statistiques donnent pour la France plus de 150,000 condamnés sortant chaque année de prison ; n'est-il pas urgent de s'efforcer de ramener au bien ce triste et nombreux personnel, au moins dans sa partie amendable ?

C'est d'abord sans doute pendant qu'il subit sa peine qu'on doit préparer le relèvement du condamné. Dès qu'on peut espérer ressaisir la conscience du coupable, il faut essayer de lui faire comprendre sa faute en parlant à sa raison et à son cœur, en faisant rentrer en lui les vérités de la religion et de la morale, en lui montrant enfin les moyens de racheter son passé.

Pour cela, on a d'abord cherché le meilleur système pénitentiaire, et après divers essais on en est revenu, par la loi du 5 juin 1875, au système d'emprisonnement individuel. Si, en effet, on veut tenter utilement l'amendement du prisonnier, la première chose est de supprimer la détention en commun et de soustraire ce condamné aux funestes influences qui presque toujours ne font qu'empirer ses mauvais instincts; de l'isoler pour essayer d'amener chez lui par le recueillement un retour sur lui-même, et de substituer au pernicieux contact d'esprits pervers, le contact moralisateur de personnes charitables et dévouées, seules capables de le faire rentrer dans le droit chemin. C'est le rôle des commissions de surveillance établies près des prisons, des religieuses et des aumôniers.

Mais cette préparation d'un retour au bien est loin de suffire. Si, dès sa sortie, le libéré qui a manifesté du repentir est abandonné à lui-même, il oubliera vite les leçons reçues et ne persévérera pas dans ses bonnes résolutions, et cela souvent faute d'avoir la possibilité de les exécuter.

Si, sorti de prison, le libéré ne trouve plus personne pour lui tendre la main; si, devenu, par sa condamnation, un objet de défiance et de répulsion, il ne rencontre aucun cœur généreux pour le prendre en pitié; si, quand il veut se remettre à gagner honnêtement sa vie, il n'a aucun appui matériel et moral lui facilitant cet effort, il ira fatalement redemander au mal les moyens de vivre; et, dans son impuissance à reprendre seul une voie honnête, allant jusqu'à faire un grief à la société elle-même de la répulsion qu'il ne doit qu'à son passé, il deviendra dans l'avenir plus mauvais encore et finira par se constituer l'ennemi déclaré de cette société.

Seule la charité chrétienne, par ses délicatesses, par sa douceur, par ses encouragements, par ses secours discrets et persévérants, peut relever le criminel, l'améliorer et le sauver.

Un jour que le R. P. de Ravignan venait de commencer une de ses conférences à Notre-Dame de Paris, on entendit un sanglot douloureux sortir de la poitrine d'un vieillard assis à l'extrémité de l'immense auditoire. Le prédicateur rappela d'abord les rigueurs de la justice de Dieu qui venge ses commandements méconnus. Parlant ensuite de la bonté divine qui accueille toujours le pécheur repentant, il s'écria : *Jetez-vous dans l'infini de sa miséricorde, il n'est jamais trop tard pour se repentir !* A ces mots, le vieillard se leva en proie à un trouble indéfinissable ; il étendit le bras vers la chaire, et, d'un accent brisé par les sanglots : *C'est vrai ! c'est vrai !* s'écria-t-il.

Le prêtre tourna les yeux du côté de celui qui l'interrompait, le fixa, des larmes semblèrent mouiller ses paupières, puis, se retournant vers l'autel comme pour maîtriser son émotion, il acheva son instruction.

En sortant de l'église, un jeune homme, proche voisin du vieillard, l'aborda, et, avec le plus respectueux intérêt, osa lui demander l'explication de son trouble et de ses larmes. Le vieillard, touché de cette sympathie, attira à l'écart son interlocuteur et lui raconta qu'il venait de quitter depuis quelques mois le bagne où il avait passé vingt années, pour expier un assassinat commis par lui sur un homme qui gênait sa passion criminelle.

« Dans son réquisitoire, ajouta-t-il, le procureur demanda
« ma tête, il tonna contre l'assassin au nom de la société et
« de la justice. Il avait raison !..... Jamais voix plus terrible
« n'a retenti à mon oreille ! Jamais accusation n'a été plus
« vraie et plus affreuse !

« Avant de partir pour Rochefort, je demandai à parler à ce
« procureur qui avait été si terrible, et je lui dis : Je regrette,
« monsieur, que les juges n'aient pas confirmé la sentence
« de mort que vous aviez demandée pour moi. Le plus grand
« des supplices est de vivre quand on a cessé d'être un hon-
« nête homme. Je dois vous dire cependant que si je suis
« coupable, je ne suis pas perverti ; c'est la passion qui m'a
« momentanément aveuglé. — J'ai dû remplir mon devoir, me
« répondit le procureur, mais soyez courageux ! Vivez ; Dieu
« vous l'ordonne. Vivez pour l'expiation ; *il n'est jamais trop*

« *tard pour se repentir !* — Et, me serrant la main, à moi l'as-
« sassin, il me quitta.

« En arrivant au bagne, je fus entouré de soins qui me sur-
« prirent. J'appris qu'une recommandation puissante m'avait
« devancé dans cet enfer. Des secours d'argent même m'arri-
« vèrent régulièrement. A la fin de ma peine, qui fut abrégée
« par grâce, je trouvai ma sœur, laissée dans la misère, pour-
« vue des choses indispensables à la vie ; elle avait été assistée
« comme moi-même.

« — Le nom de cet homme compatissant, l'avez-vous su ?
« demanda le jeune homme. — Si je l'ai su ? quel autre pou-
« vait-ce être que le procureur qui, après m'avoir fait condam-
« ner, voulut me protéger afin de faire de moi un honnête
« homme ? — L'avez-vous revu dans le monde ? — Souvent ;
« mais sans doute il a trouvé trop pénible d'accuser ; main-
« tenant sa main ne se lève plus que pour absoudre ; il a dé-
« pouillé la toge couleur de sang pour la soutane noire du
« prêtre ! il n'est plus magistrat, il est apôtre... et cet apôtre,
« ajouta-t-il, en réprimant de nouveaux sanglots et en s'éloi-
« gnant, cet apôtre c'est l'abbé de Ravignan que nous ve-
« nons d'entendre ! » — Voilà comment la charité peut sauver
les condamnés libérés.

La Société de Patronage a été établie à Nancy en 1875.
« Deux de nos concitoyens, dit M. Henriet dans son rapport
de 1878, ardents promoteurs de toutes les idées généreuses,
M. le comte de Lambel et M. le baron de Saint-Vincent, pénétrés de l'utilité de cette œuvre par M. de Lamarque, le fondateur de la Société générale des prisons, s'efforcèrent les premiers d'en faire accepter l'idée à Nancy. » Quelques mois
après, le Patronage y était organisé et fonctionnait suivant les
statuts.

Il compte environ 150 membres actifs et honoraires dont
les souscriptions s'élèvent chaque année à 1,200 francs. L'ensemble des recettes a été de 6,000 fr. et celui des dépenses

de 2,500, pour une période de quatre années pendant lesquelles 36 patronnés ont été secourus. Sur ce nombre, 25 n'ont pas encouru de nouvelles condamnations et ont persévéré dans leurs bonnes résolutions.

Au congrès catholique de Lyon en 1874, Messieurs les aumôniers des prisons centrales de Nîmes et de Riom disaient, dans une supplique adressée aux congressites en faveur des condamnés libérés : « Nous venons, nous pères et protecteurs des condamnés libérés, vous supplier d'accepter nos demandes et de répondre aux appels que nous ferons à votre charité pour ces malheureux. Vous accepterez ces prodigues, vous leur donnerez du travail et du pain, vous leur permettrez de se réhabiliter, de reprendre leur place dans la société et surtout vous les rendrez chrétiens.

« Quand nous voyons l'administration pénitentiaire prendre à cœur le sort de ces infortunés et créer une agence générale de placement pour les libérés, ne devons-nous pas, nous prêtres et laïques chrétiens, pénétrés de l'esprit de charité, seconder ces louables efforts? On trouve encore dans nos prisons, comme au Calvaire, de bons larrons, des larrons pénitents; voilà pourquoi nous souhaitons qu'ils trouvent des patrons chrétiens qui, en leur promettant le travail et le pain de la terre, leur assurent le bonheur du ciel et leur disent comme le divin Maître : *Hodie mecum eris;* dès aujourd'hui reste avec moi. »

Le Conseil d'administration du Patronage de Nancy comprend un président, M. Germain, conseiller à la cour; un vice-président, M. Menjaud, ancien officier; deux secrétaires, MM. de Nicéville, avocat, et Rampont, avoué ; un trésorier, M. Volfrom, négociant, et un agent général, M. Chaumont, greffier à la cour d'appel. Parmi les présidents d'honneur, nous remarquons NN. SS. l'archevêque de Reims et les évêques de Nancy, de Saint-Dié et de Verdun.

LIVRE V

LES OUVRIERS ET LES PATRONS

En voyage, ce qui frappe davantage, ce qui émotionne surtout et ce dont on se souvient toujours, ce sont les excursions fatigantes, périlleuses, extraordinaires.

N'est-ce pas ce que nous venons de sentir dans notre voyage à travers la charité à Nancy, en parcourant cette triste contrée que nous avons nommée *les misères exceptionnelles ?* Quel douloureux spectacle, que celui des malheureux aliénés, des sourds-muets, des aveugles, des orphelins, des incurables et des prisonniers ! Mais aussi, quelle admiration n'avons-nous pas éprouvée pour les âmes charitables qui se dévouent à leur soulagement et quelle exhortation puissante pour nous montrer nous-mêmes disposés à aider à ce soulagement !

Après cette course pénible, mais fortifiante et salutaire, il nous faut revenir sur la grande route des misères humaines, où, après avoir déjà considéré l'enfant dans son berceau d'emprunt, puis à la crèche et à l'asile, et l'avoir suivi à l'école, à l'apprentissage, aux patronages et à la caserne, nous allons l'étudier comme membre de la grande armée des travailleurs. Nous nous demanderons ce que la charité catholique peut et doit faire en faveur de l'ouvrier ; nous dirons ensuite ce qu'elle a réalisé en ce sens à Nancy.

CHAPITRE I

LES OUVRIERS ET LA CHARITÉ CATHOLIQUE
— PETITS LOGEMENTS ET RESTAURANTS ÉCONOMIQUES

Importance de la question ouvrière. — Préjugés que les catholiques doivent s'efforcer de dissiper. — Il faut procurer aux ouvriers le bien temporel en même temps que leur salut. — Opérations de la *Société Immobilière Nancéienne*. — Construction de logements d'ouvriers. — Les Restaurants Économiques. — Leur organisation. — Leurs résultats.

La question ouvrière est aujourd'hui la question brûlante. L'année 1890 promet d'être l'année des conférences où s'agiteront les grands problèmes sociaux. Un puissant monarque de l'Europe demande qu'on l'aide à résoudre ces problèmes formidables, et le pape Léon XIII, au nom de Jésus-Christ, supplie les princes, les patrons et les ouvriers de laisser l'Eglise ressusciter dans les âmes la vie chrétienne, seule capable de dissiper le malaise qui pèse sur le monde et de préparer la réconciliation d'amour et de paix, que l'on espère.

Dans cette mêlée universelle, que doivent et que peuvent faire les catholiques pour les ouvriers ? Ils doivent d'abord s'efforcer d'écarter les malentendus ou les préjugés innombrables qui éloignent d'eux ces ouvriers ; ils doivent ensuite laissant enfin de côté toute théorie, prendre les moyens pratiques, efficaces, détaillés, qui donneront des résultats immédiats. « Vous prétendez appliquer vos principes, écrivait naguère M. Léon Gautier à un industriel chrétien, vous avez mille fois raison. Le temps des théories est passé! »

Il faut que les ouvriers soient bien persuadés que les catholiques ne sont pas du nombre de leurs détracteurs, matérialistes sans cœur et sans foi, qui voient dans l'ouvrier, non un frère, mais un instrument de production, une machine de chair et d'os, un outil intelligent, dont on se sert tant qu'il y a profit, mais que l'on jette au rebut quand son rapport n'égale plus ses frais d'entretien.

Il faut que les ouvriers sachent, d'autre part, que les catholiques ne sont pas, ne seront jamais leurs courtisans intéressés, charlatans de fraternité qui, ne pouvant exploiter l'ouvrier par la force, le subornent par la flatterie et tâchent de l'enivrer de mensonges socialistes, pour mieux le gouverner, affectant de le sacrer dernier roi de France afin d'administrer sa liste civile et d'occuper son ministère des finances.

Il faut que les ouvriers soient convaincus que les catholiques ne viennent jamais à eux comme politiques, pour essayer d'en faire des monarchistes ou des républicains. Quelles que puissent être leurs convictions intimes, — car ils ont droit d'en avoir comme tous les autres citoyens, — les catholiques ne doivent se montrer envers l'ouvrier que simplement chrétiens. *Faites de vos ouvriers des hommes honnêtes et des chrétiens*, disait naguère un prêtre à des catholiques, *et ne vous inquiétez pas du reste*. Les catholiques doivent surtout éviter qu'on les range dans le groupe, trop nombreux, de ces prétendus conservateurs, — conservateurs de leurs écus et de leurs péchés, a dit quelqu'un, — qui ne voient dans la question ouvrière qu'une préoccupation pénible et de nature à troubler le calme de leur bien-être, qui ne s'imposent aucun sacrifice personnel et s'étonnent volontiers que les classes laborieuses se plaignent de leurs souffrances.

« Nous ne sommes pas, s'écriait, il y a quelques mois, un « catholique dans une conférence à des ouvriers, de ceux « qui voient en vous une puissante armée devant laquelle il « faut trembler ou une majorité électorale devant laquelle on « s'agenouille. Nous sommes vos frères et vos serviteurs; « nous ne descendrons jamais à être vos courtisans. Nous

« voulons uniquement gagner vos intelligences avec notre
« foi et vos cœurs avec notre amour (1) ».

Il faut que les ouvriers n'entendent jamais les catholiques
regretter, en soupirant, un passé à jamais disparu. Dieu,
Jésus-Christ et l'Eglise ne changent point et se tiennent magnifiquement immobiles au centre de l'Histoire, mais tout le
reste se modifie. Les confréries du temps de saint Louis sont,
sans doute, imitables dans l'esprit qui les animait, mais leurs
statuts particuliers, si parfaitement accommodés à leur époque, ne conviennent nullement à la nôtre. Demandons aux
vieilles corporations leur vie chrétienne, mais non leur organisation extérieure, qui est absolument démodée, impossible
à renouveler avec les nécessités actuelles.

Il faut enfin que les ouvriers sachent que les catholiques ne
font pas seulement consister le mérite ou la dignité et la
grandeur de l'ouvrier, comme disait Bossuet, dans son utilité,
dans ses souffrances et dans sa force, mais aussi et surtout
dans sa ressemblance avec Dieu, le premier travailleur.
« Après avoir travaillé à créer le monde, dit un orateur catholique, Dieu a tellement tenu à être véritablement ouvrier,
qu'il se fît charpentier en même temps qu'homme. De ses di-
vines mains, il scia, rabota, polit, travailla le bois qu'à l'heure
première du monde il avait déjà travaillé dans le dessein de la
création. Jésus, fils de Dieu, a été apprenti, compagnon, ouvrier charpentier, faisant des charrues, des croix peut-être. »

Ces malentendus dissipés, quelles mesures prendrons-
nous, quels actes ferons-nous pour aider l'ouvrier, pour le
soulager et le moraliser?

Le premier devoir des catholiques envers les ouvriers qu'ils
veulent conquérir à Jésus-Christ, c'est de s'occuper de leurs
corps en même temps que de leurs âmes, de leur condition
matérielle en même temps que de leur destinée éternelle. Prê-

(1) Léon Gautier,

cher aujourd'hui à l'ouvrier la résignation, sans rien faire pour le soulager, c'est presque toujours s'exposer à l'irriter, parce qu'il ne soupçonne pas le mérite et les avantages de cette vertu. Rendons-le aussi heureux que possible, en améliorant son pauvre état, en augmentant son salaire, en lui assurant une vieillesse tranquille, et, ne serait-ce qu'à la fin de sa vie, il se décidera infailliblement à se tourner vers Dieu.

La misère, en effet, n'est-elle pas mauvaise conseillère, et si elle est mal acceptée, ne détourne-t-elle pas les âmes du devoir et de l'éternité? Voilà pourquoi il faut lui déclarer une guerre intime, une guerre mortelle. En améliorant la terre, il faut préparer le ciel.

Il y a quelques mois, un ami d'un grand industriel visitait la belle et vaste exploitation de celui-ci. Après avoir parcouru les ateliers, admirables d'ordre et de propreté, l'ami dit à l'industriel : *Vos ouvriers sont-ils aussi bien logés que vos machines ?* — L'industriel hocha la tête en essayant un sourire, et pria son ami de le suivre pour voir, disait-il, le logis de ses meilleurs, de ses plus heureux ouvriers. Or, ces logis d'ouvriers étaient des bouges, de vrais bouges! Les murs suaient une affreuse humidité, que le maître appela, en riant, de « l'essence de rhumatisme ». Une odeur infecte se mêlait à d'horribles ténèbres. Le long des escaliers hideux, les deux visiteurs grimpèrent en s'appuyant à une corde noire et graisseuse. Ils arrivèrent au quatrième étage et pénétrèrent dans un taudis abject où le parfum d'une cuisine douteuse se confondait avec l'âcre odeur du linge qui séchait et de l'évier mal fermé. Ils durent sortir plus vite qu'ils n'étaient entrés, mornes et consternés. N'est-il pas désolant de penser que cet état de choses dure toujours ? *Malheur à nous, catholiques!* s'écriait récemment un industriel chrétien, *malheur à nous, si nous ne songeons pas au logement, au chauffage et à la nourriture de la famille ouvrière.*

Il s'est fait depuis vingt ans à Nancy quelque chose de très intéressant sous le rapport du logement et de la nourriture en faveur des ouvriers. Au mois de mai 1872, une société civile, au capital de 200,000 francs, divisés en actions de 500 francs, dite *L'Immobilière nancéienne*, se constituait dans le but de construire de petits logements pour les ouvriers. Dès son entrée en fonctions, le conseil d'administration de la Société s'occupa de chercher des emplacements convenables pour y élever ses maisons. Cette Société doit son caractère philanthropique tant à la gratuité absolue des fonctions de ses administrateurs qu'à la clause des statuts limitant les dividendes à 5 0/0 alors que les immeubles rapportent beaucoup plus.

Il y a une trentaine d'années, à propos des logements populaires, un savant économiste de Nancy, M. Alexandre de Metz-Noblat, frère aîné du président de l'Immobilière, M. Victor de Metz, dont l'intelligente charité est si précieuse à beaucoup d'œuvres nancéiennes, recommandait aux capitalistes désireux de faire un emploi bienfaisant de leur argent, sans néanmoins renoncer à une modique rémunération de leur capital, l'édification dans la banlieue, sur des emplacements peu chers, de maisonnettes modestes mais saines (1).

C'est cette idée qu'a reprise et réalisée la Société Immobilière. Après de longues recherches nécessitées par le prix excessif de tous les terrains qui avoisinent la ville, le choix du Conseil s'arrêta sur trois emplacements qui parurent réunir les conditions désirées. L'un est situé à l'angle des rues Isabey et de Boudonville ; le second à l'angle des chemins de Saint-Charles et de la Garenne, près du Champ de Mars ; le troisième près du pont d'Essey, derrière l'ancienne Poudrerie.

A peine avait-on acheté les terrains et commencé à bâtir

---

(1) Chassignet, ancien élève de l'École polytechnique : « Enquête sur la condition des petits logements à Nancy. » (Extrait de la *Réforme sociale*.)

qu'un grand nombre d'acheteurs se présentèrent au bureau, qui reçut plus de quatre-vingts demandes.

Les opérations de la Société Immobilière ne se bornèrent pas à ces constructions ; les circonstances l'amenèrent à entreprendre une autre œuvre d'un caractère plus urgent encore.

Aux mois de septembre et d'octobre 1872, le Comité d'Alsace-Lorraine de Paris, dont quelques membres du Conseil de l'Immobilière faisaient partie, était sans cesse assiégé par une foule d'ouvriers annexés qui, trouvant de l'ouvrage à Nancy, ne pouvaient se loger nulle part. Quelques-uns d'entre eux, imitant l'exemple de certains ouvriers de la localité, s'étaient même installés dans de déplorables conditions au point de vue de la salubrité et tout à fait insuffisantes pour les garantir du froid et de la pluie.

Le Comité s'adressa au Conseil d'administration de la Société Immobilière et lui demanda si, moyennant une subvention suffisante, elle ne se chargerait pas de construire rapidement un certain nombre de logements pour les nouveaux venus. Le Conseil, comprenant la nécessité de pourvoir à des besoins aussi impérieux, se mit en rapport avec le Comité d'Alsace-Lorraine de Paris et on adopta d'un commun accord les propositions suivantes :

1° Le Comité de Paris met à la disposition de la Société Immobilière une somme de 40,000 francs, à la condition que la Société consacrera une somme égale à la création rapide de logements d'ouvriers ;

2° La Société Immobilière touchera tous les loyers jusqu'à ce qu'elle soit remboursée intégralement de ses dépenses en capital et en intérêts.

3° Après ce remboursement, le surplus de la valeur des immeubles sera attribué à une œuvre exclusivement consacrée aux Alsaciens-Lorrains ;

4° Pour prix de son concours, la Société aura le droit de

réserver un quart des logements nouvellement créés à des ouvriers de la ville.

Grâce à cette convention, une somme assez importante put être employée à la création rapide de petits logements. Les comités de Nice, du Havre, de Nantes et de Rouen envoyèrent aussi d'autres sommes qui furent employées en constructions analogues.

Au moyen de ces ressources, on créa trois groupes principaux de petits logements : le premier, au pont d'Essey, par l'achat et l'aménagement de l'ancien lavoir Robin ; le second, au faubourg Saint-Pierre, par la construction de trois grandes maisons en bois contenant chacune quatre logements ; le troisième, au faubourg des Trois-Maisons, près de la rue Bergnier, par la construction de neuf maisons en bois contenant chacune deux logements. On éleva de plus, deux maisons isolées en bois, l'une au pont d'Essey, l'autre à Boudonville. Ces différents logements abritent cinquante-sept familles comprenant trois cent treize personnes; ceux du faubourg Saint-Pierre et des Trois-Maisons sont composés de deux pièces, d'un grenier et d'une petite cave, avec un petit jardin. Le prix varie de 10 à 14 fr. par mois selon les dimensions.

A ces constructions, faites avec le concours des comités d'Alsace-Lorraine, on doit ajouter cinquante-quatre maisons en pierres, divisées en cinq groupes et situées dans différents quartiers. On obtient ainsi un total de quatre cents personnes environ, auxquelles ont été fournis des logements sains et d'un prix peu élevé, par la Société Immobilière Nancéienne.

En 1884, presque toutes les maisons en pierres étaient vendues ou louées avec promesses de vente, moyennant un prix variant de 4,000 à 8,000 fr. L'acheteur devait payer 1,000 fr. comptant, et 10 0/0 par an sur la somme restant à payer pour l'intérêt et l'amortissement. On passait le contrat lorsque la moitié environ du capital était payé. La spéculation s'étant alors portée sur la construction des logements d'ouvriers, la

Société Immobilière crut devoir cesser ses opérations. Elle y était d'ailleurs excitée par cette circonstance, que les terrains en ville et contigus à la ville devenaient rares et trop chers pour y bâtir des maisons à un seul étage. Depuis cette époque, la Société ne construit plus, elle vend peu à peu les maisons isolées et, plus tard, cherchera probablement aussi à céder ses cités ouvrières. Elle aura d'ailleurs été utile en créant un certain nombre d'habitations qui comptent parmi les mieux installées, relativement aux prix de revient.

Après le logement, la nourriture. En même temps que la Société Immobilière offrait le logement aux ouvriers, une Société, dite des *Restaurants Economiques*, cherchait à améliorer leur situation en leur offrant « une nourriture saine et peu coûteuse ainsi qu'un abri convenable pour leurs repas. »

En 1873, une commission composée de MM. Hersch, ingénieur des ponts et chaussées, président, Bastien, ancien notaire, Duvaux, professeur, et Vasser, gérant du buffet de la gare, commença cette œuvre d'amélioration. Ce bureau fut modifié en 1874. Par suite du départ de M. Hersch, M. Duvaux devint président, M. Bretagne, vice-président, et M. Lièvre, secrétaire. M. Vasser créa le menu des repas, tel qu'il existe encore aujourd'hui, insistant tout particulièrement pour qu'on n'employât jamais que des denrées de bonne qualité. Il fixa le poids et la quantité de chaque aliment, quatre-vingts grammes de viande cuite pour vingt centimes, un demi-litre de soupe et de légume, vingt à vingt-cinq centilitres de vin pour dix centimes chaque portion.

Ces diverses quantités sont calculées de manière à suffire à la nourriture de l'ouvrier et ne pas mettre en perte la Société. Le repas de midi se compose de bœuf bouilli, de soupe et d'un plat de légumes cuits séparément; celui du soir, d'un rôti varié chaque jour et d'un plat de légumes.

Les consommateurs sont libres de prendre les repas entiers ou seulement une portion du menu; beaucoup se contentent au repas de midi de soupe, de légumes et de vin, moyennant trente centimes. Le restaurant est ouvert de onze heures à une heure, le soir de six à huit heures. Les consommateurs peuvent emporter leurs portions.

Au début, l'autorité municipale mit à la disposition de la Commission, pour servir de restaurant, une baraque en planches qui avait été construite par l'autorité militaire allemande, sur la place de la Gare, pour les soldats isolés. Bientôt reconnue insuffisante, cette installation fut remplacée par un bâtiment spécial, construit, au moyen d'une souscription publique, sur un terrain accordé par la municipalité, qui, en même temps, promit et donna à l'Œuvre des Restaurants un secours de 1,000 francs pendant quatre années. Les consommateurs affluèrent. On réalisa des bénéfices qui permirent de construire, en 1874, un second restaurant, rue Grégoire, sur un terrain acheté par la Commission ; la même année, un troisième fut créé rue Saint-Georges, et, l'année suivante, un quatrième rue des Glacis, — l'un et l'autre sur des terrains que la ville avait cédés. Celui de la rue Saint-Georges fut reconstruit à neuf en 1886 ; il a coûté 36,765 francs. C'est un hôtel magnifique.

Le Restaurant de la rue Grégoire supprimé en 1880 fut transporté rue Saint-Nicolas. La comptabilité ayant augmenté avec le nombre et les services des restaurants, M. Bastien, qui, jusqu'alors, s'en était chargé, demanda qu'on nommât un agent comptable obligé de vérifier chaque jour les caisses au moyen de jetons et de faire les paiements. M. Manuel règle la comptabilité générale et dirige l'agent. En même temps, M. Marc, ancien négociant, très expert dans le choix des denrées alimentaires, fut chargé d'approvisionner les restaurants ; il accomplit encore cette tâche à la satisfaction générale.

La Commission, composée actuellement de quinze membres, se subdivise en quatre sous-commissions, dont chacune surveille un restaurant dirigé par une caissière nommée par la

Commission ; une cuisinière, une aide et un domestique sont à sa disposition.

Il est défendu aux consommateurs de fumer dans les restaurants et de s'y livrer à des discussions politiques, religieuses ou électorales. Les femmes n'y sont admises qu'accompagnées de leur mari, de leur père ou de leur mère.

On doit payer comptant les jetons qui représentent le menu du repas.

La tenue de ces restaurants est extrêmement correcte et les employés très polis. Outre l'économie et les autres avantages immédiats trouvés dans ces établissements économiques, les ouvriers ont remarqué que, depuis leur création, les restaurants particuliers sont tenus avec plus de propreté et les consommations moins chères et plus convenables.

Chaque jour, au repas de midi, il y a environ, dans les quatre restaurants, six cent cinquante consommateurs, dont cent trente emportent leur portion. Le soir, quatre cent cinquante mangent dans les restaurants et cent dix emportent leur portion, ce que font en particulier les ouvriers de la banlieue. En 1888 il a été donné 839,675 portions, dont le produit a été de 95,279 fr. 40 ; le total des dépenses n'ayant été que de 88,037 fr. 45, il est resté un bénéfice de 7,225 fr. 95. Les dépenses d'installation étaient, au 28 février 1888, de 74,812 fr., avec un actif de 77,983.

Depuis 1887, les Restaurants Economiques sont déclarés d'utilité publique.

Le dernier article des statuts de la Société dit que, dans le cas où l'Association des Restaurants Economiques cesserait d'exister, les biens et valeurs lui appartenant, meubles et immeubles, deviendraient, après liquidation de tout passif, la propriété du bureau de bienfaisance de Nancy.

Le premier devoir des catholiques envers les ouvriers, avons-nous dit, c'est de soulager leur misère. Le second, c'est de les ramener à Dieu par le bon exemple. Vouloir introduire brusquement la vie catholique dans le monde des travailleurs et transformer une réunion ouvrière en une sorte de monastère ou de communauté, avec des confréries, comme au moyen-âge, le crucifix partout et partout aussi des statues de la sainte Vierge, est-ce bien une méthode sage, prudente, applicable, quand on sait que beaucoup de ces malheureux ne conservent pas dans leurs âmes le plus imperceptible germe de vie chrétienne, quand quelques-uns même sont effroyablement athées et ignorent les premiers rudiments de la religion, ou que, sans savoir pourquoi, ils sont pris d'une haine folle contre Dieu, Jésus-Christ et son Eglise?

Les confréries, les bannières, les pèlerinages sont choses excellentes, mais dans un milieu chrétien. Débuter par là, c'est s'exposer à ne faire que des hypocrites et à les voir se tourner un jour contre leur protecteur avec la fureur de bêtes fauves qui ont fait semblant d'être apprivoisées.

Un système plus sûr consiste à mener, au milieu et sous les yeux des ouvriers, une vie publiquement et sincèrement chrétienne, parlant, agissant, vivant en catholique, sans timidité comme sans forfanterie, sans craindre le bruit et sans en faire.

Des ouvriers qui verraient leurs protecteurs catholiques revenir le matin de la première messe, et leurs femmes ou leurs mères visiter et consoler leurs propres femmes et leurs enfants, qui les sauraient au travail durant onze ou douze heures par jour tout comme eux, qui les trouveraient toujours calmes et justes, ne se prendraient-ils pas à réfléchir et à les honorer, faisant ainsi comme un premier pas vers la croix de Jésus-Christ ?

Les ouvriers d'aujourd'hui sont tellement éloignés du cœur de Jésus-Christ, qu'ils ne veulent plus se confier sans preuves matérielles et palpables aux hommes qui prétendent les jeter entre les bras de Dieu.

« Aux chrétiens, dit le pape Léon XIII, nous demandons de

« considérer l'ouvrier comme un frère, d'adoucir son sort
« dans la limite du possible et par des conditions équitables,
« de veiller sur ses intérêts tant spirituels que corporels, de
« l'édifier par le bon exemple d'une vie chrétienne, et surtout
« de ne se départir jamais, à son égard et à son détriment,
« des règles de l'équité et de la justice, en visant à des pro-
« fits et à des gains rapides et disproportionnés (1). »

Le troisième et dernier devoir des catholiques envers les
ouvriers, c'est de chercher à en atteindre le plus grand nombre possible; c'est d'engager le combat avec les foules colères
et brutales qui ne veulent plus de Dieu ni de son Eglise; c'est
d'aller à eux avec Jésus-Christ aux lèvres.

Or sans les missions, les conférences, les bibliothèques et
les publications populaires, on ne fait rien de grand, rien d'é-
tendu dans ce monde ouvrier.

Les *missions* sont toujours l'arme la plus forte, le système
le plus antique, le plus traditionnel et le meilleur; c'est par
les missions qu'on peut amener des milliers d'hommes éclai-
rés, soumis, purifiés, à la table sainte.

Les *bibliothèques et les publications populaires* continuent
le bien fait par les missions. Les ouvriers français sont des
lecteurs obstinés, il y a des ateliers où un ouvrier est payé
par ses camarades pour faire, aux heures du travail, la lecture
à haute voix; mais ce qu'ils lisent est effroyable d'impiété et
de cynisme. Les livres qui parlent de Jésus-Christ et de
l'Eglise, soit pour les attaquer, soit pour les défendre, sont
préférés même aux livres obscènes et immoraux, tant le peuple a malgré lui l'âme en pente vers les idées religieuses.

Un ouvrier, accompagné de sa femme et de ses enfants,
passant, il y a quelques jours, près du déballage d'un col-
porteur de livres ignobles, jeta avec énergie cinq sous devant
le marchand pour payer le plus vénéneux de ces horribles

(1) Encyclique sur la Vie chrétienne.

petits livres qu'il présenta à sa femme en lui disant : *Il faudra lire ça aux petits, ça leur fera détester les curés!*

Les *conférences*, c'est le combat à bras-le-corps, c'est une sorte de duel terrible autant que légitime, mais où il n'est jamais permis de se laisser battre. Pourquoi donc les catholiques se servent-ils si peu de ce moyen efficace d'éclairer les ouvriers et le laissent-ils à leurs adversaires, qui s'en servent avec une persévérance et, il faut le dire, avec un succès si éclatant?

Dans les cercles, on groupe un petit nombre de jeunes ouvriers qui demandent d'être préservés du mal ; ce n'est pas là qu'est le salut. *Non, non*, disait, il y a deux ans, un sincère ami des ouvriers et un vaillant catholique, M. Léon Gautier, la *qualité ne suffit pas, il faut la quantité.*

C'est aussi la conviction de ceux qui ont vécu avec les jeunes gens de notre époque et qui connaissent leurs besoins. M. l'abbé de Beuvron, ancien aumônier en chef des armées et de l'hôpital militaire du Val-de-Grâce, a écrit ces remarquables paroles à propos des œuvres des jeunes gens :

« Je dis et j'insiste beaucoup sur ce point : un cercle, pour avoir la confiance des jeunes gens, doit être une œuvre largement ouverte, sur laquelle l'ombre d'un mystère ne doit pas planer. Ce n'est ni une congrégation, ni un patronage. C'est une œuvre à la fois de conservation et de conquête, une réunion libre de jeunes hommes vaillants et chrétiens qui emploient au service de Dieu l'ardeur, la loyauté et la bonne humeur qu'ils mettraient à marcher au feu un jour de bataille.

« A cette masse d'hommes rassemblés de tous les points du sol, il ne faut demander que l'essentiel de la religion, le vieux *Credo* du foyer domestique, le *si vis ad vitam ingredi serva mandata* de Notre-Seigneur Jésus-Christ et réserver, pour la direction particulière, le *si vis perfectus esse* des conseils évangéliques, qui ne doit être adressé qu'aux âmes assez fortes pour le comprendre et l'accepter.

« Vous me direz : Où est alors, dans votre programme, la place de la piété, de la vie mystique qui est un des éléments du christianisme ? Je vous répondrai : Avant de placer le couronnement de l'édifice, il faut en jeter les fondements ; avant d'enseigner le conseil il faut enseigner les préceptes ; avant de former des chrétiens parfaits il faut former des chrétiens solides, des hommes de devoir, qui donneront plus tard à la société des travailleurs honnêtes et consciencieux, des citoyens dévoués à leur pays. »

D'ailleurs les cercles d'ouvriers, même ouverts en grand nombre et dirigés avec un zèle éclairé, ne sauraient suffire ; ils ne sont que la chose secondaire.

Un apôtre, qui s'est beaucoup occupé des ouvriers pour les évangéliser, signale deux prétextes spécieux contre lesquels les catholiques se heurtent ou avec lesquels ils s'excusent de ne pas aller aux ouvriers : c'est la *paresse* et la *peur*.

Oui, la paresse ! c'est elle qui empêche souvent le bien ; il est vrai qu'on se la déguise à soi-même sous plusieurs raisons, comme celles-ci : On n'a pas d'éléments ; cela souffrirait des difficultés ; il y aurait des obstacles ; cela n'entre pas dans l'esprit de la population ; le temps n'est pas venu ; plus tard, on verra, etc. ; — banalités, vulgarités à l'usage de toutes les mauvaises volontés, friperies qui traînent dans les greniers de la paresse ; comme si le temps, qui est de l'argent pour les hommes d'affaires, n'était pas, pour nous chrétiens, le ciel et l'éternité !

Après la paresse, c'est la peur qui nous arrête. On a peur des ouvriers, parce qu'on les entend parler haut, jurer, blasphémer, proférer des paroles grossières, et on dit : *Vous voyez, vous entendez, il n'y a rien à faire avec ces gens-là, ils sont perdus !* — Mais, s'ils sont perdus, prenez-y garde, vous aussi, vous êtes perdus, votre fortune aussi, la France aussi.

L'ouvrier français est un être étrange, un inconcevable mélange de bonté, de faiblesse, de générosité et de délicatesse, de vice et de grossièreté. Il s'agit seulement, pour le sauver, de savoir lui tendre la main et de parler à son cœur.

M. le comte d'Haussonville, dans son beau livre intitulé *Misère et Remède,* après avoir décrit, sous les couleurs les plus sombres, la condition matérielle des classes ouvrières et aussi leur triste condition morale, après les avoir montrées en proie à toutes les souffrances, exposées à toutes les corruptions, semble prendre plaisir à nous convaincre de l'inefficacité de tous les remèdes employés jusqu'à présent contre la misère, et il ne craint pas de montrer l'illusion des corporations et des syndicats mixtes, l'insuffisance de l'épargne et de la mutualité, la chimère de la coopération, les difficultés de la participation aux bénéfices. Il conclut en disant : « Le remède, sinon absolu, du moins unique, universel et sérieusement efficace, ayons le courage de le dire : il n'est nulle part, il n'existe pas. Il n'y en a pas, parce que la misère est un mal permanent, dont l'humanité est atteinte et qui n'épargne ni les sociétés barbares, ni les sociétés civilisées. »

Mais, s'il n'est pas possible d'arriver au bonheur sur la terre, n'y a-t-il pas un moyen, une loi, une vertu, un remède, pour diminuer cette misère et la rendre supportable ? A l'encontre des déclamations des économistes et des partisans de la sociologie contemporaine, on peut affirmer, ajoute M. d'Haussonville, « que la charité est la loi éternelle qui paraît destinée, dans le plan divin, à corriger en partie les conséquences les plus rigoureuses de l'inégalité des conditions. Si, à cette loi, tous les hommes prêtaient obéissance, la question sociale serait bien près d'être résolue, et, sans que la misère disparût complètement de la surface du monde, il est certain qu'elle perdrait son caractère aigu. Aussi, de tous les remèdes de la misère, le plus efficace sera-t-il toujours de donner ; donner, non pas seulement de son argent, ce qui n'est pas possible à tout le monde et doit être fait très rarement, sous forme d'aumône directe, mais donner de son temps, de sa sollicitude, de son cœur, de soi-même, enfin (1). »

CHAPITRE II

SOCIÉTÉ DES OUVRIERS DE SAINT-FRANÇOIS-XAVIER ASSOCIATION DE SAINT-JOSEPH. — ŒUVRE DE SAINTE-MARTHE

Fondation de la Société de Saint-François-Xavier. — Son but. — Son caractère spécial. — La Caisse d'Économie et de Crédit. — Le Prêt d'Honneur. — Organisation de la Société. — Patronage des enfants. — Asile du Bas-Château. — Association de Saint-Joseph. — Œuvre de Sainte-Marthe. — Ses statuts. — Ses avantages.

C'est vers la fin de l'année 1854 que fut fondée, à Nancy, la Société de Saint-François-Xavier. Une dizaine d'ouvriers et de jeunes gens, aux sentiments élevés et chrétiens, voulant consacrer à une œuvre utile ce que la Providence leur avait accordé de force, d'intelligence et de bonne volonté, communiquèrent leur dessein à M. l'abbé Vallet, alors vicaire de la paroisse Saint-Nicolas. Celui-ci s'inspira des intentions et des désirs de Mgr Menjaud, et chacun se mit à l'œuvre.

Le 10 décembre 1854, quinze ouvriers se réunirent, pour la première fois, dans la chapelle des Orphelines, pour implorer l'assistance du ciel et grouper leur bonne volonté. Leurs fondateurs, au nombre de huit, priaient avec eux. Trois ans après, les membres de l'Association dépassaient la centaine ; ils sont aujourd'hui plus de cinq cents.. Son but est ainsi exposé dans l'article I des statuts :

« L'Association religieuse et de bienfaisance fondée, dans la ville de Nancy, avec l'approbation de l'autorité épiscopale,

---

(1) Études sociales. — *Misères et Remèdes,* par le comte d'Haussonville, membre de l'Académie française.

sous le patronage de la Société de Saint-Vincent de Paul et sous le nom de Société de Saint-François-Xavier, a pour but d'unir entre eux, par les liens de la foi et de la charité, les ouvriers qui en font partie ; de leur venir en aide au moment de l'épreuve, en adoucissant leurs peines autant que possible par des soins empressés et charitables ; de leur faire chercher dans des habitudes d'ordre, d'économie, de prévoyance, les ressources réclamées par leur position lorsque les accidents les privent des moyens d'existence qu'ils trouvaient dans leur travail ; enfin, de les affranchir de la servitude du respect humain en leur facilitant l'accomplissement de leurs devoirs religieux. »

Ceci est le trait qui distingue cette association des autres sociétés de secours mutuels. Elle est catholique en même temps qu'elle est une société de bienfaisance.

« Telle est votre origine, mes chers amis, disait M. de Vienne aux ouvriers de Saint-François-Xavier, la première fois qu'il leur adressa la parole comme leur président à l'assemblée générale de 1887 ; l'idée première, l'idée créatrice de votre société, c'est le respect de la loi de Dieu, le repos du dimanche, l'assistance à la messe, en famille, sans respect humain comme sans forfanterie. En un mot, c'est la moralisation de la classe ouvrière par l'union dans la foi et dans la charité. »

Et de peur que les ouvriers ne vinssent, à la longue, à considérer cet engagement comme une simple formalité, M. Vagner, l'âme de la Société pendant quarante ans et son président pendant vingt, insistait sur sa gravité dans tous les discours qu'il leur adressait.

« Nous voulons, disait-il à l'assemblée générale de 1879, que l'ouvrier de Saint-François-Xavier soit aussi fidèle aux lois de Dieu qu'aux lois de l'Etat ; que jamais sa bouche ne blasphème le saint nom de Dieu.

« Nous voulons qu'il ne vole pas à Dieu le dimanche qu'il

s'est réservé, et ne substitue pas à ce grand jour l'ignoble et ruineux lundi.

« Nous voulons qu'en compagnie de sa femme et de ses enfants, il vienne une fois par semaine aux pieds des autels, élever ses mains et son cœur vers le Dieu miséricordieux qui, par amour pour lui, se fit ouvrier, dans la boutique d'un humble charpentier, et qui, sur le Calvaire, brisant les chaînes de l'esclavage antique, créa la véritable égalité et la fraternité chrétienne. Au sortir de là, après avoir répandu sa prière pour le succès de son travail, pour la santé et le bonheur de sa famille, et pour la patrie qui ne doit jamais sortir de notre mémoire ni de notre cœur, l'ouvrier se sent plus fort, plus résigné, plus courageux, et mieux disposé à partager les joies simples du foyer domestique, au lieu de courir après les tristes satisfactions qui laissent plus de remords que de bonheur, qui ruinent le corps et la bourse, et perdent l'âme. »

Pour atteindre ce but si chrétien et si charitable, la Société offre aux ouvriers des avantages spirituels et temporels très précieux.

Une subvention est accordée à l'associé malade; des membres visiteurs lui donnent des soins assidus; il reçoit la visite des médecins et on lui fournit les remèdes qu'ils prescrivent. On accorde un secours aux sociétaires qui se trouveraient dans un état de gêne considérable par suite de maladie ou de quelqu'autre circonstance indépendante de leur volonté. Ce secours est voté par le Conseil d'administration.

Les enfants des sociétaires sont patronnés depuis leur première communion jusqu'à l'âge de seize ans accomplis.

Une *Caisse* dite *d'économie et de crédit* reçoit les épargnes des sociétaires, afin de développer chez eux l'amour de l'ordre et de l'économie.

Une *Caisse* dite *du Prêt d'honneur* est destinée à venir au secours des sociétaires, momentanément aux prises avec un pressant besoin d'argent.

Comme on le voit, chaque fois qu'un besoin s'est manifesté dans la classe ouvrière, les administrateurs de Saint-François-Xavier y ont pourvu par une institution nouvelle et ont ainsi créé, pièce à pièce, l'organisation que nous voyons fonctionner aujourd'hui à la satisfaction générale. Ils songent maintenant à organiser une société coopérative pour la boucherie et l'épicerie; ils réaliseront ce projet, déclare M. de Vienne, quand on aura rendu aux anciennes institutions de l'Œuvre « leur prospérité d'autrefois ».

Les associés sont de deux classes : les membres participants, qui versent une cotisation mensuelle d'un franc, et les membres honoraires, qui donnent annuellement cinq francs. Tous, par leurs cotisations, leurs soins, leurs bons conseils, contribuent au succès et à la prospérité de l'Œuvre.

L'administration de la Société se compose d'un président, pris parmi les membres actifs de la Société de Saint-Vincent de Paul, de deux vice-présidents, d'un secrétaire, d'un trésorier, de sept membres honoraires, de sept sociétaires participants et d'un prêtre directeur spirituel.

Une Commission, nommée chaque année par le Conseil d'administration, vérifie la comptabilité du trésorier. Elle opère chaque fois qu'elle juge à propos de le faire, mais au moins une fois l'an, lors de la clôture de l'exercice.

Une Commission de surveillance, composée de trente sociétaires participants, est instituée près du Conseil d'administration. Tous sont nommés par les sociétaires. Cette Commission, spécialement destinée à représenter les membres participants, choisit un président qui est de droit membre du Conseil; la durée de ses fonctions est de trois ans.

Les médecins, les pharmaciens et tous ceux qui font à la Société des fournitures à prix réduit, peuvent, sur leur demande, être inscrits comme membres honoraires sans être tenus à la cotisation.

Les membres participants et leurs conjoints doivent professer la religion catholique, être à même de gagner leur vie, n'avoir subi aucune condamnation infamante, se conduire honorablement, jouir d'une bonne réputation, n'être atteints d'aucune maladie chronique et s'engager à remplir les devoirs prescrits par les statuts.

Nul ne peut être admis au postulat s'il a moins de seize ans et plus de cinquante. De quarante-cinq à cinquante, le candidat devra verser une somme égale au montant des cotisations qu'il eût payées à la Société, s'il avait commencé à en faire partie dès l'âge de quarante-cinq ans:

Le sociétaire qui, pendant les trois premières années, se fait remarquer par sa bonne conduite, son travail consciencieux et sa fidélité à accomplir les obligations du règlement, reçoit, en assemblée générale, un diplôme d'honneur. Ce n'est pas sans une vive émotion que presque chaque année on voit des hommes de cinquante ans et plus s'avancer fièrement pour recevoir à l'assemblée générale cette récompense d'honneur.

Les femmes des sociétaires doivent être agrégées à la Société par le Conseil d'administration, et, moyennant une rétribution mensuelle fixée à 50 centimes, ont droit à la visite du médecin et aux médicaments.

La veuve d'un sociétaire peut rester, si elle le veut, dans la Société, aux mêmes conditions que son mari.

Les filles, les veuves, les femmes non mariées peuvent être admises dans la Société aux mêmes conditions que les hommes, depuis l'âge de seize à quarante ans. Elles seront soumises à la cotisation de 75 centimes par mois, et jouiront des avantages accordés aux sociétaires. Si elles se marient, leurs maris entreront dans la Société, et elles-mêmes seront placées dans la catégorie des femmes mariées, sinon elles ne feront plus partie de la Société.

Les *enfants* des sociétaires, depuis leur naissance jusqu'à l'âge de seize ans, sont soumis à une cotisation mensuelle de 25 centimes. Ils sont de droit membres de la Société et jouissent de ses avantages. Les orphelins sont l'objet d'un soin tout particulier, et, sans prendre d'engagement spécial à leur égard, la Société fait son possible pour leur donner une direction convenable et pour les mettre en état de gagner leur vie.

Les enfants des sociétaires, garçons et filles, depuis leur première communion jusqu'à seize ans, à moins d'une dispense motivée délivrée par le Président et le Directeur spirituel de la Société, sont placés de droit sous le *patronage* de la Société. Ils reçoivent des livrets pour constater leur présence à l'école ou à l'atelier et aux réunions de la Société, leur conduite et leur travail. Ces livrets doivent être signés chaque semaine par un membre des Commissions du Patronage et donnent droit, s'ils sont constamment bons, à une récompense qui sera délivrée en séance publique, après vote du Conseil d'administration.

Le Patronage est divisé en deux sections : l'une pour les garçons, l'autre pour les filles.

Les garçons sont placés sous le patronage des membres honoraires du Conseil, qui peuvent s'adjoindre des collaborateurs sur la liste générale des membres honoraires.

Les filles sont placées sous le patronage d'un Comité de Dames, dont la Présidente est nommée par le Conseil. La Présidente désigne elle-même ses collaboratrices, et, en cas de démission ou décès, pourvoit aux remplacements.

Garçons et filles, à moins de motifs dont la légitimité est jugée par le Président et le Directeur, sont tenus d'assister, les dimanches et les fêtes, à la messe de la Société. Ils prennent place à la tête des Sociétaires.

Tous les mois, à tour de rôle, une des sections est réunie pour recevoir les conseils et les encouragements du Directeur, assisté d'un ou de plusieurs membres de la Commission.

Chaque année, comme récompense et encouragement, il y a, à l'époque jugée la plus favorable, une promenade générale, sous la surveillance des Comités du Patronage. En sont privés les patronnés qui ont donné de sérieux sujets de mécontentement.

En cas de décès d'un membre participant du Patronage, les frais d'enterrement sont faits par l'Œuvre et les patronnés ou patronnées doivent y assister, suivant que c'est un garçon ou une fille.

Le Patronage a sa Caisse spéciale. Ses ressources se composent : d'un dixième des quêtes des dimanches et fêtes ; du produit total des quêtes de la Retraite annuelle ; des souscriptions et offrandes faites par des bienfaiteurs ou bienfaitrices.

En cas d'insuffisance des recettes pour faire face aux dépenses, il y est pourvu par la Caisse générale.

Les administrateurs de Saint-François-Xavier se sont toujours efforcés de rendre ces Patronages florissants, d'abord parce que le patronage, aujourd'hui surtout, est un grand moyen de sauver les jeunes gens, en les arrachant à l'isolement, et ensuite parce que le patronage, dans une association comme celle de Saint-François-Xavier, est une pépinière où doivent se recruter les associés.

Les efforts des administrateurs ont été couronnés de succès pour le Patronage des jeunes filles, grâce au dévouement admirable des Dames patronnesses. Le Patronage des garçons réussit moins bien, et dans presque tous les comptes-rendus on trouve des rappels à l'ordre et des plaintes sur le petit nombre des enfants exacts aux réunions.

Cependant, en 1888, M. de Vienne, après avoir annoncé que ce Patronage vient d'être réorganisé et qu'il s'exerce sur une trentaine d'enfants, sous la direction de M. l'Aumônier et de

M. le comte de Landrian, l'un des vice-présidents de la Société, ajoute : « Le Conseil est décidé à appliquer rigoureusement à l'avenir le règlement du Patronage aux garçons. Il compte bien être suivi dans cette voie par les sociétaires chefs de famille, qui comprendront que c'est pour eux moins l'accomplissement d'un devoir, que l'usage d'une faculté précieuse. Le Patronage n'a d'autre but que de venir à leur aide, en fortifiant leur autorité paternelle, dans l'œuvre si délicate de l'éducation de leurs enfants.

« Aujourd'hui surtout, où tout le monde se plaint avec raison des dangers auxquels est exposée la jeunesse, on ne saurait trop multiplier les sauvegardes; et il n'en est pas de plus puissante que le Patronage, qui soustrait l'enfant au respect humain, aux mauvaises compagnies, aux plaisirs dangereux, l'accompagne à l'école et à l'atelier, réprime ses écarts et récompense ses efforts. »

En 1889, le Patronage des jeunes filles en comptait cinquante-sept, dont trente-sept au-dessous de seize ans et vingt persévérantes, qui restent volontairement au Patronage jusqu'à l'époque où elles pourront prendre rang parmi les sociétaires.

Chaque sociétaire peut effectuer à la *Caisse d'Economie et de Crédit* des versements qui ne peuvent être moindres d'un franc ni dépasser 300 francs. Les versements sont inscrits sur un livret dont le sociétaire est porteur et sur un grand-livre tenu par le trésorier. Lorsque les versements particuliers d'un sociétaire atteignent 20 francs, la somme est productive d'intérêts au taux de 5 0/0 par an.

Après chaque versement, les fonds sont immédiatement placés chez un banquier choisi par le Conseil.

Les remboursements s'opèrent au gré des sociétaires aux mêmes jours que les dépôts, sur la présentation de leur livret. Lorsque les dépôts d'un sociétaire s'élèvent à une somme de 300 francs, le Conseil se réserve de la lui rembourser, s'il le juge à propos. Aujourd'hui, la Caisse d'Economie et de Crédit possède 21,825 francs à la disposition de ses créanciers.

Cette caisse sembla en péril, lors de la faillite Lévy-Bing; mais le vaillant président de la Société, M. Vagner, ayant eu connaissance des inquiétudes de ses ouvriers, leur dit : *Je vais aller trouver le banquier ; je ne sais ce que j'en obtiendrai, mais ce que je puis vous promettre, c'est que vous ne perdrez rien ; je réponds de tout ce que vous m'avez confié.* Cette magnanime générosité n'eut heureusement besoin de faire aucun sacrifice, toute la somme déposée ayant été remboursée par le banquier, un peu avant sa chute. La charité de M. Vagner en cette circonstance, comme en bien d'autres, n'en fut pas moins admirable, car il s'agissait d'une forte somme.

L'*OEuvre du Prêt d'Honneur*, fondée par des souscriptions spéciales, s'interdit formellement d'employer les fonds de la Société de Saint-François-Xavier. Elle est administrée par un Comité de cinq membres au moins, désignés par le Conseil d'administration.

Pour être admis à emprunter, il faut faire partie de la Société de Saint-François-Xavier; jouir d'une excellente réputation ; inspirer pleine confiance à deux associés, qui deviennent moralement responsables, signent la demande du prêt avec l'emprunteur, et assistent à la remise des fonds. Cette demande doit exposer les motifs du prêt et les moyens de libération.

Les associés qui ont répondu d'un emprunteur, ne peuvent en appuyer un autre qu'autant que le premier est complètement libéré.

Les délibérations du Comité sont et doivent rester secrètes, mais les prêts et remboursements peuvent être publiés.

Réunir les conditions nécessaires pour être admis au Prêt d'Honneur, et tenir l'engagement qu'on y a contracté, c'est avoir un double mérite que l'Œuvre aime à proclamer ; c'est donner un bon exemple qu'elle tient à propager.

Les remboursements se font chaque quinzaine ou chaque mois, par à-compte, pour ne pas gêner le sociétaire ; mais les délais accordés pour les remboursements ne dépassent pas six mois.

Les prêts se font *sans intérêt aucun*, et ne dépassent pas la somme de 100 francs.

Tout débiteur qui ne serait pas de bonne foi peut être exclu de la Société sur la proposition faite au Conseil par le Comité.

Outre les visites du médecin et les médicaments, les sociétaires ont droit, à dater du troisième jour de la maladie régulièrement constatée, à une subvention journalière qui varie selon les ressources de l'Association, mais qui est provisoirement fixée au minimum suivant : un franc pour le premier mois, cinquante centimes pour le second, et vingt-cinq centimes pour le troisième et les suivants, jusqu'à la fin de la maladie.

Des Sœurs de Saint-Charles sont attachées à la Société. Elles visitent tous les malades, leur prêtent l'assistance que réclame leur état, en rendent compte au médecin quand elles le jugent à propos, et surveillent l'accomplissement des prescriptions médicales.

La Société célèbre solennellement la fête de saint François-Xavier, son patron, le deuxième dimanche de l'Avent. Tous les membres doivent se rendre exactement aux offices indiqués pour ce jour-là.

Le dimanche qui suit la fête patronale, la Messe est célébrée pour tous les bienfaiteurs vivants et huit jours après pour les bienfaiteurs défunts.

Tous les ans, au moment de la clôture de l'exercice, la Société se réunit en assemblée générale. A cette séance on rend compte des travaux de l'année, des finances de la Société, de l'état actuel de l'Association.

C'est aussi dans cette assemblée que l'on distribue les

récompenses, diplômes d'honneur ou livrets de Caisse d'économies, aux enfants patronnés.

A la fin du dernier exercice, les sociétaires de Saint-François-Xavier étaient au nombre de 391, dont 262 hommes et 120 dames veuves ou demoiselles, de 206 femmes agrégées et de 285 enfants ayant droit aux secours, soit un total de 882 membres participant aux secours.

Le Conseil d'administration est ainsi composé : M. H. de Vienne, ancien magistrat, président; Fliche, professeur à l'école forestière, et comte de Landrian, vice-présidents; Maxant, greffier à la Cour d'appel, secrétaire; René Vagner, trésorier.

Les recettes de la même année étaient de 8,806 fr. 45, provenant en grande partie des cotisations qui ont atteint le chiffre de 6,593 fr. 85. Le surplus représente les souscriptions volontaires des membres honoraires et le produit de la quête faite à la cathédrale le jour de la fête patronale.

Les dépenses de la même année s'élèvent à 8,995 fr. 30, se décomposant ainsi : 2,134 fr. pour subventions versées aux sociétaires malades représentant 4,411 journées d'incapacité de travail; 3,146 fr. 50 pour frais pharmaceutiques; 314 fr. pour bains et bandages; 1,040 fr. pour frais funéraires, et 1,151 fr. 60 pour honoraires aux médecins.

M. Vagner, présidant pour la dernière fois l'assemblée générale de ses chers ouvriers, terminait son rapport par ces excellents conseils qui sont en même temps le plus bel éloge de la Société de Saint-François-Xavier, de Nancy :

« Quant à vous, chers sociétaires de Saint-François-Xavier, je sais que vos cœurs sont émus de toutes les sympathies qui se portent sur vous. Mais, afin que votre gratitude éclate au dehors, soyez invariablement fidèles à vos statuts, dévoués à vos devoirs professionnels et religieux, et que toujours votre excellente conduite désarme la critique et fasse honneur à votre drapeau.

« Faites cela dans l'avenir, comme vous l'avez fait dans le passé, et vous vivrez, vous continuerez, aux yeux des honnêtes gens, à compter au nombre des Œuvres les plus utiles, à vous et aux autres, à l'Eglise et à la France ! »

A Saint-François-Xavier se rattache l'*Asile du Bas-Château d'Essey*, que nous devons au moins mentionner. M. l'abbé Vallet, aumônier de la Maison Saint-Mathieu à Nancy, fondateur et vice-président de la Société de Saint-François-Xavier, loua, vers la fin de 1867, une petite propriété rurale, dite le Bas-Château, située à Essey, près Nancy, dans le but d'y établir un asile pour des ouvriers convalescents et des vieillards.

A l'aide des ressources mises généreusement à sa disposition par quelques personnes charitables, il put entretenir dans cet établissement un certain nombre de malades et de vieillards. Encouragé par ce succès et fort des sympathies qui l'entouraient, M. l'abbé Vallet acheta, le 15 novembre 1871, au prix de 40,000 fr., le petit domaine dont il n'avait été jusqu'alors que locataire. Il y fit des travaux de réparation et d'appropriation pour une somme de 14,000 fr.

En se rendant acquéreur du Bas-Château, M. l'abbé Vallet se proposait de régulariser l'Œuvre et d'en assurer la perpétuité, à l'aide d'une association tontinière, jusqu'au jour où l'établissement pourrait être reconnu d'utilité publique et aurait acquis une existence légale. Mais, pour atteindre ce but, il fallait payer toute la dette d'acquisition et préparer à l'asile un budget de recettes au niveau de ses dépenses.

Dans cette intention, M. l'abbé Vallet fonda, en 1874, une association de patronage, composée de personnes généreuses et dévouées, disposant de ressources suffisantes et voulant bien accepter les charges et la responsabilité de l'administration. Quelque temps après, cette association, présidée par M. Victor de Metz, jugea à propos de céder le Bas-Château à la Congrégation des Sœurs de la Toussaint de Strasbourg, qui lui ont conservé à peu près la destination du fondateur ;

leur activité, leur zèle et leur dévouement méritent les plus grands éloges.

Association de Saint-Joseph. — L'Association des pères de famille, sous le patronage de saint Joseph, a commencé en février 1872, sous la direction d'un Père de la Compagnie de Jésus. Pendant les dix-huit premiers mois, le nombre des associés ne fut que de quarante à quarante-cinq ; il est aujourd'hui de deux cents.

Le but de l'Œuvre est de venir, autant que les ressources pécuniaires le permettent, en aide aux ouvriers pauvres et chargés de famille, afin de pouvoir les moraliser en leur facilitant l'accomplissement de leurs devoirs religieux.

Au départ du Père fondateur, l'Œuvre passa pendant trois ans sous la direction du P. Vauthier, qui imprima à l'Association une puissante impulsion. Le nombre des associés fut porté à cent dix.

Jusqu'en 1880, les réunions eurent lieu, chaque dimanche, pendant deux heures, au cours Léopold, 23. Les associés lisaient, jouaient, et surtout faisaient des répétitions de chant. La réunion finissait par une instruction et la bénédiction du Saint-Sacrement.

Depuis cette époque, ces réunions se tiennent, tous les dimanches, à l'église Saint-Léon, que M. le Curé, avec sa générosité et sa bienveillance accoutumées, laisse, pendant une heure, à la disposition des associés de Saint-Joseph.

Les réunions simplifiées, à cause des circonstances, sont réduites à une instruction et au salut du Saint-Sacrement.

Les moyens d'action et d'attraction se réduisent à deux : 1° des bons de pain, de chauffage et de viande en cas de maladie ; 2° une loterie annuelle, avec lots utiles aux familles, comme draps, chemises, paletots...., proportionnés au nombre de présences pendant l'année. Un comité de dames patronnesses se charge de trouver les ressources nécessaires.

OEuvre de Sainte-Marthe ou Association des Servantes de Nancy. — Vers 1860, le R. P. Jeanmaire, des Oblats de Nancy, à la suite de plusieurs retraites prêchées à des institutrices laïques, eut la pensée d'établir une œuvre en faveur des servantes de la ville. M⁽ˡˡᵉ⁾ Maggiolo, M. et Mᵐᵉ Bautrais l'encouragèrent vivement : les curés de Nancy, consultés, approuvèrent le projet de l'Association et la recommandèrent aux familles.

Le règlement fut rédigé d'après ceux d'œuvres analogues établies à Lyon, à Genève, à Grenoble, à Angers, à Paris, et à Besançon.

Les premières réunions eurent lieu au couvent des Sœurs de l'Espérance. Trois ans après, les servantes quittèrent la chapelle de ces religieuses pour celle de Saint-Julien. Leur infirmerie fut installée, durant dix ans, dans un local loué rue du Montet, — local appartenant à M. Pierre.

Deux ans après la guerre de 1870, l'Œuvre transporta son infirmerie chez les Sœurs de Saint-Charles, à la Maison Saint-Mathieu, au faubourg Saint-Pierre. Tout semblait pour le mieux, lorsqu'après une nouvelle période de dix ans, des difficultés surgirent, et, malgré le zèle et les efforts du Père Simonin, alors directeur, l'infirmerie de Saint-Mathieu dut être abandonnée.

L'Œuvre loua une maison presque adjacente à l'église de Notre-Dame de Bon-Secours. Elle y établit une gardienne moyennant un traitement annuel de 200 francs. Les lits des malades occupaient le premier et le deuxième étage. Une sœur grise de la Maison Saint-Mathieu fut chargée du service des infirmes. Les choses durèrent ainsi trois ans. Les Pères Oblats ayant quitté leur propriété du Montet, Monseigneur l'évêque confia l'Œuvre de Sainte-Marthe aux missionnaires diocésains dits Prêtres Auxiliaires et nomma leur supérieur directeur de l'Œuvre, en 1883.

Le 16 février 1884, le Conseil de l'Œuvre se réunit pour la

première fois, sous la direction du nouveau supérieur. Au
début de la séance, les membres du Conseil exprimèrent à
leurs fondateurs leur reconnaissance en ces termes consignés
au registre des délibérations :

« L'Association n'oubliera jamais ses vénérés fondateurs et
directeurs les Révérends Pères Oblats, qui ont mis tant de
religieux et d'intelligent dévouement au service des servantes de Nancy. Elle témoigne une reconnaissance immortelle
aux bons Pères! »

Vers la fin de 1887, grâce aux démarches du Directeur et
surtout à la charité admirable des Sœurs de Saint-Charles,
l'infirmerie de Sainte-Marthe fut de nouveau et *définitivement*,
il faut l'espérer, mise en possession, à titre de location, de
deux salles situées au deuxième étage de la maison Saint-
Mathieu.

Ces deux salles sont isolées. Une porte spéciale donne entrée à l'infirmerie, de manière à ce que les sœurs ne soient
pas troublées ou distraites, comme autrefois, par les personnes étrangères qui s'intéressent aux malades.

Un nouveau règlement, approuvé par Mgr l'Evêque, fut
publié en 1886.

En voici les principaux articles :

Le but de l'Œuvre de Sainte-Marthe est de procurer aux servantes :
1° les moyens de vivre chrétiennement dans leur condition ; 2° les secours
dont elles peuvent avoir besoin dans leurs peines et leurs maladies.

Cette association, instituée exclusivement pour les domestiques céliba-
taires, est placée sous le patronage de sainte Marthe, si dévouée au service
de Notre-Seigneur.

Mgr l'Evêque est le supérieur protecteur de l'Association ; il délègue un
prêtre pour le suppléer dans la direction immédiate de l'Œuvre ; ce prêtre
prend le titre de Directeur.

Le directeur préside le Conseil, qui se compose :

D'une directrice appartenant à la Congrégation des Sœurs de Saint-
Charles ;

De deux assistantes ;

De plusieurs associées choisies dans les différentes paroisses de la ville. Le Conseil vote au scrutin secret.

Il choisit un trésorier laïque pour la gestion générale des intérêts financiers de l'Œuvre.

Il nomme aussi une trésorière chargée de percevoir les recettes et de faire les dépenses courantes.

Parmi les associées, le Conseil choisit des *zélatrices* et les charge de surveiller les servantes d'une section désignée.

1º Les zélatrices s'efforcent de faire connaître l'Œuvre à leurs compagnes et les engagent à en faire partie.

2º Les zélatrices reçoivent les demandes des aspirantes et les font parvenir au Conseil de l'Œuvre avec les observations nécessaires.

3º Elles s'efforcent de bien connaître les besoins réels, spirituels et temporels des associées, afin d'en faire part aux sous-directrices ou aux conseillères et par celles-ci au Conseil.

4º Elles doivent se rendre compte si tout va bien parmi leurs compagnes associées pour la bonne réputation de la Société.

5º Elles sont spécialement chargées d'avertir leurs compagnes quand une associée est malade ou vient à mourir, afin qu'elles s'acquittent de leurs devoirs envers la malade ou la défunte.

6º' Elles ont un registre où sont inscrits les noms, prénoms et adresses des associées de leur section.

Elles n'ont droit d'ailleurs d'exercer leur surveillance que sur ces dernières.

Toute servante célibataire, qui voudra vivre chrétiennement, et qui n'aura été l'objet d'aucun soupçon déshonorant et fondé, au point de vue des mœurs ou de la probité, pourra faire partie de l'Association.

Une aspirante ne sera admise qu'après trois mois d'épreuve. Tous les trois mois le directeur proclame, à la chapelle de Saint-Julien, les noms des aspirantes.

Le Conseil décidera, à la pluralité des voix, de l'admission ou de la non-admission de la postulante.

Quand une ou plusieurs servantes auront été jugées dignes d'entrer dans l'Association de Sainte-Marthe, elles feront un acte de consécration un cierge à la main, à la table de communion de la chapelle de l'Association, ou à la chapelle du Montet, dédiée à Marie Immaculée. Elles recevront en même temps le ruban et la médaille de la Société, ruban bleu auquel est suspendue une médaille de sainte Marthe.

Si elle veut acquérir le droit d'être soignée à l'infirmerie de la Société en cas de maladie, elle devra verser, en se présentant et chaque année une autre cotisation qui est de *six francs*. Pour avoir part aux messes de l'Association, il faut ajouter cinquante centimes à la cotisation annuelle.

Quand une associée de Sainte-Marthe demeurera sans place, ou parce que ses maîtres la remercieront de ses services en lui donnant un certificat honorable, ou parce qu'elle aurait cru devoir elle-même se séparer d'eux, elle pourra s'adresser avec confiance au Directeur, ou aux Conseillères qui se feront un devoir de charité d'aider une fille de Sainte-Marthe, demeurée sans place, à en trouver une autre, où elle puisse remplir ses devoirs religieux, et où sa foi et ses mœurs soient en sûreté.

Une bonne associée de Sainte-Marthe se fera un devoir d'assister à la réunion de chaque mois, à la chapelle Saint-Julien, pourvu toutefois que son service n'en souffre pas, que ce soit avec l'agrément de ses maîtres et que cela ne nuise pas à sa santé ; cette réunion a lieu, hiver comme été, à cinq heures du matin. Elle assistera aussi aux exercices d'une Retraite spirituelle qui auront lieu chaque année.

Tous les jours elle récitera pour la prospérité temporelle de l'Œuvre, et l'avancement spirituel de ses membres, un *Pater* et un *Ave* avec les invocations : « Marie Immaculée, priez pour nous ; saint Joseph, priez pour nous ; sainte Marthe, protégez-nous. »

A la nouvelle qu'une associée est malade à l'infirmerie, elle dira pour elle chaque jour, au moins une fois, le « Souvenez-vous » avec l'invocation : « Marie, salut des infirmes, priez pour nous. »

Si une sœur associée vient à décéder, quelques membres se feront un devoir de l'ensevelir, toutes diront un *De profundis* pour le repos de son âme et l'accompagneront au lieu de sa sépulture, assisteront à la messe que l'Œuvre fera dire le plus tôt possible pour elle ; si elles ne le peuvent pas, elles réciteront un chapelet ; en outre, toutes feront une communion à l'intention de la défunte.

Le premier jour libre après la fête de sainte Marthe, il sera célébré à l'heure la plus convenable une messe de *Requiem* pour toutes les associées défuntes.

L'Œuvre de Sainte-Marthe s'est procuré un local convenable attenant à la Maison Saint-Mathieu, dirigée par les Sœurs de Saint-Charles, faubourg Saint-Pierre, pour y faire soigner ses malades ; c'est ce qu'elle nomme son infirmerie.

Un seul médecin visite les malades.

Des religieuses les soignent. La supérieure de ces religieuses surveille.

Depuis longtemps, l'Œuvre de Sainte-Marthe désire fonder une maison de retraite pour les servantes obligées par l'âge

ou les infirmités de se retirer du service. La réalisation de ce projet comblerait une lacune regrettable et procurerait un asile bien utile pour cette classe si méritante des servantes dévouées.

CHAPITRE III

ASSOCIATION CATHOLIQUE DES PATRONS ET CERCLE CATHOLIQUE D'OUVRIERS

Devoirs d'un patron envers ses ouvriers. — Fondation à Nancy d'une association de patrons catholiques. — Situation de cette association. — Cercle catholique d'ouvriers. — Sa création. — Son organisation. — Ses résultats.

Un chrétien n'a pas le droit de se désintéresser du salut de ses frères et de la société. Mais si ce devoir est imposé à tous ceux qui ont une action quelconque sur d'autres hommes, combien n'est-il pas plus étroit pour l'industriel que Dieu a placé à la tête de nombreux ouvriers, sur lesquels il a une action nécessaire et considérable ?

C'est un devoir d'étroite justice pour le patron de nourrir ses ouvriers par un salaire équitable. Qui oserait soutenir que les devoirs du patron vis-à-vis des âmes de ses ouvriers sont moins rigoureux que ceux qu'il est dans l'obligation de remplir vis-à-vis de leur corps ? Ne leur doit-il pas, de rigoureuse justice, des soins pour empêcher leurs âmes de mourir par suite directe du travail dans l'usine ?

Le patron, comme son nom l'indique, doit donc être un père de famille et en remplir tous les devoirs envers ses ouvriers, aussi bien au point de vue moral et spirituel, qu'au point de vue corporel et matériel.

Les maux des ouvriers, à l'heure présente, n'ont en réalité qu'une seule cause, l'absence de Dieu. C'est pourquoi rendre

Dieu aux ouvriers et par Dieu leur rendre la famille, c'est leur assurer, mieux que par toutes les combinaisons économiques, le bonheur véritable et solide, puisque c'est leur procurer la santé, l'aisance, la sécurité et la joie, et surtout la consolation dans les chagrins inévitables de cette vie par la résignation chrétienne.

Pour rappeler aux patrons ces grands devoirs vis-à-vis de leurs ouvriers et pour les aider à les remplir aussi parfaitement que possible, les catholiques ont tenté d'organiser, dans ces derniers temps, en association les patrons chrétiens. Les tentatives faites dans ce sens, à Nancy, n'ont pas encore donné de résultats bien éclatants; nous devons du moins signaler brièvement les efforts faits sous ce rapport.

Le 7 juillet 1873, dans la salle ordinaire des conférences de Saint-Vincent de Paul, rue Montesquieu, se réunirent douze patrons, chefs d'ateliers, d'industrie ou de commerce. Un prêtre, désigné par Mgr Foulon, les avait choisis pour en faire le noyau d'une association catholique. Travailler, dans la mesure de leurs forces, au relèvement moral et matériel de la classe ouvrière; aider, de tout leur pouvoir, à la formation des apprentis et à la direction des ouvriers, telle était leur aspiration; mais ils devaient tout spécialement assurer, par tous les moyens qu'autorise la prudence, la sanctification du dimanche, tout en offrant un appui sérieux et un concours puissant aux œuvres ouvrières.

On prit pour base du règlement celui d'autres associations semblables, mais en y introduisant les modifications qu'exigeait la différence marquée qui existe, par exemple, entre Nancy et Nantes ou Toulouse, ainsi que le caractère des membres qui devaient en faire partie.

Plusieurs patrons se présentèrent, comptant ne trouver qu'une association philanthropique; mais, effrayés de son caractère chrétien, ils se retirèrent. Ils voulaient bien augmenter le salaire de l'ouvrier et leur propre profit; mais non, avant tout, comme on le leur demandait, sauver leurs âmes et celles de leurs ouvriers.

Les fêtes de l'Association des Patrons de Nancy sont celles de saint Crépin, patron des cordonniers ; de saint Jean, patron des typographes ; de saint Fiacre, patron des jardiniers ; de sainte Barbe, protectrice des mineurs et des ouvriers qui travaillent le fer ; de sainte Anne, protectrice des ébénistes ; de saint Joseph, patron des charpentiers et des menuisiers ; de saint Louis, patron des coiffeurs ; de saint Luc, patron des peintres, et de saint Michel, pour les négociants. Presque tous ces corps de métier tiennent à honneur d'assister à une messe solennelle le jour de leur fête patronale. Quelques-uns forment une société de secours mutuels ; mais aucun lien ne réunit entre elles ces associations spéciales, dont l'existence paraît d'ailleurs assez précaire.

Les statuts montrent que les membres actifs de l'Association catholique des Patrons de Nancy sont pris dans tous les corps de métiers. Outre les membres actifs, il y a aussi des membres honoraires qui, sans être patrons, désirent, par leur influence ou par leurs dons, aider l'Association à atteindre son but. Ces membres honoraires, comme les patrons, doivent être franchement chrétiens et prêts à imposer dans toute leur intégrité les droits de l'autorité et de la religion. « Si le patron ne remplit pas ses devoirs dans l'intimité du foyer domestique, dit M. Harmel, s'il ne donne pas l'exemple des vertus privées, comment pourra-t-il inspirer à ses ouvriers les vertus qu'il n'a pas et leur faire pratiquer des devoirs devant lesquels il recule ? »

« Le patron catholique, disait, en 1878, M. Vagner, président de l'Association, le patron catholique veille à la conservation et au développement des principes religieux et des bonnes mœurs de ses ouvriers et employés ; avec eux, et surtout avec les apprentis, il agit en bon père de famille.

Le patron catholique établit une bonne discipline dans ses

ateliers, discipline qui est la base de sa prospérité et une source de bien-être pour la famille de l'ouvrier.

Le patron catholique ne souffre pas que le très saint nom de Dieu soit blasphémé en sa présence, et ferme la bouche impure du libertin.

Le patron catholique pose à l'entrée de sa demeure une barrière que ne franchissent ni les mauvais livres, ni les journaux corrupteurs.

Le patron catholique chasse de son domaine l'ouvrier ou l'employé qui cherche à perdre les autres, et qui, par une conduite scandaleuse, ou par ses mauvais conseils, est d'un contact dangereux.

Le patron catholique respecte le jour que le Seigneur s'est réservé et n'attente pas à la liberté ou à la dignité morale de l'ouvrier, en confisquant ses bras le dimanche et les jours de fête d'obligation.

Le patron catholique, après avoir aimé ses confrères dans la vie, les aime encore dans la mort : il accompagne leur cercueil au champ du dernier sommeil, et répand aux pieds des autels sa prière pour le repos de leur âme.

Enfin, le patron catholique, ennemi de la lâcheté qu'on appelle le respect humain, se fait gloire de marcher sous le drapeau de saint Michel, son patron, et l'escorte bravement aux grandes manifestations de la foi.

Voilà ce que doit être le patron catholique; voilà ce qu'il est, avec des nuances plus ou moins prononcées, qui s'expliquent par les faiblesses et les misères de notre pauvre nature humaine (1). »

L'admission des candidats, lorsqu'ils réunissent ces conditions, se fait au scrutin secret: elle est prononcée lorsqu'ils ont obtenu les trois quarts des suffrages des membres présents. Tout obstacle sérieux à l'admission d'un candidat ne

(1) Rapport à l'assemblée générale du 30 décembre 1878.

peut être exposé publiquement; il est confié à la discrétion
de l'un des Membres du Bureau. On n'a pas cru que ce mode
d'agir fût exagéré, et on a voulu ainsi ménager la juste susceptibilité des candidats et ne pas éloigner pour toujours des
hommes qui peuvent revenir.

Le Bureau de l'Association est nommé par les patrons pour
une année. Ses membres sont indéfiniment rééligibles; un
ecclésiastique nommé par Monseigneur l'évêque, ayant le titre
de Directeur-Aumônier de l'Association, fait partie du Bureau.

Les réunions, d'abord mensuelles, n'ont plus lieu que chaque deux mois; une courte prière faite en commun les ouvre
et les termine; sans être publiques, elles n'excluent pas les
personnes étrangères, présentées par un membre titulaire,
quand leurs dispositions bienveillantes sont connues. Chacun
des membres verse au trésorier une cotisation annuelle de
5 francs, dont le produit sert d'abord à couvrir les frais généraux de l'Association, ou à récompenser, par des primes en
argent, les apprentis patronnés, ou enfin à aider les Œuvres
ouvrières de Nancy.

L'Association s'est développée lentement; elle ne compte
que cent trente membres, dont le tiers à peine assiste régulièrement aux séances. Néanmoins cette Œuvre a donné de
bons résultats, elle a obtenu la fermeture de nombreux magasins le dimanche. Tous les sociétaires s'empressent d'assister
à la messe qui est dite après la mort de chaque associé.

La fête de saint Michel, patron de l'Association comme de
la Maison des Apprentis, est célébrée avec une très grande
solennité. On vit même plusieurs années de suite les patrons
catholiques assister, précédés de leur bannière, aux proces-
sions de la Fête-Dieu.

Plusieurs fois déjà, dans une pensée de bienfaisance, on
s'est demandé si une caisse d'épargne particulière ou un
prêt d'honneur ne serait pas grandement utile à la classe
ouvrière de Nancy. Cette idée, actuellement l'objet d'une

étude spéciale, n'est encore qu'à l'état de projet. Jusqu'aujour-d'hui, les patrons se sont contentés d'offrir chaque année, dans une séance générale, présidée par Monseigneur l'é-vêque, une somme de cinq à six cents francs en livrets de caisse d'épargne aux apprentis patronnés.

C'est à l'Association des patrons que le *Cercle catholique d'ouvriers* doit son existence. Après avoir entendu pendant quelque temps exprimer le désir de voir à Nancy se fonder cette Œuvre, M. Adrien, président de l'Association des patrons, résolut la question en prenant à sa charge la plus large part des frais de première installation. Depuis cette époque, les deux Œuvres ont toujours vécu en bonne fraternité.

Trois mois après la première entente et avec la bénédiction de Mgr Foulon, le Cercle s'ouvrit sans bruit, n'ayant que le strict nécessaire en fait de jeux, de livres et de publications périodiques. Les Frères des Ecoles chrétiennes prêtèrent une de leurs salles et leur cour; celle-ci, moins ample qu'on n'eût pu le souhaiter; celle-là ornée de ses bancs fixes, fort utiles pour la classe, mais gênants pour les jeux.

Bientôt arrivèrent, les uns après les autres, de nouveaux collaborateurs, jeunes étudiants et jeunes avocats, qui se dévouèrent à l'Œuvre pendant deux ans, avec une vaillance incomparable.

Grâce à eux, les soirées s'animèrent; la musique, les ventes et loteries où se recueillait le bénéfice de l'assiduité, quelques excursions en été; l'hiver, quelques récréations dramatiques rendirent le Cercle plus attrayant. Des conférences répondirent au grand besoin et au grand devoir de l'éducation populaire.

Le nombre primitif des jeunes ouvriers s'accrut un peu, grâce à ces industries. Mais cet accroissement trouva bientôt sa limite. Après quelques fluctuations, il se fixa à trente et ne dépassa guère ce chiffre, même lorsque, à la fin de 1873, les fondateurs eurent accompli leur première migration, ne voulant pas abuser indéfiniment de l'hospitalité des Frères.

Les deux chambres de la rue de Guise, où ils s'installèrent comme locataires, ne furent pas plus propices aux progrès et aux exigences de l'Œuvre.

Au printemps 1874, pendant le carême, une commission nommée dans le sein du Comité catholique, pour étudier la question d'un local, vint dire quelques jours après au Comité : « *Il faut acheter ou bâtir une maison.* »

C'était l'enthousiasme du début. On tendit la main et les dons magnifiques des quinze premiers jours permirent d'acheter et de payer le terrain sur lequel on construisit le bâtiment du Cercle, rue Drouin, en engageant l'avenir.

Ce n'est qu'au commencement de 1875 que l'Œuvre fut affiliée à l'Œuvre des Cercles catholiques d'ouvriers de France.

Le Comité se constitua définitivement, et, l'édifice achevé, le Cercle s'y transporta. Le 4 juillet 1875, eut lieu la bénédiction de la Chapelle, et l'inauguration du Cercle le 8 juillet, sous la présidence de Sa Grandeur Mgr Foulon, assité des évêques de Digne et de Genève. Mgr Mermillod prononça, à cette occasion, une de ses plus étincelantes improvisations.

Après avoir raconté la fondation du Cercle de Nancy, il nous faut dire un mot de son organisation.

« L'Œuvre des Cercles catholiques a pour but le dévoue-« ment de la classe dirigeante à la classe ouvrière, afin de « rétablir l'harmonie entre les classes dont la société se com-« pose, c'est-à-dire entre les bourgeois et l'ouvrier, entre le « petit groupe qui possède la triple supériorité de la richesse, « de la culture intellectuelle, de l'influence, et la masse im-« mense qui vit au jour le jour du travail de ses bras. »

Les hommes des classes élevées se réunissent en *comités*, formant le Conseil de l'Œuvre. Leur action consiste à propager l'Œuvre, à en maintenir l'esprit et à en sauvegarder l'unité.

Les Dames Patronnesses forment un Conseil à part, et sont surtout chargées de recueillir les cotisations.

Le Comité nomme un *directeur* pour représenter son autorité au Cercle, près des ouvriers. Ceux-ci participent, eux aussi, au gouvernement de l'Œuvre, en nommant un Conseil intérieur composé d'un président et de conseillers, sur une liste présentée par le directeur et approuvée par le Comité.

Le Comité se réunit tous les vendredis pour traiter des intérêts généraux et des grandes dépenses de l'Œuvre.

Le Conseil intérieur se réunit tous les lundis, sous la présidence du directeur, pour traiter des mesures d'administration intérieure, des dépenses pour l'entretien des jeux, de la nomination des sociétaires ou de leur exclusion.

Le président nomme des dignitaires chargés d'assurer le fonctionnement de tous les services. Ces dignitaires sont, pour les services généraux : un secrétaire, un trésorier, un contrôleur; pour les services particuliers : les bibliothécaires, le sacristain, les chefs des jeux.

Le Cercle ainsi constitué offre aux ouvriers des délassements honnêtes, des instructions religieuses, scientifiques, économiques.

L'ouvrier trouve au Cercle un lieu de réunion où il se délasse du travail par une honnête récréation, au lieu de chercher dans le plaisir une fatigue de plus. Des jeux, des livres, une cour, répondent à tous les besoins. Des jetons de présence lui donnent droit chaque soir à des récompenses immédiates. Les livrets de présence, qui peuvent servir de contrôle à sa famille, sont récompensés par des ventes semestrielles. Plusieurs fois par an, des fêtes générales et des récréations de famille viennent renouveler la vie, l'animation et la prospérité du Cercle.

L'Œuvre s'appuie donc sur le principe d'association. Elle fait appel : 1° aux hommes des classes dirigeantes qui adhèrent aux bases de l'Œuvre ; 2° aux ouvriers qui acceptent le règlement et qui sont âgés d'au moins seize ans.

Le Cercle possède une chapelle où la messe est célébrée

tous les dimanches et jours de fête et où se fait le soir, avant
le salut, un entretien spécial aux ouvriers. La Conférence
de Jésus ouvrier, dont le bureau est composé de membres du
Comité et de membres du Cercle, visite régulièrement et avec
zèle plusieurs familles pauvres confiées à sa charité. L'Association de Piété rassemble chaque samedi une vingtaine d'ouvriers.

Quelques conférences ont lieu pendant le trimestre d'hiver ;
elles ne sont guère suivies que par les ouvriers du Cercle qui
s'intéressent à des sujets choisis par eux et mis à la portée
de tous les esprits. La bibliothèque a un assez grand nombre
de volumes, et, grâce à des prêts obligeants renouvelés chaque année par la Société de Saint-Michel, les ouvriers ont une
collection assez complète.

Une des institutions les plus importantes est la Caisse des
Familles. Différente de la Société de Saint-Vincent de Paul
qui vient en aide aux indigents ne faisant pas partie de l'Œuvre,
la Caisse des Familles est spécialement fondée en faveur des
ouvriers malades ou sans travail ; elle est entretenue par
des quêtes faites aux réunions mensuelles, ou par des offrandes
et des dons charitables. La caisse d'épargne offre un intérêt
à 5 0/0 à ceux des ouvriers qui ont la possibilité d'économiser.

Quand le Cercle de la rue Drouin s'ouvrit en 1875, il comptait trente-cinq sociétaires. Pendant les six mois qui suivirent
l'inauguration du nouveau local, cinquante-deux nouveaux
membres s'inscrivirent sur les livres de contrôle; plusieurs
ne firent que passer. Vingt-neuf seulement devinrent sociétaires. Chaque année on a vu cent cinquante ouvriers environ
se présenter comme candidats. Un pareil chiffre montre bien
que les éléments d'un cercle nombreux ne manquent pas à
Nancy; mais beaucoup de ces jeunes gens, ou bien n'ont pas
compris le but de l'Œuvre, ou l'ont jugé au-dessus de leurs
efforts et de leur bonne volonté. Quatre-vingts seulement, dont
quelques hommes mariés, ont conservé le titre et l'insigne de·

sociétaires. Les uns se sont éloignés parce qu'il ne leur plaisait plus de marcher sous la bannière de l'Œuvre ; d'autres sont partis pour des villes voisines, afin d'y perfectionner leur travail; quelques-uns sont allés prendre dans l'armée le rang qui leur était assigné par le sort ; quelques exclusions, aussi, ont dû être prononcées. La plupart, néanmoins, ont conservé, des exemples et des instructions recueillis au Cercle, des souvenirs chrétiens qui pourront les ramener plus tard à la pratique religieuse.

On ne peut méconnaître non plus la résignation chrétienne avec laquelle quelques sociétaires, surpris par la maladie, ont supporté cette épreuve. Plus de trente ont fait aussi, depuis dix ans, grâce à l'influence de l'Œuvre, une mort édifiante. Très édifiante aussi fut la manifestation charitable qui a entouré leur cercueil et honoré leurs funérailles.

L'Œuvre compte actuellement cent vingt sociétaires inscrits, parmi lesquels quatre-vingts environ viennent régulièrement au Cercle. Les réunions ont lieu tous les jours.

L'Œuvre repose sur un noyau d'une vingtaine de sociétaires, zélés et fidèles, qui ont conservé pour l'Œuvre un profond attachement, et qui y ont leurs habitudes de jeux et leurs relations d'amitié. Un groupe de nouveaux et plus jeunes membres s'est formé depuis un an. Il exerce un apostolat dans l'Œuvre en accueillant les nouveaux venus et en se prêtant complaisamment à la distribution et à l'organisation des jeux. Grâce à cette action, l'entrain s'est renouvelé, et les soirées sont devenues plus intéressantes.

Tous doivent rendre un hommage extérieur de leur foi, respecter le prêtre et accomplir les devoirs obligatoires de la vie chrétienne. C'est tout ce qui est rigoureusement exigé ; en réalité on obtient davantage. Une grande communion générale se fait à Noël, et chaque dimanche plusieurs sociétaires s'approchent des sacrements.

Ainsi on a réussi à faire comprendre à un certain nombre de

jeunes gens, « par une expérience personnelle et quotidienne, qu'il y a des amitiés meilleures que les camaraderies d'estaminet ou les complicités de sociétés secrètes, des chants plus harmonieux que ceux du cabaret, des rires plus francs que les ricanements provoqués par les propos impies ou immondes, des livres plus rayonnants de lumière que ceux où l'on calomnie l'Evangile et l'Eglise, des repos du dimanche plus fortifiants et plus aimables que les ivresses du lundi (1). »

Les frais nécessités par le Cercle catholique d'ouvriers sont considérables. Les comptes-rendus financiers accusent une dépense annuelle d'environ 8,000 fr., couverte avec les souscriptions recueillies par des dames patronnesses qui se dévouent à cette Œuvre avec activité et persévérance.

CHAPITRE IV

SOCIÉTÉS DE SECOURS MUTUELS DE NANCY

Ce qu'on entend par le secours mutuel. — Législation des sociétés de secours mutuels. — Société de prévoyance. — Société des Familles. — Société d'Alsace-Lorraine. — Opérations du Comité d'Alsace-Lorraine. — Association fraternelle des anciens Sous-Officiers et Soldats. — Société fraternelle des Employés et Voyageurs de commerce. — Opinion du R. P. Félix sur la question ouvrière.

Tout homme vivant exclusivement du travail de ses bras est exposé au risque de la maladie et de l'accident ; il doit redouter une mort prématurée ; enfin il a devant lui la perspective des infirmités et de la vieillesse. Contre ces différents risques, il doit chercher à se prémunir, en prélevant tous les ans une certaine somme, qui sera mise et gérée en commun avec les prélèvements de ceux qui sont exposés aux mêmes

---

(1) Amédée de Margerie, *Les Cercles catholiques d'ouvriers.*

risques que lui, et, comme tout le monde n'est pas victime d'une maladie ou d'un accident, comme tout le monde n'arrive pas à la vieillesse, il aura, le cas échéant, le bénéfice, non pas seulement de sa prévoyance, mais encore de la prévoyance d'autrui. C'est ce qu'on appelle le secours mutuel.

Une société de secours mutuels est une caisse d'assurance contre les accidents et les besoins extraordinaires de la vie, fondée au profit des ouvriers ou des employés de fortune médiocre, et administrée par eux-mêmes.

Ce qui constitue en général le secours, c'est : 1° une indemnité en argent pour soutenir la famille privée du salaire de son chef; 2° la fourniture de médicaments et les visites du médecin ; 3° le payement des frais de sépulture et parfois une somme donnée à la veuve ; 4° dans certaines circonstances, et par une caisse spéciale, un secours passager en cas de chômage.

Le fonctionnement d'une société de secours mutuels est très simple : chaque membre verse périodiquement une cotisation fixe et qui sert à fournir aux sociétaires nécessiteux les secours indiqués par les statuts. L'administration se compose d'un gérant ou président, d'un conseil de trois ou cinq membres assistés d'un trésorier. La perception est faite, soit par chaque membre à tour de rôle, soit par le trésorier. Tout sociétaire a un livret contenant les statuts et dans lequel est marquée chacune de ses cotisations. Les décisions importantes sont prises en assemblées générales. Tout membre peut se retirer librement ; mais alors il perd ses droits, même sur le fonds de réserve formé pendant sa présence à la Société. Le sociétaire qui ne paye pas sa cotisation est suspendu, exclu de l'assemblée générale et finalement renvoyé de l'Association. Enfin, la plupart des sociétés admettent des membres honoraires qui aident l'Association de leurs conseils et surtout de leurs cotisations, sans avoir droit aux secours.

Sous un nom ou sous un autre, ces sociétés ont existé de

tout temps. L'Histoire nous les montre dans les anciennes Ghildes germaniques et les corporations du moyen âge.

En 1852, les sociétés de secours mutuels françaises ont été soumises à une législation qui a favorisé considérablement leur développement.

Voici les principaux articles de cette loi :

ARTICLE PREMIER. — Une société de secours mutuels sera créée par les soins du maire et du curé, dans chaque commune où l'utilité en aura été reconnue. Cette utilité sera déclarée par le préfet, après avoir pris l'avis du conseil municipal.

ART. 2. — Ces sociétés se composent d'associés participants et de membres honoraires. Ceux-ci payent des cotisations fixes ou font des dons à l'association, sans participer aux bénéfices des statuts.

ART. 6. — Les sociétés de secours mutuels ont pour but d'assurer des secours temporaires aux sociétaires malades, blessés ou infirmes, et de pourvoir à leurs frais funéraires. Elles peuvent promettre des pensions de retraite, si elles comptent en nombre suffisant des membres honoraires.

ART. 7. — Les statuts de ces sociétés sont soumis à l'approbation de l'Etat ; ils règlent les cotisations de chaque sociétaire, d'après les tables de maladies et de mortalité confectionnées ou approuvées par le gouvernement.

ART. 9. — Les communes sont tenues de fournir gratuitement aux sociétés approuvées les locaux nécessaires pour leurs réunions, ainsi que les livrets et registres nécessaires à l'administration et à la comptabilité. En cas d'insuffisance des ressources de la commune, cette dépense est à la charge du département.

ART. 11. — Tous les actes intéressant les sociétés de secours mutuels approuvées seront exempts des droits de timbre et d'enregistrement.

ART. 12. — Des diplômes pourront être délivrés par le bureau de la société à chaque sociétaire participant. Ces diplômes leur serviront de passeport et de livret, sous les conditions déterminées par un arrêté ministériel.

ART. 10. — Une commission supérieure d'encouragement et de surveillance des sociétés de secours mutuels est instituée au ministère de l'intérieur ; elle propose des mentions honorables, médailles d'honneur et autres distinctions honorifiques en faveur des membres honoraires ou participants qui lui paraissent les plus dignes.

Sans les cotisations des membres honoraires et aussi sans les dons et legs comme sans les subventions de l'Etat, il est reconnu que les sociétés de secours mutuels ne pourraient pas subsister. On a calculé, en effet, que la cotisation moyenne des sociétaires n'est que de 10 fr. 67, tandis que les dépenses obligatoires et facultatives, mais qui sont de l'essence même des sociétés de secours mutuels, montent à 14 fr. 43, soit une différence de 3 fr. 76, en sorte que l'on peut dire que le fonds de retraite des sociétés de secours mutuels est dû exclusivement aux membres honoraires, d'où le caractère de bienfaisance ou de charité inhérent à ces sociétés.

M. le comte Molitor, président de la Société de Prévoyance de Nancy, faisait ainsi ressortir, dans l'assemblée générale de 1854, les avantages de la mutualité :

« Les sociétés de secours mutuels, non seulement apaisent les souffrances à venir, suite inévitable d'une vie de labeurs et de périls, elles établissent encore, entre les diverses classes, des relations réciproques de bienveillance et de gratitude, qui habituent le cœur à voir dans tous les hommes des frères qu'il faut respecter, estimer et aimer. Grâce aussi à l'heureuse nécessité d'une cotisation mensuelle, qui fait à l'ouvrier une loi du travail, de l'économie et d'une vie honnête, elles le préservent de l'intempérance, de l'inconduite et de l'oisiveté qui mènent droit à la misère ; elles développent dans le travailleur l'idée de sa valeur personnelle, et par là, lui apprennent à compter sur lui-même et sur la Providence qui bénit toujours de consciencieux efforts ; elles lui donnent enfin cette force, cette tranquillité morale sans laquelle il n'existe pour l'homme ni dignité, ni vertu, ni bonheur.

« Telle est l'œuvre des sociétés mutuelles, œuvre grande et magnifique, œuvre digne d'exciter les sympathies des intelligences élevées et des nobles cœurs ; car elle constitue un puissant élément d'ordre, de progrès et de moralisation. »

Il y a, à Nancy, trois sociétés principales de secours mutuels qui méritent d'être signalées dans ce livre, à cause de leur caractère de charité ; ce sont les Sociétés de *Prévoyance*, des *Familles* et d'*Alsace-Lorraine*.

La *Société de Prévoyance* est la plus ancienne et aussi la plus complète de ces trois sociétés de secours mutuels. Le 2 juin 1889, elle célébrait son trente-septième anniversaire. Depuis 1885, la fête comprend une messe d'actions de grâces avec sermon à la cathédrale, et une assemblée générale à l'Hôtel-de-Ville, dans laquelle il est rendu compte des opérations de l'année précédente et de l'état actuel de la Société, sous le rapport des finances et du personnel.

C'est aussi dans cette assemblée que sont distribuées les récompenses aux apprentis, membres du patronage organisé par la Société, ainsi que les diplômes aux candidats et les témoignages honorifiques aux personnes qui s'intéressent le plus à l'Œuvre.

En 1889, le sermon fut donné à la messe par M. l'abbé Didierjean, curé de la cathédrale, devenu depuis vicaire général ; il montra l'utilité et les bienfaits des sociétés de secours mutuels. A l'assemblée générale qui eut lieu à deux heures et demie le même jour, M. le docteur Valentin, président, entouré des premiers représentants des autorités civiles et militaires et des présidents de la plupart des associations de bienfaisance de Nancy, fit connaître, dans un rapport détaillé et fort intéressant, l'état actuel de la Société. L'effectif des sociétaires agrégés était, au 31 décembre 1888, de neuf cent deux ; celui des associés libres, de cent quatre-vingt-douze ; celui des agrégés honoraires, de douze ; ce qui donnait comme total du personnel, au 31 décembre de l'année dernière, mille cent six, dont trois ce... seize hommes, trois cent trois femmes, cent deux demoiselles, quatre-vingt-neuf petits garçons et quatre-vingt-douze petites filles.

Les recettes, pendant la même année, se sont élevées à 14,504 fr. 86 provenant en grande partie des cotisations des sociétaires et d'une subvention annuelle de 500 francs donnée par la ville. Les dépenses, dont la totalité a été de 13,985 fr. 16, ont été surtout nécessitées par les remèdes et les journées de maladies. Le capital actif de la Société est de 173,582 fr. 38.

On le voit, la situation de la Société de Prévoyance est des plus prospère, soit au point de vue du personnel, soit au point de vue financier ; elle prouve l'intelligence et le dévouement des administrateurs aussi bien que la fidélité et l'estime des membres participants pour leur Société. Cette prospérité de la Société de Prévoyance n'a pas peu contribué à susciter à Nancy d'autres associations semblables, et M. le docteur Valentin avait raison de conclure son rapport de 1887 par ces paroles :

« Il y a plus de quarante ans, nous cherchions les pre-
« miers à tenter à Nancy l'organisation d'une société de
« secours mutuels ; depuis, nous avons vu avec plaisir
« venir se grouper autour de nous un grand nombre d'as-
« sociations, les unes ouvertes à tout le monde, les autres
« exclusivement réservées à certaines professions, mais
« toutes poursuivant ce but commun : l'amélioration du sort
« des travailleurs (1) ».

La *Société des Familles*, ainsi nommée, dit M. de Beauminy, son président, « parce qu'elle s'applique à toute la famille et qu'elle a toujours admis les enfants », a été fondée, en 1853, par M. le baron de Saint-Vincent, qui jouit maintenant de la prospérité de son œuvre. Cet honorable magistrat, après avoir reconnu, à Charleville et à Metz, ce qu'il y a de moral et de patriotique dans une institution qui, rapprochant les hommes, leur apprend à s'estimer et à s'aimer, promu à la Cour d'appel de Nancy, voulut doter sa nouvelle patrie d'une société de secours mutuels qui, *par la modicité de ses cotisations, fût accessible à tous, même à ceux que le*

(1) Docteur Valentin, *Rapport à l'assemblée de 1887*.

sort a le moins favorisés, complétant ainsi l'œuvre de son aînée, la Société de Prévoyance.

Il l'institua sous le nom de Société des Familles, non seulement parce qu'il en ouvrait la porte aux femmes et aux enfants, mais parce que, dans sa pensée, tous les membres deviendraient des frères, unis en un même sentiment, pour s'édifier les uns les autres et s'aider mutuellement dans les épreuves de la vie.

La ruche adoptée pour emblème a aussi sa signification : c'est l'exemple donné par l'abeille d'une société active, industrieuse, prévoyante, dans laquelle la récolte de chacun, soigneusement emmagasinée, fait la richesse de tous.

L'appel de M. de Saint-Vincent fut entendu de ses nouveaux concitoyens : cent quinze y répondirent d'abord, cinquante-trois participants et soixante-deux associés libres *qui vinrent aider,* disait-il, *ceux qui s'aident,* traçant en termes laconiques et vrais le caractère de ce concours.

La Société fondée célébra, le 24 juillet 1853, la fête de son inauguration.

M. le baron Buquet, au nom de l'administration municipale, souhaita la bienvenue à la nouvelle Société.

A cette date, le nombre des associés libres était de cent vingt-deux, celui des membres participants de cent neuf.

Toutes les administrations, toutes les professions, toutes les classes de la cité avaient leurs représentants dans cette première liste qui fut celle des *fondateurs,* liste qui s'accrut chaque année de nouvelles adhésions (1).

La Société des Familles a célébré, le dimanche 7 juillet 1889, le trente-cinquième anniversaire de sa fondation.

Le matin, à onze heures un quart, les membres de la Société se réunissaient dans la basilique Saint-Epvre, à la messe d'actions de grâces. Une allocution a été prononcée par M. l'abbé Briot, curé de la paroisse.

_____

(1) *Historique de la Société des Familles,* par M. Millot, administrateur.

Le même jour, à deux heures et demie, M. de Beauminy, à l'assemblée générale tenue à l'Hôtel-de-Ville, faisait connaître la situation de la Société sous le rapport du personnel et des finances. Au 31 décembre 1888, la Société des Familles comptait cent quatre-vingt-dix-neuf membres honoraires, sept cent sept sociétaires, hommes, femmes et enfants, et trente-cinq pensionnaires ; en tout, neuf cent quarante et un membres. Les recettes s'étaient élevées à 11,238 fr. 13, et les dépenses à 10,944 francs. Il y a vingt ans, les fonds disponibles et la Caisse des retraites n'étaient que de 27,039 francs ; en 1889, ils sont de 109,825 francs.

Terminons ces lignes sur la Société des Familles, par ces mots de la Notice historique de M. Millot : « Le fondateur a droit d'être fier de son œuvre ; les sociétaires doivent se féliciter, les uns des avantages qu'ils retirent de cette excellente institution, les autres d'un concours qui a une si belle part dans sa prospérité. A tous, il est permis de bien augurer de son avenir. »

La Société d'Alsace-Lorraine, comme son nom l'indique, a été fondée après les désastres de la guerre de 1870, pour unir tous les Alsaciens-Lorrains réfugiés à Nancy. C'est dans le courant de 1873 que fut organisée cette Société, dont le but et le fonctionnement sont les mêmes que ceux des Sociétés de Prévoyance et des Familles.

Le 21 juillet 1889, elle a célébré son seizième anniversaire.

Le matin, à onze heures, les membres de la Société, à la tête desquels marchaient les membres du Conseil, précédés de la bannière, sont partis de l'Hôtel-de-Ville pour se rendre à l'église cathédrale, où une messe solennelle d'action de grâces était célébrée à leur intention, par M. le chanoine Bourguignon.

M. l'abbé Didierjean, vicaire général, a bien voulu encore, comme les années précédentes, dans une chaleureuse et éloquente allocution, témoigner de l'intérêt qu'il porte à l'Œuvre.

Il a, en des termes émus et vibrants de patriotisme, engagé

les sociétaires « à demeurer toujours unis et à se montrer scrupuleux observateurs de leurs devoirs sociaux, aussi bien que de leurs obligations envers Dieu et envers la France, leur rappelant que Dieu est le seul maître des destinées des nations et que c'est en lui qu'ils doivent toujours placer leur espoir ».

Le soir, à deux heures et demie, à l'Hôtel-de-Ville, avait lieu l'assemblée générale, présidée par le préfet, M. Sthéhelin, qui a ouvert la séance par une éloquente et sympathique improvisation souvent interrompue et saluée par d'unanimes applaudissements.

A la place du président, M. Choné, le doyen des administrateurs, M. Stoffel, conseiller à la Cour, fit connaître la situation de la Société, dont le personnel se compose aujourd'hui de quatre cent vingt-trois membres participants hommes, de quatre cent dix femmes agrégées et de quatre cent trente membres honoraires, soit un total de douze cent soixante-trois membres. Les recettes se sont élevées, pendant le dernier exercice, à 13,111 francs, et les dépenses à 13,408 francs. L'actif social est de 127,268 francs. La situation de la Société est donc bonne et doit inspirer toute estime et confiance.

Les Alsaciens-Lorrains ont formé à Nancy d'autres associations que cette Société de Secours mutuels. Il y en a même une qui précéda de beaucoup la fatale guerre de 1870. C'est l'Œuvre de *Sainte-Elisabeth*, fondée il y a trente-trois ans, dans le but de venir en aide aux familles pauvres d'origine alsacienne et lorraine. Elle distribue aux nécessiteux et aux malades, que vont visiter les dames patronnesses, des bons de pain, de viande, de chauffage et de vêtements. Ces familles ne comprenant pas bien le français, des prédications en leur langue leur sont faites par un P. Jésuite dans l'église de Saint-Sébastien.

La Société de Secours mutuels d'Alsace-Lorraine a pu s'établir à Nancy et devenir florissante, grâce aux secours qu'elle a reçus du *Comité d'Alsace-Lorraine* dont nous ne pouvons passer sous silence les opérations charitables, bien qu'elles soient considérablement diminuées depuis plusieurs années.

Dès le printemps de 1871, dit M. Gourier, président du Comité, dans un compte-rendu présenté le 3 février 1876, à peine fut conclue la cruelle paix qui nous enlevait deux provinces pour les annexer à l'Allemagne, commença cette longue émigration qui, pendant dix-huit mois, devait se dérouler à travers notre département frontière, appelé, par sa situation topographique, a recueillir les épaves de Metz et de Strasbourg.

De pauvres gens frappés au cœur, épuisés par la guerre, devançant dans leur patriotisme les délais accordés par le traité de paix, arrivaient fatigués et sans ressources, s'installant aux portes de nos villes, sous le premier abri qu'ils rencontraient. Notre pays venait lui-même d'être fort éprouvé par la guerre désastreuse. Bien des mains secourables auraient voulu aider ces malheureux exilés, mais les ressources manquaient et le découragement était grand en présence de ces misères qui bientôt allaient encombrer nos rues et nos places publiques. A ce moment encore, les prisonniers français rendus par l'Allemagne nous arrivaient dénués de tout, mourant de faim et de fatigue. Il fallait aussi les secourir.

Un homme de dévouement se trouva qui, sans ressources assurées autres qu'une faible somme mise à sa disposition par la municipalité, quêtant chaque jour la vie du lendemain, entreprit de secourir tous ces malheureux, en acceptant la délégation qui lui était faite à cet effet par M. le Maire de Nancy. Au mois d'avril 1871, M. Gény, conseiller municipal, s'installait donc à l'Hôtel-de-Ville et créait le service destiné à secourir nos prisonniers en même temps que les pauvres émigrés. C'est ce service qui, se développant ensuite, devint le Comité de secours aux Alsaciens et aux Lorrains, cherchant un refuge dans la mère-patrie.

L'élan était donné, les dévouements se groupèrent et bientôt MM. Berger-Levrault, Butté, Fraisse, Lederlin, de Margerie, Victor de Metz-Noblat, Olivier et Emile Picard se joignirent à M. Gény et, constituant dès lors une assemblée régulière, commencèrent à créer au Comité les ressources dont il avait tant besoin. Plus tard, la retraite de quelques membres fit entrer dans cette réunion MM. Charles Fabvier, Gourier, Jules Lejeune et Raybois.

Dans cette année 1871, le Comité ne put réunir qu'une somme de 5,287 fr. 65 c., produite par des dons particuliers, parmi lesquels il en faut citer un dû à la générosité de M. de Montesquiou, alors préfet de Meurthe-et-Moselle, qui, ayant appris la misère du Comité, lui avait spontanément envoyé une somme de 2,000 francs. Le dénûment était tel à ce moment, que la veille, le Comité, constatant que la caisse ne contenait plus un denier, chacun des membres avait dû vider son porte-monnaie sur le bureau pour satisfaire aux besoins de la nuit et de la matinée du lendemain ; car les émigrants arrivaient à toute heure.

Cette situation misérable du premier instant, qui a dû être commune à tous les départements frontières, ne tarda pas à être connue de toute la France, surprise par cette émigration anticipée. Des souscriptions furent ouvertes et vinrent bientôt accroître les ressources des divers Comités de secours. Aussi, dès 1872 et plus tard en 1873, le Comité de Nancy reçut des sommes importantes envoyées par les Comités établis à Paris, rue de Provence et boulevard Magenta ; par ceux du Havre, de Dieppe, de Marseille, d'Elbeuf, de Lillebonne, de Brest, de Castelnaudary, de Nice, de Bordeaux, de Roubaix, du cercle de Caudebec, même de Sedan, d'Audun-le-Roman, de Saverne, épuisés eux-mêmes soit par les désastres de la guerre, soit par le courant de l'émigration, enfin de Nantes. Ce Comité même ajouta à son envoi d'argent un important secours en linge de corps, qui rendit de grands services à nos pauvres annexés. En même temps, la souscription ouverte dans la ville de Nancy venait accroître les ressources du Comité, en mettant à sa disposition une somme d'environ 19,000 francs. De plus, le ministère, vivement sollicité par le Préfet, M. de Montesquiou, mettait à sa disposition les fonds nécessaires au transport des émigrants de Nancy vers les villes de l'intérieur, sur lesquelles ils demandaient à être dirigés. Toutes ces ressources réunies constituèrent pour le Comité de Nancy une somme disponible, pour 1872, de 378,479 fr. 15.

Cette richesse inespérée permit de faire face aux énormes dépenses qui incombèrent aux trois derniers mois de 1872 et aux premiers mois de 1873, pendant lesquels vingt et un mille quatre cent vingt-cinq émigrants furent transportés par les soins du Comité de Secours. Un fait, entre cent autres, fera comprendre ce que fut l'émigration en 1872. Le 30 septembre, les trains de départ à la gare de Nancy se succédaient d'heure en heure, et un seul de ces trains emporta mille cinq cents jeunes gens fuyant la nationalité qui, sans ce secours, leur eût été imposée le lendemain malgré leur option. Aussi, membres du Comité, Dames de charité, agents de la Compagnie de l'Est, chacun dut-il se multiplier pour veiller à ce que rien ne manquât à nos émigrants. C'est grâce à tous ces dévouements que put s'accomplir le grand exode, qui sera l'immortel honneur de la France et des provinces qu'elle a perdues.

Cette œuvre ne fut pas la seule qui tomba à la charge des années 1872 et 1873. En même temps que l'émigration se dirigeait vers l'intérieur de la France, une partie des annexés, les uns amenés par des patrons qui venaient des pays cédés à l'Allemagne apporter leur industrie dans nos villes de l'Est, les autres désirant se séparer le moins possible des attachements ou des intérêts qu'ils avaient laissés derrière eux, s'arrêta dès que la ligne frontière fut dépassée : huit cents et quelques familles se fixèrent ainsi à Nancy, formant un total de quatre à cinq mille individus ayant tous besoin de secours.

Le Comité nancéien n'eût pu suffire à cette tâche avec ses seules ressources. C'est alors que lui vint en aide la loi du 20 décembre 1872, par laquelle l'Assemblée nationale mettait à la disposition d'une Commission constituée par le Ministre de l'intérieur, sous la présidence de M. Wolowski, auteur de la proposition, une somme d'environ six millions, provenant de la souscription faite en vue de hâter la libération du territoire. Sur cette somme, 1,547,000 francs ayant été affectés aux demandes de secours individuels qui devaient être faites par les divers Comités, celui de Nancy put entrer dans la période d'installation des nouveaux arrivants, grâce au concours dévoué d'un Comité de Dames, qui voulut bien se charger d'être son intermédiaire pour secourir tant de misères ; car il fallait pourvoir à tout : linge, vêtements, meubles même faisaient défaut à la plupart des ménages d'immigrants. Les besoins moraux n'étaient pas moindres. La plupart des enfants composant ces familles s'étaient, dans le désordre amené par l'invasion d'abord, par l'émigration ensuite, déshabitués de fréquenter les uns l'école, les autres l'atelier. Il fallut tout le zèle déployé par les Dames de charité du Comité pour faire rentrer dans l'ordre tous ces esprits, que tant de tristes causes avaient jetés dans une mauvaise voie.

Quant aux besoins matériels, ils ne pouvaient non plus se borner au vêtement et à l'alimentation. L'affluence des émigrants avait amené avec elle une rareté dans les logements en même temps qu'un enchérissement dans les loyers, auxquels il fallait parer ; et malgré les ressources en apparence considérables résultant des sommes mises à la disposition du Comité par la Commission Wolowski, cette œuvre, qui fut celle surtout de l'année 1873, n'aurait pu être menée à bonne fin sans l'assistance de la Société de protection, présidée par M. le comte d'Haussonville, réunie au Comité du Havre, et celle de la Société immobilière nancéienne, ayant M. Victor de Metz-Noblat pour président, et dont nous avons parlé plus haut.

Cette année encore, le Comité subventionnait l'Œuvre des Fourneaux économiques, destinée à venir en aide aux ouvriers annexés et aux Nancéiens; il concourait à la création de la Société de secours mutuels, qui devait recueillir les débris épars des anciennes Sociétés existant en Alsace et en Lorraine.

Enfin, vers la fin de 1873, le Comité, voyant un certain nombre d'annexés pris, au moment de leur installation, par une gêne qui ne devait durer que jusqu'aux premiers gains assurés, essaya de la forme du prêt sans intérêts, remboursable par sommes mensuelles, — mesure utile pour cette catégorie fort intéressante d'ouvriers qui auraient rougi de demander un secours. Il n'eut qu'à s'applaudir de cette confiance qui parait aux premières nécessités sans porter une atteinte notable à ses ressources, et bien peu de ses débiteurs manquèrent à l'engagement qu'ils avaient pris de se libérer dans un temps déterminé.

Pendant les années qui suivirent, le Comité, tout en continuant ses premiers bienfaits, pensa qu'il devait asseoir l'œuvre générale de secours en lui faisant porter des fruits d'avenir. Aussi, à partir de 1874, consacra-t-il tout particulièrement ses ressources soit à créer des bourses dans différents établissements d'instruction du département (comme au Petit Séminaire de Pont-à-Mousson, par exemple) pour les jeunes annexés dont l'éducation n'avait pu être achevée au pays natal, soit à concourir aux dépenses d'apprentissages divers, qui devaient mettre chacun des enfants, amenés par l'annexion sur le sol français, en situation de gagner honorablement sa vie. Il fut aidé dans cette dernière œuvre par le zèle bienveillant de la Commission des apprentis au Bureau de bienfaisance de Nancy et par la Commission d'instruction, formant un des sous-comités de la grande Commission instituée par l'Assemblée nationale et présidée par M. Wolowski.

Outre les ressources abondantes qui lui vinrent de cette commission, le Comité de Nancy décida qu'il consacrerait à cette œuvre durable tous les fonds restant en caisse et provenant des dons reçus de diverses sources. En 1876, la somme engagée pour parfaire les éducations et les apprentisages commencés se montait à 48,000 francs environ, seul fonds restant disponible sur ceux dont l'emploi lui avait été confié. Son œuvre était terminée et ses travaux ne consistèrent plus qu'à liquider les dettes qu'il avait créées, au fur et à mesure de leurs échéances, ce qu'il continue encore aujourd'hui.

Les sommes mises à la disposition du Comité d'Alsace-Lorraine se sont élevées à 614,478 francs, dont 328,869 francs ont été dépensés pour frais de transports en France, pour logement et nourriture à Nancy ; 69,584 francs pour secours en nature aux résidants à Nancy et dans la banlieue ; 14,433 fr. pour secours médicaux, et 21,841 francs pour frais d'études et d'apprentissage.

> Il est doux, il est doux d'avoir une patrie,
> Des montagnes, des bois, un lac, un fleuve à soi,
> Vignes, vergers, champs d'or, fraîche et verte prairie,
> Un cimetière en fleurs, un autel pour sa foi !
> Oh ! qu'il est donc amer d'errer à l'aventure,
> Privé de tous ces biens, et, devant la nature
> Qui vous sourit, de dire : Il n'est là rien à moi ! (1).

Au nombre des sociétés de secours mutuels de Nancy, nous devons compter aussi l'*Association fraternelle des anciens Sous-Officiers et Soldats*, fondée le 1er septembre 1881, dans le but d'unir tous les anciens militaires, d'entretenir chez eux le sentiment de fraternité, de venir en aide aux plus nécessiteux et de soutenir, par des dons en nature ou en argent, les camarades pauvres ainsi que les veuves et les orphelins d'anciens militaires.

Pour atteindre ce but, la Société crée, au moyen d'une co-

---

(1) J.-D. Olivier, poète suisse.

tisation mensuelle de 0 fr. 75 pour chacun de ses membres, un fonds destiné à accorder, dans la limite des ressources de la Société, des secours aux malades ou blessés, à pourvoir à leurs frais funéraires et à donner en cas de décès, aux membres restants de leur famille, une ressource momentanée.

Pour rendre son œuvre plus efficace, l'Association appelle à y concourir toutes les personnes de cœur et amies de l'humanité qui, sans prendre part aux secours accordés par la Société, voudraient contribuer par leurs souscriptions, leurs soins et leurs bons conseils, au succès et à la prospérité de l'institution.

Les membres de la Société se divisent en deux catégories : les anciens militaires et veuves d'anciens militaires, qui sont membres actifs ; les associés libres ou honoraires dont la cotisation annuelle est fixée à cinq francs.

Les femmes des sociétaires peuvent faire partie de l'Association en payant une cotisation semblable à celle du mari ; elles profitent des avantages de la Société ; il en est de même pour les veuves d'anciens militaires.

Les enfants des sociétaires mis en apprentissage ou fréquentant les écoles, sont placés sous le patronage de la Société qui s'enquiert de leur conduite et de leurs progrès et accorde des distinctions à ceux qui les ont méritées par leur bonne conduite et leur assiduité au travail.

Le même patronage est constitué pour les orphelins des sociétaires.

Aujourd'hui, l'Association fraternelle compte deux cent trente-six membres, dont cent soixante-deux anciens militaires, dix-sept femmes et cinquante-sept membres honoraires. Les recettes, pendant l'année 1889, se sont élevées à 3,203 fr., dont 860 fr. de la quête à l'église, 1,413 fr. des cotisations des membres participants et 245 fr. des membres honoraires. Le total des dépenses a été de 2,401 fr. ; l'actif à la Caisse d'épargne est de 4,533 fr. Comme les autres sociétés de secours mutuels de Nancy, l'Association fraternelle des Sous-Officiers et anciens Militaires fait célébrer chaque année un service religieux. Cette fête a lieu à la basilique de Saint-Epvre. En 1889, elle revêtit une plus grande solennité par la présence de Mgr Turinaz, qui prononça en faveur de l'Association un de ses plus éloquents discours.

La dernière société de secours mutuels dont nous devons parler est la *Société fraternelle de Prévoyance et de Secours mutuels des Employés et Voyageurs de la ville de Nancy*, fondée en 1884.

Cette association a pour but de procurer gratuitement des emplois à ceux de ses membres qui en sont dépourvus, et au commerce et à l'industrie de bons employés dont la moralité et les capacités soient irréprochables ;

De fournir des secours en argent à ceux des membres participants qui seraient malades, et à ceux que l'âge ou les infirmités rendraient impropres à continuer leur profession ;

De constituer un fonds de retraites en faveur de ses membres.

Sont aptes à faire partie de la Société toutes les personnes des deux sexes, de dix-huit à quarante-cinq ans, exerçant les professions suivantes : voyageurs de commerce, commis et employés de l'industrie et du commerce, employés de bureaux et d'administration.

Les membres de l'Association sont actifs et participants ou honoraires.

Les membres participants s'engagent à payer un droit d'entrée de trois francs.

Ils s'engagent, en outre, à payer une cotisation mensuelle de deux francs et une cotisation annuelle de un franc; cette dernière est spécialement affectée aux frais des funérailles des sociétaires décédés.

La cotisation annuelle des membres honoraires est de six francs.

L'indemnité des malades est fixée de même à six francs par jour pendant les dix premiers jours de la maladie, et ensuite à quatre francs à partir du dixième jour.

Cette indemnité dispense la Société de fournir gratuitement aux membres participants malades les soins du médecin et les médicaments. Toutefois il serait loisible aux membres participants de choisir entre cette indemnité et une indemnité moindre avec laquelle ils auraient droit au médecin et aux médicaments.

Dans ce dernier cas, l'indemnité est fixée à la somme de quatre francs pendant les dix premiers jours, et à deux francs pendant les jours suivants, jusqu'à un délai de trois mois.

Lorsque la maladie se prolonge plus de trois mois, le Conseil décide s'il y a lieu de continuer l'indemnité, et en fixe le chiffre et la durée.

Une indisposition de cinq jours ne motive pas l'indemnité ; une maladie plus prolongée y donne lieu à partir du premier jour.

La Société a payé jusqu'à ce jour, à quarante-trois sociétaires, des indemnités de journées de maladies se montant à la somme de 3,106 francs.

Le dernier compte-rendu financier accuse 3,405 francs de recettes, dont 1,078 provenant des cotisations des membres honoraires et 1,783 de celles des membres participants. Les dépenses étant de 3,405 francs, l'actif s'élève à 5,666 fr. 87.

Pour soulager efficacement les ouvriers, avons-nous dit, la charité doit s'efforcer de protéger la famille ouvrière tout entière et grouper chacun de ses membres en associations chrétiennes avec secours mutuels. Dans plusieurs villes de France, ces associations spéciales sont prospères et très fructueuses.

A Nancy, une Association de mères de famille ouvrières, dite de *Sainte-Anne*, et composée de cent cinquante membres, a son siège chez les religieuses du Cénacle. Le premier dimanche de chaque mois, ces femmes et mères d'ouvriers y sont convoquées dans la soirée pour y recevoir une instruction religieuse et la bénédiction du Saint-Sacrement. Une loterie composée d'objets de ménage et qui se tire le premier dimanche après Pâques est leur seul attrait matériel. Néanmoins l'empressement et l'exactitude avec lesquels ces femmes se rendent aux réunions mensuelles prouvent l'estime qu'elles professent pour leur œuvre et le profit qu'elles en tirent.

Le mal qui blesse le plus en ce moment le monde des travailleurs, dit le R. P. Félix, c'est son opposition à la religion, c'est en particulier sa haine du christianisme et tout spécialement du prêtre qui personnifie Jésus-Christ. Et cela n'est pas étonnant après les calomnies irréligieuses dont il a été assailli. Or, sans le retour du peuple ouvrier à Jésus-Christ, il n'y a pas de salut pour la société. Mais cette grande conversion, qui aura la puissance de la faire? Ce n'est pas le prêtre, puisqu'on lui dit qu'il est l'ennemi. — Non, le monde ouvrier ne reviendra à Jésus-Christ qu'autant qu'on l'évangélisera non seulement par la vérité, mais surtout par la charité et le dévouement, par une charité vivant et agissant pour lui, par une charité sincère, une charité humble, une charité fidèle, à la vie et à la mort, une charité dévouée, une charité héroïque, une charité désintéressée.

Comment en effet, sans une religieuse émotion, l'ouvrier pourrait-il voir cette charité vivant, respirant et agissant pour le consoler, le soulager, le sauver, lui et tous ceux qu'il aime sur la terre?

Comment ensuite ne comprendra-t-il pas que cette charité qui se donne sans rien recevoir et se prodigue sans rien attendre, est une création de cette religion que des hommes lui ont signalée et dénoncée comme sa plus grande ennemie? «Alors, l'émotion au cœur et les larmes dans les yeux, il s'écriera : *O sainte, ô divine religion! je le vois maintenant, vos ennemis vous calomniaient. O religion de la charité! ma raison et mon cœur me le disent ensemble : vous devez être aussi* la religion de la lumière et de la vérité, vous devez venir de Dieu, puisque vous êtes si bonne pour les hommes. Ah ! maintenant je vous connais, et, parce que je vous connais, je vous aime et je veux vous obéir (1).

(1) R. P. Félix, *Les Petites Sœurs de l'Ouvrier.*

LIVRE VI

LES PAUVRES

Toutes les misères sont l'objet de la charité : la faiblesse du petit enfant, l'ignorance de l'écolier, l'inexpérience des jeunes gens, les tristesses des infirmes et les infortunes de l'ouvrier; mais la misère qui l'émeut surtout, c'est la pauvreté.

La pauvreté est comme le corrélatif de la charité, son terme correspondant, sa raison d'être et son aliment essentiel. Cela est si vrai, que c'est la pauvreté qu'elle poursuit dans toutes les autres misères. Quand les petits enfants, les écoliers, les jeunes gens, les infirmes et les ouvriers sont riches, la charité ne s'en inquiète pas.

La pauvreté, voilà son grand objectif.

Que fait la charité à Nancy en faveur des pauvres?

Nous aurons la réponse à cette intéressante question en étudiant l'organisation, le fonctionnement et les résultats des deux grandes institutions charitables qui s'appellent le *Bureau de bienfaisance* et la *Société de Saint-Vincent de Paul.*

CHAPITRE I

BUREAU DE BIENFAISANCE

Fondation du Bureau de bienfaisance de Nancy. — Première réunion de son bureau. — Phases de son organisation. — Secours qu'il distribue. — Patronage des apprentis garçons et filles. — Récompenses qui leur sont données. — Ressources du Bureau. — Ses dépenses annuelles. — Conclusion.

C'est la loi du 7 Frimaire an V qui a organisé les bureaux de bienfaisance dans chaque commune, en prescrivant aux municipalités la nomination au scrutin d'un bureau de charité, composé de cinq membres, et établissant, en outre, le droit des pauvres, c'est-à-dire la perception, au profit de ceux-ci, d'un décime par franc en sus du prix des billets d'entrée dans tous les spectacles ; pour augmenter encore ce patrimoine, elle substitua aux taxes imposées par les lois anciennes l'intervention municipale sous forme d'allocations et la bienfaisance privée, au moyen de dons, de legs et de quêtes.

Au moment de la promulgation de cette loi, il existait à Nancy, sans parler de l'Association des Dames de Charité, créée en 1758, deux institutions charitables, l'une fondée le 21 juin 1690, par Pierre Diart, pour les pauvres des paroisses Notre-Dame et Saint-Epvre ; et l'autre, établie le 5 août 1777, par M. de Ravinel, chanoine de la Primatiale, pour les pauvres de la paroisse Saint-Vincent-Saint-Fiacre. D'après les intentions de leurs fondateurs, ces deux maisons devaient être desservies par les sœurs de Saint-Charles, dont la mission sera, dit le texte de la fondation Diart : « De visiter les pau- « vres malades abandonnés de tout secours, qui ne pourront « être reçus à l'hôpital Saint-Julien, les soulager, consoler, « faire que les sacrements leur soient administrés, leur faire

« l'aumône, et leur bailler les choses nécessaires autant que
« faire se pourra. »

Le Bureau de bienfaisance est devenu propriétaire de ces deux
maisons de charité, en totalité, par suite d'échange, depuis
1817, pour la maison de Boudonville, et en partie seulement
pour celle de la ville-vieille, le surplus, comme cela existe
encore aujourd'hui, appartenant aux sœurs de Saint-Vincent
de Paul. Il n'a pas cessé de se conformer aux intentions des
donateurs. Ce sont, en effet, toujours les sœurs de Saint-
Vincent de Paul, remplaçant les sœurs de Saint-Charles, établies depuis 1705 dans la maison de la ville-vieille, et celles
de cette dernière communauté dans la maison de Boudonville,
qui, subventionnées par le Bureau, continuent à accomplir
ces intentions et à exécuter les fondations avec un zèle et un
dévouement auxquels chacun rend hommage.

La première réunion du Bureau eut lieu le 17 Pluviôse
an V ; la Commission était composée de cinq membres, parmi
lesquels furent choisis un président et un receveur. Dès les
premiers jours, trois cents indigents se firent inscrire ; mais
à ce moment, et pendant les années qui suivirent, les ressources dont le Bureau disposait étaient minimes ; elles se
composaient presque uniquement des droits versés par le receveur des spectacles et des quêtes faites pendant certains
hivers rigoureux. Jusqu'en 1817, cinq fondations seulement,
de peu d'importance, avaient été faites, destinées toutes à
des secours spéciaux. La même année, le 22 septembre 1817,
eut lieu la séparation définitive d'avec l'administration des
hospices. Le Bureau eut son existence propre et ses revenus
distincts. A partir de cette époque, jusqu'en 1852, onze lois
ou décrets vinrent successivement mettre le Bureau en possession de diverses propriétés et revenus, préciser les règles
générales de l'assistance publique, et fixer la nature de ses
droits, comme aussi indiquer l'étendue de ses devoirs.

Il faut remonter à 1823 pour trouver un budget établi régulièrement; il s'élevait alors à 41,577 fr. 15 de recettes, y compris un reliquat de 15,833 fr. 55, et à 24,445 fr. de dépenses, parmi lesquelles figure une somme de 8,000 fr. pour achat de blé. Depuis cette époque jusqu'à aujourd'hui, des fondations nouvelles et importantes, des dons après décès, et les allocations municipales ont successivement augmenté les ressources, de telle sorte que le budget de 1887 indiquait en recettes la somme de 129,034 fr. 50 et en dépenses celle de 126,130 fr. 25, avec un fonds de réserve, au 1er janvier 1888, de 12,943 fr. 40.

Les moyens d'action s'étant accrus, les services ont suivi nécessairement la même progression, et successivement on put, tout en augmentant le nombre des familles secourues, construire, dès 1853, un four dans la maison de Saint-Epvre, ce qui permit de faire directement les achats de blé et de fabriquer le pain à de meilleures conditions. On put aussi réorganiser et développer le service médical et pharmaceutique, fonder et étendre les patronages des apprentis garçons et des apprenties filles, et enfin créer et augmenter progressivement certaines catégories de secours très utiles aux indigents. D'autres projets dans ce sens sont encore à l'étude et seront mis à exécution aussitôt que les ressources le permettront.

Quoi qu'il en soit, l'importance prise dans ces dernières années par ces diverses branches de service indique les progrès que l'augmentation des ressources et le sage emploi qui en a été fait ont permis de réaliser.

Sans nous étendre sur les différentes phases par lesquelles a passé l'organisation du Bureau de Nancy depuis la loi de Frimaire an V, nous signalerons seulement un règlement du 15 octobre 1846, établissant des comités de secours dans les diverses paroisses de la ville, ainsi qu'un comité protestant et un comité israélite, et nous arrivons à son organisation actuelle, telle qu'elle résulte des règlements des 15 avril, 3 juin et 16 décembre 1885, 14 avril et 8 décembre 1886 et 20 décembre 1887. Le nombre des comités est aujourd'hui de neuf : sept pour les catholiques et deux pour les cultes dissidents.

Pour bien faire connaître les misères soulagées par le Bureau de bienfaisance, quelques détails sur le fonctionnement de ses divers secours sont nécessaires.

Les secours en nature sont de deux sortes :

1° Secours ordinaires. — Ils se composent d'un fagot ou de dix kilos de houille et d'une quantité de pain proportionnée au nombre des membres de la famille secourue ; ils sont accordés aux Français seulement qui ont quatre ans de résidence à Nancy, après renseignements pris sur la moralité et sur la production d'un certificat d'indigence. Les cartes remises chaque année aux visiteurs au moment de la reprise des secours sont valables pour toutes les distributions ; elles sont poinçonnées par l'économe.

2° Secours extraordinaires. — Ils se composent d'un fagot ou de dix kilos de houille alternativement, et d'un ou de deux kilos de pain suivant le nombre d'enfants. Ces secours peuvent être accordés aux Français après deux ans de séjour à Nancy, mais ne sont pas forcément hebdomadaires ; les membres de chaque comité à qui le président distribue toutes les semaines un certain nombre de bons de pain, de fagots ou de houille, sont libres de faire leurs distributions suivant les besoins plus ou moins pressants des familles dont ils sont chargés ; c'est à la séance que les comités organisent chaque semaine, depuis le commencement de décembre jusqu'au milieu de mars, que les bons sont remis aux visiteurs. Il y a ordinairement quatorze distributions par an, faites à domicile, par des personnes dévouées qui ne reculent pas devant les fatigues qu'entraîne pour chacune d'elles la visite de trente à quarante familles en moyenne par semaine.

Deux mille cinq cent dix-huit familles, composées d'environ

huit mille neuf cents personnes, ont été ainsi secourues pendant l'hiver dernier.

Indépendamment de ces secours en nature qui ne sont distribués que pendant la saison d'hiver, la commission administrative a institué successivement les secours suivants :

1° Trois cent cinquante vieillards de plus de soixante-dix ans reçoivent toute l'année un secours d'un kilo de pain par semaine.

2° Par délibération des 7 décembre 1881, 12 novembre 1884 et 1er octobre 1886, un secours en argent de 10 francs par mois a été fondé en faveur de vieillards de plus de soixante-quinze ans, ayant dix ans de domicile à Nancy ; cent vieillards touchent actuellement ce secours mensuel. Pareil secours a été établi en 1886 en faveur de vingt-quatre femmes veuves ou abandonnées, ayant à leur charge au moins trois enfants au-dessous de treize ans.

3° Dans le cas où, par suite d'une circonstance malheureuse, une famille inscrite se trouve réduite à une grande misère, un secours en argent peut être obtenu sur une demande motivée, adressée à la Commission administrative et appuyée par le président du Comité ; ce secours de 10, 15 ou 20 francs et plus, suivant les cas, peut toujours être converti en nature par le visiteur auquel il est remis et qui en surveille l'emploi.

4° En cas de maladie des chefs de famille soignés à domicile, une demande peut être faite à la Commission administrative par le président du Comité, sur la production d'un certificat du médecin de la circonscription constatant la nature de la maladie, sa gravité et la durée probable de l'incapacité de travail ; il peut être alloué de ce chef, sur les fonds d'une fondation spéciale faite par le docteur Bénit, une somme de 12 francs ou de 22 fr. 50, selon les cas.

5° En outre de ces secours, il y en a qui sont donnés par divers intermédiaires, tels que les Sœurs de Saint-Charles, de la Maison-Mère, de la Maison de Saint-Joseph, de Saint-Mathieu et de la Maison de charité et d'instruction de Boudonville, comme aussi les Sœurs de Saint-Vincent de Paul, dans la maison de la rue de la Charité. Ces secours comprennent les soins à donner aux indigents malades à domicile, l'instruction primaire à donner gratuitement aux enfants pauvres de leur circonscription et les visites et soins aux jeunes mères indigentes auxquelles on distribue du bouillon et de la viande pendant quinze jours et auxquelles on prête le linge nécessaire. Trois cent quatre-vingt-seize enfants de six à treize ans ont ainsi reçu l'instruction gratuite, en 1889, dans les deux maisons de Boudonville et de la rue de la Charité. Ces secours sont donnés moyennant certaines subventions résultant de traités passés et qui se sont élevés, en 1887, à 7,318 francs. Il est juste d'ajouter que les Sœurs ont dépensé pour le même objet une somme au moins égale, prise sur leurs propres ressources.

6° Service médical et pharmaceutique. — Il est assuré par sept médecins titulaires et deux suppléants qui, en 1887, ont donné leurs soins à mille deux cent vingt familles ; dix-sept mille sept cent quatre-vingt-onze ordonnances ont été délivrées, et la dépense totale s'est élevée à 16,888 francs. Jusqu'en 1874, la distribution des médicaments se faisait dans deux pharmacies, établies par le bureau à Saint-Vincent de Paul et à Saint-Mathieu; depuis cette époque, la fourniture est faite par les pharmaciens de la ville, sur le vu de bons signés par les médecins.

7° Patronages des apprentis, garçons et filles. — C'est l'œuvre la plus intéressante du Bureau, et celle qui est appelée, avec son organisation actuelle, à produire les meilleurs résultats. Elle a été fondée, pour les garçons, en 1846, et pour les filles, en 1874. Le Comité de patronage des garçons se compose d'un président, nommé par la Commission administrative; de tous les présidents des comités de secours, et d'un secrétaire-trésorier. Tous les lundis de l'année, le Comité se réunit pour choisir et admettre, comme apprentis, les enfants qui paraissent les plus dignes ; il veille à ce qu'ils soient placés, pendant trois ans, chez de bons patrons, et surtout à ce qu'ils apprennent un état sérieux, exigeant un véritable apprentissage ; ils ne peuvent être admis avant treize ans, à moins qu'ils n'aient leur certificat d'études. Ils doivent se rendre les lundis et mercredis, le soir, pendant deux heures, à l'école de la rue de l'Equitation, pour suivre les cours créés spécialement pour eux, sous la direction très appréciée de M. Pierron, instituteur, et de deux instituteurs adjoints. Tous les dimanches, ils sont tenus d'assister à une messe dite à la Chapelle de la Visitation, par M. l'abbé Didelot, qui leur fait une instruction. Le premier dimanche de chaque mois, avant la messe, le Comité se rend à l'école ; chaque président réunit à part les enfants de sa circonscription, examine les notes d'atelier et d'école portées sur un livret remis pour cet usage à chaque apprenti au moment de sa réception. Il faut ajouter que pendant la semaine qui précède cette réunion, chaque président, ou son délégué, se rend dans tous les ateliers où travaillent les enfants qu'il a sous sa surveillance, voit les patrons, s'informe près d'eux du travail, de l'exactitude, de la conduite et de la propreté des patronnés, et marque les notes en conséquence. Le président leur donne les conseils et les exhortations qu'il juge bons et propose à la commission les récompenses, sous forme de chaussures ou de vêtements, lorsque le maximum des points est atteint ; ou bien des punitions sous forme d'amendes de 1, 2 ou 5 francs, suivant la gravité des cas.

Tout enfant qui a encouru plusieurs amendes pour inexactitude, ou dont le travail n'est pas satisfaisant, ou qui s'est rendu coupable d'une faute grave dans le courant du mois, est impitoyablement renvoyé.

Tous les ans, le dimanche de la Passion, les apprentis remplissent leur devoir pascal; pas un n'y a manqué, l'année dernière. Les résultats obtenus à l'école sont aussi très satisfaisants, puisque vingt et un apprentis ont mérité, aux derniers examens, le certificat d'études, dont treize celui de premier ordre et huit celui de second ordre.

Après trois années d'apprentissage, les meilleurs restent au patronage en qualité de vétérans pendant deux ou trois ans et continuent à en suivre les exercices, sans toutefois qu'il y ait obligation pour eux; c'est ainsi que presque tous les vétérans viennent assister les dimanches à la messe.

Indépendamment des vêtements qu'ils reçoivent lors de leur entrée, ou qu'ils peuvent obtenir comme récompenses, il est alloué à chaque apprenti, par trimestre, une somme de 20 fr., soit 80 francs par an, laquelle somme est remise aux parents, après retenue faite des amendes s'il y a lieu; de plus, un certain nombre de fondations, dont le total s'élève à plus de 6.000 fr., permet d'attribuer aux meilleurs sujets, en plus de l'allocation trimestrielle, des sommes supplémentaires qui peuvent porter celle-ci jusqu'à 50 francs.

Le nombre des apprentis patronnés ne peut dépasser 110; ce chiffre est presque toujours atteint.

L'organisation du Patronage des jeunes filles ne diffère pas sensiblement de celui des garçons; le comité, qui se compose de dames patronnesses nommées par la Commission administrative, est présidé par le même président que celui du Comité des apprentis garçons et a les mêmes attributions; les filles sont tenues aux mêmes obligations, et leurs familles reçoivent les mêmes allocations; leur nombre s'élève aussi à 110.

A la fin de chaque année scolaire, le jour de l'assemblée générale du Bureau, des livrets de caisse d'épargne et des livres sont distribués comme prix aux apprentis et aux anciens apprentis des deux sexes qui ont obtenu le plus grand nombre de bons points, avec la condition que ces livrets ne pourront être retirés qu'à la majorité du titulaire.

C'est ainsi que l'année dernière, il a été distribué pour 1,165 francs de livrets, plus un prix d'honneur de 100 francs à un vétéran.

Les deux Patronages ont occasionné, en 1887, une dépense totale de 20,600 francs.

A ces diverses catégories de secours, il convient d'ajouter encore ceux que chaque président de comité peut allouer sur sa caisse particulière : en effet, la Commission administrative vote chaque semestre, et suivant ses ressources, une somme à répartir entre les comités, proportionnellement au nombre des familles inscrites ; à cette somme, viennent souvent s'ajouter des allocations extraordinaires. Avec ces ressources, le président remet aux visiteurs des bons de pain et de viande à distribuer aux plus nécessiteux, pendant la saison d'été ; donne des bons pour des bandages, des lunettes, etc.; achète pour l'hiver des couvertures, de la paille ; peut payer, à la décharge des familles les plus méritantes, des acomptes au boulanger ou au propriétaire, etc.

Le président doit fournir tous les ans, à la Commission administrative, un état statistique comprenant le nombre des familles secourues, le détail de l'emploi des fonds alloués au Comité, etc.

Les ressources du Bureau de bienfaisance de Nancy se composent des loyers et fermages des propriétés foncières, des arrérages de rentes sur l'Etat et sur les particuliers, des intérêts d'autres valeurs, du droit des pauvres, des concessions de terrains dans les cimetières, du produit des offrandes, dons et quêtes à domicile, des subventions et allocations de la ville et de l'Etat, et de la part qui est accordée au Bureau sur les bénéfices du Mont-de-piété. L'ensemble des recettes s'est élevé ainsi, pour l'année 1887, à 129,000 francs en chiffres ronds, avec un fonds de réserve de 12,943 fr. 40. A ces ressources, viennent s'ajouter les revenus des fondations avec affectation spéciale, s'élevant à environ 20,000 fr.

L'état et le montant de ces fondations figurent chaque année au compte-rendu qui présente en deux pages la longue liste de ses bienfaiteurs, depuis l'année 1717 jusqu'aujourd'hui. C'est un magnifique tableau d'honneur sur lequel sont inscrites des personnes de toutes les classes de la société, des prêtres, des soldats, des négociants, des médecins, des ouvriers et des domestiques.

Les dépenses se sont élevées, en 1887, à 126,000 francs. Il résulte des états fournis que, pour 2,518 familles, il a été distribué, en secours donnés directement par le bureau, 94,224 kilogrammes de pain et 30,424 fagots, et en secours de toute nature donnés par les comités, sur leurs caisses particulières, une somme de 15,321 fr. 75.

Par nature, les bureaux de bienfaisance sont purement administratifs, ils doivent par conséquent observer la plus stricte neutralité en matière religieuse ; mais ils doivent aussi chercher à moraliser les familles en ne secourant que celles qui sont méritantes et en rayant impitoyablement celles où de graves désordres de conduite viendraient à se produire.

Tel est l'esprit qui règne au bureau de Nancy et dans tous ses Comités. Il suffit de jeter un coup d'œil sur les noms et les qualités des personnes qui les composent pour être persuadé que ce Bureau de bienfaisance est animé d'un excellent esprit et peut faire beaucoup de bien, non seulement au point de vue matériel, mais aussi au point de vue moral. C'est ce qui a été proclamé solennellement à l'Exposition universelle de 1889, où le Bureau de bienfaisance de Nancy a reçu une médaille d'honneur qui lui donne une des premières places parmi tous les bureaux de bienfaisance de France.

Cet exposé du fonctionnement et des résultats du Bureau de bienfaisance de notre ville provoque une réflexion : c'est qu'à Nancy la charité privée et la bienfaisance administrative s'exercent avec une parfaite fraternité et une entente cordiale. C'est de la part de l'administration et de ses agents une marque d'intelligence des affaires et une preuve d'habileté à les traiter. Avec un vrai libéralisme, cette administration se conforme à l'esprit pratique, calme et raisonnable de la population, sans se laisser aller à de condamnables mesquineries et en acceptant avec empressement tous les concours, pourvu qu'ils soient dévoués et intelligents.

La pauvreté est considérée ici comme un fléau contre lequel tous les hommes de bonne volonté sont appelés à lutter, à quelque opinion politique ou à quelque croyance religieuse qu'ils appartiennent. Sur le champ de bataille de la misère, tous les Nancéiens se battent vaillamment sans s'inquiéter des mains qui tiennent le drapeau de la charité.

CHAPITRE II

SOCIÉTÉ DE SAINT-VINCENT DE PAUL

La charité à Nancy avant la Société de Saint-Vincent de Paul. — Première réunion de la Société. — Son organisation. — Elle est pour Nancy et toute la Lorraine un foyer de bonnes œuvres. — Institutions charitables dont elle est le principe. — Secours qu'elle accorde. — Patronage des apprentis. — Ses diverses conférences. — Sa situation actuelle.

La Société de Saint-Vincent de Paul, fondée à Paris en 1833, a été implantée à Nancy cinq ans après, le 25 janvier 1838. L'ancienne capitale de la Lorraine n'était pas riche alors, comme aujourd'hui, en institutions charitables et religieuses : les sœurs de Saint-Charles, de la Doctrine et de Saint-Vincent de Paul, quelques Dames de charité et quelques Frères des Écoles chrétiennes se partageaient l'assistance des pauvres, le soin des malades et l'éducation des enfants du peuple. Les anciennes confréries, emportées par la tourmente révo-

lutionnaire, ne s'étaient pas reconstituées ; on ne voyait pas
d'hommes à l'église, pas de jeunes gens à la sainte Table. Le
respect humain régnait en maître. Dans la classe éclairée, si
l'on essayait de faire le recensement des chrétiens convaincus,
prêts à l'action et ne rougissant pas de remplir publiquement
leurs devoirs religieux, c'est à peine si on pouvait citer sept
ou huit noms.

Dans ces circonstances douloureuses pour la Foi et pour
l'Église, on vint à apprendre qu'à Paris quelques jeunes
gens, désireux de fortifier leurs croyances par la pratique
des bonnes œuvres, avaient formé, sous le nom de « Conférence de Charité de Saint-Vincent de Paul », une association
ayant pour but la visite et le soulagement des pauvres. Ce
fait, si nouveau et si imprévu à l'heure et dans le milieu où
il se produisait, fut à peine remarqué à Nancy. Un si noble
exemple ne devait pas cependant être perdu pour tous : quelques hommes de cœur, rapprochés par l'ardeur de leur conviction, se montrèrent moins indifférents que leurs concitoyens à l'entreprise d'Ozanam et de ses compagnons, dont ils
suivaient avec attention et avec envie les rapides progrès. Les
nouvelles venues de Nîmes, de Lyon, de Rennes, de Nantes,
où des Conférences s'étaient successivement fondées, éveil-
laient en eux des sentiments de généreuse émulation : ils
redoublèrent d'activité, multiplièrent leurs démarches pour
entraîner de nouveaux adhérents ; et quand ils se trouvèrent au
nombre de douze, ils arborèrent résolument le drapeau de
Saint-Vincent de Paul. La Société ne comptait encore que
huit groupes, quatre à Paris et quatre en province.

La première réunion de la Conférence de Nancy eut lieu le
25 janvier 1838, chez M. l'abbé Maslats, aumônier de Saint-
Charles : elle posa les bases de la nouvelle association et mit
à sa tête Désiré Carrière, l'auteur d'un gracieux poëme : *Le
Curé de Valneige*. Les fonctions de secrétaire échurent à un
jeune professeur du collège, M. Vagner ; elles devinrent

entre ses mains une charge inamovible qu'il n'a résignée qu'avec la vie, après être resté pendant quarante-huit ans l'inspirateur, le conseil, l'âme de l'œuvre qu'il avait plus que personne contribué à fonder.

Les séances suivantes, qui se tinrent au pensionnat Saint-Pierre, — d'où devait sortir plus tard la triple Institution de la Malgrange, Saint-Sigisbert et Saint-Léopold, — virent augmenter rapidement le nombre des associés.

La Conférence de Nancy eut le bonheur de recevoir, dès ses premiers jours, la visite de celui qui devait, quelques années plus tard, porter le grand nom de R. P. Lacordaire : sa parole, toute brûlante de l'amour de Dieu et du prochain, mit au cœur des nouveaux disciples de saint Vincent de Paul les saintes ardeurs de la charité, et attira sur l'Œuvre naissante, en même temps que les bénédictions du ciel, de nombreuses et fécondes sympathies. Ce ne fut pas là le seul résultat de cette visite providentielle. En quittant Nancy, le grand orateur, appelé à Metz pour prêcher le Carême, y emporta les statuts de l'Association qui servirent de base à l'organisation d'un nouveau groupe dans la vieille cité épiscopale.

La Conférence avait reçu, dès sa création, les plus affectueux encouragements du premier pasteur du diocèse, Mgr de Forbin-Janson, que de pénibles circonstances retenaient loin de son diocèse, mais dont la sollicitude ne laissait en souffrance aucun des intérêts religieux confiés à sa garde : « Je « vous adopte, — écrivait-il aux fondateurs, en leur envoyant « une généreuse offrande, — je vous adopte pour mes aides « de camp de miséricorde et mes anges de paix auprès de « ceux qui souffrent de quelque misère, qu'ils soient travaillés « dans leur âme ou dans leur corps. »

L'autorité religieuse n'était pas seule à reconnaître le mérite de cette noble entreprise.

Dans un rapport présenté au Conseil général, en 1840, par M. Godard-Desmarets, son président, sur le paupérisme et la charité légale, les services rendus par l'œuvre nouvelle étaient appréciés en termes élogieux qui furent ratifiés par le vote unanime de l'assemblée. Peu après, le Bureau de bienfaisance sollicitait le concours de la Société de Saint-Vincent de Paul et s'adjoignait dix de ses membres pour assurer une meilleure et plus équitable répartition des secours distribués aux indigents.

Le personnel de la Conférence se composait, en 1841, de quarante-deux membres actifs, de. cent vingt-cinq affiliés et de neuf membres aspirants.

Indépendamment des secours en nature fournis par de nombreux bienfaiteurs, les recettes s'étaient élevées, dès les premières années, à plus de sept mille francs, comprenant le produit des quêtes, les cotisations des membres affiliés et le produit d'une loterie annuelle dont l'ingénieuse charité des organisateurs avait su tirer le parti le plus avantageux pour stimuler la générosité publique et alimenter le budget des pauvres.

Trois cents familles furent visitées pendant l'hiver de 1840 ; ce chiffre, rapproché du nombre des membres actifs, dit assez quel était le zèle des visiteurs. Les bons de pain, de pommes de terre et de fagots constituaient alors, comme aujourd'hui, l'élément principal des secours portés chaque semaine à domicile. Mais au début il y eut bien autre chose à faire, bien d'autres besoins auxquels il fallut pourvoir. On ne peut lire sans un serrement de cœur la description des misérables réduits où pénétraient les confrères de saint Vincent de Paul et que la charité visitait avec eux pour la première fois ; rien ne peut donner une idée de l'état de dénuement et de dégradation où étaient tombées tant de pauvres familles jusque-là délaissées. L'extrême misère avait engendré la plus effrayante immoralité : fauto de lits, parents et enfants de tous âges s'entassaient pêle-mêle sur la même couche, n'ayant qu'une seule couverture pour les protéger contre les rigueurs de l'hiver.

Le premier soin de la Société fut de faire cesser un si mons-
trueux désordre : elle ne recula, pour y parvenir, devant aucun sacrifice, et c'est à l'acquisition de plusieurs centaines
de bois de lits et de paillasses qu'elle consacra tout d'abord
une grande partie de ses ressources.

L'œuvre de moralisation ainsi commencée fut résolûment
poursuivie : l'influence salutaire des visites à domicile ne
tarda pas à se faire sentir. C'était un spectacle nouveau
alors, pour le pauvre, de voir des hommes ne portant pas
l'habit religieux, s'intéresser spontanément à son sort, sans
y être poussés par aucune préoccupation de vaine popula-
rité; de les voir, — non contents de soulager son infortune
par une discrète aumône, — s'asseoir à son foyer, écouter
avec sympathie le récit de ses peines et chercher à adoucir
par la perspective des compensations du ciel l'amertume des
douleurs de la terre. Dans le visiteur de Saint-Vincent de
Paul, il reconnaissait bientôt un ami sincère et désintéressé :
sentant pour la première fois un cœur s'ouvrir au sien, il se
laissait gagner par ces incessants témoignages d'affectueuse
sollicitude, et la confiance, qui peu à peu s'éveillait en lui, le
disposait à subir l'influence de conseils jusque-là repoussés.

Les résultats les plus consolants ne tardèrent pas à récompenser ces charitables efforts : trois ans, à peine, après la
fondation de la Société, ses membres pouvaient en fournir
une preuve significative : sur les trois cents familles secourues, il n'en était pas une qui n'envoyât exactement aux
écoles ses enfants de cinq à douze ans, alors qu'avant leurs
visites les deux tiers de ces enfants croupissaient dans
l'ignorance.

En 1841 parut le premier compte-rendu, présenté par
M. Vagner, à l'assemblée générale des membres et des bienfaiteurs de l'Œuvre. Il reçut une grande publicité et causa un
profond étonnement. On n'était pas accoutumé alors à entendre
une bouche laïque proclamer si nettement les vérités catho-

liques et les principes de la charité chrétienne. Un exemplaire tomba sous les yeux de l'évêque de Langres, Mgr Pa-
risis, qui devint plus tard un vaillant champion de la liberté
de l'enseignement. L'éminent prélat, en félicitant le rapporteur de son travail, exprima le désir d'être inscrit sur la liste
des membres de la Société : le titre de membre d'honneur lui
fut aussitôt conféré, comme il fut successivement offert au
R. P. Lacordaire, au R. P. Félix, à Mgr Hacquart, évêque
de Verdun, et aux autres membres de l'épiscopat et du clergé
qui ont le plus contribué, par leurs éloquentes prédications
ou par l'appui de leur haute influence, aux développements
de l'Œuvre.

Vers la même époque, la Conférence admit dans ses rangs
un jeune gentilhomme comblé de tous les dons de l'intelligence et de la fortune : recherché, fêté dans les salons, où
ses brillantes et aimables qualités étaient très appréciées,
Alphonse de Saint-Beaussant avait un cœur noble, des aspirations généreuses que ne pouvaient satisfaire les plaisirs du
monde ; il sentait que l'homme n'a pas été placé sur cette terre
pour s'amuser, mais son âme restait fermée aux vérités sur-
naturelles. Il cherchait sa voie, quand on lui parla de saint
Vincent de Paul : *Bah!* répondit-il, *votre temps se passe en
oremus et je n'en suis pas là*. On réussit toutefois à l'introduire
à la Conférence ; la première fois, il n'essaya même pas de
faire le signe de la croix ; la seconde fois, plus embarrassé
déjà, il feignit de chasser une mouche de son front au moment
de la prière, pour se donner une contenance ; au bout de trois
mois, il se mettait à genoux ; à la fin de l'année, il était le
modèle et faisait l'édification de ses confrères par sa ferveur
et sa piété.

Il lui fut donné de contribuer à la restauration des Dominicains à Nancy, en achetant de ses deniers une maison où le
P. Lacordaire installa ses premiers religieux et où il vécut

avec eux pendant plusieurs années, préparant les magnifiques conférences de Notre-Dame.

M. de Saint-Beaussant se dépouilla successivement de ses collections artistiques, de sa bibliothèque, de sa maison de campagne; puis, après avoir tout donné à l'Ordre renaissant et aux pauvres, il se donna lui-même en revêtant l'habit de novice de saint Dominique, sous lequel il mourut bientôt après, à Oullins. La Société de Saint-Vincent de Paul s'honore d'avoir été, dans la personne d'un de ses membres, l'instrument dont la Providence s'est servie pour préparer les voies au rétablissement de l'illustre Ordre des Frères-Prêcheurs en France.

Si l'assistance des pauvres constituait l'objet essentiel de l'Œuvre, elle n'était pas cependant le but unique que se fussent proposé ses fondateurs à Nancy : le règlement primitif en énumérait quatre autres spécialement recommandés au zèle des adhérents : la diffusion des livres moraux et religieux, l'instruction chrétienne des enfants pauvres et particulièrement des petits Savoyards exposés par les dures nécessités de leur vie errante à tous les dangers du vagabondage, la visite des prisonniers et le patronage des soldats de la garnison.

Comprenant que la charité ne peut borner son action au soulagement des misères matérielles et que c'est pour elle un devoir non moins impérieux de secourir également les misères de l'intelligence et de l'âme, la Conférence de Nancy fut une des premières à former une bibliothèque gratuite ; et, dès le début, en douze mois, plus de quarante mille volumes furent mis en circulation, prenant la place des livres dangereux que des cabinets de lecture de bas étage livraient, pour cinq centimes par semaine, à l'avide curiosité de la classe ouvrière.

Un grand nombre d'enfants livrés à la mendicité ne fréquentaient ni l'école ni le catéchisme ; une commission fut désignée au sein de la Conférence pour s'occuper des moyens de les moraliser et de les instruire, afin de les mettre en état de gagner honnêtement leur vie. Un jeune et intelligent vicaire de la cathédrale, M. l'abbé Harmand, dont nous avons déjà plusieurs fois parlé, accepta la mission de leur distribuer l'instruction religieuse. L'œuvre se poursuivit dans ces conditions pendant plusieurs années : mais un jour vint où le vicaire, plein de zèle, eut l'ambition de faire plus et mieux. Comprenant que l'action exercée sur l'âme de ces jeunes enfants ne serait efficace et durable que s'ils étaient soustraits à toutes les influences funestes et aux dangers du mauvais exemple, il jeta pour eux les bases de la belle institution que nous connaissons et qui porte aujourd'hui le nom de *Maison des Apprentis*. La Société de Saint-Vincent de Paul ne se plaignit pas de se voir ainsi enlever ses petits patronnés ; tout au contraire, elle applaudit à une si charitable initiative, dont elle pouvait, à juste titre, se féliciter d'avoir été la première inspiratrice. C'est parmi ses membres que le fondateur du nouvel établissement trouva ses collaborateurs les plus dévoués et ses plus généreux bienfaiteurs. Plus tard, les besoins des familles visitées amenèrent, au profit de leurs enfants, la réorganisation d'une œuvre d'instruction et de secours pour les apprentis les plus méritants.

La Conférence fut moins heureuse quand elle essaya de franchir le guichet des prisons, dans l'espoir d'y faire un peu de bien, en portant aux détenus quelques menus secours, accompagnés de consolations morales et de bons conseils. Sa demande avait été favorablement accueillie par le président de la Commission administrative, qui, bien que Vénérable de la loge maçonnique, s'était montré animé des dispositions les plus bienveillantes. Il n'en alla pas de même à la préfecture, où l'autorisation sollicitée fut impitoyablement refusée. Les membres de Saint-Vincent de Paul en furent pour leurs bonnes intentions ; mais le champ ouvert à leur activité était si vaste qu'ils n'eurent pas de peine à se consoler de cet échec en cherchant ailleurs l'emploi de leur zèle charitable.

Ils s'occupèrent particulièrement des soldats, à qui les loisirs de la vie de garnison offraient tous les jours de dangereuses occasions de perdre leur foi et leurs mœurs. Avec l'assentiment de l'autorité militaire, on leur ouvrit des salles où, pendant les heures oisives du soir, ils trouvaient de la lumière, du feu et des professeurs de lecture, d'écriture, de calcul, d'orthographe, d'histoire et de géographie. La leçon se terminait par la prière. Le dimanche, une messe était dite pour ces grands écoliers dans la salle des catéchismes de la cathédrale ; le soir, on y chantait les vêpres et on y donnait la bénédiction du Saint-Sacrement. On leur prêtait de bons livres et, à certains jours, ils recevaient des instructions religieuses où la plupart se faisaient admirer par leur bonne volonté et leur docilité exemplaire.

En dehors du programme qu'ils s'étaient tracé d'avance, les membres de la Conférence se trouvaient chaque jour entraînés à étendre les limites de leur bienfaisante mission : car, ainsi que le remarque le Manuel de la Société, « c'est la « force des choses et la nécessité de parer à quelque nouvelle misère, qui ont amené cet enchaînement de secours « qui prend l'homme à sa naissance et ne l'abandonne qu'au- « delà du tombeau. » De là le merveilleux épanouissement de toutes ces œuvres charitables et ouvrières qui ont germé et grandi dans notre ville sous l'inspiration ou sous le patronage de la Société de Saint-Vincent de Paul.

Le secrétaire de la Conférence, M. Vagner, n'avait pas tardé à s'apercevoir que sur les cinq familles pauvres confiées à ses soins, quatre vivaient en dehors des liens du mariage : découvrir un pareil scandale, c'était reconnaître la nécessité d'y porter un prompt remède.

Trois mois après la création de la Conférence surgissait,

au profit des trois départements lorrains, la *Société nancéienne de Saint-François-Régis*, dont nous parlerons plus loin tout spécialement.

Quand il survenait une année de disette ou un hiver d'une rigueur exceptionnelle, la Conférence allumait ses fourneaux économiques et, au prix de cinq centimes la portion, elle distribuait jusqu'à cent mille rations d'aliments cuits d'excellente qualité. Les membres de l'Œuvre, en tablier blanc, faisaient eux-mêmes le service, remplissant les soupières avec un joyeux entrain et de bienveillantes prévenances qui doublaient le prix du bienfait. De toutes les conférences, c'est celle de Nancy qui a le plus travaillé à populariser cette institution excellente. Les renseignements qui lui furent demandés, les visites qui lui furent faites, pour étudier sur place l'organisation de ses fourneaux, lui suggérèrent la pensée de rédiger un petit Manuel spécial, que l'on répandit à un grand nombre d'exemplaires. Cette initiative contribua largement à faire connaître et à multiplier ce puissant moyen de secours.

La fréquentation des pauvres avait permis d'apprécier combien il est difficile pour l'ouvrier, saisi dans l'impitoyable engrenage des besoins quotidiens, de faire face aux éventualités de l'avenir, à l'échéance du terme, aux privations de salaire qu'entraîne le chômage ou la maladie : on se mit en devoir de lui venir en aide par des institutions de prévoyance telles que la *Caisse des loyers* et la *Société de Saint-François-Xavier*.

La Conférence de Nancy n'avait guère connu que des succès pendant les premières années de son existence. Un jour vint cependant où elle se trouva en butte aux vexations d'une administration municipale tracassière. C'était en 1844 : on voulut subordonner l'autorisation de la loterie, qui alimentait si largement le budget des pauvres, à cette condition expresse que la Société s'engagerait à exclure de ses secours les familles ne pouvant justifier de dix ans de domicile à Nancy. Une pareille restriction, admissible pour un bureau de bienfaisance, était inacceptable pour une œuvre de charité chrétienne.

La Conférence n'hésita pas à faire le sacrifice de sa loterie, et, tout en protestant contre l'intolérance administrative, elle fit appel à la générosité publique. Une liste de souscription circula de maison en maison à travers la ville et, en moins de quinze jours, récolta plus de dix mille francs. Tout compte fait, les pauvres y gagnèrent encore. C'est généralement là le résultat des mesures qui prétendent entraver l'expansion de la charité. La souscription si brillamment inaugurée s'est renouvelée chaque année depuis cette époque et forme aujourd'hui le chapitre le plus important du budget de la Société.

La presse libre-penseuse et impie ne ménagea pas à l'œuvre nouvelle et à ses membres ses plus perfides attaques. Tous les moyens lui étaient bons pour chercher à donner le change sur leurs intentions et pour critiquer leurs actes. Les catholiques ne disposaient alors d'aucun organe de publicité pour réfuter ces calomnies et venger la vérité si outrageusement bafouée. Quelques membres de Saint-Vincent de Paul, sentant la nécessité de défendre leur honneur et leur foi, se trouvèrent ainsi amenés à fonder à grands frais et à soutenir, au prix de longs sacrifices, un journal nettement religieux, indépendant de la Conférence et aussi de tout parti politique : l'*Espérance* parut en 1839 et reçut, en 1849, comme auxiliaire, l'*Ami du Peuple*. On sait quels éminents services ce vaillant journal a rendus depuis lors à la grande cause dont il a entrepris la défense.

En 1852, quatorze ans après sa fondation, la Société de Saint-Vincent de Paul comptait à Nancy soixante-quinze membres actifs, disposant d'un budget de plus de 18,000 fr. Ils ne formaient encore qu'une seule Conférence ayant son règlement particulier, dont certaines dispositions ne cadraient pas avec les statuts de la Société-Mère. Au lieu des quatre fêtes annuelles instituées par ces statuts, on n'en célébrait que deux. Il n'était tenu qu'une seule assemblée générale, où on rendait compte des travaux de l'année ainsi que des recettes et des dépenses. Tous les membres du bureau étaient nommés à l'élection et pour un an seulement.

C'est à cette époque que le Conseil général de la Société, cherchant à resserrer dans les liens d'une union plus étroite les différents éléments de l'Œuvre, institua à Nancy un conseil provincial chargé de centraliser dans une action commune et sous une direction unique les efforts des conférences disséminées dans les trois diocèses de l'ancienne Lorraine.

L'acceptation de cette mission comportait nécessairement l'abandon des idées d'indépendance qui avaient jusque-là prévalu. Les tendances décentralisatrices qui ont été, de tout temps, un des signes distinctifs de l'esprit d'initiative en Lorraine, rendaient ce sacrifice particulièrement pénible à quelques-uns des membres de la Conférence : mais la grande majorité n'hésita pas à subordonner à l'intérêt général de la Société de mesquines prétentions à l'autonomie.

Le nouveau Conseil central se mit aussitôt à l'œuvre : l'unique conférence de Nancy fut scindée d'abord en trois, puis, peu après, en cinq groupes paroissiaux, qui devinrent les conférences de la Cathédrale, de Saint-Epvre, de Saint-Sébastien, de Saint-Pierre et de Saint-Fiacre. L'effet de cette mesure fut immédiat : en moins d'un an, le chiffre des membres avait doublé.

Les années suivantes virent se confirmer et s'accroître encore ces rapides progrès.

La fête de Saint-Vincent de Paul était célébrée, à Nancy, avec une grande solennité; la plupart des conférences nouvellement créées dans la région, sous l'impulsion du Conseil central, s'y faisaient représenter par de nombreux délégués, et ces réunions fraternelles, où l'on mettait en commun le résultat de l'expérience acquise dans la pratique de la charité, entretenaient entre tous les membres de l'Œuvre un courant d'émulation favorable à son développement. En 1854, la fête patronale fut, pour la première fois, précédée d'une retraite de quatre jours, prêchée par le R. P. Roaldès, de l'Ordre de Saint-Dominique : les conférences de Nancy sont restées fidèles, depuis lors, à cette pieuse coutume. Parmi les orateurs qui leur ont distribué la parole sainte et qui l'ont fait avec le plus de succès, on peut citer les RR. PP. Souaillard, Hue et Didon, des Frères Prêcheurs ; l'abbé Bougaud, alors vicaire général d'Orléans, depuis évêque de Laval; les abbés Mourlon et Mullois, le P. Joseph, le R. P. Cochard, de la Compagnie de Jésus, et, dans le clergé de Nancy, pour ne parler que des morts, les abbés Masson, Noël et Villemet.

La circulaire du 16 octobre 1861, qui brisa l'organisation de la Société de Saint-Vincent de Paul, rompit pour quelques années les liens qui rattachaient entre elles les conférences de la circonscription lorraine : le Conseil central fut dissous. Le gouvernement exigea que chaque conférence se fît autoriser individuellement. A cette condition, il toléra, dans les villes où existaient plusieurs groupes de la Société, la formation d'un Conseil particulier, composé des présidents de ces groupes. C'est sous ce régime que les conférences de Nancy ont vécu pendant huit ans, jusqu'au jour où le Conseil central put, sous le ministère Ollivier, reprendre à la fois et son titre et sa liberté d'action. Elles n'eurent pas à en souffrir comme les petites conférences isolées qui, livrées à leurs propres forces, sans direction, sans conseil et sans appui, ne résistèrent qu'en petit nombre à l'orage.

Cette même année voyait surgir une nouvelle conférence à Nancy, la sixième, à l'ombre du clocher encore inachevé de l'église Saint-Léon : dès le premier jour, le zélé pasteur de la jeune paroisse, M. l'abbé Noël, réussissait à grouper sous la bannière de Saint-Vincent de Paul ses chrétiens charitables. Depuis lors, deux nouvelles créations ont complété le réseau paroissial qui embrasse tous les quartiers de la ville, jusqu'à la banlieue la plus reculée : la Conférence Saint-Georges, fondée en 1884, et la Conférence Saint-Mansuy, fondée en 1885. Les deux paroisses de la Cathédrale et de Saint-Nicolas ne forment qu'un seul groupe ; il en est de même de Saint-Pierre et de Bonsecours.

Outre ces huit Conférences de paroisse, la Société de Saint-Vincent de Paul compte encore à Nancy deux conférences d'hommes d'un caractère spécial et cinq conférences de jeunes étudiants et d'écoliers.

La Conférence de Saint-Arbogast, agrégée en 1875, a été fondée sous l'inspiration du R. P. Bruder, et sous le patronage d'un saint évêque de Strasbourg, par un groupe d'anciens membres des Conférences des pays annexés, en vue de secourir les indigents d'Alsace-Lorraine établis en si grand nombre à Nancy depuis 1871. Elle étend son action sur tous les quartiers de la ville, où sont dispersés les exilés des provinces perdues. Pour ces familles, chassées du sol natal, dont l'allemand est la langue maternelle, c'est une grande consolation de s'entretenir en cette langue avec le visiteur. Elles y retrouvent un peu de la patrie ; et ces accents ouvrent tout d'abord leur âme à la confiance et à l'amitié.

La Conférence de Jésus-Ouvrier a été instituée spécialement pour les jeunes ouvriers du Cercle catholique : elle est présidée par un des membres du Comité du Cercle. Heureux de prélever sur leur modeste salaire l'obole du pauvre, ces braves ouvriers secourent une douzaine des familles indigentes qui habitent les misérables huttes perdues dans les marais de la prairie de Tomblaine. Leur budget particulier est prospère ; ils y puisent chaque année une somme de plus de 400 fr. pour ajouter des secours extraordinaires aux distributions régulières de chaque semaine. Quand la caisse est vide, une séance dramatique donnée par eux dans leur cercle suffit pour la combler.

La Société de Saint-Vincent de Paul possède, à Nancy, cinq

conférences de jeunes gens, précieuse réserve destinée à assurer dans l'avenir le recrutement, parfois difficile, des conférences de paroisse. Quatre d'entre elles sont établies dans des établissements religieux d'instruction publique : la conférence de Saint-Louis de Gonzague, au collège de la Malgrange ; les conférences Saint-Augustin et Saint-Paul, au collège Saint-Sigisbert, l'une pour les internes, l'autre pour les externes; et la conférence de Saint-Joseph, au pensionnat de ce nom.

La cinquième conférence d'adolescents est celle de Saint-François de Sales, essaim détaché de la ruche Saint-Léon. Ses membres emploient les plus ingénieuses industries de la charité pour se procurer les ressources nécessaires au soulagement des familles pauvres qu'ils secourent; ils prêtent leur concours au patronage de Notre-Dame des Anges, dont ils organisent les fêtes et les séances dramatiques.

Les quinze conférences de la ville de Nancy comptent près de trois cents membres actifs et cent membres honoraires. Elles secourent environ quatre cent quatre-vingts familles, avec un budget de 30 à 35,000 francs. Si les douze jeunes gens qui ont fondé la Société de Saint-Vincent de Paul à Nancy, il y a plus d'un demi-siècle, avaient pu prévoir la destinée réservée à leur œuvre, quelle joie aurait rempli leurs cœurs ! Les ouvriers de la première heure ont successivement disparu. Dieu a rappelé à Lui, en 1881, le vénérable M. Wehrle, qui avait pris la part la plus active à l'organisation des conférences et présidé pendant de longues années le conseil particulier et le conseil central avec un zèle et un dévouement dont le souvenir ne s'effacera pas. Son nom et celui de M. Charles Wehrle, son frère, se retrouvent à l'origine de toutes les œuvres catholiques de Nancy.

En 1886, celui qui a le plus puissamment contribué au réveil du sentiment religieux en Lorraine et suscité la plupart des fondations charitables accomplies à Nancy au milieu de ce siècle, puisqu'à sa mort il était président ou secrétaire de dix-sept associations, M. Vagner allait à son tour recevoir dans un monde meilleur le prix de sa laborieuse et féconde existence. Il suivait de quelques jours dans la tombe le bon M. Cauzier, son ami dévoué, le fidèle collaborateur de toutes ses généreuses entreprises, et qui a rendu à la Société de Saint-Vincent de Paul de longs et innombrables services comme trésorier général.

Au nom de M. Vagner, comment ne pas unir celui de son ami, M. Guerrier de Dumast, qui fut membre honoraire de la Société de Saint-Vincent de Paul de Nancy, pendant quarante-quatre ans, et « le premier à une époque difficile, incroyante, voltairienne, donna, sans ostentation comme sans respect humain, le noble exemple de la pratique publique des devoirs chrétiens, et qui, entraînant dans son orbite quelques jeunes gens de bonne volonté, les guida, les fortifia par ses conseils, ses encouragements, et devint ainsi l'instigateur, le promoteur réel d'un grand nombre des institutions que nous avons le bonheur de posséder aujourd'hui (1) ».

Les conférences gardent pieusement la mémoire de leurs anciens et s'efforcent d'imiter les exemples qu'ils leur ont légués.

Longue serait la liste des jeunes confrères que la Société de Saint-Vincent de Paul a donnés au séminaire ou au cloître : chaque année, pour ainsi dire, il s'en trouve plusieurs qui découvrent dans l'exercice des devoirs de la charité chrétienne le secret d'une vocation sacerdotale encore ignorée.

Ce serait ici le lieu de signaler l'activité charitable des successeurs de ces âmes d'élite ; nous devrions, du moins, en particulier, dire le dévouement inaltérable de celui qui fut leur plus noble et fidèle collaborateur, comme président général des conférences lorraines depuis de longues années. Mais, puisqu'il n'est pas permis de louer les vivants, et que

---

(1) *Notice sur M. Guerrier de Dumast*, par M. Vagner.

sa modestie nous interdit formellement tout éloge et toute allusion à sa coopération laborieuse aux œuvres charitables de Nancy, il ne peut du moins nous empêcher de rappeler en cette occasion la belle parole de Bossuet : *L'univers ne compte rien de plus grand que les grands hommes modestes.*

Les conférences du Centre de la ville tiennent leurs séances dans une maison située rue Montesquieu, nº 14, qui appartient à la Société ; c'est là qu'ont lieu également les réunions du Conseil central et que se font les distributions de légumes et de vêtements.

Si la visite hebdomadaire des familles est l'œuvre principale des conférences, il en est d'autres qui s'y rattachent et qui ont une grande importance : le patronage des enfants dans les écoles est de ce nombre. Tous les enfants des familles reconnus en âge de suivre l'école doivent, dès la rentrée des classes, être munis par le visiteur d'un livret ; et ce livret, destiné à recueillir les notes de l'écolier, doit être régulièrement visé chaque semaine. Au mois d'août a lieu la distribution des récompenses, consistant en effets d'habillement tels que blouses, casquettes, cravates, etc.

Depuis que l'enseignement religieux a été exilé des écoles laïques, on a joint au livret d'école un livret de catéchisme ; les enfants qui se préparent à la première communion sont ainsi surveillés de près par les visiteurs, soit dans leur instruction religieuse, soit dans leur exactitude aux offices.

Beaucoup de familles pauvres, qui préféreraient pour leurs enfants les écoles chrétiennes, sont forcées, par leur misère, de les envoyer aux écoles laïques, parce qu'on y fournit gratuitement, aux élèves, livres et cahiers. Aussi les conférences ont-elles reconnu la nécessité de procurer aux Frères les moyens de soutenir cette concurrence ; la plupart votent chaque année pour cet objet un crédit plus ou moins considérable en faveur des écoliers de leurs familles visitées.

La Société de Saint-Vincent de Paul possède, à Nancy, trois

bibliothèques populaires, sur les paroisses de la Cathédrale, de Saint-Epvre et de Saint-Pierre : ces bibliothèques comptent chaque année près de mille lecteurs réguliers.

Le patronage d'apprentis réunit de vingt à vingt-cinq jeunes gens auxquels il est alloué chaque année, pendant la durée de leur apprentissage, un secours spécial de soixante francs ; l'admission au patronage impose à ceux qui en bénéficient l'obligation d'assister, le dimanche, à la grand'messe de leur paroisse, et, le lundi, à un cours d'instruction primaire, le tout sous la surveillance et la direction de deux Frères des écoles chrétiennes ; toute inexactitude ou toute autre infraction au règlement est punie d'une amende, dont le montant est retenu, à la fin du trimestre, sur l'allocation du délinquant.

Certaines conférences appliquent leur activité à des œuvres spéciales. Ainsi la conférence Saint-Fiacre réunit chaque année les enfants des familles patronnées autour d'un arbre de Noël où fleurissent, avec les bonbons et les jouets, mille objets utiles et même des vêtements ; cette fête obtient toujours le plus grand succès.

A la suite de cette notice sur la Société de Saint-Vincent de Paul, signalons l'*OEuvre des pauvres* de la paroisse Saint-Epvre. Mgr Trouillet faisait distribuer, chaque dimanche de l'hiver, des bons de pain à une multitude de malheureux qu'il appelait de tous les quartiers de la ville à une messe spéciale dans l'église des Cordeliers. A sa mort, cette œuvre cessa. Mais peu après son successeur, M. l'abbé Briot, eut le bonheur d'annoncer à ses paroissiens que la famille Herbin, en souvenir de leur fille Marguerite, morte quelques mois auparavant, venait de fonder l'Œuvre des pauvres pour ceux de la paroisse qui « doivent assister à la messe dite aux intentions des fondateurs tous les dimanches et jours de fête ». De la Toussaint à Pâques, cette messe, pendant laquelle il y a ordinairement une instruction, est suivie d'une distribution de bons de pain.

« Ainsi, mes frères, ajoutait M. le Curé, l'*Œuvre Marguerite Herbin* (c'est son nom, et elle le gardera toujours), l'Œuvre Marguerite Herbin est une œuvre d'une haute et chrétienne charité. Elle a un double but : soulager la misère physique, en donnant du pain à ceux qui n'en ont pas ; soulager la misère morale, en rendant au pauvre la Foi pratique en Dieu et en Jésus-Christ. C'est l'unique moyen d'améliorer sa dure condition et de lui donner, par la pratique des vertus chrétiennes, un peu de joie, de paix et de bonheur. »

CHAPITRE III

CONFÉRENCE SAINT-LOUIS DE GONZAGUE
AU COLLÈGE DE LA MALGRANGE

Organisation de la Conférence Saint-Louis de Gonzague. — Ecoliers secourus et encouragés. — Visites des pauvres par les collégiens. — Avantages de ces visites. — Ressources de la Conférence. — La loterie de la Conférence. — Le banquet des pauvres.

Une des plus intéressantes conférences de la Société de Saint-Vincent de Paul, à Nancy, est sans contredit celle formée par les élèves du collège de la Malgrange; c'est pourquoi nous désirons la faire connaître avec plus de détails, comme nous avons fait pour la Conférence Saint-Augustin de l'école Saint-Sigisbert en parlant de son œuvre principale : la première communion des forains.

La charité au collège de la Malgrange est l'œuvre de toute la maison, mais elle est plus spécialement pratiquée par une conférence de Saint-Vincent de Paul, composée d'élèves qui s'en vont deux fois par semaine, à l'heure des récréations, porter aux malheureux, avec quelques paroles affectueuses, les secours qu'ils ont obtenus de leurs condisciples. S'il est, dans leur vie de collégien, quelque chose qui leur tienne au cœur, c'est certainement l'exercice de ce noble ministère. On s'en convaincrait facilement rien qu'à les voir s'élancer d'un pas alerte, tantôt sur le chemin de Jarville, tantôt sur le sentier de Bonsecours, et, dans l'intérêt des vingt-cinq familles patronnées, affronter vaillamment la mauvaise saison et ses intempéries les plus désagréables.

La distance qui les sépare de leurs chers pauvres ne laisse pas que d'être appréciable, mais le dévouement donne des ailes à la jeunesse, et en quelques instants ils sont sur le seuil de la chaumière, en présence des parents affligés qui ont besoin d'un soulagement et des petits enfants surtout qui caressent de secrètes espérances. Le livret de l'écolier est d'abord exhibé et, tandis que l'inspection des notes lui attire des réprimandes ou des encouragements, ses frères et sœurs suivent attentivement tous les détails de cette scène et attendent avec impatience le dénouement habituel. En effet, quelques mots sont ensuite échangés avec les parents, puis une main discrète écarte le pan d'un manteau et produit au grand jour ce qui est destiné à ces pauvres petits : un mystérieux paquet qu'ils dévorent des yeux. La maman le reçoit avec émotion et l'on se sépare. Tandis que les visiteurs s'éloignent, on pourrait voir au sein de la famille se dérouler une petite scène passablement tumultueuse.

Le paquet, en effet, renfermait des fruits et des friandises ; toutes choses chères et précieuses pour ces pauvres enfants.

A l'origine, ces encouragements visaient surtout les jeunes écoliers, car ils devaient toujours, par leurs bonnes notes, les mériter pour tous.

Plus tard on a pensé que leurs efforts réclamaient autre chose, et, en dehors de la récompense commune, on leur a glissé dans la main, comme gratification spéciale, un simple petit sou. Mais nouvelle déconvenue : le plus souvent il s'en allait en friandises aussi vite qu'il était venu. On voulut alors rendre un nouveau service aux écoliers, en les habituant à

l'économie, et on leur proposa la convention suivante : — Ils
sacrifieraient leur faible satisfaction hebdomadaire en laissant
provisoirement leur petit sou dans la caisse de la Conférence ;
mais en récompense, à la fin de l'année, tous les petits sous
leur seraient remis en autant de gros sous ; de plus, les écoliers fervents qui obtiendraient à peu près toujours la note
très bien, recevraient un supplément de traitement, c'est-à-
dire un livret de cinq francs, commencement de leur fortune.

Tout d'abord on sentit vivement la privation du petit sou,
et on n'eut pas l'air de comprendre l'importance de la compensation ; mais, à la fin de l'année, il n'en fut plus de même,
et, en recueillant les résultats acquis, les enfants comprirent
qu'avec de menues choses, l'économie peut produire de grandes
choses. A partir de ce moment, les parents prirent à cœur les
progrès de leurs enfants, dont les efforts devinrent plus sou-
tenus, et, tandis que quelques-uns seulement se laissent encore
infliger la mention *passable,* la bonne moitié des écoliers obtiennent aujourd'hui régulièrement les mentions supérieures,
c'est-à-dire *très bien* et *parfaitement bien.* Heureuse influénce
du petit sou !

Mais ici une question se pose : d'où viennent ces petits sous
et quelles sont les ressources de la Conférence? — Elles
viennent de deux causes principales : la quête hebdomadaire
du dimanche et la loterie annuelle de l'été. Pour visiter les
familles, en effet, il faut être conférencier, et cet honneur ne
peut être accordé à tous; mais pour créer des ressources, il
n'en est pas de même, et c'est vraiment toute la communauté
qui s'empresse d'y prendre part, c'est-à-dire les 230 élèves et
leurs maîtres.

La quête du dimanche, dans les quatre divisions, était
faite naguère par les seuls conférenciers et même par les seuls
membres du bureau; ces jeunes dignitaires ont eu la générosité de renoncer à leur privilège, et, de leur côté, les condisciples ont eu la générosité de prendre tous à cœur la noble

cause des pauvres. Tous en effet, petits et grands, se prêtent de la façon la plus aimable à remplir à leur tour l'office de quêteur. Tous ont souci d'obtenir des offrandes abondantes, et, tandis que cette œuvre, devenue commune, pouvait très bien languir entre les mains de tous, elle a été, au contraire, menée par tous avec un zèle sans défaillance, une émulation toujours croissante et des succès jusqu'alors inespérés.

La loterie annuelle, depuis longtemps, renouvelle régulièrement ces ardeurs de zèle et de générosité. Elle est intérieure et privée; elle commence après Pâques, se développe pendant l'été et se tire à la fin du semestre, quelques jours avant les vacances. Son succès est toujours assuré parce qu'elle peut compter sur des sympathies très efficaces, sur le concours généreux des élèves sagement dirigés par leurs maîtres dont ils acceptent docilement l'influence. Tous les ans, dans les divisions comme dans les classes, dans tous les groupes que comprennent la Malgrange, les écoles Saint-Sigisbert et Saint-Léopold avec leurs sept cents élèves, maîtres et disciples mettent en commun leurs petites industries et leurs petites aumônes.

Tous les ans, chacun de ces groupes offre à la loterie un objet qui prend place parmi les articles de choix. L'offrande de chacun ne lui est nullement onéreuse, mais ces humbles générosités, recueillies et souvent complétées par les directeurs, deviennent un lot remarquable; et quand on considère, à l'étalage du parloir, la collection des articles de tous les groupes, on admire secrètement les heureux effets de l'entente commune qui n'impose de sacrifice à personne et manifeste avec éclat la générosité de tous. Cet ensemble de procédés divers s'est introduit peu à peu dans la conférence; il forme un patrimoine de traditions charitables, qui s'y maintient fidèlement, grâce à l'institution de deux fêtes aussi utiles que touchantes.

La conférence de la Malgrange organise chaque année deux réunions solennelles, dans lesquelles on fait en petit ce qui se passe en grand dans les conférences urbaines. Ces réunions ont lieu toutes deux dans l'une des plus belles salles de la maison, dite salon de Stanislas ; elles sont présidées par M. le Supérieur de l'Institution, président d'honneur de la conférence ; en face de lui se trouvent les maîtres de la maison qui donnent volontiers aux jeunes conférenciers l'encouragement de leur présence. Là, on s'occupe des pauvres et de leurs intérêts. Un orateur de circonstance donne une allocution, bouquet spirituel de la séance.

La première de ces réunions se fait au commencement de l'hiver, en l'honneur des frères aînés de la conférence Saint-Augustin. Tous les ans, en effet, les anciens de la conférence de la Malgrange, en allant du collège à l'école Saint-Sigisbert, passent naturellement d'une conférence dans l'autre, et c'est pour eux principalement qu'on donne un compte-rendu de ce qui s'est fait l'année précédente. Il y a là comme une sanction publique qui relie successivement les différentes générations et maintient entre elles une émulation généreuse.

La seconde réunion est généralement reportée à la fin de l'hiver et se fait en l'honneur d'autres membres plus anciens, dont quelques-uns même ont été contemporains des fondateurs de la conférence. Ce sont de jeunes étudiants qui restent fidèles à leurs principes en restant convaincus que la pratique de la charité ne peut nuire, ni au développement des fortes études, ni à la préparation d'un brillant avenir. Ce sont aussi des chefs de famille qui poursuivent noblement leur carrière avec honneur et piété. Ils reviennent avec condescendance vers leurs jeunes successeurs ; il leur plaît de se reporter à dix ou vingt ans en arrière, et, par une illusion charmante, de se replacer un instant, par l'imagination, au milieu des joies animées et brillantes de leur adolescence. En tout cas, leur démarche est salutaire, elle fait mieux comprendre l'importance de la charité, car le prestige qu'ils exercent sur leurs jeunes successeurs tourne au profit des choses qu'ils veulent bien entendre et des œuvres auxquelles ils daignent s'intéresser.

Ces deux fêtes raniment pendant l'hiver la ferveur des jeunes conférenciers. En été, ils demandent cet avantage à une autre fête, celle qu'ils offrent aux vieillards des Petites Sœurs. Voici comment un témoin en expose les différentes et joyeuses péripéties :

« De vagues rumeurs se font entendre vers l'entrée de la maison; bientôt apparaissent les vieillards qui, reçus au seuil du collège, vers les premiers arbres de l'antique avenue, se sont rendus d'abord à la chapelle, et, après avoir demandé pour leurs jeunes bienfaiteurs les bénédictions du ciel, se préparent à goûter d'autant mieux les joies de la fête et les délicatesses de la Providence. Le cortège s'avance lentement. Comme en bonne compagnie, les plus âgés et les plus faibles sont aux bras des jeunes et vaillants conférenciers.

Pendant ce temps, maîtres et élèves, pour voir le défilé, se pressent aux fenêtres.

Quand tous les convives sont à leur poste, on fait appel à leur bonne volonté et l'œuvre commence. « Au potage, a dit un observateur judicieux, au potage le recueillement est général; mais à mesure que les plats se succèdent et que les verres se vident, les langues se délient, les convives s'animent, la gaieté monte au cœur et le sourire au visage. »

Qui s'en étonnerait quand on sait toutes les amabilités dont les vieillards sont l'objet de la part de leurs hôtes?

Voyez d'abord les conférenciers! L'œil et la main à tous les détails du service, pendant que leurs bons soins réconfortent les corps, n'ont-ils pas une égale sollicitude pour les âmes, et par quelques mots affectueux jetés çà et là, ne versent-ils pas leurs cœurs dans ces cœurs endoloris et n'y font-ils pas briller un rayon de bonheur?

Voyez ensuite les auxiliaires de toute sorte qui s'emparent

à qui mieux mieux des espaces vides et ne laissent jamais
l'action se ralentir ! Tantôt la fanfare du collège, dont les sym-
phonies retentissantes produisent toujours sur les vieillards
de puissants effets ; tantôt des artistes petits et grands,
dont les voix habilement exercées font entendre le chant
patriotique, la romance ou la chansonnette comique ; tous ces
efforts tendent à un même but, et, de quelques côtés qu'ils
portent leurs regards, les bons vieillards se voient l'objet de
la sympathie générale. A un moment donné, en effet, toute
la maison est là ; les différents groupes de la communauté,
abrégeant la promenade habituelle, ont eu hâte d'accourir à
la fête et encouragent puissamment les artistes ; les maîtres
même ont quitté leurs travaux pour assister au spectacle.

« Le repas touche à sa fin ; après le menu, le dessert ; après
« le dessert, le café. Alors le vieillard le plus savant se lève
« et lit d'une voix émue un compliment, presque un discours,
« simple et bien senti, où se glissent habilement quelques
« conseils à la jeunesse. Personne n'est oublié dans les re-
« merciements qui servent de péroraison ; surtout le talent
« culinaire des bonnes sœurs de la Malgrange est célébré
« avec transport.

« L'enthousiasme de l'orateur gagne facilement l'auditoire ;
« les vivats éclatent, les toasts se croisent, et le cliquetis
« des verres se marie aux accords de la musique...

« Hélas ! les plaisirs de la terre sont de courte durée. La
« fanfare donne le signal du départ, il faut se dire adieu. —
« *Ah ! mes bons messieurs*, dit l'un, *nous prierons souvent*
« *pour vous. — C'est le plus beau jour de ma vie*, dit un autre.
« *— A l'an prochain*, dit un troisième ; *mais serons-nous encore*
« *du monde?* Et après mille remerciements, échangés de part
« et d'autre avec une égale effusion, on se sépare..... Le
« cœur garde un salutaire et vivant souvenir de ce beau
« jour consacré aux vétérans de la pauvreté (1). »

(1) Extrait du rapport de 1872 lu au château de Fléville.

La Conférence de la Malgrange ne récompense pas seulement les écoliers qu'elle protège en leur remettant un peu d'argent, elle leur donne aussi des vêtements, et c'est la communauté encore qui les fournit à la Conférence. Deux fois par an, à la veille des vacances, pendant que les élèves, réunis dans leurs dortoirs, font leurs préparatifs de départ, les conférenciers circulent avec de grandes corbeilles où s'entassent vêtements et chaussures, tous les articles de la garde-robe bons à mettre à la réforme ; car on leur recommande préalablement de s'en tenir à une sage générosité et de ne donner que ce qui n'est plus utile pour eux. Ainsi se renouvelle sans aucun frais le vestiaire de la Conférence qui reçoit chaque année deux et trois cents articles divers.

Quand le moment est venu, on convoque les vingt ou trente écoliers patronnés dans le corridor extérieur du collège ; on les aligne par rang de taille, puis on fait la proclamation générale par ordre de mérite, en félicitant les uns de leurs efforts, en réprimandant les autres de leur paresse. On les fait ensuite passer par groupe de trois ou quatre dans une salle, où ils reçoivent, d'après leurs notes, ce qui leur revient. Après la distribution, il s'est produit différentes fois un spectacle assez curieux : à peine ces pauvres enfants avaient-ils quitté le collège, qu'ils s'arrêtaient à l'ombre des grands arbres, sur la pelouse du voisinage ; là, vivement, ils se dépouillaient de leurs haillons et endossaient leurs nouveaux habits, puis se remettaient joyeusement en marche.

Les écoliers récompensés, la provision de vêtements n'est pas épuisée ; le surplus est employé à deux œuvres bien différentes et bien éloignées l'une de l'autre.

Tous les articles d'uniforme sont, depuis quinze ou vingt ans, expédiés loin du collège, de peur qu'ils ne traînent dans les *ruisseaux* des alentours ; on envoie aux îles de Lérin environ douze à quinze uniformes complets tous les ans ; ils y servent aux bons religieux pour les besoins d'un orphelinat

qui prie pour la Malgrange ainsi que les Pères. C'est le costume de fête des enfants qui forment là-bas une colonie mal-
grangienne. Un ancien directeur, dans un voyage au sud de la
France, a poussé, il y a quelques années, jusqu'à l'île de
Saint-Honorat, où il a reçu l'hospitalité des religieux et passé
en revue la petite communauté de Malgrangiens.

Les autres effets qui ne sont pas d'*uniforme* sont remis à
M. le Curé de Bonsecours, qui compte là-dessus tous les
ans, à l'entrée de l'hiver, pour habiller un peu plus convenablement et chaudement les enfants qui fréquentent le catéchisme de première communion, et aussi pour satisfaire
aux nombreuses demandes dont il est assailli par les mères
de famille de la population ouvrière considérable qui l'entoure.

La charité est tendre, ingénieuse, infatigable, a dit quelqu'un, l'aspect de la misère ne la décourage pas, il l'excite
au contraire ; elle ne veut pas seulement aider les pauvres,
elle veut les servir, les voir de ses yeux, les aimer de son
cœur, les aider de ses mains. La Conférence Saint-Louis de
Gonzague du collège de la Malgrange le prouve chaque jour.

Aux œuvres multiples de la charité de notre ville, en faveur
des pauvres, il nous plaît d'ajouter ici, et comme couronnement,
la fondation de prix de vertu instituée par un généreux conci-
toyen dont, malgré l'anonyme, tout le monde à Nancy connaît
et vénère le nom. Ces prix, destinés à récompenser le *dévouement maternel* et la *piété filiale*, sont distribués chaque année
par l'Académie de Stanislas dans sa séance solennelle.

Le premier de ces prix, de la valeur de six cents francs, est
décerné à la *mère de famille* qui, privée du secours de son
mari par la mort, la maladie, ou même par l'abandon, a montré le plus de vaillance de cœur, le plus de dévouement intelligent et soutenu pour élever ses jeunes enfants.

Le second, de la valeur de cinq cents francs, est décerné
au *fils*, mais bien plus souvent encore à la *fille* dévouée, qui

se sont particulièrement distingués par la constance et la délicatesse de leur piété filiale envers des parents vieux, indigents ou infirmes.

On est émerveillé de voir ce que ces prix si modestes, partagés encore le plus souvent, provoquent d'ambition généreuse. La Commission de l'Académie, chargée de contrôler les rapports sur les candidatures et de classer les divers mérites, est profondément édifiée de constater ainsi de près tant d'humbles et héroïques vertus, connues jusqu'ici de Dieu seul, et qu'elle s'estime heureuse de tirer de leur obscurité, pour les montrer au monde. Très souvent elle rencontre ses héroïnes dans les classes les plus modestes de la société, mais où les vertus et le dévouement récompensés tirent un mérite nouveau des pénibles conditions dans lesquelles ils s'exercent. En présence de la généreuse moisson de vertus que chaque année lui apporte, l'Académie de Stanislas se voit d'ordinaire obligée de fractionner ces prix, afin d'y admettre un plus grand nombre de personnes également dignes de les obtenir. Mais elle y joint un diplôme qui, pour les partageants, n'a pas moins de valeur que la prime elle-même.

Joignons encore ici les *prix de vertu* fondés par *M. Boucher de Perthes* et par *M*ⁱ¹ᵉ *Roch*, pour être décernés chaque année par une Commission formée dans le sein du Conseil municipal de Nancy. Ces prix, de cinq cents francs chacun, sont destinés à récompenser les jeunes ouvrières de notre ville, désignées par l'estime publique pour leur conduite exemplaire, leur régularité au travail, le dévouement à leur famille, l'accomplissement prolongé de toutes les vertus de leur âge et de leur sexe. Ces prix aussi sont l'occasion de faire connaître d'admirables caractères, et excitent une grande émulation.

Au milieu des spectacles qui attristent les cœurs, on est heureux de découvrir tant de nobles et généreuses natures, qui sont l'honneur, la grâce et la consolation de notre société et de notre temps.

Pour dire tout ce que la charité à Nancy fait pour les pauvres, outre les aumônes publiques et organisées, il faudrait aussi faire connaître les aumônes privées. Que de pauvres sont entretenus et soulagés sans avoir recours aux sociétés charitables ! Que de charités secrètes, intimes et cachées, sont faites par des riches dont on ne publie que les cotisations à quelques œuvres de bienfaisance ! Le caractère essentiel de la charité chrétienne, c'est d'être humble et modeste. C'est pourquoi il sera toujours impossible aux hommes de connaître les sacrifices les plus considérables et les plus touchants accomplis suivant l'esprit de l'Evangile. Dieu seul les inscrit sur le livre de vie où chacun de nous les retrouvera, puisqu'à la mort nul *n'emporte que ce qu'il a donné.*

L'esprit de charité a pénétré si profondément notre population nancéienne qu'il finit par envahir tous ceux qui vivent de sa vie. C'est ainsi que nos soldats eux-mêmes ont voulu donner, les 12 et 13 mars 1890, une merveilleuse fête de charité, qui a produit quinze mille francs ; — elle était annoncée au public par un immense tableau transparent représentant le soldat saint Martin partageant son manteau avec le divin mendiant.

CHAPITRE IV

OEUVRE DE SAINT-FRANÇOIS RÉGIS

Origine de l'œuvre de Saint-François Régis. — Charité de M. Michel, curé de la cathédrale. — M. Gossin ; son vœu. — Importance de l'OEuvre au point de vue de la famille, de la société, de la religion. — Difficultés du mariage pour les pauvres. — Statuts de la Société ; son appel, ses ressources, ses résultats merveilleux.

Une œuvre touchante, délicate et difficile, une œuvre salutaire surtout, entre toutes celles opérées par la Société de Saint-Vincent de Paul, à Nancy, c'est assurément l'œuvre de Saint-François Régis. Nous n'avons fait que l'indiquer plus haut ; il faut, ici, l'exposer avec quelques détails.

Le 10 mai 1838, la lettre suivante était adressée aux personnes charitables de Nancy :

« Monsieur,

« Une foule de personnes honorables, ayant donné leur
« adhésion au projet d'établissement de la Société de Saint-
« François Régis dans notre ville, je viens vous prier de vou-
« loir bien honorer de votre présence la séance constitutive
« qui aura lieu le lundi 14 mai, à six heures et demie du
« soir, chez M. le Curé de la Cathédrale. Dans cette réunion,
« on élira le bureau, puis on passera à la discussion et à
« l'adoption du règlement.

« J'ai l'honneur d'être,
« Monsieur,
« avec la considération la plus distinguée,
« Votre très humble et très obéissant serviteur.

« VAGNER. »

Soixante-deux hommes d'intelligence et de cœur répondirent à l'appel de celui qui se disait le « plus obscur d'entre eux » et se trouvèrent réunis, le 14 mai 1838, dans le salon du vénérable M. Michel, curé de la Cathédrale.

Parmi eux, il y avait des prêtres, des médecins, des avocats, des officiers, des négociants, des ingénieurs, des magistrats, des professeurs, etc.

Citons quelques-uns des noms les plus connus : MM. d'Arbois de Jubainville, conseiller à la Cour ; Berman et Rhorbacher, professeurs au Grand Séminaire ; Dieulin, vicaire général ; Garot, aumônier du Collège royal ; Garnier, avocat général ; de Metz-Noblat, conseiller à la Cour ; Mirguet, directeur de la Malgrange ; Piroux, directeur de l'Institut des sourds-muets ;

de Raigecourt, maréchal de camp ; de Sucy d'Auteuil, chef d'escadron ; Weiss, directeur du Collège ecclésiastique de Vic, etc., etc.

Des soixante-deux membres fondateurs, il ne subsiste plus aujourd'hui que M. Dolard de Myon, qui fut longtemps président de la Société.

Comme la lettre de convocation l'indiquait, on jeta les bases de l'association charitable, religieuse et sociale qui prit le nom de *Société de Saint-François Régis*. La réunion était présidée par le curé de la Cathédrale, M. Michel, qui, toute sa vie, fut un de ses puissants protecteurs.

Voici l'hommage rendu à sa charité par M. Vagner, en 1842, quelques jours après sa mort :

« Longtemps encore nous gémirons du vide qu'a laissé au milieu de nous le digne prêtre qui, dans les jours mauvais de la Révolution, glorifia l'Eglise comme confesseur de la foi, sur les pontons de l'île d'Aix ; qui depuis, supérieur du séminaire diocésain, forma tant de prêtres aux saintes fonctions du sacerdoce ; qui, enfin, comme curé de la Cathédrale de Nancy, s'est acquis l'estime la plus vraie, l'amour le plus vif de ses paroissiens et de ses concitoyens, le pasteur dont le mérite profond avait attiré, sans les chercher, les distinctions du gouvernement lui-même, le savant modeste, le père des pauvres, la pensée première, le guide et le soutien de toutes les bonnes œuvres.

« Au milieu de sa vie toute de bienfaisance, il plaça toujours notre Société au premier rang de ses affections : nommé, par le suffrage de tous, l'un des trois administrateurs de l'Œuvre, il lui avait voué une partie de son immense activité, et l'a toujours puissamment encouragée par ses dons généreux.

« Une de ses dernières pensées fut encore pour elle : par une clause de son testament, M. Michel exprime, en effet, le désir que son nom figure encore dix ans sur la liste des mem-

bres, afin de continuer ainsi lui-même à avoir part aux mérites des travaux de l'Association, et, dans ce but, il lui assure, pour le même espace de temps, une cotisation annuelle
de vingt francs. Nous n'avions certes pas besoin de cette
nouvelle marque de sa sympathie bienveillante pour que sa
mémoire vécût dans nos cœurs ; ses bienfaits antérieurs et
ses vertus y avaient depuis longtemps ineffaçablement gravé
son nom. »

Il est juste d'ajouter ici, puisqu'il est question de la charité de M. Michel, que par son testament il a voulu qu'après
sa mort ses bienfaits pussent se répandre sur ses chers paroissiens, sur les associations religieuses et charitables auxquelles il avait pris un vif intérêt pendant sa vie, sur l'enseignement ecclésiastique, objet de toutes ses sollicitudes,
sur les écoles chrétiennes enfin qu'il soutint avec un zèle
ardent.

C'est lui qui fonda les honoraires des sermons de l'Avent
« prêchés dans l'église cathédrale par un ou plusieurs prêtres du diocèse de Nancy et non d'ailleurs, qui néanmoins ne
résideront ni à Nancy ni à Lunéville, mais que Mgr l'Evêque,
conjointement avec M. le Curé de la cathédrale et le supérieur
du Séminaire, désigneront un an d'avance parmi les prêtres
diocésains les plus capables de remplir convenablement cette
importante fonction ».

C'est lui aussi qui légua au Séminaire une rente pour fonder « un prix annuel en faveur d'un ou de deux prêtres du
diocèse de Nancy, qu'un jury composé par Mgr l'Evêque de
sept ou huit d'entre ses anciens condisciples jugera, à la
majorité des deux tiers des voix, avoir le mieux travaillé pendant l'année sur l'Ecriture-Sainte, les ouvrages des saints
Pères et auteurs ecclésiastiques, l'histoire ou la liturgie de
l'Eglise en général ou de celle de Toul, sur la vie des saints ou
personnages célèbres dans notre pays, ainsi que sur l'archéo-
logie religieuse ou profane de la Lorraine, ou enfin à un livre

propre à édifier les fidèles en répandant parmi eux la connaissance et la pratique de la religion ».

La première idée de l'Association de Saint-François Régis
vint de Paris où cette œuvre existait depuis 1826.

Un magistrat chrétien, M. Gossin, nommé procureur du roi
à Troyes, en 1816, découvrit, dans le cours de ses travaux,
une plaie morale qui l'affligea considérablement. La plupart
des unions, parmi les ouvriers et les pauvres, étaient illégitimes. Les uns restaient dans cet état de scandale par ignorance ou par indifférence ; les autres cherchaient à se rassurer, en considérant leurs désordres comme une conséquence
inévitable de la misère et sans importance dans un pays qui
n'était pas le leur.

M. Gossin offrit à plusieurs de ces pauvres gens de les
aider à rentrer sous la loi civile et religieuse, en faisant
venir sans frais pour eux les papiers nécessaires à l'acte du
mariage. Cette proposition fut acceptée, et bientôt le bon
exemple entraîna un grand nombre de ménages illicites à rentrer dans le devoir.

Après deux années passées à Troyes, M. Gossin fut appelé à
Paris comme substitut du procureur du roi. La charité et le zèle
qu'il avait déployés à Troyes, pour régulariser la situation des
malheureux qui vivent dans le désordre, devinrent d'autant
plus ardents que ces misérables étaient plus nombreux à Paris.

Cependant l'honorable magistrat sentait de plus en plus
qu'il fallait une organisation à son entreprise, afin d'en multiplier les travaux et d'en assurer l'avenir. Or, ce travail
d'organisation effrayait son humilité et sa discrétion. Dieu
sut l'y contraindre. En 1824, M. Gossin, devenu vice-président du tribunal de première instance de la Seine, vit sa santé
décliner au point de le rendre incapable de tout travail ; il
craignit même pour sa vie. Dans cette extrémité et n'écou-
tant que sa foi, il promit, si Dieu lui rendait la force et la santé,
de tenter la formation d'une société de charité dont le but

serait de favoriser le mariage civil et religieux des pauvres. La teneur de son vœu, déposée sur le tombeau de saint François-Régis, à la Louvesc, où se trouvait alors M. Gossin, est trop touchante pour ne pas être rapportée ici :

« S'il plaît à Dieu de me rendre la plénitude de mes anciennes forces et de ma bonne santé, disait M. Gossin, je fais le vœu d'entreprendre aussitôt et de continuer jusqu'à ma mort, pour la célébration des mariages religieux, l'exécution des projets que je médite depuis nombre d'années, sans que j'aie eu jusqu'à ce jour le courage d'essayer de les réaliser. Cette œuvre sera le but principal de mes pensées, de mes travaux et de mes efforts. Je m'y consacrerai *tout entier*, sous la direction de l'autorité ecclésiastique... En un mot, si je reviens à la santé, je ne vivrai plus que pour procurer, selon mes faibles moyens, la gloire de Dieu et l'édification du prochain, notamment sous le rapport de l'amélioration des mœurs et de la cessation des scandales, ainsi qu'il est ci-dessus expliqué.

« Plaise à la divine Bonté m'accorder dans ce cas l'intelligence, la force, la persévérance, l'humilité et la confiance dont j'aurai besoin pour l'accomplissement du présent vœu, et agréer que cette œuvre (placée immédiatement sous la protection de la sainte Vierge et de saint Joseph) reçoive le nom de Saint-François-Régis... »

Dieu exauça une prière aussi fervente. La santé fut rendue au magistrat, qui aussitôt médita sur les moyens d'accomplir son engagement.

Un plan détaillé sur la manière dont il envisageait la fondation de l'œuvre fut envoyé par lui à l'archevêque de Paris qui l'approuva. Dès lors, M. Gossin se livra tout entier à sa mission providentielle, dépensa tout son temps et son argent pour recevoir les pauvres, écrire leur correspondance et leur procurer tout ce qui était nécessaire dans leur malheureuse situation.

D'abord critiquée et considérée avec défiance, l'œuvre de M. Gossin finit par être admirée avec enthousiasme. Elle s'établit dans la plupart des villes de France.

C'est en 1838, comme nous l'avons vu, que M. Vagner l'installa dans notre ville.

La mission de la Société de Saint-François-Régis est une mission de premier ordre et de la plus haute importance ; c'est en même temps une mission difficile et très laborieuse. Aussi les résultats prodigieux qu'elle a obtenus à Nancy supposent-ils, de la part de ceux qui l'ont dirigée et la dirigent encore aujourd'hui, une somme d'intelligence, de charité et d'abnégation peu commune.

« De quelle patience et de quelle longanimité, s'écrie un écrivain qui a étudié tout spécialement cette œuvre, ne faut-il pas faire preuve pour réussir dans une pareille mission ? L'aumône de l'argent est vraiment bien facile en comparaison de celle du temps et de l'infatigable persévérance qu'il faut y apporter. L'esprit du Maître peut seul donner la force de l'accomplir. »

« Ah ! disait Mgr Turinaz, dans l'éloge funèbre de M. Vagner, il n'aurait, ce cher mort que nous pleurons, il n'aurait que cette seule œuvre à présenter à Dieu, et les portes de la cité éternelle et les portes de la Jérusalem de la paix, de la félicité et de la gloire devraient s'ouvrir devant lui. »

De tous les maux qui affligent l'ordre social, le désordre dans lequel se trouvent les gens qui vivent ensemble sans se soumettre aux formalités du mariage civil et religieux est un des plus grands ; car il attaque à la fois la famille, la société et la religion.

Voici des malheureux unis temporairement par les mêmes passions déréglées, quelquefois par des intérêts identiques. Les passions s'éteignent avec le temps, les intérêts se diversifient. La discorde entre alors dans le ménage, introduite souvent par la pauvreté.

La femme légitimement mariée se fait honneur de son économie, de sa sage prévoyance ; elle porte un œil attentif sur les chances de l'avenir, se fait une petite épargne, qu'elle retrouvera avec joie quand la maladie viendra visiter le ménage, quand le travail n'apportera plus ses ressources quotidiennes. L'autre, au contraire, dissipe le soir les fruits du labeur du matin ; elle vit au jour le jour, et pour elle il n'y a pas de lendemain.

Eût-elle beaucoup, les satisfactions de la gourmandise et les futilités de la toilette dévoreraient jusqu'au dernier sou. A quoi bon amasser, en effet? Demain, peut-être, son complice, qui n'a plus pour elle d'affection, encore moins d'estime, lui aura fermé sa porte.

« Chaque jour, écrit le curé d'une grande paroisse, de pauvres femmes viennent à nous pour chercher conseil et consolation. — Qu'avez-vous? qui êtes-vous? disons-nous à ces âmes désolées. Et elles nous répondent en étouffant leurs sanglots et en rougissant : Celui à qui j'avais tout sacrifié, mon Dieu et ma vertu, m'a chassée de sa maison. — Mais il n'y avait donc entre vous aucun lien? — Si, mon père ; du moins, je le pensais. Depuis longtemps, nous sommes unis ; je me croyais estimée ; je me berçais de rêves trompeurs, et voilà qu'hier, en rentrant, il m'a dit : Demain, une autre viendra ici à ta place ; toi, tu partiras ! Et il m'a chassée avec mon enfant ! »

Le père, retenu par la honte, n'ose le plus souvent accompagner à la maison commune son fils, que l'on inscrit sans nom de famille. Heureux encore si celui-ci n'est pas clandestinement déposé à la porte de quelque hospice, par des parents prompts à s'en débarrasser, comme ils se sont débarrassés des devoirs sociaux! L'enfant grandit ; sera-t-il conduit à l'école, au catéchisme? Non. On lui apprendrait de saintes obligations que les auteurs de ses jours ont méconnues. Au retour, sa bouche pourrait prononcer des paroles de moralité qui éveilleraient le remords, qui appelleraient la rougeur sur des fronts qui ne veulent pas rougir. Fera-t-il sa première communion? Non, car il faudrait produire un acte de baptême révélateur. Donc, privé d'éducation comme d'instruction, l'enfant croît sans jamais entendre parler ni de Dieu ni de ses lois. Est-il difficile de se figurer les résultats presque inévitables d'un pareil système? Le sens moral s'émousse, la conscience s'endort ; la différence entre le bien et le mal disparaît et la méchanceté du fils fait bientôt oublier celle du père. La famille est détruite.

Chaque année, le ministère de l'Intérieur encourage de ses dons la Société de Saint-Régis de Paris ; l'administration des hospices vote des subsides ; le conseil général de la Seine réclame des privilèges en sa faveur ; toujours la magistrature lui a prêté son généreux concours, et l'autorité son appui. Pourquoi ce bienveillant ensemble? Par quoi est justifiée cette rare faveur? Par l'importance des services que rend la Société de Saint-Régis. En détruisant la famille, le mariage illicite jette sur le pavé des centres populeux une foule d'hommes sans aveu, qu'aucun motif humain ni religieux ne saurait arrêter.

Consultons la statistique officielle de la justice en France. Où se recrutent les meurtriers les plus redoutables, les voleurs les plus effrontés, en un mot les plus grands criminels? Les criminels les plus dangereux, et proportionnellement les plus nombreux, sont les hommes et les femmes dépravés.

Le 23 février 1846, 192 membres, appartenant aux cinq académies, signèrent, « dans le double intérêt, dirent-ils, de la morale et de la tranquillité publique », une note destinée à appeler l'attention non seulement du gouvernement, mais « celle de tous les amis de l'ordre et de tous les publicistes dignes de ce nom », sur la nécessité de diminuer les obstacles qui, sous le rapport pécuniaire, entravaient le mariage civil et religieux des pauvres.

A l'appui de leur demande, ils firent valoir les considérations suivantes :

« Les registres des cours d'assises constatent que, sur quatre accusés, trois vivent dans le désordre. A Paris, la proportion est plus forte encore.

« Les registres des tribunaux correctionnels fournissent un résultat semblable, à l'égard des vagabonds et des voleurs.

« La société civile, les lois, la propriété sont l'objet de la haine des pauvres vivant dans le vice : ils croient se venger de la honte qui les couvre, en affectant d'insulter à toutes les institutions sociales... »

L'Institut finissait en disant que fournir gratuitement les actes nécessaires au mariage civil et religieux des pauvres, « c'était non seulement un besoin social et une œuvre de haute moralité, mais encore, pour l'Etat, les départements et les villes, une excellente affaire, une mesure de bonne administration et une évidente et immense économie. »

A ce document officiel et décisif, voulons-nous en joindre un autre? Ecoutons la Société de Saint-Régis de Lyon : « *Les plus dangereux ennemis du gouvernement et de la propriété sont*, dit-elle, *les enfants sans famille.* »

La Société de Lyon a raison. Que deviennent, en effet, la grande majorité de ces enfants? Nés du désordre, ils sont destinés à le perpétuer; ils traînent leur triste existence sur les pavés des grandes villes; ils remplissent les prisons et les bagnes. Ce sont ces enfants, devenus hommes, et hommes indisciplinés, sans état civil, sans instruction, sans éducation, et par conséquent sans principes, que les jours d'émeute lancent sur la voie publique, le fusil ou la torche à la main. Qui pourrait les retenir? La fortune? Ils n'en ont point. La conscience de leurs devoirs? Une mauvaise éducation l'a viciée. Le respect pour leur nom, attaché au pilori de l'opinion publique? Que leur importe? Ils n'ont point de nom, point de famille, rien qui les retienne. Ils sont les ennemis de la société aussi bien que de la famille.

Et la religion, comment la considèrent-ils ? Sont-ils aussi ses adversaires ?

Evidemment oui, puisque tout ce qui tend à anéantir la famille, tout ce qui sape l'ordre social, est coupable aux yeux de Dieu, bien plus encore qu'à ceux des hommes. Dieu lui-même a fondé la famille ; il est l'auteur aussi de la société. Les attaquer, c'est s'en prendre à ses propres œuvres.

Mais, à un point de vue plus particulier, ce désordre est un des maux qui arrachent le plus de larmes à la religion, par les scandales qu'il livre au monde. Le crime appelle le crime. Nulle part, peut-être, le mauvais exemple n'est plus contagieux. C'est une peste qui, avec une rapidité effrayante, se porte sur tout un quartier, sur toute une population. On a vu de pauvres communes rurales où le mariage légal et religieux était devenu presque exceptionnel. Que peuvent, en présence d'une pareille perversité, les conseils, les exhortations d'un prêtre zélé ? Il prêche dans le désert ; sa voix n'est point écoutée, ou est acccueillie par d'indécentes railleries. On se rit de ses sermons, on se rit de ses catéchismes, on se rit de ses sacrements ; on se rit de lui presque dans les bras de la mort.

Le prêtre apparaissant toujours comme l'image incarnée du devoir, on le fuit pendant la jeunesse, à cause de la violence des passions ; on le fuit pendant la vieillesse, à cause des habitudes d'un cœur corrompu et d'un faux respect humain ; et cette vie criminelle aboutit droit à une mort malheureuse. Si, quelquefois, la veille de l'agonie, le prêtre est admis à franchir le seuil du pécheur endurci, il rencontrera au chevet de la couche du moribond un obstacle qui rendra sa visite inutile ; ou bien il aura à lutter contre une ignorance épouvantable, et la mort viendra souvent saisir sa proie, avant que le pardon ait pu descendre des lèvres du ministre de Dieu.

« *Si la moitié de ma paroisse*, disait naguère un curé, *n'est pas assise dans le désordre, on en doit l'obligation à Saint-Régis.* Et il ajoutait : *De toutes les Œuvres qui honorent Nancy, il n'en est certainement pas une seule qui soit en situation de rendre des services plus précieux aux mœurs et à la religion que cette Société.* »

Sous le triple rapport donc de la famille, de la société, de la religion, le mariage désordonné est un mal des plus affligeants. Apporter quelque remède à ce mal, c'est le but que s'est proposé l'Œuvre de Saint-Jean-François Régis. C'est pour cela qu'à Nancy, comme dans toutes les grandes villes de France et des royaumes voisins, des hommes honorables, pris dans tous les degrés de la hiérarchie sociale, sans distinction de drapeau politique, ont vaillamment uni leurs bourses et leurs efforts. La charité les a rassemblés dans une sainte croisade contre le vice, — croisade qui a pour glorieux résultat, sinon d'extirper le mal, du moins de l'amoindrir considérablement et d'en diminuer les lamentables ravages.

« Nous ressemblons, écrivait M. Vagner en 1849, à de braves et vigoureux marins qui, au moment de la tempête, se précipitent hardiment au milieu des flots et enlèvent aux vagues le plus de passagers possible. Chaque nouvelle conquête sur l'abîme remplit leur cœur d'une douce joie; tant qu'une voix suppliante, qu'un cri de détresse s'élèvera vers eux, ils n'auront ni relâche, ni repos. Si leurs forces les trahissent, si l'Océan leur dispute quelques victimes, ils jetteront un regard voilé de tristesse sur la place où elles auront disparu, mais il ne leur sera pas imputé à crime, s'ils n'ont pas sauvé tout l'équipage. Ainsi de la Société de Saint-Régis ! ».

Sans doute, les pauvres laissés à leurs propres ressources ne sont pas dans l'impossibilité absolue de se marier; mais le mariage est toujours pour eux une affaire longue, difficile, coûteuse et même parfois insoluble, lorsque la charité privée ne vient pas à leur secours. Cette impossibilité est causée par leur ignorance, par leur genre de vie et enfin par leur indigence elle-même.

L'ignorance des pauvres, considérée dans son côté le plus restreint, et seulement en ce qui concerne le mariage, produit les conséquences que voici :

Rarement les pauvres savent *avec exactitude* leurs prénoms et le lieu de leur naissance; ils sont presque toujours hors d'état de dire *comment leurs noms doivent s'écrire*.

« Nos clients sont le plus souvent, sur tout ce qui les intéresse, d'une ignorance qu'on serait tenté de croire fabuleuse, disait M. Vagner en 1845. Une fille, que nous avons su ensuite être née sur un champ de bataille de la Bohême, à la suite des armées françaises, était priée de donner quelques renseignements sur le lieu de sa naissance; elle nous répondit, de l'air le plus sérieux du monde : *Mon père m'a appris que j'ai vu le jour entre Vienne en Autriche et Bayonne.*

« Une autre, native de la commune de Languimberg, affirmait gravement au secrétaire de la Société d'Aix, qui nous a transmis sa déclaration, en sollicitant notre concours, que la ville de Sarrebourg (Meurthe) appartenait à l'Autriche.

« Tel client se vieillit de dix ans; tel autre se rajeunit de douze; celui-ci ne connaît pas les noms de son père, celui-là ne connaît pas même les siens. Le fait est assez commun pour les prénoms; pour les noms de famille cela paraît plus difficile, et cependant cela est. Il en est qui ne sont désignés et qui ne savent se désigner eux-mêmes que sous un sobriquet, ou sous le nom de leur mère; ce n'est quelquefois qu'après sept ou huit lettres que la lumière se fait. »

Voici venir une femme qui déclare qu'elle a quarante ans, et elle en a cinquante-six bien sonnés.

Cette autre, sur de fausses indications, prétend que son père est mort, il y a dix ans, quinze ans, tandis que le brave homme est florissant de santé et se trouve enchanté de vivre.

De plus, les pauvres n'ont aucune notion positive du temps ; il n'est pas rare de les entendre confondre l'espace de trois ou quatre ans avec dix, douze, quinze ans, etc.

Il suit de là qu'ils donnent, lors de la naissance de leurs enfants, aux employés de l'état civil, les renseignements les plus fautifs sur les noms et les prénoms qui leur appartiennent à *eux-mêmes*, et que ces déclarations erronées nécessitent, quelques années après, d'innombrables jugements de rectification, c'est-à-dire des embarras, des lenteurs et des frais considérables, et que, lorsqu'ils veulent se marier et obtenir des pièces, la confusion qu'ils font des lieux, des dates et des noms propres, oblige souvent d'écrire deux, trois ou quatre fois et plus, pour redresser les renseignements malencontreux qu'ils ont successivement fournis.

Citons encore quelques exemples :

Florence, qui n'est plus jeune, déclare que son père habite une commune des environs de Vézelise. Lettre au maire pour obtenir des renseignements. Réponse : Il y a plus de trente ans que cet homme n'habite plus la commune. Admirable tendresse filiale ! Depuis plus de trente ans, cette aimable personne n'avait pas cherché à avoir des nouvelles de son père, résidant seulement à quelques lieues d'elle.

Mon père est mort à l'hôpital civil de Strasbourg, il y a dix ans, affirme Jacques. Demande de l'extrait mortuaire. Réponse : Le père a bon pied, bon œil et n'a aucune envie de mourir.

Comment les pauvres pourraient-ils se tirer d'embarras lorsqu'il y a des actes de notoriété et des jugements à provoquer, soit pour suppléer les actes de naissance qui ne se trouvent pas portés sur les registres ;

Soit pour remplacer les actes de consentement, lorsque les parents sont absents ou ont disparu ;

Soit pour faire rectifier les nombreux actes de l'état civil, dans lesquels les noms propres sont écrits d'une manière différente que celui qui a été déclaré ;

Soit pour obtenir des dispenses entre beaux-frères et belles-sœurs, entre oncles et nièces, etc.?

Dans tous ces cas, et dans une foule d'autres semblables que nous ne détaillons pas, le mariage est, de fait, inaccessible à beaucoup d'ouvriers, lorsqu'ils sont abandonnés à leurs propres ressources pour vaincre ces difficultés.

De plus, ces hommes sont pauvres ; comment payer les frais et les honoraires des officiers publics ?

Comment même affranchir les lettres et acquitter ne fût-ce que le port des paquets contenant les actes ?

Ils vivent au jour le jour du salaire de leur travail ; comment auront-ils le temps de faire les nombreuses démarches prescrites pour obtenir des certificats d'indigence ? Se présenter chez le percepteur, se rendre de là chez le commissaire de police ou chez le maire, du commissariat de police ou de la mairie aller à la préfecture ou à la sous-préfecture, ces courses, par elles-mêmes, entraîneraient déjà une perte de temps dont la valeur est le plus souvent supérieure au prix des actes qu'on veut avoir *gratis*.

On a vu un mariage, travaillé pendant longtemps à Nancy, ne s'achever que huit mois après à Dunkerque.

Pour un autre, il a été écrit plus de vingt lettres dont quelques-unes étaient de véritables consultations d'avocat, des discussions de droit, et tout cela pour amener un juge de paix à dresser un acte qu'il persistait à refuser.

Il y a des pauvres qui ne manquent ni de l'argent nécessaire pour arriver au mariage, ni de tous les moyens d'exécution désirables ; mais ils vivent dans l'indifférence, ils redoutent le mariage parce que le monde les croit déjà mariés, parce qu'il faut aller trouver un prêtre, parce qu'ils sont habitués à vivre ainsi...

La difficulté majeure pour ces récalcitrants, c'est la confession! La confession, qu'ils n'ont pas pratiquée depuis trente, quarante, cinquante ans, leur paraît le nœud gordien à délier, le *nec plus ultrà* des choses effrayantes et impossibles.

Un vieux soldat de l'Empire était resté sourd depuis plus d'un an à toutes les sollicitations; il n'avait qu'une réponse : *Moi me confesser à une robe noire! j'aimerais mieux affronter le feu de l'ennemi.* — Bref, on l'entraîne chez son curé : — *Je ne lui dirai rien, du moins; comment voulez-vous que je me confesse, moi qui ne me suis pas confessé depuis ma première communion? il y a tantôt cinquante ans!* — Deux heures après, il était tout changé : — *Ma foi, disait-il dans son langage énergique, ce diable d'homme m'a tiré les vers du nez; on dirait qu'il a été sur mes trousses depuis cinquante ans, tant il sait bien ce que j'ai fait. Ce n'est pas plus difficile que ça! je retournerai le voir, je le lui ai promis; d'ailleurs il me semble que cela m'a fait du bien, je me sens tout autre que je n'étais.* C'est ce qu'il fit en effet.

Il est donc avéré que les pauvres sont très souvent, malgré leur désir de se marier légalement et religieusement, fort embarrassés de le faire; s'étonnera-t-on alors qu'un si grand nombre aient le malheur de se laisser tomber dans un désordre qui est la source de tant d'autres?

C'est pour remédier à ce mal affreux que la Société de Saint-François Régis s'est constituée selon le règlement suivant :

ARTICLE PREMIER. — Le but de la Société charitable de Saint-Régis est de favoriser, par tous les moyens, le mariage des indigents et la légitimation de leurs enfants.

ART. 2. — Elle considère, comme une dépendance de son Œuvre, les sollicitations à faire auprès de l'administration des hospices pour obtenir, sur la demande des parents, la remise gratuite des enfants déposés à l'hospice, et qui ont depuis été légitimés par le mariage subséquent des auteurs de leurs jours.

Elle peut s'occuper encore, accessoirement à l'objet principal de sa mission : 1° de faire venir les actes de naissance nécessaires pour l'admission des infirmes et des vieillards, aux divers hospices du département de la

Meurthe ; 2° de procurer, sur la demande des personnes compétentes, les actes de baptême requis pour la première communion ou la confirmation des enfants indigents.

Art. 3. — La Société évite de s'immiscer dans les affaires contentieuses des pauvres, de quelque nature qu'elles soient, et ne donne ni conseils ni direction qui puissent s'y rapporter.

Art. 4. — La Société est placée sous l'invocation et le patronage de saint Jean-François Régis, qui s'est rendu si recommandable par l'ardeur de son zèle pour l'amélioration des mœurs.

Art. 5. — L'Œuvre ne pouvant subsister que par l'unité la plus parfaite dans les vues des membres qui la composent, nul n'est admis à faire partie de la Société, s'il ne professe la religion catholique, apostolique et romaine ; mais elle accueille les pauvres qui s'adressent à elle, pour être mariés, quelle que soit la religion qu'ils professent. Elle admet les étrangers aussi bien que les nationaux ; elle encourage le repentir de tous les âges, et ne repousse aucune misère, quelque hideuse qu'elle soit aux yeux de la nature.

Art. 6. — Toutes les démarches faites par la Société sont essentiellement gratuites.

Art. 7. — Le nombre des membres de la Société est illimité.

Art. 8. — Son administration se compose : d'un président ; d'un vice-président ; d'un secrétaire-archiviste-trésorier ; de trois conseillers, parmi lesquels il y aura nécessairement un membre pris dans le clergé et un autre dans la magistrature ; d'un secrétaire-adjoint.

Art. 9. — La Société accepte toutes les offrandes qui lui sont faites ; mais elle n'accorde le titre de membre qu'aux personnes qui, s'engageant à payer une cotisation annuelle dont le *minimum* est de six francs, sont présentées par un autre membre, et réunissent au scrutin les deux tiers des votes présents.

Art. 10. — Les ressources de la Société se composent : 1° des cotisations annuelles des membres et des subventions volontaires qu'on pourrait leur demander ; 2° des offrandes des personnes étrangères à la Société.

Art. 11. — La Société célèbre la fête de saint Régis, son patron, le 16 juin, par une messe dite à la Cathédrale, et à laquelle tous les membres sont invités.

Art. 21. — Lors de la célébration civile et religieuse d'un mariage, les témoins à la commune, si les parties contractantes n'en amènent pas, sont pris parmi les membres de la Société, convoqués à tour de rôle.

Art. 22. — Une messe *pro defunctis*, à laquelle toute la Société est convoquée, est célébrée après le décès d'un membre.

Comme on le voit, la Société se montre accessible à tous. Aussi, quoique fondée par des catholiques, quoique composée exclusivement de catholiques, elle ne repousse point le dissident, pas même le disciple du Talmud. Et si parfois il se présente des abjurations, elles ne sont pas le fait direct de la Société, qui ne les a pas sollicitées, qui n'en fait pas la condition de son aide. Seulement elle accueille avec une joyeuse discrétion ceux qui y sont disposés, et, quand elle a constaté leur sincérité, elle ne croit pas devoir se refuser à leur procurer une instruction religieuse.

Par les soins du Conseil de la Société, il est fait chaque année un appel à toutes les personnes qui s'occupent des souffrances et de la moralité publique pour leur rappeler :

1° Qu'il existe à Nancy, pour les trois départements lorrains, une Société charitable, reconnue par le Gouvernement et enrichie d'indulgences par l'Eglise, qui s'occupe gratuitement du mariage des pauvres et de la légitimation de leurs enfants ;

2° Que cette Société accueille toutes les demandes qui lui sont présentées, par MM. les curés, vicaires et prêtres, MM. les maires, adjoints et instituteurs, MM. les administrateurs des bureaux de bienfaisance, et les sœurs de charité des maisons de secours et des hôpitaux, et par quiconque s'occupe habituellement de charité.

Comme le but principal de l'Œuvre de Saint-Régis est la réhabilitation des unions illégitimes, beaucoup de personnes sont persuadées qu'on ne peut lui adresser que des futurs qui ont des fautes à réparer et qui sont déjà depuis un certain temps dans le désordre.

Cette opinion est tout à fait erronée, et lorsque des jeunes gens, restés jusque-là honnêtes et purs, sont pauvres ou en danger de faillir, la Société de Saint-Régis, en les accueillant avec bienveillance, se trouve heureuse de n'avoir qu'à prévenir de regrettables écarts, au lieu d'avoir à les réparer ;

3° Que les demandes d'admission, celles de secours, et tous

les renseignements nécessaires sur les personnes qu'il s'agit de rendre à la vertu, doivent être adressés au secrétariat de la Société, rue du Manège, n° 3, à Nancy.

Le dernier compte-rendu des opérations de la Société de Saint-François Régis accuse comme recettes 1,200 fr. et comme dépenses 1,572 fr. Ces chiffres se sont reproduits à peu près chaque année depuis cinquante-et-un ans. La différence entre les recettes et les dépenses disparut toujours, grâce au zèle et à la générosité du trésorier-secrétaire général qui agissait ainsi pour « donner une nouvelle preuve de son entier dévouement à l'Œuvre si importante de Saint-Régis ».

Ces dépenses sont nécessitées spécialement par les ports de pièces demandées soit en France soit à l'étranger; par les frais de légalisation, d'enregistrement, de dispenses civiles, de coût des actes de l'état civil, des consentements, des actes de notoriété, des jugements de rectification, des homologations et des recherches. Toutes ces pièces sont souvent très difficiles à obtenir, et ce n'est pas sans de grands frais qu'on parvient à réunir celles qui sont nécessaires pour un mariage ; on le comprendra facilement lorsqu'on saura que les frais de poste, pour une année seulement, dépassent 800 fr., et les dépenses pour un seul mariage montent parfois à 60 fr.

Ajoutons qu'avec les faibles ressources mises à la disposition de la Société, il ne lui serait pas possible d'obtenir les résultats multipliés que l'on sait, si elle ne trouvait autour d'elle un concours sympathique et gratuit. « Notre reconnaissance, disait M. Vagner en 1843 comme il l'a souvent répété depuis, notre reconnaissance s'adresse à MM. les Membres du clergé, dont le désintéressement ne saurait être trop proclamé ni trop recevoir d'éloges. Je me fais un devoir et un plaisir de redire ce que j'ai déjà dit si souvent : *Jamais mariage religieux n'a entraîné pour nous, de leur part, la dépense d'un seul centime.* Elle s'adresse aux fonctionnaires publics, qui nous ont fourni tous les documents et nous ont aidés

avec une bienveillance qui les honore et nous encourage.
Elle s'adresse à tous nos correspondants, compatriotes et
étrangers, princes et prêtres de l'Eglise, ambassadeurs, magistrats et simples particuliers, qui nous ont prêté leur concours. Elle s'adresse d'une manière particulière aux notaires
de notre ville, dont les actes, quelquefois nombreux, ne nous
ont jamais coûté que le timbre et l'enregistrement. »

« Que de fois même nous est-il arrivé de lever un impôt
charitable sur des hommes se faisant gloire de marcher sous
un drapeau qui n'est pas le nôtre ! Que répondaient-ils à notre
supplique ? *Nous ne sommes pas des vôtres, Messieurs ; mais
il s'agit pour le moment d'une bonne œuvre ; comptez sur nous ;*
et l'effet suivait la parole. »

En 1889, le total des mariages réhabilités depuis la fondation de la Société dépassait douze mille et celui des enfants
légitimés sept mille.

Le fidèle ouvrier de cette immense besogne, répétons-le,
a été M. Vagner. « Il y a deux ans, dit Mgr Turinaz dans
l'éloge funèbre de cet homme charitable, j'allais le visiter la
veille du premier jour de l'an, j'allais lui porter les vœux de
mon cœur et le témoignage de ma reconnaissance. Je le
trouvai dans son cabinet de travail et il me dit : *Hier, j'ai
travaillé douze heures pour la seule œuvre de Saint-François-
Régis.* C'est ainsi qu'il achevait les années et qu'il les commençait. »

Dire qu'aujourd'hui et depuis quatre ans, cette Œuvre si
difficile et si importante se continue avec succès, n'est-ce pas
faire le meilleur éloge du successeur de M. Vagner et des
deux cents membres honoraires qui le soutiennent ?

Aux yeux de tous ceux qui s'occupent de l'amélioration des
classes pauvres, au jugement de tous ceux qui ont l'intelligence des graves intérêts de la société civile et religieuse, devant la religion qui prêche la charité et pour laquelle le salut
d'un seul pécheur est d'un prix inestimable, de tels résultats

ne sont certes point sans gloire, ni sans utilité. Ils sont de plus un encouragement pour l'avenir : encouragement, pour les personnes qui sont encore étrangères à l'Œuvre, à lui apporter leur concours ; encouragement pour ses membres à persévérer dans la même voie et à favoriser ainsi, autant qu'il est en eux, l'établissement du règne de Dieu sur la terre.

LIVRE VII

LES MALADES ET LES VIEILLARDS

Après avoir demandé à la charité sa nourriture ou le complément de son salaire, le pauvre, qui pendant son enfance et sa jeunesse a déjà dû recourir à cette même charité, est encore obligé de lui demander les soins ou les remèdes dans ses maladies et un asile pour sa vieillesse.

CHAPITRE I

LES MALADES

Deux catégories de malades. — Fondation de l'Hôpital civil et de la Congrégation de Saint-Charles. — Esprit et caractère de cette Congrégation. — Sa situation actuelle. — L'Hôpital militaire, sa fondation, son histoire. — La Société française de Secours aux blessés. — Les Petites Gardes-Malades de Saint-Charles. — Autres religieuses gardes-malades.

Les malades pauvres se divisent en deux catégories : ceux qui sont recueillis et soignés dans les hôpitaux ou, comme on le disait autrefois, dans les Hôtels-Dieu, et ceux qui, pouvant rester dans leurs domiciles, y reçoivent les visites et les remèdes de la charité.

Il y a, à Nancy, deux hôpitaux seulement, l'un civil, l'autre militaire.

Hôpital civil et Congrégation des sœurs de Saint-Charles. — L'hôpital civil est desservi par les sœurs de Saint-Charles depuis sa fondation. On pourrait même dire que la Congrégation de Saint-Charles de Nancy est née avec et pour cet hôpital. Créée à Nancy, « capitale de toutes les idées généreuses », a-t-on dit, où se trouve toujours sa maison-mère, la Congrégation de Saint-Charles est la grande association charitable de la Lorraine ; elle a été suscitée par la piété et la charité de nos ancêtres et, à son tour, elle est devenue un foyer ardent et le principe fécond d'une foule d'œuvres bienfaisantes pour notre pays. Elle a été le centre autour duquel se sont groupées la plupart de nos institutions charitables.

« C'est de Saint-Charles de Nancy, écrivait M. Guerrier de Dumast, que rayonne hors du royaume le soleil de la charité ingénieuse, intelligente ; c'est là qu'on en vient prendre les leçons. Saint-Charles est, pour la science des secours, le centre d'un mouvement grand et fécond... Ses religieuses savent faire concorder, avec le plus entier bien-être des infortunés confiés à leurs soins, un degré d'intelligence économique presque fabuleux, tant le prix dont elles se contentent n'a point d'égal pour la modicité... Elles joignent, aux plus douces vertus ordinaires chez les sœurs de charité, une capacité administrative spéciale extrêmement rare » (1).

L'hôpital Saint-Charles fut fondé en 1626 par Pierre de Stainville, doyen de la Primatiale, aidé par Marguerite Gennetaire à qui se joignit le duc Charles IV. En 1656, le seigneur de Soudailles près Saint-Nicolas, Emmanuel de Chauvenel, donna à l'hôpital la plus grande partie de ses biens, en souvenir de son fils, mort à Toul, victime de sa charité envers

(1) *Nancy, histoire et tableau.*

les pestiférés. Les malades de l'hôpital Saint-Charles étaient soignés par des veuves et des jeunes filles pieuses qui s'organisèrent en association religieuse sous l'invocation de Jésus-Marie-Joseph, avec la mission de soigner « les pauvres malades abandonnés de tout secours.» L'Association fut approuvée et autorisée, le 5 mai 1663, par le duc de Lorraine Charles IV, et le 21 du même mois par l'évêque de Toul, Mgr André du Saussay, qui prescrivit aux sœurs d'observer la règle donnée par saint François de Sales aux religieuses de la Visitation. Les nouvelles religieuses prirent le nom de Saint-Charles, parce que la maison où elles entrèrent était sous la protection du saint archevêque de Milan.

La création de cette communauté fut « un des nombreux phénomènes du mouvement religieux lorrain, si marqué, dont, au début du XVIIe siècle, Pierre-Fourier, Alix Leclerc, Elisabeth de Ramfaing furent des manifestations vivantes (1) ».

Protégée par les évêques de Toul, puis par ceux de Nancy, aidée par des supérieurs ecclésiastiques comme MM. de Vence, de Tervenus, Mahuet de Lupcourt, Thierry de Saint-Beaussant, Charlot, curé de la Cathédrale, et Brion, vicaire général, la Congrégation de Saint-Charles, dirigée par des supérieures intelligentes et pieuses, prit des développements prodigieux jusqu'à la Révolution française. Une plume remarquée pour sa science historique et la saveur de son style s'apprête, dit-on, à nous révéler bientôt ces progrès dans tous leurs détails, ainsi que les miracles de charité accomplis de nos jours par ces religieuses.

Lorsque la Révolution éclata, les Sœurs de Saint-Charles, au nombre de 400, avaient la direction de 63 hôpitaux fondés par elles. Comme toutes les religieuses, elles furent expulsées de leurs établissements ; les unes retournèrent dans leurs familles ; d'autres furent emprisonnées, et la supérieure gé-

(1) G. de Dumast.

nérale resta même pendant seize mois en captivité à Strasbourg. Un petit nombre obtinrent la faveur de continuer leur
mission auprès des pauvres et des malades ; mais ce fut au
péril de leur vie et des plus grands sacrifices.

Néanmoins les services rendus par ces religieuses pendant
l'époque révolutionnaire engagèrent le préfet de la Meurthe à
demander lui-même la réorganisation des sœurs de charité
de la Congrégation de Saint-Charles.

« Les hospices sont, en général, bien administrés, disait
ce préfet, M. Marquis ; les commissions qui les dirigent ont
fait jusqu'à présent les efforts les plus louables pour tirer
parti des ressources qui leur restaient et pour leur faire recouvrer les capitaux remboursés illégalement. Le service intérieur est confié aux anciennes hospitalières de la Congrégation de Saint-Charles... On ne peut assez louer l'esprit
d'ordre et d'économie, ainsi que le pieux désintéressement de
ces femmes admirables, sans lesquelles il eût été impossible
de soutenir la plupart des hospices avec les faibles moyens
auxquels ils ont été réduits... Cependant, depuis la dissolu-
tion des corporations religieuses, elles ne se renouvellent
plus, et bientôt les sujets manqueront. Les amis de l'humanité ne peuvent entrevoir qu'avec inquiétude le moment très
prochain où ces femmes dévouées ne pourront plus suffire à
leurs pénibles fonctions. »

Le *Journal de la Meurthe* du 7 prairial an XIII apprit que la
requête du préfet était exaucée et fit connaître que, par arrêté
du 21 germinal suivant, le gouvernement avait approuvé les
statuts de l'Association des Sœurs dites de la Congrégation
de Saint-Charles, dont le chef-lieu continuait à être fixé à
Nancy. « Ainsi, ajoute le même journal, les amis de l'humanité n'auront plus à craindre que cette association, précieuse
par le dévouement admirable avec lequel elle se livre, depuis un si grand nombre d'années, au service des pauvres et

des malades, soit privée des moyens de se soutenir et de se
perpétuer. »

Depuis cette époque, les Sœurs de Saint-Charles ont formé
une congrégation importante dont les services sont de plus
en plus appréciés par les populations. Elles ont reconquis la
renommée qu'elles avaient acquise par leur dévouement et
leur inaltérable charité avant la Révolution.

Dès que la tempête fut apaisée, les religieuses se réunirent, et, le 22 juillet 1804, jour mémorable pour la Congrégation, elles reprirent l'habit religieux et rentrèrent dans
leurs anciens établissements, où les appelaient les administrations.

Depuis cette époque, et à plusieurs reprises, les Sœurs de
Saint-Charles se sont fait remarquer par un dévouement sur-
humain dans les épidémies de choléra. En 1854, l'une d'elles
reçut, en récompense de sa charité, une médaille d'honneur.
Pendant la guerre de 1870, elles ont soigné d'innombrables
blessés. Quelques-unes sont même allées en Allemagne porter
des secours aux soldats français prisonniers.

Voici comment M. Keller, ancien député, dans son livre sur
les Congrégations religieuses en France, établit le bilan annuel des œuvres de charité accomplies par les Sœurs de
Saint-Charles :

« Treize mille malades pauvres visités et soignés à domicile le jour et la nuit, douze mille malades civils ou militaires
dans les hôpitaux, deux mille vieillards et incurables dans les
hospices ou dépôts de mendicité, un grand nombre d'aliénés,
de prisonniers, d'aveugles, de sourds-muets, d'orphelins, six
mille familles indigentes assistées, enfin la direction de nombreux orphelinats, ouvroirs, écoles, patronages, etc. »

Ce dévouement de la part des sœurs de Saint-Charles est
l'accomplissement de la promesse, ajoutée le jour de leur profession aux trois vœux ordinaires de religion, *de se dévouer*

absolument au soin des pauvres et des malades et même des pestiférés.

Le 8 novembre 1883, l'hôpital Saint-Charles, transféré rue de Strasbourg, dans d'immenses et magnifiques bâtiments construits, du moins en partie, avec les legs de M. Collinet de la Salle, est devenu l'*Hôpital civil*. Trois cents lits d'indigents y sont continuellement occupés. Il y a aussi quelques malades pensionnaires. On y reçoit environ trois mille malades chaque année.

L'*Hôpital militaire* de Nancy a été fondé en 1724 par le duc Léopold. Primitivement situé dans la rue Stanislas actuelle, là où s'élèvent les maisons nᵒˢ 64, 66, 68, avec façade principale sur la place de Grève, il fut transporté, en 1768, sur le bastion Saint-Thiébaut, où il se trouve encore. D'abord régi par entreprise, l'hôpital militaire fut ensuite confié aux sœurs de Saint-Charles, qui l'agrandirent considérablement. La supérieure, sœur Clotilde Varroquier, en fit un établissement hospitalier de premier ordre. En 1777, l'empereur d'Autriche, Joseph II, « passant à Nancy, fut si émerveillé de l'ordre, de la propreté et de la bonne tenue de l'hôpital militaire, qu'il en témoigna hautement son admiration et fit de riches présents aux religieuses et à leur maison modèle (1). »

Jusqu'à la Révolution, la situation ne fit que prospérer. A ce moment, le chef du génie de Nancy disait dans un rapport officiel : « L'hôpital militaire de Nancy est l'un des plus vastes, des plus complets et des mieux administrés du royaume ; il peut contenir huit cents malades ; il est administré par une sœur de charité justement renommée pour son économie et pour les soins qu'elle donne aux malades..... » Pendant la Révolution, et jusqu'en 1815, l'hôpital militaire subit des secousses nombreuses. En 1793, les sœurs durent l'abandonner à des commissaires ordonnateurs dont l'administration ne fut

(1) Emile Badel, *Hôpital militaire de Nancy.*

pas très appréciée. En 1802, les sœurs y furent rappelées par
le conseil municipal. En 1814, elles furent de nouveau remer-
ciées, puis rappelées. Enfin, en 1816, elles quittèrent définitivement et le service du corps de santé en prit possession avec
des infirmiers militaires. Le premier aumônier titulaire, après
la Révolution, fut l'abbé Laflize, qui exerça ses fonctions de
1820 à 1853. Avant la Révolution, l'aumônerie était desservie
par des religieux capucins. Parmi les successeurs de M. Laflize nous remarquons MM. les vicaires généraux Jambois
(1853-1861), et Voinot (1862-1870).

En 1872, les Frères hospitaliers de Saint-Jean de Dieu rem-
placèrent les infirmiers militaires, qui furent rappelés en 1880.
Deux ans après, aux applaudissements de tous les intéressés,
les médecins confièrent aux sœurs de Saint-Vincent de Paul
le soin des malades et la direction des principaux services.
Espérons que cette dernière modification est définitive.

Les soldats malades ou blessés sont reçus à l'Hôpital militaire en temps de paix, mais en temps de guerre comment
se prépare-t-on à les soigner? En temps de guerre, les blessés militaires seront protégés et soignés à Nancy, par la
Société française de secours aux blessés, dont un Comité est
établi dans notre ville.

Belle œuvre, à la fois pieuse et patriotique, à la fois chrétienne et française que celle du Secours aux blessés militaires! Elle est née de la *Convention de Genève*, que signèrent, en 1865, les plénipotentiaires des Etats européens et
celui de l'ordre de Malte. On sait que ce pacte international a
déclaré *neutres* sur le champ de bataille les militaires blessés
et les sociétés constituées pour leur porter secours. En exécution de cette convention humanitaire, l'ordre de Malte,
fidèle à sa tâche hospitalière, organisa ses ambulances inter-
nationales; et, d'autre part, chaque Etat donna naissance à
des œuvres nationales, couvertes d'un pavillon commun, la
croix rouge.

La France, grâce à Dieu, a marché des premières dans cette voie ; elle a organisé des services volontaires de secours en temps de guerre, suppléant à l'insuffisance forcée des services officiels. Et parmi ces sociétés diverses, la principale, celle que recommandent son esprit, ses services, ses traditions, est la grande Société de Secours. Elle est libre, indépendante, autonome ; mais elle est reconnue comme établissement d'utilité publique par décret de 1886 et réglementée par des décrets postérieurs. C'est à elle que la réglementation officielle rattache, comme au centre nécessaire, toute association analogue qui ne serait pas, pour son compte, reconnue d'utilité publique.

Pendant la campagne de France, en 1870, le président de la Société de Secours, qui, devant nos désastres, a bien mérité de la patrie, était le comte de Flavigny ; le vice-président était le comte de Melun. En 1873, à la mort de M. de Flavigny, le duc de Nemours accepta la présidence ; il la conserva douze ans. C'est le maréchal de Mac-Mahon qui lui a succédé.

Le maréchal de Mac-Mahon a imité le zèle de son prédécesseur. Le duc de Nemours se faisait un devoir de présider en personne les moindres séances du bureau, d'étudier, suivre et résoudre toutes les affaires courantes, soit dans son cabinet de la rue Matignon, soit chez lui, lorsqu'une indisposition le retenait à la chambre. De même, le maréchal, avec ses quatre-vingt-trois ans, fait volontiers en un jour le voyage de Montargis, avec retour, uniquement pour présider une heure la séance du bureau.

La Société de Secours est franchement chrétienne : elle l'atteste en appelant à son aide les sœurs de charité, en introduisant des aumôniers dans la constitution de ses cadres, en faisant célébrer chaque année un service funèbre pour l'âme de nos soldats. Mais elle pratique la plus large tolérance ; elle veut que la charité confonde tous les cultes et tous les

partis dans une même œuvre patriotique. On a vu aux côtés
du président princier, si franchement catholique, on a vu
siéger dans les conseils de la Société un protestant convaincu,
le général de Chabaud-Latour, et un israélite très avoué,
M. Albert.

Aujourd'hui, auprès du maréchal de Mac-Mahon, dont on
connaît les sentiments religieux, c'est un israélite encore,
M. Albert Elissen, qui remplit les fonctions de secrétaire du
conseil de l'œuvre, consacrant aux blessés militaires une
intelligence et un zèle appréciés de tous.

L'activité de la Société de Secours est continuelle. Elle ne
cesse de distribuer des subventions aux blessés et à leurs
descendants ; elle s'occupe surtout de perfectionner sans
trêve son immense matériel de secours.

Elle a organisé dans chaque circonscription militaire et
accrédité dans chaque corps d'armée une délégation permanente, qui prend sa part au développement local de l'outil-
lage, au recrutement des ambulanciers et à leur instruction
technique.

Elle a soigné et assisté nos blessés en Afrique, au Tonkin,
à Madagascar, les pourvoyant de remèdes, d'appareils, d'aliments utiles, de vin, de glacières et même de jeux.

Elle a enfin constitué, à côté de son conseil dirigeant, un
Comité de dames dans lequel se sont enrôlées les familles des
maréchaux et généraux, toutes les illustrations, toutes les
grandeurs. Ce Comité, qu'a dirigé Mme la princesse Czartoryska,
fille du duc de Nemours, et que dirige aujourd'hui Mme la maré-
chale de Mac-Mahon, n'a pas seulement pour objet d'assurer
un jour des recrues à la vaillante armée de la charité, d'appeler au chevet de nos soldats blessés les douces consolations
et les grâces affectueuses qui remplacent auprès du malade
les chers accents de la famille absente ; il a, dès maintenant,
un but précis et pratique, celui de créer, d'entretenir une
vaste lingerie centrale et des ressources pécuniaires, trésor

d'attente, qui permettrait de parer aux premières éventualités du champ de bataille.

Depuis dix ans, la Société de Secours donne chaque hiver, à Paris, des cours d'enseignement technique pour le soin des blessés. Ces cours et conférences préparent des infirmières compétentes, capables d'aider avec intelligence les médecins militaires et les médecins libres.

La Société de Secours possède un matériel magnifique, très admiré par tous à l'Exposition universelle. Ces secours merveilleux, ces ingénieux appareils, ces abris provisoires, cette organisation saine et rapide, toute cette section du bien sur laquelle flottait la croix rouge et qui occupait un coin du Champ-de-Mars, tout cela, grâce à Dieu, n'était pas un corps mort, un ensemble d'organes sans âme ; non, bien au contraire, ce camp retranché de la charité, de l'assistance militaire, était animé d'une vie gracieuse et ardente, — la vie qu'apportent des femmes de cœur, avides de se dévouer pour la patrie, intelligentes et pratiques.

Le Comité de Nancy se compose de 13 membres fondateurs, dont la cotisation est de 30 francs, 186 dames et 386 membres souscripteurs, donnant une cotisation de 6 francs, avec huit souscriptions perpétuelles et huit établissements industriels. Il a organisé en 1889, en prévision d'une future guerre, un hôpital auxiliaire de cent lits installé dans les bâtiments de l'école professionnelle de l'Est. Les Sœurs de Saint-Charles ont promis leur collaboration pour assurer le service des salles avec l'aide des infirmiers.

Le Comité secourt actuellement les anciens militaires victimes des guerres antérieures, ainsi que les rapatriés du Tonkin. Presque tous ces rapatriés sont des Alsaciens-Lorrains réintégrés Français ; ils ont voulu servir la France dans l'Extrême-Orient et se sont engagés dans la légion étrangère ; lors de leur libération du service, ils reviennent en grand nombre, dans notre département, le plus voisin de la terre natale, sans ressources, et la santé altérée par un climat malsain, des fatigues exceptionnelles et une longue traversée; il leur est interdit de rentrer dans leur chère province, et ils s'arrêtent forcément dans nos contrées, où ils se trouvent sans relations ni famille, pour y chercher des moyens d'existence. Le Comité leur offre des secours en nature, vêtements, journées de subsistance et de médicaments, pour leur donner le temps de trouver du travail. Il a dépensé, en 1888, une somme de 3,715 fr. 35, pour le soulagement de 181 de ces infortunés. Le total des dépenses pour la même période était de 8,295 francs et l'encaisse de 20,443 fr. 55.

Le 23 mars 1889, à la Cathédrale, un service solennel a été célébré en mémoire des soldats morts pour la patrie en 1870-71 et dans les dernières expéditions coloniales. Mgr Turinaz a présidé cette cérémonie, prononcé une allocution et donné l'absoute.

La quête en faveur du Comité a produit plus de 4,000 francs. Après la cérémonie, Messieurs les membres du Comité se sont empressés d'aller exprimer leur reconnaissance à Monseigneur l'Evêque et lui dire la grande et salutaire impression produite par son patriotique discours.

Une fois de plus on s'est convaincu que la bienfaisance ne s'adresse jamais en vain aux nobles et généreux sentiments de la religieuse population de notre cité.

Les malades pauvres qui peuvent rester dans leur domicile sont visités et soignés par *des gardes-malades*.

Depuis leur rétablissement après la Révolution, les Sœurs de Saint-Charles avaient repris la visite des malades pauvres de la ville de Nancy, excepté ceux de la paroisse Saint-Epvre, réservés aux Sœurs de Saint-Vincent de Paul, qui en assistent et soignent annuellement environ quatre cents.

Les divers quartiers de la ville étaient confiés à des sœurs chargées de distribuer des secours aux indigents, de procurer des remèdes aux malades et de les soigner; mais elles ne pouvaient arriver à soulager les malheureux dans toute la mesure désirable. Pour combler cette lacune, la Congrégation de Saint-Charles s'est affilié une nouvelle branche, connue sous le nom de *Petites Gardes-Malades*. Voici la curieuse histoire de leur fondation.

Cette Œuvre des petites gardes-malades a été fondée en 1863. Mlle Blaise, de sainte mémoire, désirant consacrer à la création d'une œuvre de bienfaisance quelques milliers de francs d'économies qu'elle avait réalisées et ne sachant à quoi s'arrêter, alla prendre conseil de son directeur, M. l'abbé B..., professeur au séminaire. M. B... lui suggéra l'idée de fonder une œuvre qui aurait pour but le soin des malades pauvres à domicile. Beaucoup de ces infortunés sont longtemps à attendre une place à l'hôpital. Des pères et des mères de famille ne peuvent pas se séparer facilement de leurs jeunes enfants ; beaucoup répugnent à l'hôpital, et, enfin, les riches ont leurs gardes-malades ; pourquoi les pauvres ne les auraient-ils pas ?

L'idée ne fut point repoussée, mais acceptée seulement sous bénéfice d'inventaire. Mlle Blaise la communiqua à quelques dames bienfaisantes, avec lesquelles elle entretenait des relations ; celles-ci lui firent bon accueil, et, sans hésitation, se mirent à sa disposition pour en poursuivre la réalisation. Un comité se forma, composé d'abord de Mmes Blaise, Houdaille, Licourt, Micart, Ottenheimer, auxquelles se joignit bientôt Mlle Coralie Poirot. M. B... fut prié de se mettre à la tête de l'œuvre.

La première réunion se tint chez M. Houdaille, rue des Carmes. M. B... exposa son idée et lut un projet de statuts qui fut adopté. Il était très sommaire, et ne touchait qu'aux points essentiels ; mais on comptait bien le compléter après les premiers mois. La difficulté était de trouver des disciples, de les loger et de les diriger. Trois jeunes domestiques, d'une vertu éprouvée, se présentèrent immédiatement. Deux furent provisoirement installées à la maison de Saint-Mathieu ; la troisième, au service de Mlle Blaise, garda son domicile.

Voici comment l'*Espérance* du 9 février 1863 annonçait la bonne nouvelle :

« Amis des pauvres, réjouissez-vous ! Nancy compte aujourd'hui une nouvelle œuvre de charité ; fleur modeste, il est vrai, comme l'âme sainte où elle a germé, mais que son parfum trahira bientôt et que les connaisseurs voudront cultiver.

« — Vraiment?..... Mais à quoi bon, direz-vous? Je parcours la série des misères humaines : je n'en vois pas une, dans notre bonne ville de Nancy, qui n'ait son ange pour l'assister. Le pauvre a-t-il faim, est-il nu, sans travail, désespéré ? Saint-Vincent de Paul lui portera du pain, du bois, des vêtements, un peu d'or et son cœur tout entier avec des trésors de consolations. — Est-il vieux et infirme ? Saint-Julien et les Petites Sœurs lui ouvriront leurs paisibles retraites. — Est-il malade ? Nos hospices se disputent le bonheur de lui rendre la santé. — Nous avons une Société de Saint-François Régis, un Patronage des sourds-muets, des aveugles, des orphelins et des aliénés ; nous avons des écoles, des asiles, des orphelinats, des ouvroirs, des protecteurs pour les apprentis, etc. ...... Qu'ajouterez-vous à cela ?

« Peu de chose sans doute, mais enfin... Vous le savez, la charité est ambitieuse à sa manière ; elle ne se contente pas du bien, elle veut le mieux; or, voici le mieux dont il s'agit. Voyez-vous cette mère de famille qu'un accident subit enlève momentanément aux besoins du ménage? on lui procure une aide intelligente et dévouée, qui pourra, tout en la soignant, la suppléer près des enfants, entretenir l'ordre et la propreté au logis, raccommoder le linge, et, au besoin, préparer les aliments. Voyez-vous cet ouvrier, condamné par la maladie à dépenser en remèdes le salaire *qu'il ne gagne plus?* En lui donnant une infirmière, on soulagera sa femme et sa fille épuisées de veilles, on leur permettra peut-être de chercher dans le travail un léger adoucissement au malheur qui les frappe.

« Et puis, le pauvre a si grand besoin d'édification ! Quoi de mieux, pour retremper sa foi, que des rapports intimes et assidus avec la sœur de charité, cette vivante expression de l'abnégation évangélique ? Que vous en semble, âmes bienfaisantes ? Ne vous sourit-elle pas cette charité délicate, qui laisse à l'ouvrier, dans les jours d'épreuve, sa liberté et ses habitudes, son chez-soi, ses enfants, sa vie de famille, son rayon de soleil à la fenêtre, sa petite flamme au foyer, ces mille choses du cœur, insignifiantes en elles-mêmes et sans lesquelles pourtant notre existence dépaysée ne traînera que des jours pleins d'ennui ?

« Eh ! bien, voilà l'œuvre que j'ai le plaisir de vous annoncer. Ce n'est plus un projet, c'est une belle et bonne réalité. Demandez aux pauvres du faubourg Saint-Pierre ce qu'ils pensent de leurs petites gardes-malades ; ils vous répondront les larmes aux yeux, en bénissant mille fois la Providence de leur avoir donné ce nouveau gage de sa divine sollicitude.

« Oui, bénie soit la Providence ! Bénie soit la charité qui a le secret de telles pensées ! Bénies soient les âmes pieuses dont elle se sert pour les mettre à exécution ! »

L'Œuvre des *Servantes des Pauvres malades* est bien jeune encore; mais il y a des institutions si visiblement marquées du cachet de l'inspiration chrétienne, qu'il suffit de la plus vulgaire sagacité pour pénétrer le mystère de leur avenir. Nous le disons avec conviction : les servantes des pauvres malades ont leur existence assurée. Aujourd'hui nous voyons le grain de sénevé, demain nous admirerons le grand arbre.

C'était le vœu du Comité de placer l'Œuvre sous la direction des Sœurs de Saint-Charles ; mais la Congrégation s'y prêterait-elle ? On ne tarda pas à se convaincre de cette impossibilité. La Supérieure de Saint-Mathieu reçut l'ordre de congé-

dier les pensionnaires et de cesser tout rapport avec le Comité. Que faire ? Il y avait, rue de Metz, une pauvre personne
très pieuse, occupant, seule avec sa mère, une assez vaste
maison. On lui proposa de prendre chez elle les jeunes gardes-
malades, de les diriger et de les initier à la vie de communauté. Mlle Poirson y consentit de très bonne grâce, pensant
avoir occasion de s'initier elle-même à la perfection religieuse.
Le personnel des petites gardes-malades s'était élevé, en
quelques semaines, de trois à sept. M. B... vint les installer,
bénir leurs cellules et leur donner, ainsi qu'à la directrice, les
instructions nécessaires.

La noble entreprise marchait à merveille lorsqu'un malen-
tendu des plus fâcheux se mit en travers. Un beau matin,
quelques mois après l'installation, Mlle Poirson vint annoncer
à M. B... que, sur les ordres de son directeur, elle se croyait
obligée, en conscience, de congédier ses pensionnaires. L'Œuvre, lui avait-on dit, n'était pas approuvée par l'évêque ; la soutenir était une révolte contre l'autorité diocésaine. M. B... eut
beau raisonner, lui donner l'assurance que son intention était
de remettre l'Œuvre entre les mains de Monseigneur dès que
son existence serait assurée, rien ne put vaincre ses scrupules. Les petites gardes-malades durent s'éloigner. Heureusement l'embarras ne fut pas long. Mlle Poirot s'offrit tout de
suite à les recueillir dans une maison qu'elle occupait seule
avec son frère, rue de l'Equitation. Elles y demeurèrent pendant deux ans. En 1866, Mme Houdaille, la présidente du
Comité, légua, en mourant, une somme suffisante pour acheter
un local et pourvoir à l'entretien de trois gardes. Le Comité,
formé en tontine, acheta au prix de 22,000 francs une petite
maison, sise rue de la Primatiale, au chevet de la Cathédrale.
La communauté, composée de 10 ou 11 personnes, s'y installa
dès le commencement de l'année. Dans l'intervalle, M. B..., son
directeur, ayant dû quitter Nancy, Monseigneur l'Evêque
confia la direction des gardes-malades à M. l'abbé Chevallier,

chanoine titulaire. Mᵐᵉ Poirot ayant aussi quitté la ville, une des petites gardes, Marie Bourguignon, fut chargée de la surveillance intérieure.

Cependant le Comité, toujours préoccupé de rattacher l'Œuvre à une congrégation, avait fait des propositions à Saint-Charles, puis, à son refus, à la congrégation de Niederbronn, avec laquelle on ne s'entendit pas davantage. On pensait néanmoins qu'avec la patience et le temps, on finirait par aboutir. Un incident fâcheux, mais qui parut plus tard providentiel, amena la solution désirée.

Un jour, inopinément, ordre était donné aux jeunes gardes de se disperser. On recourut de nouveau à Saint-Charles et l'on finit par s'entendre. Les gardes-malades s'établirent dans une maison rue de la Primatiale; devenu insuffisant, ce local fut vendu en 1875 et la Communauté transférée où elle se trouve aujourd'hui, rue Mably, 5.

Voici le premier règlement donné aux Petites Sœurs gardes-malades et qui est toujours resté en vigueur :

ARTICLE PREMIER. — L'Œuvre des gardes-malades a pour but l'assistance à domicile des malades pauvres qui ne pourraient pas entrer à l'hôpital. Cette assistance comprend d'abord les secours matériels à administrer aux malades de jour et de nuit; elle comprend en outre, lorsqu'il y a lieu, la tenue du ménage, le soin des enfants, la lingerie et au besoin même la cuisine.

ART. 2. — Le service des gardes-malades est absolument gratuit. Il leur est interdit de rien recevoir en argent ou en nature au domicile des malades. Si les personnes qui ont été secourues croient devoir témoigner leur reconnaissance par quelqu'offrande, elles pourront le faire dans l'établissement même.

ART. 3. — Les gardes-malades mèneront la vie commune, autant que le permet la nature de leur service. Elles se lèveront à heure fixe, prendront leurs repas et feront tous les autres exercices en commun.

ART. 4. — Celles qui ne seraient point employées auprès des malades s'occuperont à blanchir le linge, à raccommoder les vêtements des pauvres et à leur en confectionner de neufs. Leur travail ne sera affecté au profit de la communauté, qu'après qu'elles auront abondamment pourvu aux nécessités de leurs malades.

ART. 5. — Elles n'iront chez leurs malades qu'après en avoir reçu l'ordre de Mᵐᵉ la Supérieure, à qui elles devront l'obéissance la plus absolue ; comme aussi, dès leur retour, elles s'empresseront de lui rendre compte de l'emploi de leur journée.

ART. 6. — Elles ne sortiront pendant la nuit que dans le cas bien constaté de nécessité urgente. Encore ne devront-elles jamais sortir seules.

ART. 7. — Pour ne pas compromettre la santé des gardes-malades, Mᵐᵉ la Supérieure alternera leur service de telle sorte qu'aucune d'elles ne passe deux nuits consécutives auprès des malades.

ART. 8. — Avant d'envoyer près d'un malade, Mᵐᵉ la Supérieure tâchera de s'assurer de son état moral et religieux, des personnes qui l'entourent, de la maison qu'il habite et des secours qu'il pourrait recevoir d'ailleurs.

ART. 9. — Les gardes-malades envoyées dans quelque maison s'y rendront sans délai et directement. Il leur est interdit d'entrer nulle part ailleurs, autrement que pour les besoins urgents de leur service, et à plus forte raison d'accepter à manger au dehors.

ART. 10. — Pendant leur service elles se tiendront constamment près du malade, pour peu qu'il y ait du danger. Elles n'administreront d'autres remèdes que ceux prescrits par le médecin, aux ordonnances duquel elles se conformeront rigoureusement.

ART. 11. — Défense expresse d'intervenir d'une manière quelconque dans les dispositions des moribonds. Toute disposition prise en leur faveur sera repoussée par la communauté.

ART. 12. — Comme les intérêts spirituels des malades doivent les préoccuper avant tout le reste, elles auront soin de s'informer près du médecin de la gravité de la maladie et ne tarderont pas à en informer le curé de la paroisse.

Aujourd'hui les petites gardes-malades sont nombreuses et très recherchées. Celles qui sont établies rue Mably, sous la direction d'une sœur de Saint-Charles, visitent, soignent et veillent environ sept cents malades chaque année, et secourent près de seize cents familles en leur distribuant les remèdes ou des soupes en hiver et les aumônes qui leur sont confiées par des personnes charitables. Les sœurs gardes-malades de la maison Saint-Mathieu assistent environ six cents malades des paroisses de Saint-Pierre et de Bonsecours. Quatre cents familles pauvres reçoivent de même des secours en nature. Celles de l'Hospice de Boudonville visitent aussi et veillent environ six cents malades chaque année.

Outre les Petites Sœurs gardes-malades de Saint-Charles, il y a à Nancy, remplissant la même mission, c'est-à-dire veillant et soignant les malades, les sœurs de la *Sainte-Enfance*, les sœurs de *Bonsecours de Troyes* et les religieuses du *Divin Rédempteur*. Les sœurs de l'*Espérance* sont aussi gardes-malades, mais plus spécialement dans les familles aisées.

Les *Servantes du Sacré-Cœur de Jésus*, comme les gardes-malades de Saint-Charles, sont gardes-malades des pauvres dont elles se disent les humbles servantes, en faisant leur ménage, la cuisine et en soignant les enfants.

Ces religieuses offrent leurs soins aux malades pauvres, non seulement dans les maisons particulières, mais encore dans celles qui sont ouvertes par la charité publique ou privée.

A Nancy, elles réservent leurs soins plus particulièrement aux malades pauvres des quartiers de la ville-vieille et de la paroisse Saint-Epvre.

CHAPITRE II

LES VIEILLARDS

La charité envers la vieillesse. — L'Hospice Saint-Julien, sa fondation, son état actuel. — L'Asile des Petites Sœurs des Pauvres. — La Collégiale de Bonsecours. — La Maison Saint-Joseph. — La Maison Saint-Mathieu. — Charité admirable du général Drouot.

La vieillesse est presque toujours une longue et pénible infirmité ; mais quand à la vieillesse se joint la pauvreté, qui prive l'infortuné vieillard non seulement des consolations que peuvent se procurer les riches, mais aussi du pain et d'un asile, le grand âge est alors la plus douloureuse des épreuves, en même temps que la plus intéressante et la plus sainte des misères; *res sacra miser !*

Aussi la charité envers les vieillards a-t-elle toujours été, dans le catholicisme, recommandée et pratiquée.

Nous avons à Nancy deux grands Hospices de vieillards, l'*Hospice Saint-Julien*, qui dépend de l'Administration civile, et l'*Asile des Petites Sœurs des Pauvres*. Il y a, en outre, des maisons qui reçoivent des catégories spéciales de vieillards.

L'Hospice Saint-Julien fut bâti par le duc Charles III, en 1588, pour y recevoir des malades, des enfants délaissés et des vieillards ou estropiés. Jusqu'en 1702, il était gouverné par des directeurs, un receveur et des administrateurs. A cette époque, on y appela les sœurs de Saint-Charles qui contribuèrent à la prospérité de la maison jusqu'à la Révolution. Après la Révolution, elles travaillèrent avec beaucoup de soins à remettre l'Hospice en bon ordre et à le tirer du dénûment où il avait été réduit.

Actuellement, on compte, à Saint-Julien, cent quatre-vingts vieillards hommes, dont quatre-vingts sont entretenus par la ville. Ce sont les vieillards de l'ancien Dépôt de mendicité de Nancy.

On y compte cent huit vieillards femmes, et quarante et un pensionnaires des deux sexes, la plupart malades ou infirmes.

Les femmes de l'ancien Dépôt de mendicité sont à la Maison Saint-Mathieu, des sœurs de Saint-Charles, rue de Strasbourg; elles sont au nombre de quarante-huit; il y a de plus, dans cette dernière maison, environ cinquante femmes incurables. Seize lits ont été fondés dans ce but par Mme Clément, la même qui a donné aux sœurs de Saint-Charles une maison sur le cours Léopold, où elles reçoivent des femmes pensionnaires, comme à leur Maison de charité de la rue de Boudon-ville.

L'*Asile des Petites Sœurs* de Nancy date de 1850 ; c'est le onzième établissement de la Congrégation. Les Petites Sœurs y arrivèrent au nombre de trois, le 4 octobre 1850 ; elles s'installèrent dans une petite maison prise à loyer, au faubourg Saint-Pierre. Le 15 du même mois, elles reçurent leur première bonne femme.

Accueillie favorablement par tous les charitables habitants de Nancy, et grâce à leurs aumônes, l'œuvre prit rapidement de l'extension ; après avoir occupé successivement deux locaux loués et devenus insuffisants, les Petites Sœurs s'installèrent dans la maison qu'elles occupent aujourd'hui avec leurs 160 vieillards, dont 88 hommes et 72 femmes. Comme au début, la Providence est toujours leur unique ressource.

Les asiles spéciaux pour les vieillards sont la *Collégiale de Bonsecours*, pour les prêtres âgés et infirmes ; la *Maison Saint-Joseph*, pour les religieuses de la Doctrine chrétienne, et la *Maison Saint-Mathieu*, pour celles de Saint-Charles.

L'initiative de la Collégiale de Bonsecours remonte à Mgr de Forbin-Janson, qui la communiqua à M. l'abbé Berman, professeur au Grand Séminaire, en le chargeant de la réaliser. Mgr Donnet, nommé coadjuteur de Nancy en 1834, accueillit favorablement l'idée de M. Berman et lui permit d'acheter, dans cette intention, une maison sur la place de Grève. Mais la nomination de Mgr Donnet comme archevêque de Bordeaux arrêta l'exécution du projet. Mgr Menjaud le reprit et voulut lui donner plus d'extension et d'importance. On acheta une nouvelle maison près de l'église de Bonsecours, au compte du Séminaire. En 1851, la Collégiale fut agréée par le gouvernement et M. l'abbé Berman nommé premier doyen de ce chapitre, qui compte aujourd'hui seize membres.

La *Maison Saint-Joseph* fut fondée par la Révérende Mère Pauline du Faillonnet, supérieure générale des Sœurs de la

Doctrine chrétienne, « pour recueillir, sous le patronage de Saint-Joseph, les sœurs que l'âge, les infirmités ou quelque longue maladie obligent à résigner leurs fonctions ».

« Nous avons vu de près, écrivaient les sœurs de ce temps, tout ce qu'il a fallu à notre bonne Mère Pauline de ferme volonté, de foi et de patience, pour mener à bien la création de notre Maison de *Saint-Joseph*. Elle la voulait à Nancy, à sa portée ; mais dans une grande ville, bâtiments et terrain, tout est si cher ! Ses appels à nos bourses particulières produisaient peu de chose, quoique tout le monde se saignât, car aucune, parmi nous, n'est riche, et nos établissements dépensaient presque ce qu'ils gagnaient.

« Que d'essais, de calculs abandonnés, repris ! et en même temps que de prières, de supplications à saint Joseph, ce puissant procureur des Communautés religieuses, pour qu'il daignât lui venir en aide ! Elle a réussi sans doute, et en a été toute heureuse ; mais ce que nous savons, quoiqu'elle ne l'ait jamais dit, c'est que pour en arriver là, d'accord avec ceux de ses parents qui devaient être ses héritiers, elle a enfoui dans les fondements de cette maison, si intéressante pour nous, la plus grande partie de ce qui lui restait de fortune patrimoniale. »

Une partie de la *Maison Saint-Mathieu* appartenait autrefois à une communauté de Sœurs dites de Saint-Joseph, qui y tenaient une école. Cette communauté fut autorisée à se réunir à la Congrégation de Saint-Charles, et une ordonnance royale du 4 décembre 1832 confondit ses biens avec ceux de cette Congrégation, y compris la maison située à Nancy, faubourg Saint-Pierre.

En 1834, M. le comte Mathieu de Michelet de Vatimont léguait environ 120,000 francs à la Congrégation de Saint-Charles, à charge d'employer cette somme à la fondation d'un hospice pour six femmes incurables et à diverses autres œuvres. Des réductions sur le capital légué n'ayant pas permis de faire construire l'hospice et de le doter, la Congrégation a affecté à l'œuvre la maison qui lui appartenait au faubourg Saint-Pierre et cette maison a pris le nom de Saint-Mathieu, selon les intentions du fondateur. C'est là que sont accueillies et soignées les religieuses âgées ou malades de la Congrégation de Saint-Charles.

Les vieillards pauvres qui peuvent rester dans leur domicile sont aussi l'objet de la charité privée, ou soulagés par le Bureau de bienfaisance et la Société de Saint-Vincent de Paul. La pauvreté, a dit quelqu'un à propos des vieillards pauvres, est bonne à qui la secourt, meilleure à qui la subit. Elle établit entre l'homme et l'homme, entre l'homme et le ciel, ce constant échange de services, de charité, de soumission, d'espérance, qui est le lien puissant de la famille humaine. La pauvreté est la grand'route du ciel ; c'est par là que montent vers Dieu tant d'âmes préservées des amollissements et des tentations de la richesse.

Un des bienfaiteurs insignes des Œuvres charitables de Nancy, c'est le général Drouot. Pour terminer ce chapitre sur les vieillards, nous allons donner un résumé des aumônes de ce grand homme de guerre, qui fut, en même temps, le chrétien le plus fervent et le plus charitable des Nancéiens. Nous verrons ainsi comment, avec une fortune modeste, il est possible de faire des sacrifices considérables.

Le général Drouot légua à Saint-Julien 13,085 francs, et à Saint-Stanislas, 8,490 fr., en faveur des anciens militaires, leurs veuves et leurs enfants... A l'Ecole normale de garçons, 9,487 francs ; à celle de filles, 4,821 francs ; pour les salles d'asile, 8,110 francs ; pour les crèches, 2,008 francs ; pour les ouvroirs de jeunes filles, 2,438 francs ; pour secourir les instituteurs, 3,726 francs ; pour les aveugles et les sourds-muets, 6,086 francs ; au Bon-Pasteur, 4,454 francs ; aux aliénés, 4,008 francs ; au dépôt de mendicité, 8,771 francs ; aux Dames de charité, 923 francs.

Outre ces aumônes publiques, le général a donné presqu'autant en aumônes quotidiennes et privées..... « Oui, s'écriait le R. P. Lacordaire dans son célèbre panégyrique, le général donnait au-delà de ses moyens, et, après avoir ainsi donné, il écrivait un jour : « Lorsque mes ressources seront entiè« rement épuisées ou bien qu'elles viendront à me manquer, « je me présenterai à l'hospice Saint-Julien, pour occuper « moi-même un des lits que j'y ai fondés en faveur des vieux « soldats. Si ce moment arrive, il ne sera certainement pas « le moins doux de ma vie. »

Puissent ces leçons nous servir ! ajoutait le grand orateur, *puisse notre génération incertaine apprendre de vous, général, la simplicité, la pauvreté, le désintéressement !*

CHAPITRE III

CHARITÉ APOSTOLIQUE

La charité spirituelle. — Les églises de Nancy. — Les œuvres générales et diocésaines. — L'Œuvre des campagnes, sa fondation, son organisation, ses résultats. — L'association de Saint-Joseph pour les vocations ecclésiastiques, son importance, ses avantages. — *Conclusion générale.* — La charité, preuve de la vitalité de la foi à Nancy.

Outre les aumônes temporelles ou matérielles destinées au soulagement du corps, il y a dans le monde catholique les aumônes purement spirituelles faites pour le salut de l'âme. Outre les œuvres charitables spéciales à une ville, il y a aussi les œuvres générales ou diocésaines qui réclament nos sympathies et nos générosités.

Quand nous aurons signalé brièvement les charités spirituelles de notre ville et indiqué le concours qu'elle donne aux œuvres générales et diocésaines, nous aurons complété le tableau que nous avions formé le dessein de tracer de la charité à Nancy.

Si l'on doit juger de la foi d'une population par ses monuments sacrés, on peut dire qu'à Nancy la foi est ardente, car depuis une cinquantaine d'années les catholiques ont dépensé des sommes immenses pour la construction d'églises nouvelles ou la reconstruction d'églises anciennes.

L'église de Saint-Vincent et Saint-Fiacre a coûté environ quatre cent mille francs; celle de Saint-Georges, trois cent mille; celle de Saint-Léon, six cent mille; celle de Saint-Epvre, plus de deux millions; celle de Saint-Nicolas, cinq cent mille; celle de Saint-Mansuy, trois cent mille; celle de Saint-Pierre, quatorze cent mille.

Il est juste de dire que tout cet argent n'a pas été donné par les habitants de Nancy; Mgr Trouillet, l'ingénieux et infatigable curé de Saint-Epvre, en a tiré une grande partie d'ailleurs.

Mais il est juste aussi d'ajouter que, dans le même temps, se construisaient les *chapelles monumentales* des Dominicaines, de la Doctrine chrétienne, des Oblats, des Sœurs de la Sainte-Enfance, du Sacré-Cœur, des Dominicains, de Saint-Charles, des Jésuites, et s'opéraient les restaurations de Bonsecours et de l'ancienne église Saint-Pierre.

En ce moment on s'apprête à former une nouvelle paroisse sous le vocable de Saint-Joseph, et déjà les offrandes arrivent pour la construction de l'église.

La foi de nos catholiques ne se manifeste pas seulement par leurs générosités envers des œuvres locales comme les églises, mais aussi dans les œuvres générales et diocésaines.

Ainsi, pour la *Propagation de la Foi*, sur 33,053 francs donnés par le diocèse, la ville de Nancy est inscrite pour la somme de 10,500 francs; pour la *Sainte-Enfance*, 2,200 fr.; sur un total diocésain de 16,000 francs pour le *Denier de Saint-Pierre*, 3,000 francs; pour l'*Institut Catholique*, 850 fr.; pour les *Ecoles d'Orient*, 600 francs; pour l'*Œuvre de Saint-François de Sales*, 6,000 francs; pour l'*Adoption*, 800 francs;

pour les *Bibliothèques cantonales*, 1,353 francs, sur un total de 1,537 francs. Disons ici que l'*OEuvre de Saint-Michel*, pour la publication et la propagande des bons livres, fondée en 1868 par le R. P. Félix, compte aujourd'hui quarante-huit bibliothèques qui se renouvellent chaque année et sont envoyées non seulement dans le diocèse de Nancy, mais dans les Vosges, la Haute-Marne et jusqu'en Alsace-Lorraine.

Deux OEuvres de charité apostolique méritent une mention spéciale, celle dite *OEuvre des Campagnes*, et l'*Association de Saint-Joseph*, en faveur des vocations ecclésiastiques.

L'OEuvre des Campagnes a pour objet la conservation ou le réveil de la foi dans les paroisses rurales.

La parole de Dieu est, dans les villes, distribuée avec une abondance magnifique. Indépendamment de l'instruction paroissiale du dimanche, le zèle de MM. les Curés saisit toutes les occasions, le carême, le mois de Marie, l'octave du Saint-Sacrement, l'octave des Morts, pour réveiller dans les âmes, par la prédication des devoirs religieux, la vie chrétienne que tant de causes malfaisantes tendent sans cesse à éteindre. Dans les chaires de nos églises, aux prêtres de la paroisse et de nos maisons diocésaines viennent se joindre les religieux de tous les ordres, vaillants auxiliaires du clergé séculier; et avec une variété infinie la vérité est prêchée à tous, s'adaptant à toutes les situations sociales, à tous les niveaux intellectuels, à tous les besoins des âmes.

Au village, un seul homme a le fardeau du ministère et doit joindre à ses occupations multiples, — célébration des offices, catéchismes, administration des sacrements, visite des malades, — ce travail de la parole si varié et si complexe que se partage le clergé des villes. A moins de dons spéciaux, toujours rares, il lui est bien difficile de se renouveler chaque année et de maintenir ainsi en éveil l'attention d'un auditoire que l'indifférence a trop souvent gagné. Plus le pasteur a de zèle, plus il comprend que son effort isolé a besoin d'être secondé et quel grand secours lui apporterait de temps à autre la voix d'un missionnaire. L'expérience démontre que les prédications extraordinaires ramènent presque toujours à l'église une partie notable des paroissiens ; elles dissipent des préjugés, facilitent des conversions, déterminent peu à peu un ébranlement dans les esprits et donnent aux âmes ces secousses salutaires dont les égarements des unes et la torpeur des autres ont un égal besoin ; elles sont en outre l'occasion d'établir dans les paroisses des confréries ou d'autres dévotions propres à entretenir la vie chrétienne.

Malheureusement une mission entraîne toujours quelques dépenses ; notre clergé est pauvre et le manque de ressources ne permet pas à la plupart des curés de paroisses rurales de recourir à ce moyen efficace de ramener les populations aux pratiques religieuses : c'est pour remédier à cette pénurie que l'Œuvre des Campagnes a été instituée.

Fondée à Paris en 1857, elle s'est successivement étendue à un certain nombre de diocèses, et, par un rescrit du 27 janvier 1863, Sa Sainteté Pie IX a daigné l'enrichir de nombreuses indulgences. Son but spécial est de combattre l'indifférence des habitants des paroisses rurales qui, absorbés par les besoins de la vie et les travaux matériels, oublient trop facilement le soin de leurs intérêts spirituels. Elle seconde le zèle des pasteurs en leur offrant le moyen de faire donner des missions et, accessoirement, en accordant des secours pour les bibliothèques, les écoles, les patronages et autres associations de piété.

L'Œuvre est administrée à Paris par un Conseil général qui choisit dans son sein un Comité chargé de le représenter.

Les directeurs des Conseils diocésains sont nommés par NN. SS. les Evêques.

Ces Conseils diocésains disposent des ressources recueil-

lies par eux; ils versent le dixième des cotisations au Conseil
central qui leur envoie le Bulletin, petite revue de l'Œuvre
et recueil de ce que peut faire le zèle pour améliorer les paroisses rurales. Le Bulletin est adressé tous les deux mois
aux associés. Le Conseil central, en outre, alloue aux Conseils diocésains, en certaines circonstances, des subventions
extraordinaires.

L'Œuvre des Campagnes a été établie dans notre diocèse
en 1859 et a toujours subsisté, bénie et encouragée par les
évêques qui se sont succédé sur le siège de Nancy. Dans le
numéro du Bulletin qui rend compte des recettes et des dépenses de l'année dernière et de la marche générale de
l'Œuvre, notre diocèse figure au cinquième rang parmi ceux
qui ont recueilli le plus de ressources et fait donner le plus
grand nombre de missions.

Depuis la mort du vénérable M. Gérard, son premier directeur, le Conseil diocésain de Nancy fut présidé par l'abbé
Jambois, vicaire général.

Des dames zélatrices, qui réunissent chaque année au moins
douze souscriptions de un franc, et des membres correspondants ont bien voulu se charger de représenter l'Œuvre dans
la plupart des cantons du diocèse. Leur mission consiste à la
faire connaître, à prier pour elle, à augmenter ses ressources
et à faire circuler le Bulletin.

Le Conseil diocésain se réunit en général deux fois par
an; il ne s'immisce en aucune façon dans le choix des missionnaires; toutes les demandes doivent être formulées par
MM. les Curés et adressées à l'Evêché.

Les ressources de l'Œuvre sont fournies par les cotisations
des associés et surtout par le produit d'une quête faite à la
Cathédrale de Nancy, le quatrième dimanche de l'Avent, à la
suite d'un sermon spécial.

Le nombre des associés et dames zélatrices est actuellement
de cinquante-trois.

Le chiffre des cotisations pour l'année 1888 a été de 1,110 fr.

La quête du sermon de charité a donné 1,057 fr.

Pendant l'année 1888, le Conseil diocésain a voté les allocations nécessaires pour procurer des missions dans vingt-trois paroisses.

Le secours accordé à chaque paroisse varie de 50 à 150 fr., suivant le nombre de jours que doivent durer les prédications, et le montant des fonds alloués aux missions récentes, dont nous venons d'indiquer le nombre, s'élève à 2,090 fr.

En outre, une subvention de 200 fr. a été versée à l'école libre d'Heillecourt.

Malgré la modicité de son budget, l'Œuvre des Campagnes a pu, depuis l'époque de sa fondation, faire donner dans le diocèse de Nancy près de cinq cents missions, sans parler des secours accordés à diverses œuvres.

Ces missions ont toutes produit des résultats salutaires, et les rapports envoyés par les Curés et lus aux séances du Conseil contiennent à cet égard les plus consolantes assurances. Partout l'assistance aux instructions a été considérable; partout, dans une mesure plus ou moins pleine, mais presque toujours abondante, des fruits de moralisation et de salut sont sortis du sol où a été jetée la semence de la parole évangélique; partout des conversions, des retours ont été obtenus. Sans doute les résultats de ces admirables rénovations chrétiennes pourront ne pas durer chez tous ou ne persisteront pas dans leur première ferveur; mais le souvenir de ces jours de grâce restera chez la plupart des auditeurs et aidera à bien mourir ceux mêmes qui n'auront pas eu le courage de bien vivre. Si, en raison de la fragilité de la nature humaine, les heureuses influences exercées par une mission n'ont qu'une durée limitée, on comprend combien en serait nécessaire le renouvellement périodique, et il serait désirable que l'Œuvre des Campagnes, mieux connue de tous ceux qui ont le généreux souci du salut des âmes, pût recueillir des ressources suf-

fisantes pour qu'à un intervalle maximum de dix ans — et
moindre s'il se pouvait — chaque paroisse vît recommencer
pour elle une retraite d'une semaine et qu'ainsi le service extraordinaire de la parole de Dieu pût fonctionner d'une manière
régulière et assurée sur toute la surface du diocèse.

L'*OEuvre des Séminaires*, dit la petite *Notice sur l'Association*, a été fondée en 1871 par Mgr Foulon, alors évêque de
Nancy, avec le concours des Enfants de Marie. En 1889, s'appuyant sur l'article XII des statuts, lequel autorise « les modifications dont le temps et la pratique démontreront l'utilité »,
Mgr Turinaz a cru opportun de donner d'une façon plus
accentuée à cette institution le caractère d'une confrérie
pieuse. Sa Grandeur s'est proposé de développer dans les
âmes la dévotion à saint Joseph, patron de l'Eglise Universelle, et de stimuler en même temps le zèle avec lequel tous
les fidèles doivent encourager les vocations sacerdotales, et
s'efforcer d'accroître de plus en plus la gloire de Notre-Seigneur Jésus-Christ, en procurant les ressources qui permettront de multiplier le nombre de ses ministres.

Qui ne le sait? Il se rencontre souvent, au sein des familles
les plus modestes, des enfants bien doués, en qui le regard
d'un pasteur découvre, avec une satisfaction mêlée de tristesse, les plus précieux germes de vocation à l'état ecclésiastique. Talents, régularité, amour du travail, piété, tout cet
ensemble d'heureuses dispositions, qui fait présager un prêtre, capable de servir les intérêts de Dieu et de l'Eglise, ces
enfants le possèdent. Mais, hélas! les frais de longues années
d'études sont au-dessus des ressources de ces familles : forcément, le pasteur, dont les parents ont eu à lutter contre les
difficultés d'une situation semblable, et qui ne peut offrir que
son temps et les richesses de son cœur, se voit trop souvent obligé de renoncer à l'espoir et à la joie suprême de
perpétuer son sacerdoce, en envoyant au Séminaire de nouvelles recrues.

Les familles favorisées des dons de la fortune donnent rarement leurs fils à l'Eglise pour le grand et divin ministère du sacerdoce, et elles ont, à ce point de vue, une obligation plus grave et plus rigoureuse d'aider à soutenir et à sauvegarder la vocation des enfants pauvres.

L'Œuvre des vocations ecclésiastiques s'impose donc, avec un caractère privilégié, à tous les chrétiens vraiment dignes de ce nom. Certes, les catholiques doivent s'intéresser à toutes les associations charitables, qui tendent à soulager les misères de l'âme et du corps. Mais n'est-il pas évident que faciliter par des dons généreux le recrutement du sacerdoce, c'est assurer pour l'avenir aux institutions de bienfaisance chrétienne des guides et des soutiens, c'est maintenir dans les âmes et dans l'Eglise la foi, la charité, toutes les vertus sans lesquelles ces institutions n'existeraient pas ?

L'Œuvre qui favorise les vocations à l'état ecclésiastique contient ainsi en germe toutes les autres et elle les dépasse par sa fécondité et sa puissance.

On ne saurait trop le répéter : favoriser les vocations à l'état ecclésiastique, c'est procurer la plus grande gloire de Dieu ; c'est travailler au salut d'un plus grand nombre d'âmes sur la terre, et à la délivrance d'un plus grand nombre d'âmes des flammes du Purgatoire ; c'est entrer en participation de tous les mérites du ministère sacré et de l'apostolat ; c'est enfin s'assurer à soi-même, au milieu des difficultés de cette vie d'épreuves, et en prévision des souffrances du séjour de l'expiation, le secours de messes nombreuses, dont les statuts mêmes de l'association sont la précieuse garantie.

Ce n'est pas tout encore ! Dociles à l'invitation de leurs maîtres, qui leur rappelleront souvent cette obligation, soit d'une manière générale, soit en leur faisant connaître d'une façon précise les noms des personnes qui auront fondé les bourses ou fractions de bourse qui leur seront accordées, les enfants, dont on aura facilité l'entrée au Séminaire, se feront un bonheur de témoigner leur gratitude, en priant pour leurs bienfaiteurs, vivants ou défunts.

Et plus tard, devenus prêtres, avec quel empressement ne porteront-ils pas au saint autel le souvenir des bienfaiteurs dont la charité et le zèle les auront aidés à en franchir les degrés !

L'Œuvre des Séminaires, placée sous la juridiction immédiate de l'autorité diocésaine, est administrée par un Conseil, qui se compose de douze membres, pris dans les rangs du Clergé, et qui représente les divers degrés de la hiérarchie ecclésiastique.

Elle compte, parmi les associés, des fondateurs, des bienfaiteurs, des protecteurs, des souscripteurs, des membres participants et des zélateurs.

1° Le titre de *fondateur* appartient à toute personne qui verse au moins 500 fr. une fois donnés. Quiconque assure, soit une bourse entière, par un capital de 12,000 fr., soit une demi-bourse par un capital de 6,000 fr., soit même un quart de bourse, par un capital de 3,000 fr., a le titre de *fondateur insigne*.

Le fondateur qui en exprime le désir peut obtenir que la rente du capital versé lui soit remise, sa vie durant.

2° Sont *protecteurs* ceux qui adoptent un enfant, et s'engagent à payer, pendant le temps de ses études, une pension annuelle de 450 fr., ou une demi-pension de 225 fr.

3° Sont *bienfaiteurs* ceux qui versent au moins 100 fr., une fois donnés.

4° Sont *souscripteurs* ceux qui s'engagent à faire chaque année une offrande de 5 fr. au *minimum*.

5° Il n'échappe à personne qu'un moyen d'acquérir des mérites, ou de les augmenter, c'est de travailler, selon les règles de la prudence chrétienne, à faire croître le nombre des associés, à provoquer et à recueillir des offrandes, sans dédaigner celles du pauvre : telle est la mission des *zélateurs*, lesquels, sous la direction de MM. les Curés ou des ecclésiastiques délégués par ceux-ci comme *directeurs paroissiaux* de l'Œuvre, sont chargés tout spécialement d'inscrire les noms des personnes qui s'engagent à faire une offrande annuelle au-dessous de 5 francs et d'en recueillir le versement. Ces offrandes donnent droit au titre de *membre participant.*

Les zélateurs, aussi bien que les souscripteurs, les bienfaiteurs, etc., sont inscrits dans le compte-rendu annuel qui leur est envoyé et les défunts sont nommément recommandés aux prières des associés.

6° Les *Paroisses, Congrégations, Confréries,* etc., sont admises comme Associations à faire partie de l'Œuvre des Séminaires.

7° L'Œuvre accepte également les dons en nature, tels que linge, vêtements, livres classiques, livres de piété, livres pouvant servir d'ouvrages de fond aux bibliothèques des Séminaires.

Un service solennel est célébré, dans les Séminaires, au premier jour libre, pour le repos de l'âme de chaque *fondateur insigne* décédé.

Deux messes solennelles sont chantées, dans les Séminaires, pour tous les membres de l'Association, pendant la troisième semaine de Carême de chaque année : l'une, le mardi, pour les membres vivants; l'autre, le jeudi, pour les membres défunts.

Une messe basse est dite, le premier mercredi de chaque mois, dans chacun des deux Séminaires, pour les diverses intentions que les associés peuvent chrétiennement formuler au fond de leur cœur, sûrs d'avance qu'ils participeront tous, et quel que soit le degré de leur coopération, aux grâces de Dieu, selon leurs propres besoins, selon le mérite relatif de leurs offrandes, mais par dessus tout selon les desseins miséricordieux de Celui qui « rend à chacun selon ses œuvres ».

De plus, de nombreuses indulgences peuvent être gagnées par les associés.

En 1889, le nombre des membres de l'Œuvre était de 623, dont 82 fondateurs et 103 bienfaiteurs. Le total des recettes, pour l'année, était de 46,181 fr., somme jointe au capital de l'Œuvre, dont les revenus permettent actuellement de payer, pour les pensions ou part de pensions de 40 séminaristes, une somme annuelle de 11,565 francs.

Depuis le 1ᵉʳ septembre 1889, le nombre des membres de l'Œuvre ayant doublé, le chiffre des recettes et par conséquent des revenus augmentera notablement tout en étant loin d'atteindre encore la somme nécessaire à l'entretien des élèves du Grand et du Petit Séminaires.

La suppression des secours accordés autrefois par le gouvernement, les épreuves de l'agriculture qui permettent à très peu de familles de la campagne de payer la pension ou même une partie de la pension de leurs fils, la nécessité d'encourager, aujourd'hui plus que jamais, le plus grand nombre possible de vocations sérieuses et pour cela d'accorder plus largement des secours pécuniaires, rendent absolument indispensable le concours actif et généreux de tous les catholiques, intéressés avant tout au recrutement du clergé. Les fidèles de la ville et du diocèse de Nancy l'ont compris, et l'Œuvre des Séminaires, qui était soutenue jusqu'à ce jour presqu'exclusivement par les ecclésiastiques, compte maintenant parmi ses membres un grand nombre de fidèles et de familles chrétiennes.

La charité apostolique à Nancy a pour couronnement la prière perpétuelle, dont nous couvrent les religieux et les religieuses contemplatifs. D'un côté les Chartreux, de l'autre les Carmélites, et au centre les religieuses de la Visitation forment comme trois paratonnerres qui nous protègent contre les châtiments que pourraient mériter nos prévarications, ou plutôt comme trois lieux de bénédictions d'où se répandent, sur nous, des grâces abondantes.

Sachons apprécier cette charité comme nos ancêtres. « Elever à Dieu des sanctuaires, dit M. l'abbé Mathieu, des sanctuaires où sa louange retentirait nuit et jour, assurer aux moines, par des donations, le loisir de la psalmodie sainte et des exercices spirituels, obtenir leur intercession pour cette vie et pour l'autre,... telle a été l'ambition de tous ceux qui, du viie au xviiie siècle, ont fondé ou favorisé les grandes institutions monastiques en Lorraine (1). »

CONCLUSION

Il y a quelque temps, le principal organe de la Franc-Maçonnerie, *La Chaîne d'or*, écrivait : « Nous sommes les maîtres du pouvoir en France ; nous disposons de tout, autorité, finances, armée, administration, et qu'avons-nous produit avec nos ressources personnelles ? Un orphelinat, fondé il y a vingt ans dans la banlieue de Paris, et qui végète faute d'accord et de dévouement. Ah ! si les cléricaux s'avisaient de le visiter, ils auraient pitié de notre impuissance, eux qui font tant de choses sans avoir d'autres moyens que le produit de leurs sacrifices ! »

Quel aveu humiliant pour l'irréligion ! Mais comme il prouve admirablement que le principe de la charité, c'est la foi et l'amour en Jésus-Christ !

M. Etienne, supérieur général des Lazaristes, après avoir expliqué en détail toute l'organisation de la Communauté des Filles de la Charité, à des pasteurs anglicans qui lui deman-

---

(1) *L'Ancien Régime* dans la province de Lorraine et du Barrois.

daient le secret de créer chez eux une semblable congrégation, les conduisit à la chapelle et leur montrant le taber-
nacle, leur dit : *Messieurs, je vous ai fait connaître le détail
de notre vie, mais je ne vous en ai pas donné le secret. Ce
secret, le voilà ; c'est Jésus-Christ, connu, aimé, servi dans
l'Eucharistie. Tant que vous le repousserez, vous ne ferez rien
en fait de charité.*

Ces jours-ci, les méthodistes anglais annonçaient qu'ils
allaient essayer, de nouveau, d'établir une congrégation de
Sœurs protestantes pour le soin des malades, et un journal
catholique fait remarquer que toutes les méthodistes ne feront jamais grande figure à côté de la seule sœur Rose-Gertrude, jeune catholique anglaise, qui vient de quitter parents,
amis, patrie pour courir au chevet des lépreux de Molokaï. Or,
dans le catholicisme, les Rose-Gertrude sont légion et l'on
serait fort embarrassé de les compter.

Oui, notre charité est le résultat et la preuve de la divinité
de notre foi.

A l'Exposition universelle de 1889, au palais des beaux-
arts, les visiteurs remarquaient un tableau représentant *La
Charité.* Deux religieuses de Saint-Charles, de Nancy, ont pénétré dans la demeure de deux femmes, l'une âgée, l'autre
jeune, tenant un petit enfant par la main et habillée en deuil.
Une des deux religieuses, s'adressant à la jeune femme en
même temps qu'elle caresse le petit enfant, semble lui parler
un langage qui épanouit et dilate la pauvre veuve accablée
de douleurs. L'autre femme, sans doute la mère de la plus
jeune, ravie à son tour, exprime sa reconnaissance avec effusion pour les bonnes paroles de la sœur. Cette scène touchante était rendue avec tant de vérité et de talent, en même
temps qu'elle exprimait la pratique de la plus aimée des vertus, que beaucoup s'écriaient dans leur admiration : « *Oh ! les
bonnes sœurs !... Comme c'est beau, la charité !* » (1)

(1) Ce tableau si admiré est l'œuvre d'un artiste nancéien très connu, M. Prouvé.

Les visiteurs qui ont l'honneur de connaître et d'aimer les Sœurs de Saint-Charles n'avaient-ils pas le droit d'être fiers et glorieux de ce témoignage? Ne peuvent-ils pas, eux aussi, élevant leur pensée, répéter, comme nous l'avons entendu, cette belle parole d'un célèbre mahométan, l'arabe Abd-el-Kader : « *La religion catholique est divine et immortelle, puisqu'elle a la* CHARITÉ! »

19 mars 1890, en la fête de saint Joseph.

TABLE DES MATIÈRES

SORTI DES PRESSES DE COMTE-JACQUET

A BAR-LE-DUC (MEUSE)

———

PHOTOTYPIE DE J. ROYER

DE NANCY